中 華 文 明 史

중화문명사

The History of Chinese Civilization (4 Volume)
edited by Yuan Xingpei, Yan Wenming, Zhang Chuanxi, Lou Yulie

The Chinese edition is originally published by Peking University Press. Beijing, China.
This translation is published by arrangement with Peking University Press,
through Bestun Korea Agency

중화문명사 中華文明史

제2권 下

진·한－위진남북조

주편主編 위안싱페이(袁行霈), 옌원밍(嚴文明),
장찬시(張傳璽), 러우위리에(樓宇烈)

본권 주편 장찬시(張傳璽)

본권 부주편 왕팡웨이(王邦維)

역자 문승용

동국대학교출판부

차례

中華文明史
제2권 下

제6장

불교의 유입과 도교의 출현

인류 문명사에 있어서 종교의 탄생은 불가피한 것처럼 보인다. 어느 지역의 어느 민족이나 어느 문명에서도 예로부터 오늘날에 이르기까지 종교 혹은 종교와 유사한 의식 형태는 늘 있어 왔다. 어째서 그럴 수 있는지 여러 가지 해석이 있을 수 있다. 그것들은 종교의 기원 또는 본질과 관련이 있다. 중화문명사의 발전에 있어서 종교 역시 중요한 작용을 하였다. 다만, 세계적으로 다른 문명과 비교해서 ―유럽과 아랍 혹은 인도를 예로 들어 보면― 중국 대륙에 있어 왔던 여러 종교들이 중국의 사회문화 · 정치 · 역사 가운데에 표현되어 있는 형식이나 그렇게 되게 한 작용에는 확실히 많은 다른 점들이 있다. 그것들은 각기 특징을 가지고 있다. 이들 종교 가운데 어떤 것은 이미 사라졌고, 어떤 것은 지금까지 중국에 남아 있다.

원시 종교와 비교해서 여기에서 다루는 역사 단계 이전, 즉 선진先秦 시대는 실제로 맹아기라고 할 수 있다. 고고학에서 발견한 고대 문화유산 가운데 예를 들면, 사천四川 광한廣漢의 삼성퇴三星堆 및 요녕遙寧의 우하량牛河梁 유적지 등 종교적인 숭배의식이 깃든 유물에서 그러한 경향을 분명히 알 수 있다. 다만, 그러한 사실을 뒷받침해 줄 만한 문헌이 없거나 사라졌기 때문에 우리는 이것에 대하여 구체적으로 알지 못한다.

은상殷商 시대와 이어서 나타난 춘추전국 시대에는 문헌이 비교적 많이 남아 있기 때문에 원시적이며 초보적인 얼마간의 종교관념이 이미 사람들의 사상 내지 사회와 정치 생활 가운데 나타나기 시작했음을 볼 수 있다. 예를 들면, 하늘을 공경하고 신성화하거나 인격화하는 것 그리고 하늘 · 신 · 괴이한 현상을 두려워하는 것들이다.[1] 그렇지만 이와 같이 현재의 일반적인 기준을 가지고는 당시 중국에 이미 완정한 형태의 종교가 나타나 있었다는 것을 설명할 수는 없다. 완정한 형태의 종교가 나타난 것

---

1 제1권 相關章節, 그리고 任繼愈 주편, 『中國佛教史』 제1권 제1장 「佛教傳入之前, 秦漢時期中國社會上流行的宗教迷信和方術」, 中國社會科學出版社, 1981년, 1-41쪽 참조.

은 한漢나라 중후기이다. 중국 역사에서 가장 중대한 영향을 끼친 양대 종교인 불교佛教와 도교道教가 모두 이때 출현하였다.

역사가 오래되었기 때문에 중국 본토의 문화와 긴밀하게 결합하게 되었고 그 자체가 중국에 뿌리 깊게 이식되었기 때문에 불교와 도교는 시종 중국에서 중요한 양대 종교가 되었다. 그들은 종종 유교의 학설과 함께 유儒 · 석釋 · 도道 '3교三教'라고 일컬어진다.

제1절

불교의 중국 유입

1. 이존伊存의 불경 전수와 영평永平 연간 불교의 유입

불교는 외래 종교로서 일찍부터 중국 역사상 커다란 영향을 끼쳤다. 불교는 고대 인도에서 탄생하였다. 불교의 창시자는 석가모니釋迦牟尼라고 불린다. 석가모니가 살았던 시대에 관하여 여러 가지 주장이 있다. 가장 중요한 것으로는 두 가지 의견이 있다. 하나는 기원전 6세기에서 5세기까지이고, 다른 하나는 기원전 5세기에서 4세기 때까지 생존하였다는 것이다. 어느 것이 옳은 것이든 간에 이 시기는 대체로 중국의 춘추전국 시기에 해당된다. 이 시기는 중국에서도 많은 '성인聖人'이 출현하던 시기로서 가장 위대한 이는 공자孔子와 노자老子이며, 다른 걸출한 사상가로는 장자莊子나 맹자孟子 등이 있다. 이 시기는 이들과 고대 희랍의 철학자들에 의해서 인류문명사에 있어서 찬란하게 빛났던 위대한 시기였다고 할 수 있다.

불교가 언제 어떤 경로를 통해서 중국에 들어왔는지에 대하여는 역시 오랫동안 논란거리였다. 최근에 많은 사람들이 인정하고 있는 의견으로는 서한 말기 한 애제漢哀帝 때 서역의 대월지국大月氏國 사신이 장안長安에 왔고 이때 중국인들이 그에게서 불교를 배웠다고 한다. 『삼국지三國

志』 권30에서 배송지裴松之가 어환魚豢의 『위략魏略』에 나오는 「서융전西戎傳」을 인용한 것에 다음과 같이 나온다.

> 한 애제 원수元壽 원년 박사 제자 경로景盧가 대월지의 사신을 맞아 이존伊存에게서 구술로 『부도경浮圖經』을 전수받았으며 다시 세웠다고 하는 이가 바로 그 사람이다. 『부도경』에 실린 임(이?)포새臨(伊?)蒲塞·상문桑門·백문伯聞·소문疏問·백소간白疏間·비구比丘·신문晨門 들은 모두 제자들을 부르는 말이다.(漢哀帝元壽元年, 博士弟子景盧受大月氏王使伊存口受浮屠經, 曰復立者, 其人也. 浮屠所載, 臨(伊?)蒲塞·桑門·伯聞·疏問·白疏間·比丘·晨門, 皆弟子號也.)[2]

이것이 바로 잘 알려진 이존伊存이 불경을 전수하였다는 '이존수경伊存授經'의 고사이다. 일반적으로 불교가 중국에 유입되었다는 여러 가지 설 가운데에서 이 기록이 가장 믿을 만하다. 이때가 B.C.2년(원수 원년)이다. 1998년, 중국 불교계와 학술계가 중국에 불교가 유입된 지 2천 년 된 것을 기념할 때에도 이 기록을 따랐다.

다만 어떤 사람들은 서역西域, 즉 오늘날의 신강新疆이 중국 영토의 일부분이라는 점을 고려할 때, 불교의 중국 유입 시기는 좀 더 앞당겨져야 할 것이라고 생각한다. 이존이 불경을 전수했다는 이야기는 단지 불교가 당시 중국의 중심부인 중원 지역에 전해졌다는 것을 설명하고 있는 것이다. 어떤 사람은 그 이전에도 중국에 속해 있던 서역 일부 지역에 이미 불교가 들어와 있었다고 추정하고 있다. 다만 이 방면의 자료가 거의 남아 있지 않을 따름이다. 자료가 없기 때문에 분명한 근거가 없다고 할 수도 있다. 그리하여 어떤 사람은 또 불교가 장안과 낙양에 온 월지국 사신

2 『三國志』, 中華書局, 1971년 표점본, 제3책, 859쪽.

과 이주민들이 직접 중원 지역에 먼저 전파해 주었던 것이며, 서역 지역에 불교가 전해진 시기는 오히려 좀 늦을 것이라고 주장하기도 한다.[3] 또 다른 주장으로는 해로를 통해서 좀 더 일찍 중국에 유입되었을 가능성이 있다고도 한다. 그러나 이러한 주장들을 오늘날 확실하게 증명할 수 있는 것은 아니다.

이존이 불경을 전수하였다는 고사 이외에 불교가 중국에 유입된 역사와 관련해서 오랫동안 언급되었던 것은 '영평永平 연간에 불법을 구하였다(永平求法)'라고 전해 오는 이야기이다. 그 내용은 동한 2대 황제 명제明帝의 때인 영평 연간(58–75)에 명제가 꿈에서 '신인神人'을 만났는데, "그 몸은 금색을 띠고 목에는 빛이 나며 전각 앞을 날았다.(身體有金色, 項有日光, 飛在殿前.)"고 하였다. 그리하여 사신을 대월지에 보내서 불경 42장을 베껴서 돌아오라고 했고, 이후 중국에 불교가 들어오게 되었다고 한다. 다만 이 이야기에는 세밀한 부문에서는 의심나는 부분이 많다. 이 가운데는 상상하거나 과장하여 쓴 흔적이 명백하다. 동시에 관련 문헌의 연대 역시 논쟁거리가 된다. 그러므로 역사적인 진실이 얼마나 포함되어 있는지 말하기가 어렵다.[4] 그렇지만 시간상으로 말하자면, 명제의 영평 연간은 애제 원수 원년과 겨우 6, 70년밖에 차이가 나지 않는다. 영평 연간에 불법을 구하였다는 이야기는 아마도 이러한 역사적 사실을 반영하는 것이라고 할 수 있을 것이다. 처음에는 이야기의 일부분에 역사적인 근거

3 유사한 의견으로는 馬雍과 孫毓棠, 『匈奴和漢控制下的西域』, 載雅 · 哈爾馬塔 主編, 『中亞文明史』 제2권, 中國對外飜譯出版公司 · 聯合國教科文組織, 2002년, 181쪽; E.Zücher(許理和), "Han Buddhism and the Western Region," *Thought and Law in Qin and Han China*, ed. by W.L. Idema and E. Zürcher, Leiden: E.J. Brill, 1990년, 158–182쪽에 보인다.

4 불교가 언제 어떻게 중국에 들어왔는가에 관하여 이미 상세한 토론이 이루어졌다. 湯用彤의 『漢魏兩晉南北朝佛教史』, 中華書局, 1983년 重引本, 1–41쪽 참조. 그리고 任繼愈 주편, 『中國佛教史』 제1권, 中國社會科學出版社, 1981년, 45–94쪽에 보인다.

도 있었는데, 나중에 불교도들이 각색하여 세세한 부분에서 지나치게 과장한 것도 있을 것이다. 한 명제가 불교 전래에 주요한 역할을 하였다고 한 것은 이야기에 권위를 실어 주어 처음부터 불교의 지위를 끌어올리기 위해서라고 할 것이다. 현재 낙양의 유명한 사찰인 백마사白馬寺가 지난 1천여 년 동안 줄곧 이 이야기와 직접 관련이 있다고 여겨져 왔다.

문헌이나 고고학 두 방면의 자료를 보건대, 불교가 처음으로 중원 지역에 전해졌을 때에는 당시 중국에서 유행하던 여러 신선도술神仙道術의 하나로서 외국 색채가 짙은 도술의 일종이라고 여겼을 뿐이다. 불교 신도도 처음에는 대개 낙양에 와 있던 외국인들에 한정되었고, 그 가운데에 중국인도 얼마간 있었을 것이다. 다만 이 시기 중국인 신도들이 당시 불교에 대하여 얼마나 잘 이해하고 있었는지는 확실히 말할 수 없다.[5] 시간이 지남에 따라서 불교에 대하여 점점 이해하게 되었고, 불교를 진정으로 받아들이는 사람도 점점 많아졌다.

불교는 경전의 전승을 중시한다. 불교가 양한 시기에 중국으로 유입되었을 때, 어환魚豢의 『위략』「서역전」의 한 구절에서 이존이 불경을 전수하였다고 했는데, 여기에서 전수한 것은 구술로 전수한 불경인 『부도경』이었다. '부도'는 '불타佛陀'의 다른 번역 이름이니, 『부도경』의 실제 뜻은 불경佛經이다. 비록 지금은 당시 강론하던 『부도경』이 어떤 내용을 담고 있었는지 잘 모르지만, 아마도 불교의 가장 기본적인 교리였을 것이다. 불교가 중국에 막 들어왔을 때, 불교 경전은 이처럼 광범위하고도 간단한

5 後趙 王度는 '漢魏 시기의 한나라 사람은 모두 출가할 수 없었다'는 견해를 믿을 수 없다고 말했다. 漢哀帝 때 박사 제자 景盧가 大月氏 왕의 사신 伊存이 입으로 전수받은 『浮屠經』을 받았는데, 이것이 한나라 최초의 불교도라고 볼 수 있다. 한대 말기 嚴浮調가 출가하였다는 명확한 기록이 있다. 다만 당시 중국 불교도의 불교에 대한 이해는 비교적 낮은 수준이었고, 신앙심도 그리 돈독하지 않았다. 이것은 불교가 들어온 초기에는 이상할 것도 없었다. 王度의 견해는 『高僧傳』 권9 「佛圖澄傳」, 『大正藏』 권50, 385쪽 하에 보인다.

명칭이었기 때문에 당시 중국인들도 거의 다 이해할 수 있었을 것이다.

2. 불교의 유입과 역경

대규모 불경 번역 사업이 시작된 것은 동한 말기이다. 이때 낙양에 온 두 사람의 외국 승려는 안세고安世高와 지루가참支婁迦讖이었다. 이들 이전에도 불교계에서 전해지는 설에 의하면 한 명제 영평 연간에 인도 승려가 낙양에 와서 불경을 번역하였다고 한다. 앞에서 이미 말한 것처럼, 이것은 전설일 뿐 믿을 만한 근거는 전혀 없다.

안세고의 이름은 안청安淸이라고도 부른다. 안식국安息國 출신이며, 그의 한자 이름 앞에 '안安' 자를 붙인 것인 것은 당시 관습이었다. 안식은 B.C.3세기 중엽에서 A.D.3세기 전기까지 중앙아시아에서 예전부터 내려오던 이름난 나라로서 지리적으로는 지금의 이란 동쪽에 위치하고 있었다. 장건張騫이 사신으로 서역에 간 이래로 중국과 서역 지방 사이에 도로가 뚫렸다. 서한에서 동한에 이르는 수백 년 동안 안식은 중국과 교류를 많이 하던 나라 가운데 하나였다. 『출삼장기집出三藏記集』과 『고승전』 등의 서적에 있는 동진東晉 도안道安의 기록에 의하면, 안세고는 동한 후기 중국에 와서 148년(환제桓帝 건화 2)에서 영제靈帝 건녕建寧 연간(168-171) 동안 낙양에서 불경을 번역하여 오늘날까지 최초의 불경 번역가라고 알려졌다.

안세고가 낙양에서 번역한 불경은 그 수가 매우 많다. 안세고와 같은 시기 사람이면서 역시 그가 직접 가르친 중국인 제자는 "선생님께서 하신 말씀이 수백만 마디나 된다. 어떤 때는 말씀으로 풀어 주셨고, 어떤 때는 글로 전해 주셨다.(凡厥所出, 數百萬言. 或以口解, 或以文傳.)"[6]고 하였다.

---

6 嚴浮調, 「沙彌十慧章句序」, 『出三藏記集』 권10, 『大正藏』 권55, 69쪽 아래.

다만 여기에서 말한 것은 말로 풀이하거나 글로 전해 주는 두 가지 방법이 있었다는 것이다. 이른바 입으로 풀이해 주었다고 하는 것은 실제로는 번역하여 강론한 것인데, 그 가운데 일부는 글로 쓴 것이 있어서 글로 전해 주었다고 하는 것이다. 이것이 바로 초기 불경 번역 방식의 한 특색이다. 이 시기는 불경 번역이 처음 시작되던 때이기 때문에 안세고가 번역한 불경이 온전하게 전해져 내려오고 있는 것은 그다지 많지 않다. 그가 번역한 불경의 이름과 부수는 당시에도 명확하게 기록되지 못했다. 남조 양梁나라 시기의 승우僧祐가 『출삼장기집』을 편찬하였는데, 동진 시기 도안이 편찬한 『경록經錄』에 근거하여서 35부 41권을 출간하였으니, 이것은 믿을 만하다고 할 수 있다. 그 이후 수당隋唐 시대의 경전 목록은 비록 100여 부가 증가했지만, 실제로는 믿을 수 없다. 다만 이와 같다면, 불교가 전해진 초기인 한위漢魏 시기에 안세고가 불경 번역 방면에서 큰 공헌을 했다고 할 수 있다. 당시 세상 사람들 가운데 안세고를 평가한 이로는 도안과 승우가 대표적인 인물이다. 도안은 당시 종사宗師로서 그 이전의 번역자와 번역본들에 대하여 매우 독특하게 평가하였다고 알려져 있었다. 도안은 안세고가 번역한 불경에 대하여, "안세고가 번역해 낸 경전은 바탕을 중시하고 꾸미지 않았다. 천축국의 옛 문장은 글이 자연스럽고 질박한 것을 숭상한다.(世高出經, 貴本不飾. 天竺古文, 文通尙質.)"[7]고 덧붙였다.

도안보다 좀 뒷사람인 승우 역시 불교 경적을 정리한 전문가였다. 그는 안세고의 전기를 쓰기도 하였는데, 전기 가운데 일부분은 다음과 같다.

> 한 환제 초기 비로소 중국에 왔다. 안세고는 재주가 뛰어나고 민첩하여 한번 들으면 무엇이든 능통했다. 중국에 온 지 얼마 되지 않아서 중국어를 완전히 익혀서 여러 경전을 풀이하여 다른 지역 언어를 한어로 번역

---

7 道安, 「大十二門經序」, 『出三藏記集』 권6, 『大正藏』 권55, 46쪽 가운데.

하였다. 『안반수의安般守意』·『음지입경陰持入經』· 대소大小 『십이문十二門』 그리고 『백육십품百六十品』 등을 번역했다. 처음에는 외국 출신 삼장三藏인 중호衆護가 불교 경전의 요약을 27장으로 찬술하였다. 이것을 안세고는 중호가 편집한 7장을 분석하여 한어로 번역하였으니, 이것이 바로 『도지경道地經』이다. 그 즈음에 번역해 낸 경전이 35부이다. 그 뜻이 분명하고 문체가 적절하며 바르다. 논변을 하면서도 번다하지 않고, 질박하면서도 조잡하지 않다. 그것을 읽는 독자들은 모두 열심히 읽으면서 피곤한 줄 몰랐다.(以漢桓帝之初, 始到中夏. 世高才悟幾敏, 一聞能達. 至止未久, 卽通習華語, 于是宣釋衆經, 改胡爲漢. 出安般守意陰持入經大小十二門及百六十品等. 初外國三藏衆護撰述經要爲二十七章, 世高乃剖析護所集七章, 譯爲漢文, 卽道地經也. 其先後所出經凡三十五部. 義理明析, 文字允正. 辯而不華, 質而不野. 凡在讀者, 皆亹亹而不惓焉.)

승우는 또 안세고와 다른 번역가들을 비교하여서 다음과 같이 결론지었다.

천축국에서는 책을 '하늘의 책(天書)'이라고 일컫고 말을 '하늘의 말(天語)'이라고 한다. 발음과 뜻은 독특하고 기이하여, 한족의 언어와는 다르다. 이즈음 번역되었던 것들 가운데 오류가 매우 많았는데, 오로지 안세고가 번역한 것은 그 가운데 으뜸이었기 때문에 마치 성인을 보는 것과 다름이 없었다. 여러 대에 걸쳐서 뛰어난 인사들이 모두 칭찬하고 그를 높이 우러렀다.(天竺國自稱書爲天書, 語爲天語. 音訓詭蹇, 與漢殊異. 先後傳譯, 多致謬濫, 唯世高出經爲群譯之首. 安公以爲若及面稟, 不異見聖. 列代明德, 咸贊而思焉.)[8]

8 『出三藏記集』 권13, 『大正藏』 권55, 95쪽 위에서 아래까지.

이것은 바로 승우가 보기에, 안세고가 당시 가장 뛰어난 번역가였다는 것이다. 승우의 평가는 매우 일리가 있었다.

안세고와 거의 동시 혹은 약간 늦은 시기에 태어났으며, 안식국에서 낙양으로 와서 불경을 번역한 승려 혹은 불교 거사로는 안현安玄 · 담제曇帝 · 안법현安法賢 같은 사람이 있었다. 그 가운데에서 안현은 거사居士로서 한 영제 때 장사하러 낙양에 왔다가 공을 세워서 기도위騎都尉라는 관직을 받아 중국에 거주하는 안식국 출신 이주민이 되었다. 이후에 중국에 들어온 안식국 승려로는 서진西晉 시대의 안법흠安法欽이 있었다.

지루가참支婁迦讖은 대월지大月氏에서 왔다. 안세고와 마찬가지로 그의 이름에서 '지支' 자는 그가 대월지에서 왔다는 것을 표시하는 것이다. 대월지 역시 기원 전후 중앙아시아 지역에서 예전부터 이름난 나라였다. 대월지 사람들이 일찍부터 자리 잡고 살던 지역은 돈황敦煌 일대였다. 서한 초기에 흉노匈奴의 공격을 받아서 지금의 아프가니스탄과 그 주변 지역으로 이주해야만 했다. 한 무제는 처음으로 장건을 서역으로 파견하였으니, 그 가장 중요한 목적은 대월지와 연합해서 당시 중국 북방에서 한나라에 대항하고 있던 흉노족을 협공하자는 것이었는데, 이 목적은 달성되지 못했다. 그렇지만 대월지와 중국의 관계가 이것을 계기로 한층 강화되었다. 동한 시기 낙양에 살던 대월지의 이주민들은 이미 하나의 무리를 이루고 있었다. 이것은 문헌의 기록에서뿐만 아니라 고고학적인 발굴을 통해서도 증거들이 발견되었다.[9] 안세고와 마찬가지로 지루가참 역시 환제 말기에 낙양에 왔다. 그는 영제 광화光和에서 중평中平 연간(178-189) 때까지 여러 불경을 번역하였다. 이들 불경으로는 『반야도행품般若道行品』·『수능엄경首楞嚴經』·『반주삼매경般舟三昧經』과 같은 것들이 있었

9 예를 들어서 근대에 洛陽에서 발굴된 東漢 시대의 佉盧文井欄이 내용상 불교와 관련이 있다.

다. 나중에 중국 불교 발전에 중요한 영향을 끼친 경전들이다. 그의 번역에 대하여 동진 시대의 지민도支愍度는 "대체로 그가 번역한 불교 경전은 의미가 심오했다. 실질적인 내용을 숭상하였고, 문장을 꾸미는 것이 없었다.(凡所出經, 類多深玄. 貴尙實中, 不存文飾.)"[10]고 평가하였다. 승우는 『출삼장기집』에서 "대체로 이들 경전은 모두 본래 의미를 잘 살폈으며, 쓸데없는 수식을 하지 않았다.(凡此諸經, 皆審得本旨, 了不加飾.)"[11]고 하였다.

이런 평가는 모두 불교 번역의 초기 단계에서는 근본을 중시하고 질박하게 하는 것이 중요했다는 것을 설명하고 있다. 지루가참의 번역은 바로 이러한 특징을 잘 나타낸 것이다.

지루가참과 사정이 비슷하게도 이 시기에 대월지에서 중국으로 와서 경전을 번역한 승려 가운데 유명한 사람으로는 지량支亮이 있었다. 지량은 지루가참의 제자이고, 지량의 제자는 지겸支謙이다. 지겸은 월지 출신으로 한나라 때 낙양에 이주해 와서 살았다. 지겸은 세상에 유행하는 기예를 잘 익혔으며, 외모는 키가 크고 검은 피부에 눈은 흰자위가 많았으며 눈동자가 누런색이었다고 한다. 당시 사람들이 그를 가리켜서 "지 선생의 눈동자는 누렇고 몸은 비록 여위었지만 지혜롭다.(支郎眼中黃, 形軀雖細是智囊.)"고 하였다. 영제 말년 중원에는 분란이 끊이지 않았다. 지겸은 남쪽 지방 오吳나라로 옮겨 가 살았다. 오나라 손권孫權은 그가 지식이 풍부하고 매우 지혜롭다는 것을 듣고는(聞其博學有才慧, 卽召見之.) 곧 그를 불러 "박사에 임명하였다.(拜爲博士.)"[12] 지겸은 이즈음에 많은 불경을 번역하였는데, 그 가운데에는 오늘날까지 잘 알려진 『유마힐경維摩詰經』도 있다. 그는 중국에서 자랐기 때문에 한문漢文에 능숙하고 지식이 뛰어났다. 그리하여 불경 가운데 『무량수경無量壽經』과 『중본기경中本起經』

10 支愍度, 『合首楞嚴經記』, 『出三藏記集』 권7, 『大正藏』 권55, 49쪽 위.
11 『出三藏記集』 권13, 『大正藏』 권55, 95쪽 아래.
12 위와 같은 책, 97쪽 아래.

에 의거하여 한문으로 『찬보살연구贊菩薩連句』를 직접 지었고, 또 '범패梵唄 삼계三契'를 만들어서 불교 작품 창작을 처음으로 시도하였다. 지루가참 · 지량 · 지겸 이 세 사람을 통틀어서 '3지三支'라고 불렀다. 이들은 외국인이었지만, 학문이 풍부하고 행동이 고고하여 당시 사람들이 그들의 학문과 지식을 뛰어넘을 이가 없다고까지 칭찬하였다. 안식과 대월지국에서 온 승려 이외에도 이 시기 중국에서 불경을 번역하여 전파하던 외국의 승려로서 강승회康僧會가 있었다. 강승회는 강거康居 사람이다. 강거는 지리적으로 지금의 아프가니스탄 안에 있었다. 승회의 집안은 대대로 천축에 살았는데, 상업을 하느라 중국 남쪽의 교지交址로 이주해 와 살았다. 남쪽 오나라에는 원래 불교가 없었는데, 승회가 247년(적오赤烏 10)에 건업建業에 왔다. 손권은 그에게 사찰과 탑을 지어 주었는데, 이것이 강남에서 가장 오래된 사찰이다.

이 시기 순수하게 인도에서 중국으로 온 승려는 그리 많지 않았다. 기록이 있더라도 비교적 믿을 만한 것으로는 축불삭竺佛朔(?-?) 한 사람 정도이다. 『출삼장기집』과 『고승전』에는 지루가참을 언급하면서 축불삭이 천축에서 왔다고 말한 것이 있다. 그는 환제와 영제 때 낙양에 와서 지루가참과 다른 사람들의 도움을 받아 『도행반야경道行般若經』과 『반주삼매경般舟三昧經』을 번역하였다.[13] 그렇지만 이들 기록에서 세세한 내용은 분명하지 않아서 여러 가지 문제가 있기는 하다.(그림 6-1)

흥미롭고도 주목할 만한 것은, 중국에 가장 먼저 온 불교 승려는 대개 인도 본토에서 직접 중국에 온 것이 아니라 중앙아시아 지역에서 왔다는 것이다.[14] 이들은 당시 중앙아시아 지역에서 유행하던 불교 종파를 대표

---

13 위와 같은 책, 96쪽 위; 『高僧傳』 권1, 『大正藏』 권50, 324쪽 중간.

14 陳寅恪은 일찍이 이 점에 주의했다. 『高僧傳箋證稿本』 중에서 말한 것을 참조. "『高僧傳』 앞 3권에 의하면 譯經門正傳과 딸려 있는 이가 63명인데 天竺 사람이고 일컬어진 이는 겨우 16명이다. 이 16명 가운데 攝摩騰 · 竺法蘭 · 鳩摩羅什 등이 있는데, 혹 본

그림 6-1 동한 시기 불상佛像의 대좌臺座. 사천성 팽산현彭山縣에서 출토, 남경박물원南京博物院 소장.

인이 있는지는 의심이 없을 수 없다. 비록 天竺에서 나왔다고 해도 月支에서 살았거나 혹 龜玆 사람이 된 이가 몇 사람 있기도 하다. 그런데 漢明帝 때부터 梁武帝 때까지 450년 동안 역경사업에 참여한 이는 천축 사람이 4분의 1이며, 나머지는 모두 罽賓이나 서역 또는 涼州 사람이었다. 이것으로부터 六朝의 문화와 중앙아시아의 관계가 매우 긴밀하였다는 것을 알 수 있다." 蔣天樞, 『陳寅恪先生編年事輯』, 上海古籍出板社, 1981년, 83쪽. 이 방면의 구체적인 연구는 아직 미미한 상태이다.

하였다. 중앙아시아 지역과 고대 인도 서북 지역은 매우 가까운 지역으로 중앙아시아 불교는 고대 인도에서 유입되었다. 다만 전래되는 과정에는 새로운 발전과 특징이 있었다. 중앙아시아와 서북쪽 고대 인도의 불교는 중국 초기 불교 발전에 큰 영향을 끼쳤다. 나중에 중국에서 형성된 한문 불교 경전 『대장경大藏經』에는 내용과 형식 방면에서 이러한 점이 반영되었다. 어떤 의미에서는 당시 그러한 원인으로 말미암아 이후 중국 불교가 대승大乘과 의리義理 그리고 참선 수양(禪修)을 중시하는 방향으로 발전하게 되었다고도 말할 수 있다. 이러한 특징은 모두 인도 서북부와 중앙아시아의 몇몇 분파에서 유행하던 것이며, 더욱이 그 가운데에는 대부분 어느 정도 관계가 있다.

이와 같은 이유로 말미암아 중국 불교와 중국 불교로부터 발전해 온 동남아시아 불교는 뒷날 대개 북방으로부터 전래된 불교로서 오늘날 3대 불교 계통의 하나라고 일컬어지기도 한다. 이른바 북쪽에서 전래되었다고 하는 것은 바로 고대 인도를 기점으로 하여 북쪽으로 전파되었다가 동쪽으로 방향을 바꾸어 중국으로 들어왔다는 의미이다. 서쪽에서 온 인도 불교는 점차 중국식 불교로 변하여 한국 불교와 일본 불교로까지 발전하였다.

번역된 불경의 내용으로 말하자면, 안세고와 지루가참은 각기 특징을 가지고 있다. 안세고가 번역한 불경은 '선禪'과 '수數'에 중점을 두고 있는데, 이것 역시 도안이 말했던 "선과 수를 잘 닦는다.(善開禪數.)"라고 했던 것들이다. 선은 선법禪法으로서 좌선坐禪과 선관禪觀을 포함하는 것이다. 이것은 불교에서 수행하는 중요한 방식이다. 안세고가 처음으로 이것을 중국에 소개하였다. 중국 불교에서 선을 중시하여 강론하는 것은 실제로 이때부터 시작된 것이다. 당연히 이후 정황에 커다란 변화가 생겼다. 불교의 선과 선법 그리고 선의 이론에 다른 유파가 생겼으며 안세고가 번역하여 전한 것이 그 가운데 하나이다.

'수數'는 또 '대수對數'·'수법數法'·'수론數論'이라고도 부르며, '아비담阿毗曇'이나 '아비달마阿毗達磨'라고도 불리는데, 이것은 불교 특유의 학문으로서 귀납적인 분류를 한 것이다. 서수序數의 순서 배열에 의거하여 불교에 대한 기본적인 이론으로서 명사와 개념을 포괄하여 설명을 진행한 것이다. 이런 식으로 불교의 명상名相을 분석하는 방법은 복잡하게 서로 얽힌 듯한 불교의 이론을 파악하기 위한 것으로서 경전을 정리하고 기억해서 전파하는 데에는 확실히 쓸모가 있었다. 그것은 불교 사변철학에서 몸에 익혀야 하는 가장 중요한 것 가운데 하나이다. 안세고는 이것을 중국에 소개하여 당시 중국인들의 불교에 대한 이해를 확대하는 데에 크게 기여하였다.

지루가참의 번역은 모두 대승불교 경전이다. 특히 대승불교 가운데 반야般若 류의 경전인데, 예를 들어, 『반야도행품般若道行品』은 지루가참의 대표적인 번역이다. 그가 죽은 이후에는 삼국三國 시기 오나라 지겸이 번역한 『대명도무극경大明度無極經』과 후진後秦 시대 구마라집이 번역한 『소품반야경小品般若經』이 있다. 그 이후에는 현장玄奘의 번역들이 있다. 하나의 경전을 여러 차례 번역하는 것은 불경 번역에서 흔히 있는 일이다. 이렇게 다시 번역된 것들의 영향도 매우 컸다. 그 즈음의 변화는 이 시기 사상사의 변화를 반영하는 것이기도 하다. 반야 경전의 번역은 바로 이러한 면의 한 예이다.

'반야般若'는 번역된 명사로서 인도 언어에서 가장 기본적인 뜻인 '지혜智慧'이다. 그것은 당시 인도 불교 가운데 대승 분파에서 주장하는 새로운 이론으로서 세상 만물이 모두 인연因緣으로부터 생겨나며, 고정되어 변하지 않는 자성을 갖는 것은 없다는 뜻으로서 이른바 '연기성공緣起性空'을 말한다. 세상의 모든 인식과 그것의 대상은 모두 헛되어 실체가 없는 것으로서 다만 '반야'를 획득하거나 이러한 특수한 지혜를 말하는 것을 통해서 비로소 망령된 생각을 제거하고 세상의 본질을 인식하여 파악하면

해탈을 할 수 있다는 것이다. 이러한 이론은 중앙아시아 지역을 포괄하고 있던 고대 인도 서북부 지역의 불교 유파에 커다란 영향을 주었던 것 같다. 지루가참이 처음으로 그것을 중국에 소개해 준 것 역시 결코 우연이 아니다. 그것은 한편으로는 지루가참이 가졌던 문화적 소양과 사상의 배경을 나타내는 것이며, 다른 한편으로는 당시 중국인들이 외국에서 전래된 새로운 종교와 철학 사상을 받아들일 때 가지고 있었던 개방성을 보여주는 것이기도 하다. 그러므로 반야사상은 중국 철학의 사변적인 범주에 새로운 명제를 더해 주었던 것이다.

안세고와 지루가참이 번역한 경전의 내용을 통해서 이후 위진남북조 시기와 그 이후 긴 시기 동안 중국 불교가 '의학義學' 방면으로 발전해 간 범위와 방향을 볼 수 있게 해주었다.

2천 년 전 중국인에 대하여 말해 보자면, 다른 지역에서 전해진 불교와 불교 경전에서 말하는 이론들이 대승이든 선이나 아비담이든 이러한 모든 것들이 매우 신선하고 신기하였을 것이다. 이러한 정황은 당시 문헌, 예를 들면 번역된 『사십이장경四十二章經』과 중국인의 저작인 『모자이혹론牟子理惑論』 가운데에서 분명히 볼 수 있다.[15]

15 『四十二章經』과 「牟子理惑論」의 연원·번역·작성 시기 및 작가에 대하여 오랫동안 논란이 있었다. 그러나 여러 증거 자료에 의하여 그것들이 모두 東漢 시대의 작품이라는 데에는 의심의 여지가 없다.

제2절

중원에서의 불교 발전

1. 제왕帝王과 귀족의 불교

불교가 중원 지역에 전래된 초기에는 사회적으로 커다란 영향을 끼치지 못했다. 이 점은 역사와 고고학 방면에서 모두 검증된 것이다. 한위漢魏 시기의 역사서 가운데 불교에 관한 기록은 그다지 많지 않다. 이 시기 불교와 관련이 있는 고고학적인 발견이 있기는 하지만, 역시 많지는 않다.[16] 처음에 불교를 믿는 중국인이 있기는 했지만, 중국에 살고 있던 외국인이 더 많았을 것이다. 그렇지만 시간이 흐름에 따라서 중국인들의 불교에 대한 이해가 점차 증가하였고, 불교가 점점 더 중국인의 신앙으로 진입하게 되었다.

한 명제漢明帝가 꿈에 금으로 된 사람을 보고는 사신을 보내서 불법을 구하여 오라고 했다는 것을 완전히 믿을 수는 없을 것이다. 다만, 한 명제

16 四川省 樂山市 麻浩의 漢나라 崖墓에서 나온 돌 조각에는 불상과 매우 닮은 것이 있다. 東漢의 搖錢樹에도 불상처럼 보이는 모습이 있다. 이것은 불교나 불상이 이미 민간에 일정 정도 영향을 끼치고 있었다는 증거일지도 모른다. 다만, 이러한 것들이 불상이라고 하더라도 불상이 나타난 배경을 볼 때, 일반 백성들의 불교에 대한 이해는 아직 매우 조잡하거나 제한되었다는 것을 알 수 있다. 불상이 여기에서는 장식용으로 쓰였다가 나타난 것이지, 신앙이나 숭배의 대상이었다고 말할 수는 없다.

의 동생인 초왕楚王이 불교를 숭배하였다는 기록이 역사서에 분명히 나와 있다. 『후한서』 권42 「초왕영전楚王英傳」에는 초왕 영英이 젊었을 때 유협遊俠을 좋아하여 빈객들과 어울렸고, 나이가 들어서는 황로학黃老學을 더욱 좋아해서 부처에 대한 제례를 거행했다는 기록이 있다. 그는 일찍이 '누렇고 하얀 비단(黃縑白紈)'을 초나라 재상에게 보내어 명제에게 죄를 용서해 달라고 했었다. 명제는 조서를 내려서 초왕을 다음과 같이 위로하였다.

> 초왕은 황로학의 오묘한 말씀에 통달하였고, 부처의 자애로운 제례를 받들었다. 3개월간이나 재계하여 신에게 맹서를 올렸다. 어찌 미워하고 의심하겠는가? 후회하고 아쉬워해야 할 것이다. 속죄하도록 할 것이니 우파사카(伊蒲塞, Upāsaka의 음역, 5계五戒를 받은 재가在家 남성 불교도)와 불교 승려(桑門)들의 성찬을 꾸리게 하고자 한다.(楚王通黃老之微言, 尙浮屠之仁祠, 潔齋三月, 與神爲誓. 何嫌何疑, 當有悔吝? 其還贖, 以助伊蒲塞桑門之盛饌.)[17]

이 단락의 글은 이제껏 불교가 중국에 전래된 것과 관련하여 가장 오래되고 믿을 만한 기록의 하나로 여겨졌다. 초왕 영의 고사는 매우 의미가 있다. 이것은 당시 사회에서 가장 상층부에 있던 왕공 귀족의 불교에 대한 이해와 수용 방식을 설명해 주는 것이다. 동한 후기 환제도 궁중에 '황제와 노자 그리고 부처의 사당을 세웠다'고 한 것 역시 같은 정황을 설명하는 것이다.[18] 이것은 비록 엄격한 의미에서 불교신앙이라고 할 수는 없지만, 불교가 당시 최상부층인 궁중에서 어느 정도 받아들여진 상태라고

17 『後漢書』 권42 「楚王英傳」, 中華書局, 1965년 표점본, 제5책, 1,428쪽.
18 『後漢書』 권20 「襄楷傳」에 襄楷가 桓帝에게 올린 글에 나온다. 1,082쪽.

말할 수는 있을 것이다.

2. 국왕의 후원과 북방에서의 도안의 활동

불교가 진정으로 크게 발전한 때는 한위 이후 양진과 남북조 시대이다. 어떤 의식 형태가 사회적으로 영향력을 가지기 위해서는 여러 가지 조건이 필요한데, 한편으로 그 자신뿐만 아니라 다른 한편으로 사회 정치 및 이로부터 유발되는 인심의 변화 역시 매우 중요한 요소라고 할 수 있다. 한나라 말기 삼국 시기에 사회는 매우 혼란스럽고, 각 지방의 군벌들은 서로 싸우느라 백성들의 생명이 매우 위태로운 시기였다. 그 후 비록 서진西晉 시기 동안 짧으나마 통일의 안정기였지만, 서진 말년 발생한 '8왕의 난(八王之亂)'과 이어서 북부 중국에서 민족 간의 다툼과 살상이 이어졌다. 이런 혼란과 잔혹한 상황이 이전 역사에서는 없었다. 진 왕조가 남쪽으로 천도하고 북방의 몇몇 소수민족의 수령 또는 군벌들이 세운 정권이 돌아가면서 할거하는 형편이었다. 북방에 살던 보통의 한족 백성들 가운데 일부가 진 왕조를 따라서 남쪽으로 옮겨 와 살았지만, 대부분은 북방에 남을 수밖에 없었다. 일부는 남은 무리들을 모아서 스스로 지켜야만 했고, 일부는 새로 들어온 소수민족들의 통치를 받아야만 했다. 이러한 국면에서 더 많은 사람들이 불교의 탄생에 관심을 갖고 불교신앙을 받아들였다. 이 시기 북방 지역을 다스리던 소수민족의 우두머리들은 다른 민족의 신분으로 중국에 들어왔기 때문에 심리적으로는 불교를 더욱 쉽게 받아들일 수 있었다. 그러므로 불교에 대하여 우호적인 태도를 가지고 있었다. 갈족羯族이 세운 국가인 후조後趙에서 한족 출신의 대신인 왕도王度는 중국인의 출가를 금지하라고 건의하였다.(그림 6-2) 황제 석호石虎는 이것에 대하여 다음과 같이 회신하였다.

그림 6-2 후조後趙 건무建武 4년(338)에 만든 유금동좌상鎏金銅坐像.

그대 의론에는 부처가 외국의 신이라서 천자와 화하華夏의 땅에서 받들어야 할 바가 아니라고 하였다. 짐은 변경에서 태어났지만 다행스럽게도 중국에서 군림하게 되었다. 제사 음식을 바치는 것은 우리 본래의 습속과 겸하는 것이다. 부처는 서쪽 오랑캐의 신으로서 마땅히 받들어야 한다. 제도라는 것이 위에서부터 행해지면 영원히 법도로 정해지기 마련인 것이다. 진실로 섬기는 것에 잘못이 없다면 어찌 앞 시대의 일에 구애받겠는가? 저 후조後趙와 모든 이민족들이 제사에 지나치게 몰두하는 것을 그치고 부처를 기꺼이 모시어 모두 올바르게 도를 따라야 할 것이다.(議云佛是外國之神, 非天子諸華所可宜奉. 朕生自邊壤, 忝當斯運, 君臨諸夏. 至于饗祀, 應兼從本俗. 佛是戎神, 正所應奉. 夫制由上行, 永世作則. 苟事無虧, 何拘前代? 其夷趙百蠻有舍其淫祠, 樂事佛者, 悉聽爲道.)[19]

중국은 춘추 시대로부터 화이華夷 의식을 가지고 있었다. 여기에도 알게 모르게 불교를 통해서 반영된 것이 있다. 석호石虎가 이런 말을 하였다는 것은 이상할 것이 없다. 서역에서 들어온 승려 불도징佛圖澄은 석륵石勒과 석호石虎의 존중을 받아서 국사國師가 되었다. 석륵과 석호의 지지를 받았기 때문에 불도징이 북방에서의 불교 보급 활동에서 크게 성공하였던 것이다. 동진東晉 16국으로부터 남북조 시기에 이르기까지 불교가 북방에서 크게 발전하였던 것은 불도징과 관련이 있다.

서진 말기부터 동진 초기까지 중국 불교의 발전에 크게 공헌하고 영향을 끼친 두 승려를 들자면, 북쪽에서 주로 활동하던 도안과 남쪽에서 주로 활동하던 혜원이다.

도안의 본래 성은 위衛로서 상산常山 부류扶柳(지금 하북의 기현冀縣) 사람이다. 그는 312년(서진 원가元嘉 6)에 태어나서 385년(전진前秦 부견符堅

19 『高僧傳』 권9 「佛圖澄傳」, 『大正藏』 권50, 385쪽.

의 건원乾元 21)에 죽었다.[20] 도안은 대대로 학자 집안 출신인데, 부모가 일찍 돌아가셔서 외사촌 형인 공孔씨가 길렀다. 그는 7세에 공부하기 시작하였고,[21] 12세에 출가하였다. 당시 북방 대부분 지역이 이미 갈족羯族 우두머리가 건립한 정권인 후조後趙의 통치를 받고 있었다. 335년(동진 함강咸康 원년)은 또한 후조 건무建武 원년이기도 했다. 후조 황제인 석호는 수도를 업성鄴城(지금 하북의 임장臨漳)으로 옮겼다. 석호는 불교를 믿어서 서역에서 온 승려 불도징佛圖澄을 '대화상大和上'에 임명하였다. 도안이 업성에 가서 공부할 때, 불도징을 우연히 만나서 "하루 종일 함께 대화했다.(與語終日)"고 할 정도로 불도징의 칭찬을 들었다. 많은 사람들이 도안의 피부가 검고 용모가 별로인 것을 보고 처음에는 그를 경시하였다. 그러나 불도징은 여러 사람에게 도안의 학식이 매우 뛰어나니 보통 사람들이 가벼이 어울릴 수 있는 사람이 아니라고 말하였다. 도안은 이때부터 불도징의 제자가 되었다. 불도징이 매번 강론을 할 때, 도안은 언제나 쭉 다시 읊을 수 있을 정도였다. 매번 다시 강론할 때마다 사람들이 여러 가지 의문점을 제기하였고 그가 예리하고도 상세하게 해설해 주었다. 그러므로 당시 "얼굴에 흑칠을 한 사람이 주위 사람을 놀라게 한다.(漆道人, 驚四隣.)"는 말이 유행할 정도로 그의 변론 능력을 칭찬하였다.

349년(동진 영화永和 5)에 후조의 석호가 죽었다. 후조는 국경이 갈리면서 새로운 혼란상에 빠져들어 전란이 그치지 않았다. 이때 도안은 업성을 떠나서 하북河北 · 산서山西 · 하남 등지로 전란을 피해 다녔다. 365년(흥녕興寧 3), 전연前燕의 군대가 낙양을 공격하여 점령하였다. 도안은 동진이

20 道安의 생몰년에 대해서는 지금 남아 있는 자료의 기록들이 일치하지 않는다. 이것은 湯用彤이 『漢魏兩晉南北朝佛敎史』에서 추정한 것을 따른 것이다. 中華書局, 1983년 重引本, 上冊, 138쪽.

21 道安의 사적은 주로 『出三藏記集』 권15 「道安傳」과 『大正藏』 권55, 107쪽 아래에서 109쪽 중간까지 나오며, 『高僧傳』 권5, 『大正藏』 권50, 351쪽 아래에서 354쪽 위까지 나온다.

다스리는 양양襄陽 땅으로 옮겨 가기로 결정하였다. 그는 자신의 무리를 데리고 신야新野(지금은 하남에 속해 있다.)에 다다르고 나서 일행에게 "지금 흉년의 때이니, 군주에게 의지하지 않으면 불교를 전파하기 어렵지만 백성들을 교화하는 본분을 널리 펴야 옳을 것"이라고 하였다. 그는 제자들 가운데 일부는 양주揚州와 촉중蜀中으로 가서 불교를 전하도록 하였고 자신은 나머지 대부분을 이끌고 양양으로 갔다.

도안이 양양에 있던 기간이 15년 가까이 됐다. 양양에서의 15년은 도안의 일생에서 불교활동에 종사하던 매우 중요한 시기로서 그 자신이 불교계 안팎으로 명망을 얻었다. 그는 해마다 『방광반야경放光般若經』을 강의하였다. 또 동진의 관료나 명사들과 교유하며 깊은 신임을 얻었다. 양양의 명사인 습착치習鑿齒는 그를 한 번 본 다음에 몹시 흠모하게 되어 사안謝安에게 편지를 써서 다음과 같이 도안을 칭찬했다.

> 여기에 와서 승려 도안을 만났는데, 본디 매우 뛰어난 예사롭지 않은 도사였다. 제자가 수백 명이나 되며 강단에서 강의하는 데 지칠 줄 모른다. 변신술 같은 얕은 기술도 없으며, 보통 사람들의 눈과 귀를 홀리게 하는 일도 없다. 위엄이나 힘을 가진 것도 없이 흩어져 있는 일반 백성들을 정연하게 할 줄도 알았다. 제자들은 엄숙하며 서로 존중할 줄 알았고 많은 사람들이 모여 있었지만, 나는 이제껏 이런 사람들을 본 적이 없다. 그 사람들은 진실하고 박식하였다. 배워서 익힌 것이 두루 미치지 않는 것이 없었다. 내외의 책들을 대략 살펴보니, 음양과 산술에 관한 것이었는데, 이 역시 두루 통달해 있었다. 불교 경전의 오묘한 뜻을 능숙하고 매끄럽게 설명해 주었다. 그가 말한 뜻은 법란이나 법도가 하는 것과도 같았다. 그대가 나와 함께 만나보지 못한 것이 안타까워서 매번 말할 때 생각나는 대로 써두었다.(來此見釋道安, 故是遠勝非常道士. 師徒數百, 齋講不倦. 無變化伎術可以惑常人之耳目, 無重威大勢可以整群小之參差. 而師徒

肅肅, 自相尊敬, 洋洋濟濟, 乃是吾由來所未見. 其人理懷簡衷, 多所博涉, 內外群書, 略皆遍睹, 陰陽算數, 亦皆能通. 佛經妙義, 故所遊刃. 作義乃似法蘭·法道. 恨足下不同日而見, 其亦每言思得一敍.)[22]

379년(동진 태원太元 4)에 전진前秦의 군대가 양양을 공격하여 도안을 장안으로 데리고 갔다. 도안이 장안에 자기 스스로 간 것은 아니었지만, 전진의 황제는 그를 매우 존중했다. 많은 일들에 관하여 그에게 자문하였다. 당시 전진은 북방 대부분 지역을 다스렸고, 도안은 진정으로 북방 불교의 지도자였으며, 동시에 남방에도 큰 영향력을 가지고 있었다. 도안은 자신과 부견의 좋은 관계를 이용해서 장안에서 불경 번역 팀을 조직하여 승단을 이끌고 당시 승단의 규율을 정비하였으니, 이것을 통해서 북방 불교가 크게 발전할 수 있었다. 그는 도성 안의 오중사五重寺에 거처하였는데, 불법을 전할 때에는 승려와 대중이 수천 명이나 되었다. 그는 세상의 일들을 잘 알고 있었으니, 정치 상황에 대해서도 매우 예리한 시각을 가지고 있었다. 전진의 국력이 거의 동진을 뛰어넘었다고 할 수 있었을 때 여유로운 말투로 부견에게 동진을 치지 말 것을 권했다. 부견이 이 말을 듣지 않고 383년(동진 태원 8)에 비수淝水에서 크게 맞붙었다가 전진의 군대가 크게 패하였다. 전진은 이 때문에 끝내 멸망하였다. 비수의 전투가 있었던 다음 해에 장안은 서연西燕과 후진後秦의 군대에게 포위되었다가 침공을 당해서 크게 혼란에 빠졌다. 다시 1년 후에 도안은 장안에서 세상을 떠났고 같은 해 부견도 전란 중에 죽었다.

도안의 일생 가운데 오랜 기간이 전란의 와중에 처해 있었다. 이 시기에 불교가 중국에서 진정으로 받아들여졌으며 점차 중국의 사회와 정신

22 『高僧傳』 권5 「道安傳」, 『大正藏』 권50, 352쪽 아래. 『出三藏記集』 권15 「道安傳」 단락의 인용문은 각기 좀 다르다.

문화 가운데에 진입해 들어갔다. 도안은 이 시기 중국 승려 가운데 대표적인 인물이며, 불교에 대하여 여러 방면에서 공헌을 하였다. 우선, 그는 자신의 신앙을 유지하였고, 동시에 중국의 정치문화 구조의 특징을 깊이 이해하고 있으면서 더욱이 군주에게 의지하지 않으면 불법을 전파하기 어렵다는 현실 사정도 잘 알고 있었다. 그는 시대 흐름을 잘 이용하여 이로운 것을 취하고 해로운 것은 피하면서 황제나 국왕 그리고 여러 권세를 가진 통치자들과 교유하면서 불교의 발전을 위해서 힘썼다. 이런 점에서 이후 시대 불교계의 영수로서 모범을 보인 인물이라고 할 수 있다.

다음으로 도안은 진정한 불교 교리의 이해를 위해서 가능한 한 그때 구할 수 있는 불경 번역본을 모두 구해다가 심도 깊은 연구를 하였다. 그는 모든 수단을 다 이용해서 불경을 번역하는 사업을 진작시켰고 국왕과 왕공 귀족들의 지원을 얻어냈다. 그리하여 불경 번역이 이전에 산발적이며, 작은 규모로 진행하던 것에서 벗어나 처음으로 국가적인 사업으로 진행하게 되어서 그 어느 때보다 성황을 이루었다. 그의 사업 추진을 통해서 인도에서 온 승가제파僧伽提婆 · 담마난제曇摩難提 · 승가발징僧伽跋澄 등이 여러 불교 경전을 번역하였다. 『아함경阿含經』과 설일체유부說一切有部(薩婆多部, Sarvāstivāda의 범문 음역)론에 관한 책을 번역해서 한어로 번역된 불경이 매우 풍부해졌다.

또 도안은 불경을 수집하고 정리하는 과정에서 우선적으로 완정한 한역 불경 목록인 『종리중경목록綜理衆經目錄』을 편찬하였다. 이 책은 『도안록道安錄』이라고도 불린다. 원서는 비록 없어졌지만, 대부분의 내용은 제량齊梁 시대 승우僧祐가 편찬한 『출삼장기집出三藏記集』 안에 들어 있다. 중국 목록학사상 이 두 책은 매우 중대한 의의를 가지고 있다. 도안은 불교 공부를 하면서 동시에 중요한 불경 번역에 많은 '서序'와 '기記'를 썼다. 이것 때문에 바로 이들 서와 기를 통해서 초기 불교 역사와 관련된 많은 자료가 보관되어 내려올 수 있었다. 도안은 격의格義의 방식으로 불교를 이해하고 강론하는 것을 반대했다. 그는 불경에 주석을 달아서 불교 자체의 이론적인 독립성을 쟁취하고자 하였다.

승단의 기율과 조직 방면에서 도안의 공헌은 더욱 중요하다. 그는 승려가 세속의 성씨를 없애고 '석釋'을 성씨로 할 것을 주장하였다. 도안으로부터 시작해서 이것이 중국 불교에서 현재에 이르기까지 줄곧 지켜지고 있는 규칙이다. 그는 직접 '승니궤범僧尼軌範'을 제정하여 승단의 집단생활을 하면서 경전을 설파하고 불법을 전하거나 먹고 사는 일과 평상시의 종교 규약 등에 대하여 상세한 조항을 만들었다. 이러한 규정은 이후 시대에 비록 약간의 변동은 있었지만, 오늘날까지 기본 형식과 내용에는 큰 변화가 없다.

중국 불교는 도안의 시대에 이르러서 종교가 되었으며, 이제는 더 이상 도가에서 신선을 숭배하는 것과 같은 것이 섞여 있는 신앙이 아니었다. 그리고 현학과 같은 사상 형태에 기댈 필요가 없게 되어서 중국 사회에서 독립적으로 존재할 수 있게 되었다.

도안의 제자 가운데 가장 유명한 이로는 혜원慧遠과 승예僧睿 등이 있었다. 처음에는 도안이 북방에 큰 영향을 끼쳤지만, 나중에는 북방에만 국한되지 않았다. 이 때문에 도안은 이 시기 불교에서 가장 유명한 인물이 되었다.

3. 구마라집鳩摩羅什과 그의 제자들

도안보다 약간 늦은 시기 매우 뛰어난 재주를 가진 이로서 중국 불교사상 가장 중요한 승려가 바로 구마라집이다. 구마라집은 고대 소수민족 출신의 걸출한 인물로서 중화문명에 대단한 공헌을 했다. 구마라집은 서역의 구자龜茲(지금 신강의 고차庫車)에서 왔다. 그의 선조는 원래 인도에 있었으며, 집안이 대대로 나라의 재상을 지냈다고 전해진다. 다만 그의 부친이 재상의 지위를 계승하기 싫어서 출가를 하였고, 동쪽 총령葱嶺을 건너 인도에서 구자에 왔다고 한다. 구자 국왕은 국사로 맞았으며 또한 자신의 누이를 그에게 시집보냈고, 나중에 구자에서 구마라집을 낳았다. 구마라집은 비록 인도의 혈통이지만, 실제로는 구자국 사람이다. 고대 구자 민족은 한족이 아니었고, 중국 고대 소수민족 가운데 하나였다. 구마라집의 생졸연대에 대하여는 문헌의 기록이 일치하지 않는다. 비교적 믿을 만한 설은 그가 403년(후진後晉 홍시弘始 5) 아니면 413년(동진 의희義熙 9)에 죽었다는 것이다. 죽었을 때 나이가 70세이고, 이것으로 추산해 보면 그는 분명히 344년(동진 건원 2)에 태어났을 것이다.

구자는 역사적으로 이른바 실크로드 북쪽 노선에서 가장 중요한 나라로서 불교가 일찍이 이곳에 전해졌다. 위진 시기에 이르러서 불교는 구자에서 이미 매우 흥성하였다. 구자는 이 때문에 일찍부터 서역 불교의 중심지 가운데 하나가 되었다. 구마라집의 어머니는 불교를 믿었으며, 구마라집을 낳은 다음 곧바로 출가하려고 하였지만 남편이 허락하지 않았다. 구마라집이 7살이 되자 어머니는 마침내 출가를 허락 받았다. 그 역시 어머니를 따라서 함께 출가하였다. 구마라집은 어려서부터 타고난 재주가 뛰어났고 매우 총명하였다. 출가한 다음 스승이 그에게 경전 암송을 시켰더니, 그는 하루 만에 게송偈頌 1천 수를 외웠다. 9세 때 그는 어머니를 따라서 인도의 계빈罽賓(지금의 캐시미르Kashmir)으로 갔다. 계빈은 서역 불교 본거지 가운데 하나로서 많은 불교도의 큰 스승을 길러낸 곳이다. 그리고 많은 중요한 불교 저작이 여기에서 편찬되어 완성된 곳이기도 하다. 위진魏晉에서 당대唐代에 이르기까지 중국에 와서 불교를 전파하고 불경을 번역한 인도의 승려들 가운데 대부분이 계빈에서 온 이들이었다. 계빈의 불교가 이 때문에 중국 불교, 특히 중국 불교가 발전하던 전기 단계에 밀접한 관계를 가지고 있는 것이다. 구마라집은 계빈에서 이름난 스승에게 불교의 경전을 배워, 불교 지식 면에 큰 성취를 얻을 수 있었다. 3년 뒤에 그의 어머니는 그를 데리고 계빈을 떠나 귀국하였는데 중간에 사륵沙勒(지금의 신강 카슈가르Kasyukareu 일대)에서 1년 동안 살았다. 사륵은 동서 교통의 요충지로서 서쪽으로 총령葱嶺을 넘으면 대월지에 도달할 수 있고 동남쪽으로는 남도의 사차莎車(지금 신강의 야르칸드Yarkant), 우전于闐(지금 신강의 화전和田, Khotan), 자합子合(지금 신강의 엽성현葉城縣)을 거쳤다. 이들 지역들에 모두 불교가 유행하였는데, 대부분 대승불교였다. 구마라집은 사륵에서 여러 종류의 불교 경전과 다른 전적들을 한층 더 공부했다. 그는 매우 신속하게 깨달아 이들 경전을 익혔다. 현지 국왕과 승려들의 존경을 받았다. 이때 그는 사차莎車에서 온 대승불교 승려를 만났는데 그에게서 대승의 경전을 배웠다. 그는 처음에는 회의에 빠지기도 했지만, 빠르고 완전하게 대승의 이론을 습득하였다. 이때부터 대승을 믿는 승려가 되었다.

사륵에서 구마라집은 또 어머니를 따라서 구자 서쪽 온숙溫宿(지금 신강의 아극소阿克蘇)에 이르렀다. 온숙에서 그는 '외도外道'와 논변을 벌여서 승리하여 이로부터 큰 명성을 떨치게 되었다. 구자국 국왕은 직접 온숙에 와서 그와 그의 어머니를 맞아 귀국하도록 하였다. 구자에 돌아온 이후 그는 늘 설법을 강론하고 대승의 교리를 전파하였다. 이때 그의 나이가 아직 스물이 되지 않았다.

구마라집의 명성이 점점 높아졌다. 그의 이름은 서역의 여러 나라 사람들에게 잘 알려져 있었으며 이 소식은 장안에까지 전해졌다. 382년(전진前秦 건원 18)에 부견이 대장군 여광呂光을 파견하여 서역을 토벌하게 하였다. 원정을 떠날 즈음에 부견은 특별히 여광에게 구자를 공격한 다음 곧바로 구마라집을 장안으로 보내라고 명했다. 이러한 정황으로 볼 때, 부견이 양양을 공격하였을 때 즉시 군대에게 도안을 장안으로 보내게 한 것과 똑같다. 여광이 지휘하는 군대는 머지않아 구자를 공격하고 그 다음에 구마라집을 양주涼州(지금 감숙 무위武威)로 데리고 돌아갔다. 그러나

이 시기 부견은 이미 죽었고, 전진이 후진後秦으로 대체되어 있었다. 여광은 곧바로 양주를 차지하고 왕이 되어 후량後涼을 건국하였다. 구마라집은 후량에만 머물렀다. 후진 황제 요장姚萇이 구마라집의 명성을 듣고는 장안으로 오라고 요청했다. 그런데 후량에서 구마라집을 놓아 주지 않았다. 401년(후진 홍시弘始 3)에 이르기까지 요장이 요흥姚興을 계승하고 당시 부견이 하던 것처럼 군대를 파견하여 후량을 멸망시키고 나서야 비로소 구마라집을 장안으로 오라고 요청했다. 이 시기에 구마라집은 양주에서 이미 16년을 살았다.

부견과 마찬가지로 요흥 역시 불교를 믿었다. 구마라집이 장안에 도착하자 요흥은 바로 국사國師로 그를 대우하여 그에게 불경을 번역하고 불법을 강론할 것을 요청했다. 요흥 본인 역시 늘 직접 그에게 가서 강론을 들었으며, 황제의 신분으로서 구마라집이 번역하는 데에 많은 후원을 해주었다. 어떤 때에는 직접 번역에 참여하기도 하였다. 요흥이 이러하니 문무백관이 따르지 않을 수 없었고, 금세 불교가 관중關中에서 성황을 이루었다.

구마라집이 장안에 오고 나서 거의 12년이 흘렀고, 불경 35부를 번역하여 모두 294권이 되었다.[23] 중국에서 불경의 번역 사업은 한나라 말기 확실하게 기록이 된 안세고로부터 따져서 구마라집까지 벌써 100여 년이 되었다. 이전에 번역한 불경의 수량이 이미 적지 않아서 커다란 성과를 얻었다고 말할 만하다. 불교가 중국에서 이미 커다란 영향을 끼치게 되었다. 다만, 불교의 이치를 이해하고 불교 특유의 술어 내지는 경전의 전모를 이해해야 하는데 중국인들이 아직까지는 이해가 충분하지 않았다. 이런 원인으로는 문화적인 차이가 있으며, 경전을 번역하는 과정에서의 문제도 있었다. 이들 문제는 피할 수 없는 것들이었다. 인도와 서역에

23 이것은 『出三藏記集』 권2에 의한 것으로, 그 밖의 다른 책의 기재 내용은 좀 다르다.

서 온 불교가 어떻게 중국인들에게 이해되고 받아들여졌으며, 또 어떻게 개조되는지 하나의 과정을 거치기 마련이었다. 불경의 번역은 이러한 과정 가운데에서 중요한 하나였다. 초기에 서역 혹은 인도에서 온 승려들은 중국어를 몰랐고, 번역을 도와주는 중국인들은 외국어를 몰랐던 것이 번역의 질에 영향을 끼쳤다. 구마라집은 달랐다. 불교의 교리 방면에서 그는 대사大師 정도의 인물이었다. 언어 방면에서 그는 범어梵語와 서북 지역이나 북방의 호어胡語에도 정통하였다는 것은 말할 나위가 없었다. 그는 장안에 도착하기 전에 이미 양주에 16년 동안 살았으니, 중국어도 어느 정도 능숙하게 구사할 수 있었으며 한족의 전통 문화에 대해서도 비교적 깊이 이해하고 있었다. 이와 같이 학식과 경력을 가진 동시에 당시 가장 훌륭한 중국인 승려와 학자들의 도움을 받을 수 있었으니, 구마라집이 번역한 불경의 질은 상당히 높았다. 그는 번역할 때 "손에는 서역의 불경을 쥐고 입으로는 번역을 하였다. 두 가지 서로 다른 언어로 풀이를 하면서 글의 뜻을 비교하고 검토하였다.(手執胡本, 口宣奏言. 兩釋異音, 交辯文旨.)"[24]고 할 정도였다. 과거에 번역된 불경 가운데 몇몇 명사와 어휘에 대하여 그는 정확하게 원문의 뜻을 전달할 수 없다고 여겼기 때문에 곧바로 다시 고쳤다. 번역할 때는 내용과 형식이 잘 어우러져야 하는데 그가 번역해 낸 불경에서 내용상 표현과 어휘 응용 등의 방면에서 모두 이전에 볼 수 없었던 수준에까지 도달하였다. 그가 번역한 몇몇 경전은 표현이 유창하고 글귀가 아름다웠다. 그 가운데 몇 구절은 중국인의 고전 작품과 비교해도 전혀 손색이 없었다. 그리하여 구마라집은 중국 불교사에 있어서 가장 저명한 번역가 가운데 한 사람이 되었다.

그리고 구마라집이 번역한 불경과 그의 강론 활동은 이후 중국 불교사에 학파와 종파의 형성을 촉진하는 역할을 하였다. 그가 다시 번역한 대

24 僧睿, 「大品經序」, 『大正藏』 권55, 53쪽 중간.

품과 소품의 『반야경』과 『대지도론大智度論』은 번역 언어가 유창하여 당시 대승반야학설의 전파에도 영향을 끼쳤다. 이러한 학설이 나중에는 중국 불교의 각 종파에서 그것을 가지고 종파 이론 체계를 세우는 데 중요한 자원을 제공해 주었다. 인도 불교 대승 중관학파中觀學派의 3부경전三部經典인 『중론中論』·『백론百論』·『십이문론十二門論』이 있는데, 그는 이것을 번역하여 체계적으로 이 학파의 학설을 소개하였다. 남북조 시기 중국의 한 학파가 나중에 이것을 가지고 종파를 세워서 '삼론종三論宗'이라고 부른다. 똑같이, 이 시기 출현한 불교학파인 '성실종成實宗' 역시 그가 번역한 『성실론成實論』을 가지고 종파를 세우고 이름으로 사용하였다. 그가 번역한 『묘법연화경妙法蓮華經』은 수당隋唐 시기에 흥성한 천태종天台宗의 기본 경전이다. 다른 하나는 당대 흥기한 불교 종파 정토종淨土宗으로서 그들이 의거한 경전은 '정토삼경淨土三經'이며, 3경 가운데 『아미타경阿彌陀經』(그림 6-3) 역시 구마라집이 번역한 것이다. 이밖에 그가 번역한 『금강반야경金剛般若經』은 선종禪宗에 큰 영향을 끼쳤다. 『미륵성불경彌勒成佛經』과 『미륵하생경彌勒下生經』은 민간의 미륵신앙에서 쓰는 경전이다. 그가 다시 번역한 『유마힐경維摩詰經』은 당시로부터 이후 1천여 년 동안 중국 문인사대부에게 매우 큰 영향을 끼쳤다. 당대의 유명한 시인 왕유王維는 자字가 마힐摩詰인데 이름이 여기에서 유래한 것이다. 그가 다른 인도 승려 몇 명과 함께 번역한 『십송률十誦律』은 중국에서 처음으로 온전하게 번역한 불교 계율이다. 간단하게 말해서 당시 인도 불교에서 가장 중요한 경전들을 구마라집이 번역하여 중국에 소개해준 것이다.

장안에 구마라집의 제자들이 많았다. 그의 번역 활동은 실제로 한편으로는 번역을 하고 한편으로는 강론을 하며 익히는 것이다. 제자가 많을 때는 수천 명에 달했는데, 그 가운데에는 걸출한 자도 여럿 있었다. 그들 가운데 가장 유명한 이는 승조僧肇(374-414?)·도융道融·승예僧睿 그리고 축도생竺道生(355-434)인데, 이들을 '집문사성什門四聖'이라고 부른다.

그림 6-3 인도의 승려 구마라집(344–413)이 후진 시대에 장안에서 번역한 『아미타경』. 사고전서의 일부. 글에 앞서 그림이 배치되어 있으며 경전 내부를 보호하는 장식적인 외피가 있다. 대만 국립고궁박물원.

불교사에는 '집문팔준什門八俊'이나 '집문십철什門十哲'이라고 불리기도 하는데, 이들은 모두 구마라집의 영향 아래에서 크게 성공한 불교 승려들이다. 이들 제자들은 승려이면서 실제로는 학자이기도 하다. 그들은 구마라집의 불경 번역을 돕고, 또 문하에서 배웠다. 그들 역시 각자 많은 저작을 가지고 있었다. 그 가운데에서 승조가 번역한 『반야무지론般若無知論』·『부진공론不眞空論』·『물불천론物不遷論』 그리고 『열반무명론涅槃無名論』을 합하여 『조론肇論』이라고 부르며, 최고의 저작으로서 이것은 중고中古 시기 사상사에 있어서 중요한 저작이다. 구마라집의 제자들은 각지로 흩어져서 남북조 시기 불교 발전에 중요한 역할을 한다. 그 가운데에서 축도생은 다음에 상세히 다루고자 한다.

4. 혜원慧遠과 남방 불교

도안과 구마라집은 북방에서 활동했다. 동진과 남북조 시기에 북방과 남방은 나뉘어져 있었다. 동진 시기 남방 불교의 영수는 여산廬山 출신의 혜원慧遠이다.

혜원은 도안의 제자이다. 혜원의 속세 성은 가賈씨이며, 안문雁門의 누번樓煩(지금 산서 영무寧武 부근) 사람이다. 334년(동진 함화咸和 9)에 태어났으며, 13세 때 외삼촌을 따라서 허창許昌 낙양洛陽 일대에 가서 공부를 하였는데 "어려서 학생이 되어서 6경에 두루 밝았으며, 노자와 장자 사상에 특히 뛰어났다.(故少爲諸生, 博綜六經, 尤善老莊.)"[25] 21세 때 강동江東으로 가려고 하였다가 길이 막혀서 갈 수가 없었다. 이때 도안이 태항산太行山(지금 하북 곡양曲陽 서북쪽)에 있으면서 명성이 높았다. 혜원은 동생 혜지慧持와 함께 도안을 찾아 가서 한번 만나고는 크게 감복하였다. 도안의 『반야경』 강론을 듣고는 혜원이 크게 감탄하여 "유가와 도가의 학파가 아홉이나 되지만, 모두 쭉정이일 뿐이다.(儒道九流, 皆糠秕耳.)"[26]라고 하였다. 그리하여 형제는 함께 출가하기로 결심하고 도안의 제자가 되었다. 혜원이 출가한 지 얼마 되지 않아서 도안의 제자 가운데 매우 뛰어나게 되었다. 도안이 그를 일컬어서 "도가 동쪽으로 흘러가 혜원에게 머물렀다."고까지 칭찬하였다. 그가 24세가 되었을 때, 도안은 그에게 따로 강론을 할 수 있게 했다. 그는 강론을 듣는 이들이 쉽게 이해할 수 있도록 『장자』의 내용을 인용하여 의혹이 나는 부분을 쉽게 풀어 주었다. 이러한 방법이 비록 다른 사람들과는 달랐지만, 도안은 허락하였고, 혜원이 속세의 책을 버리지 않는 것도 인정했다. 365년(동진 흥녕興寧 3)에 도안은 양

25 『出三藏記集』 권15, 『大正藏』 권55, 109쪽 중간.

26 『高僧傳』 권6 「慧遠傳」, 『大正藏』 권50, 358쪽 위쪽.

양으로 갔는데, 혜원도 도안의 다른 제자들과 함께 따라갔다. 378년(태원 3)에는 전진이 양양을 공격하였고, 도안은 제자들을 나누어서 혜원에게는 동쪽으로 내려가라고 했다. 그는 처음 형주荊州에 도착하자 나부산羅浮山(지금 광동 동강東江의 북쪽 언덕)에 있다 다시 가려고 하였다. 그러나 381년(태원 6)에 그가 심양潯陽(지금 강서 구강九江)을 지나고 있을 때 여산廬山의 청정함을 보고는 바로 거기에 머물렀다. 이 이후로 여산에 거처하면서 한 번도 떠나지 않았으며, 416년(동진 의희 12)에 세상을 떠났다. 혜원이 여산에 세운 동림사東林寺가 지금까지 남아 있다.

도안의 경우와 다른 것은 혜원이 여산에서 지낸 10여 년 동안 주변 환경이 비교적 안정되었다는 점이다. 남방은 비록 정치적인 변동이 있었지만 소규모의 전란뿐이어서 여산에까지는 영향을 미치지 않았다. 그래서 혜원은 여산에서 불교를 전파하고, 수행하고, 저술 활동을 할 수 있었다. 『출삼장기집』의 「혜원전」에는 그가 여산에 거처할 때 생활 모습을 다음과 같이 기록하였다.

> 그리하여 제자들을 이끌고 도를 닦는 것이 새벽부터 밤까지 끊이지 않았다. 석가의 교화가 여기에서 다시 일어났다. 규율을 잘 따르고 마음을 잘 다스리는 선비들이나 번잡함을 끊어서 맑은 믿음이 있는 빈객들이 늘 왔으니 그의 풍모를 듣고 멀리서 몰려온 것이었다.(于是率衆行道, 昏曉不絕. 釋迦餘化, 于斯復興. 旣而謹律息心之士, 絕塵淸信之賓, 并不期而至, 望風遙集.)[27]

여산의 승단은 혜원이 영수가 되었다. 이 승단의 주변에는 그에게 와서 불법을 듣고 수행하기 위한 거사들이 늘 북적였다. 이들은 대부분 당시의

27 『出三藏記集』 권15, 『大正藏』 권55, 109쪽 아래.

명사로서 팽월彭越의 유유민劉遺民, 안문雁門의 주속지周續之, 신채新蔡의 필영지畢穎之, 남양南陽의 종병宗炳 등이었다. 그들이 혜원을 흠모하자, 여산의 불교가 여산 안팎으로 크게 떨치게 되었다. 혜원은 지방 관리에서 왕공귀족에 이르기까지 사회 각 방면의 존경과 지지를 얻었다. 동림사는 강주江州 자사 환이桓伊의 도움으로 지어졌다. 강주에 부임해 온 자사들은 모두 혜원과 사이가 좋았다. 당시 모든 명사들이나 권문귀족이 강주에 오기만 하면 여산에 가서 혜원을 만나 보기를 원했다. 그들 가운데 하무기何無忌 · 은중감殷仲堪 · 환현桓玄 · 사령운謝靈運 그리고 노순盧循 등이 있었다. 심지어 멀리 장안에 있던 후진의 황제 요흥姚興도 사람을 여산에 보내서 혜원에게 편지를 쓰고 불상 등 물품을 보냈다. 혜원은 중국인이든 외국인이든 혹은 남방 사람이든 북방 사람이든 관리이거나 평민이거나 상관없이 그들과 교유하였지만, 역시 시종일관 자신의 독립적인 품격을 유지했다. 그의 전기에는 "직접 점을 쳐서 멀리 여산까지 와 지낸 다음 30여 년 동안 이 산을 떠나 속세에 가서 살지 않았다. 매번 객을 배웅할 때마다 호계의 경계를 넘지 않았다.(自遠卜居廬阜, 三十餘年影不出山, 迹不入俗. 每送客, 遊履常以虎溪爲界焉.)"[28]고 했다. 심지어 진 안제晉安帝가 강릉에서 건강建康으로 돌아오면서 도중에 심양潯陽을 지나칠 때 하무기가 그에게 산을 내려가서 만나 뵈라고 권유하였지만, 그는 병을 핑계 삼아 가지 않았다. 안제는 특별히 사람을 보내서 문병을 하였지만, 그는 편지를 써서 고맙다고 회신하였을 뿐이었다. 안제는 아쉬워할 도리밖에 없었다.

혜원이 가장 관심을 가지는 것은 여전히 불교의 전파였다. 구마라집은 그때 장안에 와 있었으니, 당시 장안은 가장 큰 불경 번역의 현장이었다. 그는 구마라집에게 편지를 써서 감사의 뜻을 표시하였고, 제자에게 편지와 예물을 보냈다. 구마라집은 바로 회신의 글을 써서 혜원에 대한 예우

28 『高僧傳』 권6 「慧遠傳」, 『大正藏』 권50, 361쪽 중간.

를 보였다. 마침 장안에서 여산으로 오는 어떤 승려가 구마라집이 고국으로 돌아가려고 한다는 소식을 전했다. 혜원은 즉시 편지를 써서 구마라집에게 보내서 유감을 표시하였고 또 10여 항목의 불교에 관한 이론 방면의 문제를 거론하여 구마라집에게 풀어 달라고 했다. 그와 구마라집 사이에서 오간 불교의 이론 문제가 모두 18장인데, 나중에 어떤 사람이 편집하여 책으로 만들었다. 이것을 「문대승심의십팔과병라집답問大乘深義十八科并羅什答」이나 「구마라집법사대의鳩摩羅什法師大義」라고 불렀다.

장안의 불교 경전 번역 정황에 대하여 혜원 역시 충분히 이해하고 관심을 가지고 있었다. 계빈 승려 불야다라弗若多羅는 404년(후진後晉 홍시 6)에 장안에 와서, 『십송률』을 송출하고, 구마라집이 그와 함께 한문으로 번역하였는데, 약 3분의 2 정도 진행하다가 불야다라가 세상을 떠났다. 다음 해 서역의 담마류지曇摩流支가 장안에 왔다. 혜원이 담마류지도 계율을 가지고 왔다는 소식을 듣고 편지를 그에게 보내서 『십송률』을 계속 번역해 줄 것을 요청하였다. 담마류지는 구마라집과 함께 계율의 번역을 완성하였다. 도안과 마찬가지로 혜원 역시 율장律藏이 완전하지 않고 선법禪法도 갖추어지지 않아서 불교가 발전하지 못한다고 느끼고 있었다. 그 역시 일찍이 제자를 서역에 보내서 불경을 찾아서 중국 남방으로 가지고 와서 번역을 하게 하였다. 어떤 인도 승려가 장안에 왔는데, 그들이 특별히 학문을 가지고 있다는 것을 알고 여산으로 불러서 그들에게 경전을 번역하도록 요청했다. 계빈에서 온 승가제파僧伽提婆는 여산에서 『아비담심론阿毘曇心論』과 『삼법도론三法度論』을 번역하였다. 가비라위迦毗羅衛에서 온 불타발타라佛陀跋陀羅는 여산에서 『달마다라선경達摩多羅禪經』을 번역하였다. 이들 경전은 당시는 물론 이후까지 큰 영향을 끼쳤다. 승가제파와 불타발타라는 여산을 떠난 후 건강에 도착하여 불경을 계속 번역하였고 또 중국 불교사상 중요한 번역가가 되었다.

혜원이 나중에 큰 영향력을 가지게 된 것은 그가 제창한 미타정토彌陀

淨土 신앙과 '미타정토법문彌陀淨土法門' 때문이다. 402년(동진 원흥元興 원년)에 혜원과 유유민 등은 동림사 아미타불상 앞에서 맹세하여 '왕생서방정토往生西方淨土'를 함께 기원하였다. 후대에 이로 인해서 그가 '백련사白蓮社'를 세웠다고 하는데, 중국 불교의 정토종에서 혜원을 첫 번째 조사祖師로 삼고 있다.

혜원 자신의 저작도 적지 않다. 당시 승려들은 승가를 압박하는 세속적 규약을 따르지 말지 그리고 국왕에 대한 예우 문제에 대하여 격렬하게 논쟁했는데, 그는 「사문불경왕자론沙門不敬王者論」을 써서 출가하면 방외方外의 손님일 뿐이라고 주장하였다. 그런데 비록 왕후王侯의 지위에 있지 않더라도 이미 황제의 지극한 지위에 있는 것이나 마찬가지로 백성들을 일깨운다고 하였고, 세상 법과 동일한 예를 갖추지 않는다고 했다. 그러므로 국왕에 대한 존경의 예우를 극진히 해야 하는 것은 아니며, 또 다시 '몸은 죽었어도 정신은 없어지지 않는다(形盡神不滅)'라는 입장을 설명했다. 『명보응론明報應論』·『삼보론三報論』·『법성론法性論』 등이 모두 그의 저작이다. 이러한 저작에서 그는 영혼 · 인과윤회因果輪回 · 법성法性 · 불신佛身 등 당시 불교에서 많이 토론하였던 문제에 대한 의견을 많이 제시하였다. 그는 또 제자에게 『상복경喪服經』을 강론하여 불교와 중국 전통문화를 결합한 특징을 열심히 내세웠다. 그리하여 「승전僧傳」에서 "안으로는 불교의 이치에 통달하고, 밖으로는 다른 여러 책들도 잘 익혔다. 저 제자의 무리 가운데 그를 따르려 하지 않는 이가 없었다.(內通佛理, 外善群書, 夫預學徒, 莫不依擬.)"[29]고 하였으니, 이것은 옳은 말이었다.

혜원의 제자 가운데 가장 유명한 이는 혜관慧觀 · 승제僧濟 · 법안法安 · 담옹曇邕 그리고 도조道祖 등이 있었다. 그들은 모두 나중에 수도에 와서 남조南朝 의학義學의 고승이 되었다.

---

29 위와 같은 책, 361쪽 위쪽.

5. 모든 생명은 불성을 가지고 있다-축도생과 『대반열반경』

서진의 중국 통일은 매우 잠깐 동안이었다. 동진 때부터 형성되기 시작한 남조와 북조로 분열된 국면은 수나라가 통일하기 전까지 내내 이어졌다. 이 시기가 거의 300년 가까이 되었다. 남북 불교의 발전은 이리하여 각자의 특성에 따라서 형성되었다.

남방 불교의 대표적인 인물 가운데 한 사람이 축도생이다. 축도생은 성씨가 위魏이고 원래는 거록巨鹿(지금의 하북 평향平鄕) 사람이다. 나중에 팽성彭城(지금의 강소 서주徐州)에 살았다. 축도생 역시 대대로 높은 집안 출신이었는데, 어려서 축법태竺法汰를 따라서 출가하였다. 축법태는 불도징佛圖澄의 제자이면서 도안과는 동문이었다. 축도생은 출가한 다음 여산에서 7년 동안 수행하였다. 여기에서 그가 얻은 결론은 도를 터득하는 방법의 요점은 지혜를 통해서 가능하다는 것이었다. 이것은 그가 도안이나 혜원 등과 같은 의학義學 승려들과 마찬가지로 특히 불교의 의리에 대한 이해와 사고를 중시했음을 말한다. 당시 구마라집이 장안에서 불경 번역을 하고 있다는 것을 알게 된 다음 바로 혜예慧睿 · 혜엄慧嚴 · 혜관慧觀 등과 함께 구마라집에게 가서 배웠다. 구마라집이 『대품반야경大品般若經』과 『소품반야경小品般若經』 등의 경전을 번역하는 데에 그도 참여하였다. 장안에서 그는 불교 의리에 대하여 더욱 많은 이해를 하게 되었다. 409년(동진 의희義熙 5)에 축도생은 건강으로 돌아와 불법을 강론하면서 종종 자신의 견해를 밝히기도 하였다. 예를 들면, 그는 당시 일부 승려들이 진정으로 불교의 본래 뜻을 잘 모르고 있다고 다음과 같이 비판하였다.

> 모습은 의미를 다 나타내며, 의미를 얻으면 그 모습은 잊혀진다. 말로써 이치를 기탁하는 것이며, 이치를 깨달으면 말은 없어진다. 경전이 동쪽

으로 전해져 온 이래 번역자들도 거듭 어려움에 직면했다. 그 가운데 많은 이들이 문자에 갇혀 고수하고 있고, 의도한 뜻이 무엇인지 잘 나타내지 못한다. 만약에 고기를 잡고 나서 통발을 잊을 수 있다면 그와 함께 도를 논할 만하다고 할 것이다.(夫象以盡意, 得意則象忘. 言以寄理, 入理則言息. 自經典東流, 譯人重阻, 多守滯文, 鮮見圓義. 若忘筌取魚, 則可與言道矣.)[30]

여기에는 역시 위진 현학에서 말하는 '득의망언得意忘言'의 의미도 있다. 축도생은 동시에 '선은 보답 받지 못한다(善不受報)'와 '문득 깨달아 부처가 된다(頓悟成佛)'라는 두 가지 명제를 제시하였다. 이 두 가지는 건강에서 논쟁을 일으켰다. 그렇지만 가장 큰 논쟁점은 그가 제시한 "일천제一闡提(영원히 성불할 수 없다는 근기根機)의 사람도 누구나 깨달아 성불할 수 있다.(一闡提人皆得成佛.)"라고 하는 견해였다.

이른바 '일천제'는 불교 특유의 명사로서 온갖 선善을 낳는 근본인 '선근善根'을 끊은 사람이다. 당시는 불성과 관련한 학설이 중국에 들어온 지 얼마 되지 않은 때였다. 승려 법현法顯이 막 인도에 불법을 찾으러 갔다가 돌아왔는데, 법현과 인도의 승려 불타발타라가 함께 번역한 『대반니원경大般泥洹經』 안에는 전문적으로 이 문제에 대하여 다루었다. 『대반니원경』에서는 "일체 중생은 모두 불성을 가지고 있으니(一切衆生, 悉有佛性)" 불성을 갖추면 성불할 가능성이 있다고 하였는데, 일천제는 그 안에 포함되지 않는다고 하였다. 축도생은 자기만의 깨달음을 가지고 있었다. 그는 일체 중생이 모두 불성을 가지고 있다면 일천제도 중생의 하나이고, 일천제 역시 자연스럽게 성불할 수 있다고 생각하였던 것이다. 법현이 번역한 『대반니원경』의 경전 풀이는 이 때문에 논란거리가 되었다. 축도생의 이

30 『高僧傳』 권7 「竺道生傳」, 『大正藏』 권50, 366쪽 아래.

런 견해가 세상에 나오자 건강에서 갑작스레 논쟁이 벌어졌다. 이른바 마치 "외로이 밝음을 드러내고, 독자적인 견해가 대중과는 어그러졌다.(孤明先發, 獨見迕衆.)"라는 말이 있듯이, 전통적인 승단에서는 경전에 배반되는 사악한 견해라고 하여 엄중하게 비판하였고, 축도생은 이 일로 건강에서 쫓겨났다. 다만 얼마 지나지 않아서『대반니원경』의 또 다른 완정한 번역본, 즉 인도 승려 담무참曇無讖이 북량北涼에서 번역한『대반열반경』이 건강에 전해졌는데, 경전 안에 일천제도 성불할 수 있다는 내용이 있어서 축도생의 주장이 경전으로 증명되었고, 그의 명성이 크게 떨치게 되었다. 그리하여 그는 여산에서 이 경전을 강론하게 되었다. 축도생은 이로 인해서 중국 불교사에서 성인聖人 가운데 한 사람이 되었다.

『대반열반경』은 원래 인도 대승불교의 중요한 경전 가운데 하나이다. 경전 안에는 불성 문제를 강론하였는데, 경문 가운데 불성에 대한 이해와 해석에 대하여 논한 것이 뒷날 중국 불교사상사에서 몇 가지 핵심 명제 가운데 하나가 되었다. 중국의 전통에서는 다만 인성만을 말하였지 불성에 대한 견해를 말하지는 않았다. 중국에서 불성은 새로운 것이었다. 불성의 관념 즉 불성에 대한 이해는 중국 불교도들이 끊임없이 새로운 해석을 시도하여 최종적으로 해결하고자 한 커다란 문젯거리였다. 축도생의 '일천제에 속하더라도 사람은 모두 성불할 수 있다'고 하는 견해와 남북조시기 불교계와 속세에서『대반열반경』의 강습에 대한 내용이 매우 적극적으로 반영되기도 하였다. 예를 들면, 이후 양 무제의『대반야경강소大般若經講疏』100권이 나온 것이다.

축도생은 434년(남조 송 원가元嘉 11)에 죽었다. 그의 주요 저서로는『이제론二諦論』·『불성당유론佛性當有論』·『법신무색론法身無色論』·『불무정토론佛無淨土論』·『응유연론應有緣論』등이 있다. 축도생으로부터 시작된 불성에 관한 토론은 나중에 여래장如來藏 등의 문제에 대한 연구에까지 확장되었고, 이후 상당히 오랜 기간 동안 불교 의학義學을 탐구하는 승려들의 주요 토론거리의 하나가 되었다. 심지어는 송명宋明 대 이학理學에서 토론한 심성心性의 문제 가운데에서도 이 방면의 영향이 미치고 있다는 것을 볼 수 있다.

6. 신멸론神滅論과 신불멸론神不滅論 – 범진范縝과 불교도들의 논쟁

불교는 오랫동안의 발전 과정에서 온전하고도 성숙하며 정교한 종교철학 이론으로 형성되었다. 이들 이론은 인도 문화의 배경 아래에서 매우 풍부한 내용을 가지고 있다. 불교가 중국에 들어오자 확실히 신앙과 사상 이론 방면에서 중국 문화에 많은 새로운 것들을 보태 주었다. 그것들은 중국에 원래 있던 사상 관념과 서로 융합되기도 하고 충돌하기도 했다. 제량齊梁 시대에 범진范縝과 불교신자들 사이에서의 '정신이 없어지는지(神滅)' 아니면 '정신이 없어지지 않는지(神不滅)'와 같은 논쟁이 이 방면의 한 예이다.

범진의 자字는 자진子眞으로 제량 시기 남향南鄕 무舞陰(지금 하남 필양泌陽 서북쪽) 사람이다. 범진의 아버지가 일찍 죽어서 어린 시절 외롭고 가난하였다. 젊은 시절에는 당시 유명한 유학자였던 유헌劉獻에게서 배웠는데, 자질이 뛰어나면서도 열심이었으며 논리적인 언변으로 직언하기를 좋아하여서 벗들을 종종 불편하게 하였다고 한다. 그는 남제南齊 때 상서전중랑尙書殿中郎에 임명되었다. 영명 연간(483–493)에 그는 제齊나라 경릉왕竟陵王 소자량蕭子良과 불교의 인과因果 문제를 가지고 한 차례 토론을 벌인 적도 있었다. 『양서梁書』 권48 「범진전」에는 다음과 같은 그들의 대화가 기록되어 있다.

> 처음에 범진은 제나라에서 경릉왕 소자량을 모신 적이 있었다. 소자량은 불교를 진실되게 믿었지만, 범진은 불교에 대한 신념이 없다고까지 강하게 말했다. 소자량이 묻기를, "그대가 인과응보를 믿지 않는다면, 세

상에 어떻게 부귀가 있게 된 것이며 어떻게 빈천의 구분이 있을 수 있는가?"라고 하였다. 범진이 답하기를 "사람이 태어나는 것은 마치 나무에 꽃이 피는 것 같아서 한꺼번에 가지가 나서 모두 꽃봉오리가 피었다가 바람이 불면 떨어집니다. 스스로 주렴에 스쳐서 꽃자리에 떨어지기도 하고 울타리 문이 닫히면서 오물통에 떨어지기도 합니다. 꽃자리에 떨어진 것은 전하인 것이며, 오물통에 떨어진 것은 낮은 관리인 것입니다. 귀하고 천한 것은 비록 다르지만 원인과 결과는 결국 어디에 있는 것이겠습니까?"라고 하였다. 소자량이 인정할 수 없어서 매우 이상하게 여겼다. 범진이 그 이치를 설명하려고 『신멸론』을 지었다.(初, 縝在齊世, 嘗侍竟陵王子良. 子良精信釋教, 而縝盛稱無佛. 子良問曰: 君不信因果, 世間何得有富貴, 何得有貧賤? 縝答曰: 人之生, 譬如一樹花, 同發一枝, 俱開一蒂, 隨風而墮, 自有拂簾幌墜於茵席之上, 自有關籬牆落於糞溷之側. 墜茵席者, 殿下是也; 落糞溷者, 下官是也. 貴賤雖復殊途, 因果竟在何處? 子良不能屈, 深怪之. 縝退論其理, 著神滅論.)[31]

『신멸론』은 현재 범진이 남긴 많지 않은 저서 가운데 하나이다. 어느 정도 당시 유학을 배경으로 하면서 무신론을 주장하는 학자가 이론적으로 불교에 행한 반응이나 반박을 대표하는 것이다. 범진은 글 가운데에서 사람의 형체와 정신의 관계로서 정신은 형체가 소멸된 이후 여전히 존재하는지에 대한 명제를 제시하였다. 글 전체는 문답 형식으로 쓰인 것으로 주된 관점은 '몸과 정신이 서로 대응한다(形神相卽)', '몸이 존재하면 정신도 존재하다가 몸이 없어지면 정신도 없어진다(形存身神存, 形謝則神滅.)', '형체는 정신의 바탕이 되며, 정신은 형체의 쓰임이 된다(形者神之質, 神者形之用.)'라고 하여 형체와 정신의 관계는 마치 칼날과 칼날의 예리함의

---

31 『梁書』, 中華書局, 1973년 표점본, 제3책, 859쪽.

관계와 같은 것이라고 하였고, 결론지어서 "부처는 정치에 해가 되고, 승려들은 사회에 좀벌레 같은 존재다.(浮圖害政, 桑門蠹俗.)"라고 하였다. 이와 같은 견해에 대하여 당시 매우 예민하게 조정 안팎으로 반발이 심하게 나왔다. 소자량은 승려들을 불러 모아 그를 비난하였지만, 범진은 끝내 자신의 뜻을 굽히지 않았다. 정신이 없어지는지 아닌지에 대하여 그 후에도 토론이 계속 이어졌고, 507년(양 무제 천감天監 6)에 왕공과 조정 대신들 그리고 승려 60여 명에게 이것에 대하여 반박하라고 명령을 내렸다. 양 무제 본인 역시 「칙답신하신멸론敕答臣下神滅論」을 지어서 정신이 없어지지 않는다는 주장을 지지하였다.[32] 그렇지만 범진은 의연히 자신의 입장을 바꾸지 않았다.

양 무제 때 범진은 상서좌승尙書左丞 · 중서랑中書郎 · 국자박사國子博士 등을 지냈다. 그가 비록 시대 조류에 반대하는 의견을 가졌다고는 하지만, 그를 해치고자 하는 이는 없었다. 이것으로 볼 때, 남북조 시기 남방에서는 불교가 황제와 왕공 귀족들의 강력한 지지를 받아 대단한 세력을 가지고 여론을 주도했다고 할 수 있지만, 사상계에서는 다른 의견을 내세울 수 있는 자유도 있었다. 불교도들이 범진과 벌인 정신이 없어지는지 아닌지에 관한 논쟁이 그 예라고 할 수 있다.

종교는 과학이 아니다. 종교의 목적과 기능 가운데 하나가 사람에게 얼마간 정신적인 욕구를 만족시켜 주는 것이다. 유가에서 '정신적인 도로써 가르침을 세우는 것(神道設敎)'처럼 불교도 어느 면에서는 다르지 않다.

7. 불교 신앙의 민간에서의 발전

위에서 말한 불교의 정황은 대체로 불교가 사회 상부 계층들의 활동에

32 『弘明集』 권10, 『大正藏』 권52, 60쪽 중간.

의해서 주도된 것과 관계가 있다. 일반 백성들 입장에서 말하자면, 한나라에서 수나라에 이르기까지 불교 역시 매우 큰 성공을 거두었고, 다른 어떤 종교보다 영향력이 매우 컸다. 다만 문헌 가운데 민간의 불교 신앙에 관한 구체적인 기록이 상대적으로 매우 적다. 일반 민간에서의 불교 신앙에 대한 기록이 많지 않기는 하지만, 불교가 현실 세계에서 살아가면서 심한 고통을 받아야만 하는 백성들을 위로하고, 그들에게 정신적으로 힘을 북돋아 주고 유가나 도교 부류의 종교에 비하여 더욱 많은 사상적 자원과 효과적인 방식을 제공해 주었다. 일반 불교신자들에 대해서 말해보자면, 그들은 대개 현학玄學처럼 되는 것이나 현학보다도 더욱 심오한 불교의 이치를 탐구하는 것에는 결코 관심이 없었다. 다만 진실된 신앙의 방면에서 그들을 정치에 이용하기 위해서 불교에 아부하는 제왕이나 장수, 재상, 문인이나 학자들보다 결코 못한 것이 아니었다. 그들의 불교에 대한 이해와 신앙은 주로 여러 형식의 예식 참여, 탑이나 석상의 조성, 경전 베끼기 등과 같은 방면에서 매우 실질적인 종교 활동에 열심히 참여하였다. 그들의 목적은 비교적 간단하였다. 일종의 정신적인 위안을 추구하여 공덕과 복덕을 얻고 다음 세상에서 좋은 인생으로 태어나고 싶은 것이었다.

인도 불교 신앙 가운데 몇몇 내용은 이때 중국에서 얼마간 새로이 변화하였다. 위진남북조 시기 일반 백성들 중에 가장 특징적인 것인 표현 형식으로 석가모니에 대한 숭배 이외에 미륵불이나 아미타불에 대한 숭배는 물론 나중에 형성된 관음보살觀音菩薩에 대한 숭배 의식도 생기게 되었다.(그림 6-4) 이러한 숭배는 나중에 중국 불교 가운데 일반 신도들에게 가장 큰 영향을 끼친 '정토신앙淨土信仰'의 사상적인 기초가 되었으며, 신도들이 탑을 세우고 사찰을 건축하거나 불상을 만들고 경전을 베끼거나 공양 보시를 하게 되는 가장 중요한 원인으로 작용하였다. 그러한 불교 사업에 참여하는 것은 위로는 황제나 왕공 관료귀족들부터 아래로는

그림 6-4 감숙성 영정현永靖縣 병령사炳靈寺 석굴 남쪽 아치에 있는 다섯 부처 좌상 가운데 두 좌상. 돌에 진흙을 입히고 색을 칠했다. 이 굴에 새겨진 글에 따르면 가장 오래된 것은 서기 420년까지 거슬러 올라간다. 5호16국 시대 서진 왕조.

일반 백성들은 물론 출가한 승려에 이르기까지 모두 해당되었다. 북조 말년 나타난 위경僞經 『상법결의경像法決疑經』에 "승려나 세속인들 모두가 사찰과 탑을 세우니, 세상 어디에나 가득하다. 탑이나 불상이 가는 곳마다 있어서 숲이나 너른 들판에도 있고 길 주변에도 있고 골목거리 더러운 냄새가 나는 곳에도 있다.(一切道俗競造塔寺, 遍滿世間, 塔廟形像處處皆有, 或在山林曠野, 或在道邊, 或在巷路臭穢惡處.)"[33]고 하였다. 실제로 이것이 당시 불교가 흥성하던 정황에 대한 생생한 설명이다. 당대 초기 승려 법림法琳은 수나라 초기 천하에 불교가 전해진 형세를 다음과 같이 설명하였다.

> 개황 연간(581-600) 초기부터 인수 연간(601-604) 말기까지 승려가 된 이가 23만 명이었다. 나라 안의 사찰은 3,792곳이었다. 경전을 베낀 것이 46장藏인데, 13만 2,086권이고, 옛 경전을 수리하고 고친 것이 3,853부이다. 금·청동·단향목·칠기·상아·돌로 만든 상이 크고 작은 것이 11만 6,580개이고, 옛 상을 고친 것이 150만 8,940여 개나 된다.(自開皇之初終于仁壽之末. 所度僧尼二十三萬人. 海內諸寺三千七百九十二所. 凡寫經論四十六藏, 一十三萬二千八十六卷. 修治故經三千八百五十三部. 造金剛檀香夾紵牙石像等. 大小一十萬六千五百八十軀. 修治故像一百五十萬八千九百四十許軀.)[34]

수나라는 북주北周를 이어서 바로 중국을 통일하였는데, 수나라 초기 상층부의 왕공과 귀족들이 동진 이래 수백 년 동안 제창하였던 이러한 국면은 정말로 한 가지 원인 때문이었다. 다만, 온 사회와 일반 백성이 불교

33 『大正藏』 권85, 1,337쪽 아래.
34 法琳, 『大正藏』 권52, 509쪽.

에 대하여 믿고 지지하는 것이 없었다면, 역시 가능하지 않았다.[35]

불교가 일반 백성들 속에서 보편적인 신앙과 지지를 받게 되자 진정으로 중국에서 뿌리를 내리게 되었다. 우리들은 이 시기의 중국이 불교 국가라고는 말할 수 없다. 그러나 불교가 당시 가장 큰 영향력을 가진 종교였다는 것만큼은 분명한 사실이었다고 할 수 있다.

35 이 시기 일반 백성들의 불교 신앙에 대하여 다음 책을 참조하였다. 侯旭東, 『五六世紀北方民衆佛教信仰-以造像記爲中心的考察』, 中國社會科學出版社, 1998년. 이 책의 범주가 비록 북방 지역에 대하여만 말하고 있지만, 상당한 정도로 불교가 당시 중국 사회에서의 일반적인 상황을 설명하고 있다고 할 수 있다. 湯用彤 역시 다음과 같이 말했다. "(北朝)朝廷上下之奉佛, 仍首在建功德, 求福田饒益. 故造像立寺, 窮土木之功, 爲北朝佛法之特徵" "北朝佛法, 以造塔像崇福田者爲多." 湯用彤 위의 책, 下册, 365-366 · 371쪽.

제3절

불교의 전래가 중국 문화에 끼친 영향

1. 불교 유입이 중국 문화에 끼친 영향

불교의 전래는 중국 역사에서 중대한 사건이다. 불교가 중국 문화에 끼친 영향은 여러 방면에 걸쳐 있다. 우선, 성숙하고도 완정한 종교 의식 형태로서 그것이 중화문명에 매우 신선한 사상을 가져다주었다. 이전에 중국에는 불교와 같은 성숙하고도 풍부한 문화적 품격을 갖춘 종교가 없었다. 더욱 중요한 것은 불교가 비록 외국에서 들어온 종교이지만, 그것이 중국의 환경에서 점차 중국 문화와 중국 고유의 사상 관념과 서로 융합하여 한편으로는 중화문명의 발전에 새로운 요소를 가미해 주었고, 스스로도 중국 문화의 일부분이 되었다. 그 다음으로 인도와 중앙아시아 불교가 중국에 들어온 동시에 인도 문화와 서역의 문화 가운데 의학과 천문학 지식 같은 여러 가지도 중국에 전해졌다. 중국인들이 이해하게 되고 학습하고 흡수하는 과정을 거친 다음 역시 중국 문화의 여러 방면에 새로운 내용을 첨가하게 되었다.

불교가 사상 방면에서 중국 문화에 끼친 영향은 매우 크다고 할 수 있다. 여기에서는 다만 불교가 다른 측면에서 중국 문화에 끼친 영향에 대하여 설명하고자 한다.

문학은 정신문명의 표현 형식이기도 하다. 불교가 중국에 전래된 이후 중국 전통 문학에 대한 창작 형식과 내용에 커다란 영향을 끼친 것은 분명하다. 한나라 말기부터 시작된 불경 번역 사업은 북송 초기에 이르기까지 거의 1천여 년 동안 이어졌다. 그 시간의 길이와 규모의 크기는 세계 다른 어떤 국가 혹은 지역의 어디에서도 비교할 만한 사례가 일찍이 없었다. 한문으로 번역된 불경은 주로 종교적인 것이다. 다만 그 가운데에는 종종 매우 문학적인 내용도 있고, 어떤 내용은 문학 작품이라고 해도 지나치지 않았다. 예를 들면, 삼국 시기 강승회康僧會가 번역한 『육도집경六度集經』, 서진 때 승려 축법호竺法護가 번역한 『생경生經』, 16국 시기 구마라집이 번역한 『대장엄론경大莊嚴論經』과 『잡비유경雜譬喻經』, 북위北魏 때 서역 승려인 길가야吉迦夜와 담요曇曜가 함께 번역한 『잡보장경雜寶藏經』, 북위北魏 양주涼州 승려 혜각慧覺 등이 번역한 『현우경賢愚經』, 남조 제齊나라 때 인도에서 중국으로 온 승려 구나비지求那毘地가 번역한 『백유경百喻經』 등이 있다. 이들 경전은 그 내용 가운데에서 교리를 말한 것을 빼면 역시 하나의 이야기책이라고 볼 수 있을 정도이다. 이들 이야기는 대개 기교는 없이 심지어는 괴이하면서도 일상생활에서 비유를 뽑아 매우 강한 예술적 감동을 주기 때문에 중국 문학에 매우 많은 새로운 요소를 첨가해 주고 있다. 이것에 대하여 노신魯迅은 중국어로 번역된 『백유경』을 소개할 때, "일찍이 인도의 풍부한 우언들을 들었는데, 마치 큰 숲과 깊은 샘과도 같다. 다른 나라의 문예인데 이렇게 그 영향을 끼쳤으니, 중국어로 번역된 불경 역시 그러한 자취가 곳곳에 보인다.(嘗聞天竺寓言之富, 如大林深泉, 他國藝文, 往往蒙其影響, 卽翻爲華言之佛經, 亦隨在可見.)"[36]고 할 정도였다. 위진남북조 시기는 문학의 '자각自覺의 시대'라고 여겨지는 만큼 문학이 매우 번성하고, 각종 문학 장르가 크게 발전하였다. 그 가운

36 『集外集』「癡華鬘題記」, 『魯迅全集』 권7, 人民文學出版社, 1982년, 101-102쪽.

데에서 지괴志怪소설이 크게 발달하였는데, 이것의 원인은 바로 불교와 관계가 깊다. 이것에 대하여 노신은 다음과 같이 말하였다.

> 중국에서는 본래 무속을 믿었다. 진한 대 이래 신선술이 있었다. 한나라 말기에 무속이 크게 유행하여 귀신을 부리는 도술이 더욱 극성을 부렸다. 마침 소승불교가 중국에 들어와서 점점 더 전파되었다. 대개 이것들은 귀신의 일을 과대하게 떠벌이고, 신령하고 괴이한 것을 언급한다고 했다. 진晉나라 이래 수나라 때까지 특히 귀신과 괴이한 것을 언급한 글이 많다.(中國本信巫, 秦漢以來, 神仙之說盛行, 漢末又大暢巫風, 而鬼道愈熾, 會小乘佛敎亦入中土, 漸見流傳. 凡此皆張皇鬼神, 稱道靈異, 故自晉迄隋, 特多鬼神志怪之書.)[37]

노신의 이 말에서 '소승불교'라는 용어가 정확하지 않게 쓰인 것을 제외하고 그 나머지 주장은 매우 정확하다.

문학 이외에도 불경과 불경의 번역은 다른 방면에서도 중요한 영향을 끼쳤다. 불경 번역 가운데 범어梵語 혹은 서역 언어에 대한 지식을 잘 알아야 한다는 것 때문에 중국인들은 중국어와 비교하여서 중국어 자신의 언어학적 특징에 대하여 새로운 이해를 하기 시작했다. 고대 중국어 음운학 가운데 '반절反切' 이론과 방법이 처음에 어떻게 만들어졌는가에 대하여 여러 가지 학설이 있지만, 대다수 사람들은 이것과 관련이 있다고 여긴다. 남조 송나라 시대의 사령운謝靈運은 중고 시기 위대한 문학가로서 역시 당시 지식인 가운데 대표적인 인물이라고 할 수 있다. 그는 불교를 믿었으며 불경 번역 사업에 적극적으로 참여했다. 대승불교의 『대반열반경大般涅槃經』은 동진에서 남북조 시대까지 가장 유명했으며 영향력도 매

37 『中國小說史略』 권5 · 6편 「六朝之鬼神志怪書」, 齊魯書社, 1992년 重引本, 39-51쪽.

우 컸다. 이 경전에는 '북본北本'과 '남본南本' 그리고 '법현본法顯本'의 번역본이 각각 있었다. 사령운은 남본을 교정하고 출판하는 데에 참여했었다. 그는 불교의 이론을 깊이 믿었고, 속세에서 하는 말과 다른 것도 대개 잘 이해하였다. 그리고 당시 구법활동을 하려고 인도에서 온 지 얼마 안 되는 승려 혜예慧睿에게 가르침을 청하기도 하여 "혜예에게 경전에 있는 글귀와 여러 이상한 음과 뜻을 묻고서, 『십사음훈서十四音訓敍』를 지었다. 각 조항에 서역어와 한어로 모두 적으니 뜻이 한층 분명해졌고 글귀의 근거가 있게 하였다.(乃咨睿以經中諸字并衆音異旨, 于是著十四音訓敍, 條列胡漢, 昭然可了, 使文字有据焉.)"[38]고 하였다. 사령운의 글은 이미 없어졌지만, 지금 단편적으로 전해지는 것을 볼 수는 있다. 당시 사람들이 중국과 외국의 언어와 어음의 특징과 발음 이론에 대하여 탐색하고 인식했던 수준을 설명하고 있다.[39] 이것과 관련한 하나의 역사 사실은 바로 이 시기 문인학자들이 중국어의 성률이론에 대하여 적극적으로 탐색하였고, 중국어 어음에서 '사성四聲'과 '평측平仄' 이론 및 영명체永明體 시가詩歌가 탄생하였다는 것이다. 학자들은 일반적으로 이러한 중국어의 성률이론의 탐색은 상당한 정도에서 불교의 전래와 대규모로 전개된 불경 번역 사업에 의해서 진작되고 추진되었다고 인식하고 있다.

불교는 영향력 있는 종교가 된 이후 당시 사회 일반 민중들의 생활에 새로운 활력소를 주었으며, 시간이 오래 지나자 백성들의 생활 풍속조차도 얼마간의 변화가 일어났다. 중국 불교신도들이 채식을 하거나 민간의 대보름 풍습 등이 모두 이 시기에 생긴 것이다. 인도에서 들어온 지옥에 대한 관념도 일반 백성들에게 널리 퍼졌다. 인도의 염마신閻摩神이 중국에서는 염왕閻王으로 불렸다. 아미타불阿彌陀佛 · 미륵불彌勒佛 · 관음보살

38 『高僧傳』 권6 「慧睿傳」, 『大正藏』 권50, 367쪽 중간.

39 王邦維, 『謝靈運「十四音訓敍」輯考』, 『國學硏究』 제3권, 北京大學出版社, 1995년, 275-300쪽 참조.

觀音菩薩 같은 이름도 누구나 알게 되었고, 일반 백성들이 숭배하고 복을 기원하는 대상이 되었다. 한나라 말기에서 수나라 때까지 몇백 년간의 발전을 거쳐서 불교는 이미 중국인의 정신과 문화생활에 깊이 뿌리내려 중국 문화의 한 부분이 되었다.

2. 불교의 새로운 발전: 경론의 학습과 중국 불교 종파의 성립

남북조 후기에 이르러 불교는 중국 문화와 서로 결합되어 중국 문화의 또 다른 영역으로서 중국 불교에 서로 다른 학파가 형성되었고, 한층 더 불교의 여러 종파로 발전되어 나아갔다.

불교는 양한이 교체될 즈음 중원 지역에 들어와서 한나라 말기에 이르자 일정한 영향력을 가지기 시작했고 이후로는 더욱 발전하였다. 동진과 남북조 시기에 이르자 불교는 이미 중국에서 가장 영향력이 큰 종교가 되었다. 이 기간 동안 불교의 영향은 사회 각 방면에 자리 잡았을 뿐만 아니라 그 자신이 중국에서 새로이 발전하여 변모하였다. 불교도들 가운데에는 서로 다른 학파가 나타났고, 그 다음에는 더욱 발전하여 다양한 종파로 퍼져 나가게 되었다. 학파와 종파는 성격이 좀 다르지만, 여러 정황에 있어서 둘 사이에는 밀접한 연관이 있다. 대강 말하자면, 학파는 어떤 한 종류의 불교 경전을 강론하고 연구하는 것을 기초로 삼아 형성된 이론적인 측면에서 말한 것이다. 종파는 창시자와 신도가 있고, 스스로의 전파 체계를 갖추고 독립적인 교리를 가지며, 동시에 일정한 종교적인 규칙을 가진 것이라고 할 수 있다. 일정한 조건 아래에서 전자는 종종 후자가 형성되는 기초가 되곤 한다.[40] 불교도들이 경론을 강습하는 것은 처음 인도

40 이 시기 불교학파와 종파 간의 구분에 관하여 다음의 책을 참조. 湯用彤, 「論中國佛教無'十宗'」, 『湯用彤學術論文集』, 中華書局, 1983년, 355-370쪽.

에서 들어온 불교 이론 사상에 대한 이해 또는 이후 중국 불교 종파의 출현을 위해서 이론과 사상적인 준비를 한 것이 되었다. 학파나 종파와는 상관없이 이 시기에 나타난 것은 모두 불교가 학술과 사상계에 커다란 영향을 끼쳤고 불교가 중국에서 크게 발전하도록 하였다는 점이다.

이 시기 주요 불교 학파로는 다음 몇 가지를 들 수 있다.

삼론종三論宗: 인도에서 온 용수龍樹의 『중론中論』과 『십이문론十二門論』 그리고 제바提婆의 『백론百論』을 강습하였기 때문에 지어진 이름이다. 또 '제법성공諸法性空'을 강론하였기 때문에 법성종法性宗이라고도 불린다. 요진姚秦 때 구마라집이 이 세 가지를 번역한 이후 연구자들이 많아졌는데, 여기에는 구마라집의 제자인 승예僧睿·승조僧肇·승도僧導·담제曇濟 등이 포함되어 있었다. 그 후 남조 송나라와 양나라 시대에 승랑僧朗·승전僧詮이 있었고, 진陳나라 때에는 법랑法朗이 있었고, 수나라 때 길장吉藏에 이르러서는 모두 '삼론三論'을 연구하는 대가였다. 더욱이 길장은 『삼론현의三論玄義』을 지었는데, 삼론을 연구한 대표적인 저작으로 꼽힌다. 또 어떤 이는 삼론종이 후기에 이르면 점점 발전하여서 종파로 발전하는 형세를 갖추게 되었지만, 최종적으로는 완정한 형태의 종파로는 발전하지 못했다고 보았다. 삼론종은 다만 일본에 전래된 이후 하나의 종파로 발전한다.

비담종毘曇宗: 또는 비담사毘曇師라고도 부른다. 동진 이래 서역에 와서 부파불교部派佛教의 분파인 설일체유부說一切有部(Sarvāstivāda)의 논서인 『아비담』을 강론하고 계속 번역하였다. 예를 들면 전진前秦의 승가제파僧伽提婆가 번역한 『아비담팔건도론阿毗曇八犍度論』과 『아비담심론阿毘曇心論』 그리고 남조의 승가발마僧伽跋摩가 번역한 『잡아비담심론雜阿毗曇心論』 등이 있다. 도안과 혜원이 『아비담』 부류의 경전을 연구한 것에 흥미를 가지고 크게 제창하였다. 그리하여 비담에 대한 연구가 많이 나왔다. 이러한 분위기는 내내 수나라 말기 당나라 초기까지 이어졌다. 당나라 때 현장玄奘이 설일체유부의 『구사론俱舍論』을 번역한 이후 '비담'을 연구하는 분위기가 점점 약해졌다.

성실종成實宗: 성실사成實師라고도 불리며, 인도 가리발마訶梨跋摩의 『성실론成實論』을 연구하였기 때문에 지어진 이름이다. 구마라집이 『성실론』을 번역한 다음 그의 제자 승도僧導와 승숭僧嵩 등이 연구하여 주석과 해설을 달아 편찬하여서 이것을 익히는 분위기가 만들어졌다.

열반사涅槃師: 대승의 『대반열반경』을 연구하고 익혔기 때문에 지어진 이름이다. 남방에서는 도생道生이 대표라고 할 수 있었는데, 『돈오성불론頓悟成佛論』을 지었다. 북방에는 도랑道朗이 있었는데 『열반의소涅槃義疏』를 지었다. 승려와 학자들은 『대반열반경』에 나오는 '일천제一闡提'에는 불성이 없는 것인지, 불성의 깨달음을 문득 깨닫는 '돈오頓悟'인지 아니면 점차적으로 깨닫는 '점오漸悟'인지, 불성의 본질은 무엇인지, 경전에 나오는 '여래장如來藏' 사상 등 불교도들이 가장 중시하는 문제들을 가지고 토론을 진행하였다. 이들 역시 하나의 학파라고 여겨졌다.

지론종地論宗: 또는 지론사地論師라고도 불린다. 『십지경론十地經論』을 연구하고 익혔기 때문에 지어진 이름이다. 『십지경론』은 인도의 세친世親이 지은 것으로 원래는 대승 불경 『화엄경華嚴經』의 「십지품十地品」 가운데 나오는 보살 수행의 10단계와 교의로 지어져서 해석한 것이었다. 인도 불교의 유가행파瑜伽行派에서는 중요하게 여겼는데 북위北魏의 보리류지菩提流支가 번역한 이후 불교 승려들에게 관심을 이끌어서 학파의 하나가 되었다.

섭론종攝論宗: 섭론사攝論師라고도 불린다. 인도 무착無著의 『섭대승론攝大乘論』을 연구하고 익혔기 때문에 지어진 이름이다. 남조의 진제眞諦가 이 이론과 세친世親의 『섭대승론석攝大乘論釋』을 번역하였고, 거기에다가 인도 불교 유가행파의 유식학설唯識學說을 중국에 소개하였다. 많은 승려들이 전문적으로 이 학파의 종교적인 철학이론을 연구하는 학자가 되었다.

이 시기 불교 종파들 가운데 진陳나라에서 수隋나라로 교체되는 즈음에 형성된 천태종이 대표라고 할 수 있다. 천태종은 천태산 때문에 지어진 이름이다. 지의智顗는 대승불교 경전인 『법화경』을 주요 교리로 삼아서 선정禪定과 지혜를 함께 닦는 일인 '정혜쌍수定慧雙修'를 주장하고, '5시8교五時八敎'의 교상판석, 즉 석가모니의 가르침을 말한 당시의 차례나 방법, 형식, 의미, 내용 따위에 따라 분류하고 체계화하는 이론도 제시하였고, 종파성을 전파하는 방법을 계보 형식으로 짜기도 하였다. 지의가 경론을 강의하고 불법을 설명한 것을 제자들이 기록 정리하여서 천태종의 기본적인 이론 저작을 만들었다. 그 가운데에서 가장 중요한 『법화현의法華玄義』와 『마하지관摩訶止觀』 그리고 『법화문구法華文句』는 '천태삼대부天台三大部'라고 일컬어진다. 천태종은 수나라 때 시작되어서 송나라 때에 이르기까지 일찍이 중국 불교에서 영향력이 가장 큰 종파 가운데 하나였다.

종합해서 말하자면, 중국 불교의 종파는 남북조 말기와 수나라 때까지는 숫자가 많지 않아 종파가 서로 대치하는 국면은 없었다. 그런데 이전 시기부터 불교 학파가 발전하게 되어서 그 이후 불교 종파의 탄생에 이론과 사상적인 토양을 준비할 수 있게 하였다. 중국 불교 종파가 진정으로 출현하였던 것은 중국 불교가 완전히 성숙하고 다른 여러 조건들이 성숙해진 것 때문에 가능했다. 이러한 조건들이 수나라 때가 되면 이미 성숙되었다고 할 수 있지만, 불교 자체는 당나라 때 좀 더 성숙하게 발전하였다.

제4절

도교道教의 탄생

1. 도가道家와 한나라 초기 황로학설黃老學說의 유행

도교는 중국에서 생겨나 성장한 종교이다. 도교는 처음부터 중국 땅의 문화와 사상적 자원에 의탁하여 탄생한 것이다. 도가는 춘추 시대 도가의 노담老聃이 시조이고 대대로 이어져 내려온 『도덕경道德經』이라고도 불리는 『노자』가 기본 경전이다. 이러한 발생 정황에는 진실로 그것만의 원인이 있지만, 도교와 도가는 실제적으로 큰 차이가 있다. 간단하게 말해서 도가는 춘추전국 시대 제자백가 가운데 비교적 영향력이 큰 한 학파였다. 이 시기의 도가는 겨우 사상이나 학설을 주장하는 학파였을 뿐이다. 『노자』에서 말하는 '도道'는 하나의 추상적인 개념으로서 천지만물의 본원이거나 법칙을 개괄한 개념이다. 이때의 도는 종교와는 직접 관련이 없었다. 다만 나중에 도교가 형성되는 과정에서 도를 자신의 이론적인 기초로 삼아서 도를 종교적으로 추구하는 최고 목적이나 경계로 설정했던 것이다. 이로부터 도교道教라고 불리게 되었고, 도가는 이 때문에 초창기 도교의 형식으로 여겨졌다.

진秦나라 말기 대란을 겪고 나서 한나라 초기 백성들의 삶은 척박해지고, 천하가 쇠락해졌다. 정치적인 안정과 경제 회복을 위해서 백성들에게 휴식이 되는 '무위無爲정치'를 제창하게 되었다. 이때 황로의 도가 주류의 사상이 되었다. 도가 사상은 정치 영역에서뿐만 아니라 일반 사상 문화 방면에서도 큰 영향력을 갖게 되었다. 예를 들면, 환상적인 장생불로가 한나라 사람들이 보편적으로 추구하는 이상이 되었던 것이다. 그렇지만 이때까지는 여전히 사상으로서의 도가가 있었던 것이지 종교로서 도교는 없었다. 서한 시기까지 황로학설은 여전히 주로 하나의 정치나 철학과 관계가 있는 사상 유파였지 종교는 아니었다. 종교로서 도교가 나타난 것은 대체로 동한 중기 때이다.

방사方士는 진나라 이전에도 있었다. 전국 시대에는 방사들의 활약이 상당했고, 한나라에 이르러서는 이미 하나의 전통이 되었다. 진시황과 한무제 시대에 궁정에서 활동하던 방사들이 전형이라고 할 수 있다. 이러한 기초 위에서 방사들은 자신의 이론을 체계적이며 세밀하게 세워 나갔다. 『한서』 권75 「이심전李尋傳」 가운데에는 서한 성제成帝 시기(B.C.32-B.C.7)에 다음과 같은 기록이 있다.

> 제齊 땅의 감충가甘忠可(?-약 B.C.22)가 『천관력天官曆』과 『포원태평경包元太平經』 12권을 거짓으로 지어서 한 왕조가 세상에서 끝장나게 되었으니, 마땅히 하늘로부터 명을 다시 받아야 하는데, 천제께서 진인眞人 적정자赤精子를 보내시어 우리에게 가르침을 내리실 것이다.(齊人甘忠可詐作天官曆·包元太平經十二卷, 以言漢家逢天地之大終, 當更受命于天, 天帝使眞人赤精子, 下敎我此道.)[41]

감충가는 이 방면에 정통한 방사였다. 전국 시대로부터 남북조 시기까지 거의 1천 년 동안 제齊 지방은 방사가 많이 나오는 곳이었다. 위진남

41 『漢書』, 中華書局, 1962년 표점본, 제10책, 3,192쪽.

북조 시대 도교 가운데 천사도天師道 일파는 많은 인물이 제 지방 사람과 밀접한 관계가 있었다.[42]

『천관력』과 『포원태평경』 원서는 일찍이 없어져서 구체적인 내용은 분명하지 않다. 다만 책 이름만 남아 있을 뿐이라서 책 내용이 천天 · 천관天官 · 태평太平 등과 같은 사상과 연관되었을 것이라는 정도만 알 수 있다. 이러한 특징은 거의 그 이후 1천여 년 동안 도교의 역사에서 도교가 사회적으로 혹은 주류 의식 형태와 상반되는 것은 물론 일반 백성들 또는 일부 계층의 반역적인 사상을 갖게 된 바탕이 되었다. 한편 도는 사회 주류의 의식 형태에 부응하여 최고 통치자로부터 승인을 얻게 되어 합법적인 종교가 되었다. 이런 점에서 도교와 불교의 가치와 취향은 같지 않았으니 전자는 분명히 중국 문화 자체의 특징으로 자리 잡은 것이다.

2. 방사方士와 도교

한나라 방사들과 관련된 정황은 역사서의 기록에 많이 나온다. 이런 기록 가운데 매우 인상적인 것은 서한 때부터 동한 중기까지 관련된 인원이 많았으며, 매우 활동적이었다는 점이다. 다만 이때까지는 일정한 규모를 갖춘 조직이라고 할 수 없었다. 『후한서』 권30 「양해전襄楷傳」에는 한나라에 불교가 들어온 지 얼마 안 되던 초기의 정황뿐만 아니라 이 시기 초기 도교의 역사와도 관련이 있는 방사들도 다음과 같이 언급하고 있다.

> 순제順帝 때, 낭야琅琊 관숭官嵩이 궁궐에 들어왔다. 곡양천에서 얻은 신비한 책 170권을 그의 스승 간길干吉에게 바쳤다. 모두 옥색이 나는

42 陳寅恪, 「天師道與濱海地域之關係」, 『金明館叢稿初編』, 上海古籍出版社, 1982년, 1-40쪽.

하얀 바탕에다가 붉은색으로 간극을 내고, 머리 부분은 푸른색이고, 붉은 글씨로 제목을 달아서 『태평청령서太平淸領書』라고 적혀 있었다. 그 내용은 음양오행을 궁구하는 학파이며, 무격이나 잡된 말도 많이 있었다. 담당 관리가 황제에게 관숭의 글이 요망하고 이치에 맞지 않는 것이라고 글을 올리자, 거두어다가 숨겼다. 장각이 그 책들을 상당히 많이 구했다.(順帝時, 琅琊宮崇詣闕, 上其師干[于]吉於曲陽泉水上所得神書百七十卷, 皆縹白素·朱介·青首·朱目, 號太平淸領書. 其言以陰陽五行爲家, 而多巫覡雜語, 有司奏崇所上妖妄不經, 乃收藏之. 後張角頗有其書焉.)[43]

간길干吉 혹은 우길于吉이 지었다고 하는 『태평청령서太平淸領書』는 도대체 무슨 내용인지 분명하지 않다. 다만 한나라 말기 장각張角이 태평도太平道를 세울 때 의거했던 경전이 『태평청령서』이며, 나중에 도교의 기본 경전인 『태평경』이 되었다는 정도만 알 수 있다. 그렇지만 현재 전해지는 『태평경』은 내용상 후대에 고쳐진 것으로 초기의 것은 아닌 것으로 보인다.[44]

특히 장생불로를 추구하거나 신선이 되려고 한 방사들이 만든 전통은 나중에 방선도方仙道라고 불렸다. 당연히 역사적으로 장생불로를 추구하거나 신선이 되고자 하는 것은 단지 방사뿐만 아니라 위로는 황제에서부터 관료나 귀족들도 모두 그러하였다. 심지어 일반 백성들까지도 이러한 바람이 없었다고는 할 수 없다. 이것이 나중에 도교 신앙에서 가장 중요

---

43 『後漢書』, 제4책, 1,084쪽. 『三國志』 권46 「孫策傳」, 中華書局, 1971년 표점본, 제5책, 1,110쪽. 裴松之는 「江表傳」을 인용하여 주석을 달아 다음과 같이 말했다. "孫策 時有道士琅琊于吉, 先寓居東方, 往來吳會, 立精舍, 燒香讀道書, 制作符水以治病, 吳會人多事之. 後被孫策所殺. 這位于吉, 可能就是順帝時的于吉或其傳人. 可見當時這些方士或者說道士影響和活動的範圍."

44 『太平淸領書』와 『太平經』 그리고 이 두 책의 관계에 대하여 다음 책을 참조하였다. 王明, 『太平經合校』, 中華書局, 1960년; 俞理明, 『太平經正讀』, 巴蜀書社, 2001년 참조.

그림 6-5 한나라 시기 동우인銅羽人.

한 기초 가운데 하나가 되는 것이다.(그림 6-5)

황로의 학설과 사상은 일찍이 서한 초기 영향력이 컸다. 한 무제로부터 시작하여 그 이후로도 유가의 학설만이 존중되어서 정치 제도·예의·윤리도덕 그리고 학술의 방면에까지 두루 영향을 끼쳤다. 그런데 이밖에 황로의 지위는 실제로 낮지 않았다. 『후한서』 권42 「초왕영전楚王英傳」에 동한 초기에 초왕 영이 "늘그막에 황로학을 더욱 좋아하고, 불교에서 몸을 재계하고 제사 지내는 것을 배웠다.(晩節更喜黃老, 學爲浮圖齋戒祭祀.)"[45]고 하였다. 비록 황로와 부처 둘 다 거론하고 몸을 재계하고 제사 지낸다고만 하였지만, 이미 점차 종교적인 숭배의 격식을 차리게 되었다고 볼 수 있다. 동한 말기에 이르러서 이러한 정황에는 더욱 발전된 모습이 나타난다. 『후한서』 권67 「왕환전王渙傳」에서 "연희 연간(158-167)에 환제는 황로

45 『後漢書』, 제5책, 1,428쪽.

의 학술을 섞겨서 다른 제단들은 모두 없앴다.(延熹中, 桓帝事黃老道, 悉毁諸房祀.)"[46]고 하였다. 권30「양해전」에는 환제가 궁중에서 황로와 부처의 사당을 지었다고 하였다. 이런 종류의 황로 사상을 기초로 삼아 점점 형성된 황로도黃老道는 분명히 종교적인 특성을 일정하게 가지게 되었다. 황로도가 민간에서 더욱 발전하여 나중에는 태평도가 된 것이다.

방사나 방선술 그리고 황로도는 도교가 형성되는 데에 가장 중요한 기초이자 초기의 모습이라고 할 수 있다.

완정한 형태의 도교가 나타난 것은 동한 말기이다. 이 시기에 이르러서 도교는 자기만의 교리를 가지게 되었을 뿐만 아니라 동시에 자신의 조직은 물론 교리와 신자들을 모으는 의식 같은 것도 갖추게 되었다. 그렇지만 이때의 도교는 일반적으로 아직 '도교道教'라고 일컬어진 것은 아니다. 이 시기의 도교는 초기 도교로서 두 개의 유파가 있었으니, 역사에서는 태평도太平道와 오두미도五斗米道로 구분하여 부른다.

3. 태평도太平道와 오두미도五斗米道

태평도와 오두미도는 동한 말기의 사회 정치와 매우 밀접한 관계를 맺고 있다. 그것들은 종교이지만, 동시에 통치계급과 주류 사회에 반대하는 종교와 사상 운동이기도 했다. 심지어 전자는 동한 조정을 약화시켜서 무너뜨리는 직접적인 원인이 되었다.

태평도의 창시자는 장각張角이다. 장각은 거록巨鹿(지금 하북 평향平鄕) 사람으로 황로도를 받들어 모셨다고 한다. 동한 영제 때 장각은『태평청령서』를 주요 경전으로 하여 '대현량사大賢良師'라고 스스로 일컫고, 그의 동생인 장량張梁 · 장보張寶와 함께 민간에서 활동하면서 백성들을 착

46『後漢書』, 제9책, 2,470쪽.

취하는 지배층에 반대하여 "억만금을 쌓아 두고는 어려운 형편의 백성들은 돌보려고 하지 않으며 사람들을 춥고 굶주리게 하여 죽게 하는 자들의 죄는 용서할 수 없다.(積財億萬, 不肯救窮周急, 使人飢寒而死, 罪不除也.)"[47] 고 하였다. 또 부적과 정화수 그리고 주문을 외거나 무릎 꿇고 머리를 조아리는 방식으로 병을 치료하니, 많은 사람들이 믿고 따르게 되었고, 점점 엄밀한 조직을 갖춘 종교 단체가 되었다. 장각은 제자 여덟 명을 각지로 보내서 '선한 이치로 천하를 교화하겠다'는 기치를 내걸고 태평도를 전파하였다. 몇 년 사이에 청주青州·서주徐州·유주幽州·기주冀州·형주荊州·양주揚州·충주充州·예주豫州의 신도가 수십만 명이 넘었다. 신도들은 민간뿐만 아니라 심지어는 궁궐의 후궁들과 환관들이 가입하는 경우도 있었다.

동한 말년 정치는 매우 부패하고 관리들은 폭정을 일삼는 데다가 가뭄과 홍수가 빈번하게 일어나 역병이 유행하니, 사회 모순이 드러나고 백성들은 살 수가 없었다. 이러한 형편에서 장각은 『태평경』에서 하늘·땅·사람을 엮은 '3통三統'사상에 의거하여 스스로 천공장군天公將軍이라 하고, 동생 장량은 지공장군地公將軍이라 하고, 장보는 인공장군人公將軍이라 하고는 36방方을 설치하였다. 여기에서 방은 장군과 같은 호칭으로서 대방大方은 만 명, 소방은 6-7천 명이었는데, 각기 우두머리로 거수渠帥를 세웠다. 장각은 또 교리 중에 오행이 상생상극相生相克하는 이론에 의거하여 "푸른 하늘은 이미 죽고 누런 하늘이 마땅히 설 것이다. 갑자년에 천하가 크게 길할 것이다.(蒼天已死, 黃天當立, 歲在甲子, 天下大吉.)"라는 구호를 만들어서 184년(영제 중평中平 원년) 3월 5일 전국 각지에서 동시에 거사를 일으키기로 결정하였다. 나중에 어떤 사람이 밀고하여 미리 발각이 되었다. "가는 곳마다 관청에 불을 지르고, 고을을 약탈하자 주나 군

47 『太平經』 권97 「六罪十治訣」, 俞理明, 『太平經正讀』, 巴蜀書社, 2001, 204쪽.

에서 근거지를 잃은 관리들은 모두 도망쳤다. 열흘 만에 천하가 호응을 하니, 수도까지 요동치게 되었다.(所在燔燒官府, 劫略聚邑, 州郡失据, 長吏多逃亡. 旬日之間, 天下響應, 京師震動.)"[48] 의거에 참여한 태평도의 신도들은 모두 머리에 누런 두건을 써서 자신들을 표시하였다. 이 때문에 그들을 '황건黃巾'이라고 불렀다. 그리하여 태평도는 일종의 종교운동에서 시작하여 대규모 농민 전쟁의 양상을 띠게 되었으니, 역사에서는 '황건기의黃巾起義'라고 부른다.

다만 황건기의가 지속된 기간은 오래 이어지지 않았다. 대체로 10여 개월 정도이다. 그 중간에 장각이 병으로 죽고 장량과 장보도 그 즈음에 죽자 동한의 관군과 각 지방의 토호들이 연합하여 진압한 이후 매우 빠르게 쇠락했다. 태평도는 이로 인해서 불법적인 조직이 되었고, 역시 빠르게 쇠락했다.

남방에는 북방의 태평도에 버금가는 것으로 오두미도五斗米道가 있었다. 오두미교의 창시자는 장릉張陵(34-156)이었다. 장릉은 장도릉張道陵이라고도 불렀으며, 자는 보한輔漢으로 패국沛國 풍豊(지금 강소 풍현豊縣) 땅 사람이다. 전해지기로는 유후留侯 장량張良의 후손이라고도 한다. 장릉이 어린 시절에 『도덕경』을 열심히 공부하여 태학太學에 들어가서 5경五經을 통달하고 천문과 지리, 하도락서河圖洛書 같은 책에도 능숙하여 '현량방정직언극간과賢良方正直言極諫科'에 기용되었으며, 동한 명제 때에는 파촉 강주江州(지금의 중경重慶)의 영슈이 되었고, 나중에는 북망산北邙山(지금의 낙양洛陽 북쪽)에 은거하여 장생불사의 학문을 배웠다고 한다. 조정에서 그를 불러서 박사로 삼고자 했지만, 병을 핑계로 나아가지 않았다. 화제和帝가 즉위하여서 태부太傅에 임명하여 기현후冀縣侯로 삼고자 하여 세

48 張角과 黃巾起義의 사적은 주로 『後漢書』 권71 「皇甫嵩傳」에 나온다. 中華標點本, 8책, 2,299-2,300쪽.

번이나 조서를 내렸지만 나아가지 않았다고 한다. 순제順帝(125-144) 때에 장릉은 사천四川의 학명산鶴鳴山에서 수양을 닦으면서 노자를 교주로 삼고 『도덕경』을 주요 경전으로 삼았다. 그리고 태상노군으로부터 삼천정법三天正法을 받아서 천사天師가 되었고, '삼천법사정일진인三天法師正一眞人'이 되었다고 스스로 말하였다. 도가 관련 서적 24편을 '태청현원太淸玄元'이라 일컫고, 종파를 창립하여 이 파에 들어오는 이는 반드시 쌀 다섯 두斗를 내도록 하였기 때문에 오두미도五斗米道라고 불렀다. 장각과 마찬가지로 장릉도 도를 받들고 부적과 정화수를 지니고 주문을 외는 방법으로 병을 치료하였다. 동시에 교도들을 조직하여 24개로 나누어 다스렸는데, 그 중에 '좨주祭酒'를 두어 교도들을 관리하도록 하였다. 장각은 스스로 천사天師라 하였기 때문에, 오두미도를 천사도天師道라고도 하였다.

지금 전해오는 『노자상이주老子想爾注』를 장릉이 지었다고 하는 설이 있다. 또 어떤 이는 장로張魯가 장릉의 이름을 빌어서 지은 것이라는 설도 있는데, 두 장張씨 가운데 누구인 것은 상관없이 내용상으로는 별 차이가 없다. 『노자상이주』는 『노자』에 주석을 하면서 '도'의 개념을 한층 종교적인 성향으로 발전시켰다. '도'를 '하나(一)'라 하고 하나가 흩어져서 기氣가 되고 모여서는 태상노군太上老君이 되었다고 하고, 도에 희로애락을 발생시키는 요소가 있다고도 여겼다. 도는 생명을 주어서 선함을 진작시키기도 하고, 죽게도 하여서 악함을 위협하는 것이니, 군주는 도를 믿고 지키며, 도에 의거하여 일을 성사시켜야 한다고 했다. 그렇게 되면 나라가 태평해지고, 도의 의미를 따라 백성을 아끼면 백성들이 오래 평안히 살게 될 것이라고도 했다. 사람들이 도의 의미를 법으로 여기면 오래 살 수 있으며, 도에서 경계하는 것을 잘 받들면 선을 쌓아 공을 이루며 정성이 쌓이면 신성함도 이루어지게 되고 그렇게 되면 신선처럼 장수하게 된다는 것이다. 확실히 『노자상이주』는 비록 『노자』의 글귀를 인용하였지만, 내용은 새로운 종교 이론이라고 할 수 있었다. 도교 발전에 중요한 작용

을 하였다.[49]

동한 말기, 익주益州 지역에는 많은 소수민족이 살고 있었다. 오두미도의 교리 역시 각 지역 소수민족의 원시종교적인 성분을 받아들였다. 도교는 중국에서 자생하여 성장한 종교로서 도교의 발전에 있어서 한족뿐만 아니라 고대 중국의 소수민족들에도 역시 공헌하였다.

오두미도는 파촉 지역의 민중들에게 급속히 전파되어 신도들도 날로 증가했다. 장릉이 죽은 다음 그의 아들 장형張衡과 손자 장로張魯가 이어서 이끌었다. 『삼국지』 권8 「장로전張魯傳」에는 장릉이 죽자 아들 장형이 그 일을 이었고, 장형이 죽자 아들 장로가 거듭 계승하였다고 하였다. 191년(동한 초평初平 2)에 익주 목牧 유언劉焉이 장로를 독의사마督義司馬에 임명하여 별부사마別部司馬 장수張修와 함께 한중漢中을 공격하게 하였다. 장수 역시 오두미도 우두머리 가운데 하나였다. 이어서 장로가 또 장수를 죽이고 장로의 무리를 합하여 한중 지역에서 독자적인 자기의 정권을 건립하였다. 장로의 정권은 정치와 종교를 하나로 하는 것으로 그는 스스로 '사군師君'이라 불렀다. 좨주는 지방관인 동시에 전도 사업도 담당하였다. 한중 각지의 길가에 '의사義舍'를 짓고, '의미義米'와 '의육義肉'을 쌓아 두고, 길 가는 사람들에게 무료로 잠자리와 먹을거리를 제공해 주었다. 그리고 술 빚는 것을 금지하고 봄과 여름에는 짐승을 죽이는 일도 금지하였다. 범법자들은 세 번까지는 용서해 주고, 이후 범죄를 다시 저지르면 형벌에 처하였다. 작은 죄를 지은 자에게는 100보 거리의 도로를 보수하게 하였다. 장로가 오두미도의 방식대로 세운 이러한 정권은 중국 역사상 처음이며, 정치와 종교가 합일된 얼마 안 되는 정권 가운데 하나였다.

동한 말기 천하가 크게 혼란해져서 각 지역 토호들끼리 서로 다투는 양

49 원서는 이미 없어졌다, 清末에 敦煌 藏經洞에서 일부가 발견되었다. 饒宗頤 『老子想爾注教證』, 上海古籍出板社, 1991년.

상 아래에서 장로가 한중 땅을 차지하여 30년 동안 오두미도를 전파하였다. 한중 지역이 안정을 찾아 가면서 그 지역 한족과 소수민족의 지지를 받게 되어 한족 백성들이나 이민족들도 평안하게 되었고, 다른 지방의 백성들도 이곳으로 피난을 오는 일이 잦아졌다. 농우隴右에서 한수韓遂와 마초馬超가 반란을 일으켰을 때, 관서關西 지역 수만 명의 백성들이 자오子午 계곡으로부터 도망쳐 왔다고도 한다.

215년(건안建安 20)에 조조曹操가 한중을 공격했을 때 장로는 조조에게 투항하여 진남장군鎭南將軍에 임명되었고 낭중후閬中侯에 봉해졌다. 북방의 태평도는 황건기의가 실패한 다음에는 이미 공개적으로는 활약할 수 없게 되었지만 장로가 조조에게 투항하자 오두미도는 합법적인 지위를 얻게 되어 공개적으로 전도할 수 있게 되어서 날로 영향력이 커졌다.[50]

초기 도교의 양대 계파인 태평도와 오두미도는 기본적인 교리가 대체로 일치하였다. 사상의 연원 방면에서 말하자면 그들은 우선 중국 고대 은상殷商 시대로부터 발전해 온 귀신을 숭배하는 관념을 계승하였다. 고대에는 일월과 성신, 강과 바다, 산 그리고 조상을 모두 신령한 것으로 보고 제사와 기도를 올렸다. 태평도와 오두미도는 이러한 귀신 숭배 사상을 이었으며 새로이 신령 숭배 의식을 보태어서 더욱 체계적인 계통으로 발전시켰다.

그 다음으로, 태평도와 오두미도는 역시 은상 시대에서 전국 시대와 진한 시대 이래의 무술巫術과 신선방술의 전통을 계승하였다. 은상 시대에는 무사巫師들을 통해서 점복占卜을 믿어 점치는 것으로써 의심스러운 것을 결정하거나 길흉을 판단하였다. 전국 시대에는 신선방술이 점점 성행하였는데, 신선사상이 『장자』와 『초사楚辭』에는 매우 많이 나온다. 그 이

50 張魯는 正史에 傳記가 전한다. 『삼국지』 권8과 裴松之의 注, 中華書局, 1971년 표점본, 제1책, 263-266쪽.

후 연燕과 제齊나라 일대에는 장생불사나 신선술을 하는 방사들이 많이 나타났으며, 제나라 사람 추연鄒衍의 음양오행설을 써서 그들의 방술方術을 풀이하였다. 이를 통해서 이른바 신선가가 형성되었다. 한나라 때 방선도方仙道가 생겼다. 이러한 무속신앙적인 기복 의식이 강한 방식을 태평도와 오두미도에서도 가지고 있었다. 전하기로는, 방선도를 숭상하는 송무기宋毋忌 같은 사람들이 신선이 되어 몸이 다 사라져서 귀신에게로 귀의하였다고도 한다. 신선가의 신선신앙과 방술 역시 태평도와 오두미도에서 받아들였다. 신선 방술이 변화 발전하여 도교의 수련 방법이 되었으며, 방사는 점차 도사道士로 변모하였다.

다음으로, 한나라 초기의 황로학설과 한나라 중기에 흥성한 참위학讖緯學은 태평도와 오두미도의 형성에 커다란 작용을 하였다. 황로학설은 본래 직하稷下의 도가에서 발생한 것으로 전설로 전해지는 황제黃帝와 노자를 도가의 창시자로 받들었다. 한나라 초기에는 황로사상으로 천하를 다스려서 황로학이 두드러진 학파였다. 황로학을 닦은 사람 가운데에는 많은 사람이 방사였는데, 그들은 황로사상 가운데 신비주의적인 요소, 신선의 장생술, 음양오행 같은 이론을 한데 잘 섞고, 황제를 존중하는 것을 변환시켜서 노자를 신비화하고 숭배하여서 점차 노자 숭배를 신비화한 황로도로 삼기도 하고 방선도의 요소를 점차 섞기도 하였다. 한나라 때에는 참위학이 크게 성행하고, 유생과 방사가 합류하여 음양오행을 가지고 재난이나 기이함 혹은 상서로움을 추정해 보기도 하였다. 방사 혹은 도사들은 오두미도의 창시자인 장릉처럼 본래는 유생들이었다. 그들이 참위의 이론과 방술을 서로 결합하는 것은 매우 자연스러운 일이었다.

종합하자면, 태평도와 오두미도가 한나라 말기에 나타난 것은 결코 우연이 아니었다. 그것은 진한秦漢 이래 중국 사상과 문화 속에 있는 여러 가지 요소가 변화하여 서로 영향을 준 결과이다. 이 점이 서역에서 들어온 불교와 다른 점이다.

제5절

양진남북조 시대의 도교

1. 갈홍葛洪과 『포박자抱朴子』

태평도와 오두미도 가운데 특히 태평도는 동한 말기 일찍이 가난하고 고통 받는 일반 백성들에 의해서 조직되어 조정의 포악한 통치에 대항하였다. 그들의 저항은 사회에 혼란과 파괴를 가져왔다. 결국 일부는 진압되고 일부는 스스로 조정과 타협함으로써 합법화되기도 하여 전통 사회 안에서 합법적인 신분을 얻기도 하였다. 당시 왕조 사회에 저항하여 생기는 혼란은 대가를 치러야 했지만, 사회 자체는 종종 이로 인해서 변화와 진보를 할 수 있게 되었다. 한나라 말기 도교는 이후의 발전과 변화에 이러한 특징이 반영되었다.

동진 도교의 대표적인 인물은 갈홍葛洪(284-364)을 들 수 있다. 갈홍의 자는 치천穉川이고, 호는 포박자抱朴子이고, 단양丹陽 구용句容(지금 강소에 속한다.) 사람이다. 갈홍의 집안은 강남에서 대대로 내려오는 세족으로 할아버지는 오吳나라에서 대홍로大鴻臚를 지냈다. 진나라 이후 그의 아버지는 소릉昭陵 태수太守를 지냈다. 그의 조부 갈현葛玄은 삼국 시기 유명한 방사로서 신선술을 배워 갈선공葛仙公으로 불렸다고 한다. 갈홍은 젊은 시절 유학에 뛰어나서 이름이 났으면서 신선술에도 관심이 많았다. 갈홍의 제자 가운데 정은鄭隱은 갈현의 연단비술鍊丹秘術을 터득하였다. 갈홍은 정은과 함께 도술의 비법을 익혔다고 한다. 또 상당上黨(지금 산서 동남 지역)의 포현鮑玄에게서 의술醫術도 익혔다. 진晉 원제元帝 사마예司馬睿가 승상丞相이었을 때, 한번은 연사掾史에 임명되었다가 공을 세워 관내후關內侯 벼슬을 받았고 나중에는 자의참군咨議參軍으로 승진하기도 하였지만 공명을 세울 뜻은 없었다. 그는 교지交趾(지금 월남越南 지역)에서 단사丹砂가 난다는 말을 듣고는 구루句漏(지금 광서 북쪽)의 영슈으로 나가겠다고 요청하였다. 그런데 당시 조카를 데리고 광주廣州에 다다랐을 때, 자사刺史인 등악鄧岳이 그를 떠나지 못하게 하여서 그는 나부산羅浮山에 머물러서 연단술鍊丹術을 익히다가 나부산에서 생을 마쳤다고 한다.[51]

갈홍은 전국 시기 이래 내려오던 신선방술神仙方術의 이론을 정리하여 『포박자抱朴子』를 지었다. 『포박자』는 도교 발전에 있어서 가장 중요한 저작 가운데 하나로서 전체 내편과 외편으로 나누어져 있으며 모두 116편이다. 『내편』에서는 신선방술의 묘약, 괴이한 변신술, 생명을 연장하는 양생술, 삿됨을 물리치고 화를 제거하는 것 등에 대해서 썼고, 『외편』에서는 사람들의 잘되고 못된 점이나 세상일의 좋고 나쁜 점에 대하여 말하였다. 갈홍은 도교에서 여러 종류의 연단술을 닦아 신선이 되는 방법 등을 서술하여 신선이 되는 이론 체계를 세웠다. 그는 초기에 민간에 있었던 도교를 비판하였다. 그리하여 안으로는 신선과 양생을, 밖으로는 유가로서 세상의 변화에 응대하고자 하여 신선술과 유가의 강상綱常과 명교名教를 결합하여 도교의 교인들도 유가의 충효·인서仁恕·신의信義·화순和順으로 근본을 삼아야 한다고 하였다. 그렇지 못하면 비록 연단술을 열심히 닦아도 신선이 될 수 없다고 하였다. 그는 또 위진魏晉 시기 이래의 현

51 葛洪은 正史에 傳記가 전해진다. 『晉書』 권72, 中華書局, 1974년 표점본, 제6책, 1,910-1,913쪽.

학玄學과 청담淸談사상에 동의하지 않고, 언제나 사회 교화에 힘써야 하며, 글을 잘 연마하고 덕행을 함께 중시해야 한다고 하였다. 이러한 것들은 갈홍이 애써서 정리한 도교의 이론을 반영한 것이다. 그는 도교의 이론과 유가의 주요 학설을 원만하게 조합하여 도교를 일반 사회에 적응하게 하여 상층의 인사들도 손쉽게 접근할 수 있게 하였다.

갈홍은 도교의 연단술 발전에 큰 공헌을 하였다. 그는 이전까지의 연단술을 연구하였고, 위진 시대에 축적된 방사들의 연단술을『포박자』에 여러 가지 연단술 방법을 구체적으로 실었다. 근대 과학에서 화학이 아직 형성되기 전에 고대의 연단술이 최초로 과학적인 탐색과 시험을 한 것이었다. 갈홍의 책은 고대 중국의 연단술과 초기 화학 사상에 귀중한 자료를 제공해 주었다. 갈홍은 의학 방면에도 깊은 조예가 있었다. 그는『금궤약방金匱藥方』100권을 지었는데, 이것은 광범위한 내용의 의약서이다. 또『주후비급방肘後備急方』4권에는 천연두나 쯔쯔가무시병(恙蟲病)에 대한 세계 최초의 기록도 있다. 연단과 양생을 추구하는 것으로 인하여 도교도들은 고대 화학과 의약에 일정한 공헌을 하였으니, 이것이 하나의 전통이 되었다. 갈홍은 이 방면의 한 예라고 할 수 있으며, 당대唐代의 손사막孫思邈이 대표적이라고 할 수 있다.

갈홍은『신선전』같은 책도 지었고, 유흠劉歆의 이름을 빌려서 지은『서경잡기西京雜記』같은 책들이 지금까지 전해져 내려온다.

갈홍의 시대보다 조금 늦게 갈홍과 사정이 완전히 다른 도교의 대표적인 인물이 손은孫恩이다. 손은의 자는 영수靈秀이고, 그의 선조가 산동 낭야琅琊에 있다가 강남으로 옮겨 갔다. 손은 역시 높은 가문 출신으로 대대로 오두미도를 믿었다. 손은의 삼촌 손태孫泰는 전당錢塘 지역 오두미도의 도수道首 두자공杜子恭을 섬겼다. 398년(융안隆安 2)에 손태는 오두미도를 근거로 하여 거사를 일으켰다가 실패하고 살해당하였다. 손은은 바닷가로 도망쳐서 무리들을 조직하여 저항하였다. 다음해 회계會稽(지금 절강 소흥紹興)를 공격했다가 함께 오두미도를 섬기던 내사內史 왕응지王凝之를 살해했다. 한나라 말기 장각과 장로 등과 똑같이 손은은 오두미도라는 명분을 내걸고 수만의 무리를 결집하였다. 강남 8부의 교도와 많은 민중들이 재빠르게 호응하여 몇십 일 만에 수십만으로 증가하였다. 종교가 다시 한 번 반항의 깃발을 든 것이었다. 손은은 스스로 '정동장군征東將軍'으로 일컫고 그의 무리를 '장생인張生人'이라고 불렀다. 가는 곳마다 관청을 불사르고, 관리를 쳐 죽여서 단번에 군현의 관군들이 궤멸되었다. 동진 조정에서 군대를 보내 진압하자, 손은은 실패하고 이끌던 20만 명의 무리도 바다나 섬으로 도망쳤다. 400년(융안 4)부터 402년(원흥元興 원년) 사이에 손은은 다시 무리를 조직하여, 3년간 여러 차례 거사를 거듭 일으켰지만, 끝내 성공하지 못했다. 손은은 바다에 빠져 죽었고, 나머지 무리들은 그의 매부 노순盧循의 휘하에 들어가 바닷길을 따라 광주廣州로 갔다. 때로는 동진 조정의 관군과 타협하기도 하고, 때로는 대항하기도 하면서 연안 지역 일대를 습격하였다. 411년(의희義熙 7)에 노순이 이끄는 무리들도 끝내 실패하고 말았다. 노순은 물에 빠져 죽고, 다른 사람들도 살해당하고 말았다. 손은의 반란은 이것으로 끝을 맺었다.[52]

어떤 사회에 모순이 첨예하게 두드러질 때, 종종 종교나 구성원들의 불만을 이용해서 일을 꾸미는 이들이 있기 마련이다. 장각이나 장로, 손은 같은 이들이 좋은 예이다. 종교 내부의 정황도 매우 복잡하고, 종교 자체도 변화하기 마련이다. 도교의 경우를 예로 들자면, 손은 이후로는 대규모의 반란이 적었다.

서진 왕조가 남쪽으로 옮겨 간 이후 북방 지역은 소수민족들에 의해서 끊임없이 새로운 왕조가 바뀌었다. 이러한 국면은 수隋나라의 통일 때까지 거듭되었다. 남조와 북조로 갈라진 기간이 길어지고 문화와 종교 방면

52 孫恩과 盧循은 正史에 傳記가 전해진다. 『晉書』 권100, 제8책, 2,631-2,636쪽.

에도 점차 각자의 특징을 가지게 되었다.

2. 구겸지寇謙之와 도홍경陶弘景

북조에 북위北魏 정권이 세워졌다. 북위는 몇 대가 지난 다음 중국 북방의 대부분 지역을 통일하기에 이르렀다. 북위 시기 도교는 북방에서 획기적인 발전을 하였으니, 이와 관련된 인물은 구겸지寇謙之이다.

구겸지寇謙之(365-448)의 자는 보진輔眞이고 상곡上谷 창평昌平(지금은 북경에 속해 있다.) 사람이다. 그 역시 대대로 높은 집안 출신으로서 그의 형 구찬寇讚(363-448)은 북위 남방의 옹주雍州 자사刺史를 지냈다. 구겸지는 일찍이 장로의 오두미도를 배웠지만, 몇 년 동안 별다른 깨우침이 없었다. 18세가 되던 때 그는 성공成公 흥興을 따라서 숭산嵩山에 들어가 7년 동안 도를 닦았다. 415년(신서神瑞 2)에 구겸지는 태상노군이 자신에게 '천사天師'의 지위를 내려서 자신에게 새로운 규정을 선포하고 도교의 교리를 정돈하여 쌀을 빌려주거나 세금의 부과하거나 남녀 간에 합방하는 기술 등과 같은 잘못된 규정은 없애도록 시켰다고 했다. 그리고 자신에게 『운중음송신과지계雲中音誦新科之戒』 20권을 주어서 오로지 예법을 우선으로 하고 음식 섭취와 폐쇄된 공간에서 수련하는 것까지도 맡게 하였다고 했다. 몇 년 뒤 그는 또 노자의 현손玄孫인 이보문李譜文이 자신에게 녹도진경籙圖眞經과 귀신을 불러 모으는 방법 등을 전수하여 나라를 보좌하고 천명을 지키며 북방의 '태평진군太平眞君'을 보좌하라는 명을 받았다고 스스로 말하였다. 북위 태무제太武帝는 도교를 숭상하고 불교를 좋아하지 않았다. 재상이었던 최호崔浩가 도교를 믿었기 때문에 구겸지는 그와 잘 지냈다. 그리하여 태무제의 신임을 얻었다. 태무제가 후원해 주었기 때문에 424년(시광始光 원년)에 구겸지는 북위의 도성인 평성平城(지금 산서 대동大同)에 천사도天師道 도장道場을 세우고 악장樂章을 제정하여 새로운 규정과 계율을 암송하는 방법 등을 새로 만들었다. 이로써 도교가 북방에서 크게 세력을 얻게 되었다.

구겸지가 새로이 도교를 개혁하자, 이후에는 '신천사도神天師道'라고 불렸다. 440년(북위 태원太元 6)에 태무제는 직접 도장에 와서 스스로 '태평진군太平眞君'이라 칭하고는 연호도 '태평진군太平眞君 원년'이라고 하였다. 446년(태평진군 7)에 태무제는 불교를 없애라고 선포하였고 이후 얼마간은 천사도가 거의 북위의 유일한 종교가 되었다. 북방의 도교는 이로 인해서 큰 발전을 이루었다.[53]

남방에 천사도가 있었기 때문에 구겸지의 신천사도를 '북천사도'라고 불렀다.

남방에서는 동진에서 남조 시대까지 도교는 비록 손은의 반란이 있었지만, 여전히 상층부와 민중들 사이에서 영향력을 유지하고 있었다. 이때 남방 도교의 주요 인물은 육수정陸修靜과 도홍경陶弘景이었다.

육수정(406-477)의 자는 원덕元德이고 오흥吳興(지금 절강 오흥) 사람이다. 육수정은 삼국 시기 오나라 승상을 지낸 육개陸凱의 후손이다. 어려서 유학을 배우고, 많은 글을 읽고 별자리를 살피고 경서와 위서를 두루 연구하였다. 나중에 집을 떠나 도를 닦으려고 유명한 산을 떠돌아서 신선의 자취를 쫓아다니며 도가의 책을 섭렵하였다. 453년(원가元嘉 말년)에 육수정은 건강建康(지금의 남경)에서 약藥을 팔았다. 송 문제宋文帝가 좌복야左僕射 서담徐湛에게 그를 궁궐로 불러서 도를 강론하게 하였고, 태후太后 왕 씨도 제자의 예로 대우했다. 461년(대명大明 5)에 그는 여산廬山에 가서 도관道館을 짓고 은거하면서 도를 닦았다.

구겸지와 달랐던 것은, 육수정이 세 장張씨를 받들고 갈현과 갈홍의 뜻

53 寇謙之의 일은『魏書』권114「釋老志」에 상세히 나온다. 中華書局, 1974년 표점본, 제8책, 3,048-3,055쪽.

을 더욱 발전시키면서 장릉張陵 이래의 전통을 완전히 부정하지는 않았으며, 도교의 전적을 더욱 많이 수집하여 정리하였고 동시에 도교를 개혁하였다는 점이다. 467년(송 명제宋明帝 태시泰始 3)에 육수정은 송 명제가 여러 차례 초빙한 이후에야 다시 건강에 왔다. 명제는 직접 그에게 도에 대하여 물었고, 그를 크게 예우하여 그를 위해서 숭허관崇虛館을 지어 주었다. 그는 건강에서 도교 경전을 널리 모았는데, 모두 상청上淸 · 영보靈寶 · 삼황三皇 등의 경전이었다. 이것을 변별 정리하여 경계經戒 · 방약方藥 · 부도符圖 등 모두 1,228권을 보태었으니, 이것들을 삼동三洞에 모았다가 각 부류별로 나누고 마지막으로 471년(태시泰始 7)에 『삼동경서목록三洞經書目錄』을 편찬하였다.

육수정은 몸을 정갈히 하고 바르게 갖는 것이 도를 추구하는 근본이라고 여겼다. 그리하여 그는 또 종법宗法사상과 제도에 의거하고 불교에서 의식을 수련하는 것을 모방하여 재계하고 의례와 규범에 관한 100여 권의 책을 편찬하여서 도교에서의 의례 집행을 점차 자리 잡게 하였다. 남방의 오두미도나 천사도는 육수정의 개혁 이후 남천사도라고 일컬어지게 되었다.[54]

육수정이 편찬한 『삼동경서목록』은 최초의 도장道藏 서목이다. 도교의 경적을 '3동三洞'으로 나누는 것이 그로부터 시작된 것이다. 송나라 때 이르러 '4보四輔'가 보태져서 이후 시대의 도장을 3동三洞 4보四輔 12류로 나누게 된 시초가 되었다.

도교의 교리 규범은 북방의 구겸지와 남방의 육수정이 수정한 이래 대체로 정형화되었다. 이후의 변화와 발전은 모두 이것을 기초로 한 것이다.

---

54 陸修靜도 正史에 傳記가 있다. 사적이 도교 관련 저작 여기저기에 나온다. 예를 들면 「三洞群仙錄」·「三洞珠襄」·「茅山志」 그리고 『全唐文』 권926 「吳筠簡寂先生陸君碑」 등이다. 陳國符, 『道藏源流考』, 中華書局, 1986년, 上册, 38-44쪽.

남방 도교의 또 다른 중요 인물은 도홍경陶弘景(456-536)이다. 도홍경의 자는 통명通明이고, 단양丹陽 말릉秣陵(지금의 남경) 사람이다. 도홍경은 남조의 세족 집안 출신으로 일찍이 남조 제나라 때 좌위전중장군左衛殿中將軍을 지냈다. 492년(영명永明 10)에 그는 구곡산九曲山(지금 강소 모산茅山)에 은거하였다. 도홍경은 일찍이 유명한 산을 두루 돌아다니며 신선이 되는 약을 찾으러 다녔고, 동양東陽 도사 손유악孫遊岳이 부도符圖와 경전을 그에게 내렸다고 한다. 그리고 다른 진인眞人의 전수를 받았고, 그가 도를 닦은 것이 온 나라에 전해졌다고 한다. 양 무제는 즉위 후 그에게 여러 차례 산에서 내려오라고 했지만, 끝내 거절하고 나오지 않았다. 양 무제는 중요한 일이 있을 때마다 그에게 자문을 구했기 때문에 당시 사람들이 그를 '산중재상山中宰相'이라고 불렀다.

도홍경은 한편으로는 노장사상과 갈홍의 방술이론을 계승하였으며 한편으로는 남방 도교의 발전 추세에 순응하여 도교의 이론과 유가 및 불교의 사상을 한층 더 융합하여서 3교의 합일을 주장하였다. 그는 스스로 꿈에서 불수기佛授記를 얻어서 '승력보살勝力菩薩'이라고 이름을 지었는데, 이것 때문에 무현鄮縣(지금 절강 영파寧波)에 있는 아육왕阿育王 탑에서 불계를 받았다. 꿈에 본 것을 증명할 수는 없지만, 이것은 그가 실제로 도교와 불교를 서로 아우르고자 하는 사상을 반영한 것이라고 할 수 있다. 듣건대, 그는 모산의 도관에서 불교와 도교의 당을 나누지 않고 격일로 돌아가면서 예배를 올렸다고 한다.

도홍경 역시 학자이면서 의학자였다. 그는 역산曆算·지리地理·의약醫藥에 대하여 열심히 연구하여 『신농본초神農本草』을 정리하고 『본초집주本草集注』 7권을 편찬하였는데, 이 가운데에 약물 700여 종에 관한 새로운 약방도 포함되어 있다. 그는 약물을 옥석玉石·벌레·짐승·과일·채소·곡식 등 몇 가지로 구분하였으니, 이것이 이후 시대 본초학의 발전에 상당한 영향을 끼쳤다. 도홍경은 많은 책을 지었다. 내용이 광범위하여

의학 · 양생술 · 연단술 이외에도 유가 경전의 주석, 천문 역법, 땅의 형세를 그린 것 등을 포함하고 있다고 하는데, 현재까지 남겨진 것이 많지 않다.[55]

3. 불교와 도교의 논쟁

도교가 성립될 즈음 불교 역시 서역에서 중원 지역에 들어왔다. 동한 말기 불교의 영향이 아직 크지 않을 무렵 불교와 도교 사이에 커다란 충돌은 없었다. 오히려 불교가 처음 전해질 때 여러 방면에서 술어와 개념을 포괄하여서 어떤 의미에서는 당시 상당한 영향력을 갖고 있었던 황로학설이나 신선도술과 비교되곤 하였다. 사람들은 불교에 대하여 종종 이러한 각도에서 이해하였다. 동한의 초왕楚王 영英이 황로학을 좋아하고 불교에서 몸을 재계하고 제사 올리는 것을 배웠다고 한 것이 한 예이다. 다만 서진 이후 불교는 중국에서 커다란 발전을 이룩하여 빠르게 영향력이 가장 큰 종교가 되었다. 불교의 종교적인 이론은 매우 정교하면서도 완정하다. 불교의 조직 형식은 중국에 전해질 때부터 매우 잘 갖추어져 있었다. 도교와 불교는 이 방면에서 매우 차이가 난다. 그리하여 불교는 사회적으로 더욱 영향력을 가지게 되었고, 동진 이후 도교와 불교 사이에는 여러 방면에서 논쟁이 일어나고 다투기까지 하였다. 당연히 그렇게 될 만한 이유는 많았다. 종교적인 주장이 달랐으며, 경제적인 방면의 입장 차이가 있었으며 때로는 정치 방면에서도 서로 갈등이 있었다.

양진에서 남북조 시기까지 심지어 수당隋唐 대에 이르기까지 불교와 도교 사이의 가장 큰 쟁점 가운데 하나는 이른바 '노자가 이민족 사람이 되

55 陶弘景은 正史에 正傳이 있다.『梁書』 권51에 나온다. 中華書局, 1973년 표점본, 제3책, 742-743쪽;『南史』 권76, 中華書局, 1975년 표점본, 제6책, 1,897-1,900쪽.

었다(老子化胡說)'라는 설이다. 이 설과 관련 있는 것이 『노자화호경老子化胡經』이다. 동한 말기 이미 노자가 이민족 지역에게 가서 부처가 되었다는 설이 있었다. 서진西晉 혜제惠帝(290-306년 재위) 때의 도사 왕부王浮가 불교도와 논변하던 중에 이러한 설에다가 새로운 몇 가지 설을 가미하여 도경道經이 만들어지게 된 것이다. 그 가운데 노자가 서쪽 함곡관函谷關을 나가 천축天竺에 도착하여 부처가 되었으며, 이민족 사람들을 교화시켜서 승려가 되게 하여 불교가 이로부터 기인하게 되었으니, 도교는 이 때문에 불교보다 지위가 더욱 높다는 것이다.[56]

노자가 이민족 사람이 되었다는 설은 오늘날 보자면, 황당하고도 고려할 만한 가치도 없다. 다만 당시에 도교도들이 불교도들을 공격하여 자신의 지위를 높이고자 하는 중요한 근거로 삼았고, 불교도들도 똑같이 진지하게 반박을 하였다. 이런 정도는 고대의 문화적인 배경 아래에서는 별로 이상할 것도 없다. 당시 논쟁을 격렬하게 벌이던 승려들은 왕을 섬기는 것과 부모를 공경하는 것 등의 문제와 마찬가지로 이것은 역사적으로 중화와 이민족의 변론 가운데 나타난 논쟁 가운데 하나일 뿐이었다. 남조 송과 제나라 시기에 고환顧歡은 도교학자였다. 그가 편찬한 『이하론夷夏論』은 중화와 이민족의 각도에서 불교와 도교에 대하여 토론한 것이다. 그 가운데에서 "도교가 불교이고, 불교가 도교이다. 그 성스러움은 일치하며 그 자취가 다를 뿐이다.(道則佛也, 佛則道也, 其聖則符, 其迹則反.)"라고 한 것이나, "중화를 버리고 이민족을 본받는다면 올바른 뜻을 어찌 취하겠는가?(舍華效夷, 義將安取?)"라고 하였다. 표면적으로는 불교와 도교의 융합을 시도하였지만, 실질적으로는 도교가 더 높은 지위를 가지기를 바랐던 것이다. 도교학자들은 도교가 불교와 같은 수준으로 보이고 싶은 마

---

56 『老子化胡經』은 일찍이 없어졌다. 清末 敦煌 藏經洞에서 唐代의 사본이 발견되었다. 그러나 돈황에서 나온 사본을 연구한 것에 의하면 역시 최초의 원본은 아니다.

음이 있었지만, 실제로 이때 도교의 영향력은 불교만은 못하였다.

도교의 입장에서 보자면, 남북조 시기 불교와 도교의 다툼에서 한 차례 승리한 것은 북위 태무제가 도교를 지지해 주고 불교를 금지한 사건 때문이었다. 역사상 북위 황제와 귀족 가운데에는 불교를 믿은 이들이 많았다. 다만 태무제 탁발도拓跋燾(423-451 재위)가 예외였던 것이다. 태무제는 처음에는 불교를 믿었으나 도사 구겸지의 영향을 받아서 구겸지가 새로이 연 신천사도를 믿게 되었다. 그는 일찍이 부록符籙을 직접 받고, 불교는 서방 오랑캐들의 허황된 것으로 세상에 해로울 뿐이라고 여겼다. 도교를 믿고 있었기 때문에 그는 다음해 440년에 연호를 태평진군太平眞君으로 바꾸었다. 444년(태평진군 5)에는 조서를 내려서 왕공王公으로부터 일반 백성에 이르기까지 사적으로 승려와 무격巫覡을 봉양하는 것을 금지시켰다. 446년(태평진군 7)에는 행성杏城(지금 섬서 황릉黃陵) 노수盧水 땅의 이민족 출신인 개오蓋吳가 반란을 일으켜 관중關中 땅이 시끄러웠다. 태무제가 병사를 내어 가서 토벌하게 하였다. 장안長安에까지 다다랐는데, 어떤 사찰에서 활과 화살, 창과 방패가 발견되었고, "술 빚는 기구와 주군의 수령들과 부자들이 가져다 준 물건이 만여 점이나 있었다. 또 동굴에다가 석실을 만들어서 부잣집 여자들과 사사로이 음란한 짓을 벌였다." 천사도의 신도였던 사도司徒 최호崔浩가 천하의 사문을 모두 죽이고 경전과 불상을 파괴할 것을 주청하니, 최호의 건의를 받아들여서 장안의 승려들을 죽이라고 조서를 내리고 전국에 "부처의 형상이나 오랑캐 땅에서 들어온 경전들은 모두 불태워 없애고 승려들은 나이가 적거나 많거나 모두 묻어 죽이라.(諸有浮屠形像及胡經, 皆擊破焚燒, 沙門無少長悉坑之.)"[57]고 하였다. 이때 불교가 잠시 심각한 타격을 받았다. 당시 태자감국太子監國

57 太武帝가 불교를 없애려고 한 것은 『魏書』 권4 「世祖記」에 나온다, 中華書局, 1974년 표점본, 제1책, 100쪽; 권114 「釋老志」, 제8책, 3,033-3,035쪽; 『資治通鑑』 권124, 中華書局, 1956년 표점본, 제9책, 3,923-3,924쪽.

이 불교를 신실하게 믿고 있었기 때문에 불교를 몰래 보호해 주어서 많은 승려들이 화를 모면할 수 있었다. 태무제가 죽은 다음 452년에 문성제文成帝가 즉위하였고, 북방에서 불교는 다시 회복되었다.

남조와 북조로 나뉜 시대가 종결을 지을 무렵 불교는 다시 한 번 큰 타격을 입었다. 이것은 북주北周 무제武帝(560−578 재위)가 불교를 없애려 한 것이다. 다만 주 무제의 불교 탄압은 주로 정치 방면에서 시작된 것으로 종교가 국가 자원을 낭비하는 것을 줄여 보고자 했던 것이었다. 그리하여 주 무제가 금지시킨 것은 불교뿐만 아니라 도교도 포함되어 있었다. 567년(천화天和 2)에 환속한 위원숭衛元嵩이 글을 올려서 사찰과 승려를 줄일 것을 요청하여 나라를 잘 다스리는 관건이 부처에게 있는 것이 아니며, 요순임금 시절에는 부처가 없었어도 나라는 안정되었다고 하니 주 무제가 그의 건의를 받아들였다. 천화 연간(566−572)에서 건덕建德 연간(572−578) 때까지 무제는 일곱 번이나 대신과 승려, 도사들을 불러 모아서는 세 종교 가운데 가장 앞서는 것이 무엇인지 토론하도록 하였다. 결국에는 574년(건덕 3)에 불교와 도교를 금지하라고 명령을 내렸다. 그리하여 "경전과 불상들을 모두 파괴하였고, 승려와 도사들을 파문하여 모두 속세로 돌아가게 하였다. 그리고 음탕한 제사 올리는 것을 못하게 하였고, 예법에 맞지 않는 것들은 모두 없앴다.(經像悉毁, 罷沙門道士, 并令還民. 并禁諸淫祠, 禮典所不載者, 盡除之.)"[58] 그렇지만 주 무제가 오래지 않아 죽었고, 이어서 권력을 장악하여 최후에 북주의 정권을 대체한 수 문제隋文帝 양견楊堅은 불교를 적극적으로 지지하였다. 수당 시기 불교와 도교는 거듭 번영하여 사회적으로 영향력이 큰 두 종교가 되었다.

58 『周書』 권5 「武帝紀」, 中華書局, 1971년 표점본, 제1책, 85쪽; 『자치통감』 권171, 제12책, 5,335쪽.

4. 도교와 고대 과학

과학과 종교는 완전히 다르다. 다만 옛날 사람들의 자연에 대한 인식이 비교적 간단하고 낮은 단계에 머물러 있어서 당시의 과학적인 지식은 대개 종교와 연계되어 있었다. 이런 측면에서 말하자면, 도교는 중국 고대 과학 기술의 발전에 있어서 어느 정도 공헌을 하였다고 할 수 있다. 도교의 공헌은 주로 의학과 약물 방면에서 이루어졌으니, 특히 고대 화학의 발전에 촉매제 역할을 하였다.

도교에서 최종적으로 추구하는 것은 죽지 않고 오래 살아서 신선이 되고자 하는 것이다. 이러한 목적에 도달하기 위해서 도교에서는 내적인 수양과 외적인 양생술을 강구하여 이것과 관련된 이론과 실천 방안을 발전시켰다. 이 과정에서 도사들은 중국 전통의 의학적인 성과를 계승하여 받아들였으며, 전통 의학의 발전을 위해서 새로운 요소를 보태었다. 도교에서 몇몇 사람은 도사이면서 의사이기도 하였으며, 때때로 의학 방면에 조예가 깊은 이들도 있었다. 갈홍과 도홍경 그리고 당나라 때 손사막 같은 이들이 좋은 예이다. 도교에서 수련하는 방법으로는 복식服食 · 외단外丹 · 내단內丹 · 도인導引과 무속적인 색채가 있는 선단仙丹의 영약靈藥과 부적 등을 붙이는 것이다. 이것들은 중국의 전통적인 의약과 관계가 있으며, 한편으로는 다르기도 했다. 그 가운데에서 몇몇 이론과 처방들은 나중에 중국 고대 의약학의 주요 구성 요소가 되었다.

고대에는 무속과 의약의 구분이 없어서 무속인은 의사이기도 하였다. 진한 시기의 방사들이 주로 하는 일은 불로장생의 약을 찾는 것이었다. 한나라 때 황로도와 방선도方仙道는 이런 방사들의 계승자였다. 태평도와 오두미도는 사상적으로 황로도와 방선도를 계승한 것이다. 태평도와 오두미도를 백성들에게 전파하는 중요 수단의 하나는 부적으로 사람들의 병을 고치는 것이었다. 부적은 당연히 미신이다. 이때의 도교 역시 의

술 행위라고 말할 수는 없다. 다만, 『태평경太平經』에서 장생불사의 신선 사상을 말할 때, 정精 · 기氣 · 신神 세 가지의 관계와 '진정한 도의 아홉 가지 방면(眞道九首)'이나 '하나를 지키는(守一) 방법', 그리고 천지天地 · 음양陰陽 · 오행五行 · 양생養生 · 약물藥物 또는 부적으로 병을 치료하는 방법 등을 규명하였다. 죽음으로부터 목숨을 구하는 방법을 상세히 적어서 일찍부터 주의를 기울여 온 양생술이나 병 치료와 관계가 있는 의학 지식을 많이 다루었다.

도교의 역사에 있어서 처음으로 신선 방술의 이론과 연단술에 대하여 체계적으로 정리한 이는 갈홍이다. 갈홍은 『포박자抱朴子』 내외편을 편찬하였다. 그 가운데 『내편』의 「금단金丹」·「황백黃白」·「선약仙藥」·「지진地眞」·「지리至理」·「미지微旨」·「석체釋滯」·「잡응雜應」 등에서는 동진 이전의 외단 · 행기行氣 · 복식服食 · 수일守一 · 방중술房中術 등의 기본 이론의 대강을 서술하였다. 갈홍은 『주후비급방』을 편찬하였는데, 여기에서는 간편한 처방 100여 가지를 수집하였다. 이것이 중국 의약사에서 처음 나온 응급 처방 수첩이라고 할 수 있다.

갈홍과 사정이 비슷한 사람이 도홍경이다. 도홍경이 편찬한 『주후백일방肘後百一方』 역시 역사적으로 유명한 의학 저서이다. 그것은 실제로 갈홍의 『주후비급방』을 계승하고 보충한 것이다. 이 책은 위로는 상층부에서부터 일반 백성에 이르기까지 널리 알려져 두루 쓰였다. 도홍경의 유사한 책 가운데 『효험방效驗方』·『복이방服餌方』·『본초집주本草集注』·『복식초목잡약방服食草木雜藥方』이 있고, 또 『합단법식合丹法式』·『태청제단집요太淸諸丹集要』·『집금단황백방集金丹黃白方』·『복기도인服氣導引』 등이 있다. 이들 책들은 모두 도교의 이론을 배경으로 삼았고, 연단鍊丹 · 의약醫藥 · 양생養生의 각 방면을 섭렵하였다.

도교에서 연단을 만들기 위해서는 특정한 광물질 원료를 써야 하는데, 주로 단사丹砂 · 망초芒硝 · 웅황雄黃 · 백범白帆 · 석회石灰 · 자석磁石 등이다. 도사들이 단약을 만들기 위해서는 이러한 광물의 생산과 특성, 용도에 대하여 잘 알고 있어야 한다. 그리고 여러 가지 실험도 해야 했기에 이들 물질의 과학적인 특성을 잘 알아야 했다. 도사들은 언제나 사람들에게 병을 치료해 주면서 연단과 중의학을 결합하였으니, 이 과정에서 만들어진 것이 고약膏藥이다. 한나라 이전의 의약 문헌 가운데에서 화학적인 기법으로 만들어진 약제는 적으며 이때에는 고약을 사용하지도 않았다. 양진 이후로 연단의 방법으로 제조한 연고제軟膏劑 형식의 약이 많이 나왔다. 예를 들면, 오독신고五毒神膏·속단고續斷膏·단삼고丹參膏 같은 것이 있다. 고대 중의학 가운데 외과에서는 부스럼이나 종기, 외상 등에 주로 고약을 같은 약물을 사용하였다. 연고제는 중의학의 외과에서 주로 쓰는 약으로서 오늘날까지도 쓰고 있다. 이러한 의미에서 말하자면, 연단술은 고대 제약 기술의 발전을 상징하며 고대 중국의 약물학을 풍부하게 하였다고 할 수 있다.

도교에서는 복식服食을 중시한다. 복식은 단약丹藥뿐만 아니라 풀이나 나무 같은 약물도 포함한다. 단약의 원료는 후대에까지 발전을 이어 왔는데, 광물을 원료로 삼는 것뿐만 아니라 풀이나 나무도 그 안에 포함할 수 있다. 연단술이 발전함에 따라 이들 약물의 종류도 계속 늘어났다. 갈홍의 『포박자』 내편 「선약仙藥」 편에서 말하는 것들은 대개 풀이나 나무 같은 약물을 섭취하는 것이다. 도홍경이 『본초집주本草集注』에서 모은 나무나 풀 같은 약물은 모두 700여 종이다. 본초학은 중의학의 기초이다. 역사적으로 본초학의 발전은 도교에서의 약물을 연구한 것과 떼어 놓고 설명할 수 없다.

도교의 도인導引·조식調息·행기行氣·벽곡辟穀·방중술의 경우는 내단을 수련하는 방식이다. 도홍경의 『양생연명록養生延命錄』에서는 많은 도인의 자료를 수집하였다. 도교의 여러 내단에 관한 저작에서는 사람 몸 안의 기氣, 기화氣化, 기혈氣血, 경락經絡 등 생리적인 문제에 대해서 연구를 진행한 것이다. 비록 그 안에 종교적인 속성의 해석과 신비한 색채가 많이 있다고 하더라도 그때는 물론 지금의 중의학 이론과 치료 기법에 큰 영향을 끼쳤으며, 여러 방면에서 긍정적인 역할을 하였다.

당연히 도교 가운데에는 미신적인 요소의 부적이나 주문을 외는 것으로 도를 닦는 방법도 있어서 확실히 과학적이지는 못하다. 현재의 입장에서 보면 인정할 수 없는 것이기는 하지만, 옛날에는 그것들이 종교적인 현상의 일부분으로 이해할 수도 있는 것이었으며 실제로 중국인의 문화 심리적인 측면에서 그런 것을 바라는 독특한 특성을 담아 표현하고 있는 것이기도 하였다.

제 7 장

역사학과 지리학의 기초 정립과 발전

진한秦漢 시기에는 국가의 정치가 안정되었기 때문에 통일의 시간이 비교적 길었고, 사회 경제와 학술이 빠르게 발전하였고, 역사학이 독립된 한 분야로 탄생하여 역시 비교적 빠르게 발전할 수 있었다. 이즈음 나타난 여러 종류의 역사서 가운데 사마천司馬遷의 『사기史記』와 반고班固의 『한서漢書』는 걸출한 역사서로 꼽을 만하다. 『사기』와 『한서』는 기전체紀傳體 통사通史와 단대사斷代史로서 역사 편찬학의 기초를 정립하였으며, 그들의 체례는 새로운 방법을 개척한 것이기도 하였다. 이들 역사서의 체재는 중국의 전통적인 역사학에서 매우 중요한 자리 매김을 하고 있다. 『사기』와 『한서』 그리고 진수陳壽의 『삼국지三國志』와 범엽范曄의 『후한서後漢書』를 '4사四史'라고 부른다. 4사는 당시 역사학의 수준이 크게 발전했다는 것을 잘 반영한 것이었다. 이 시기 유명한 역사서로는 순열荀悅(148-209)의 『한기漢紀』가 있었다. 이것은 서한 시기의 사건을 편년체로 기록한 단대사로서 중국 역사학 발전에 있어서 매우 중요한 역할을 하였다. 이밖에도 제왕의 언행과 생활을 기록하던 관리인 기거주起居注와 여러 기록들이 있었다. 동한의 『현종기거주顯宗起居注』[1]와 『한영 · 헌기거주漢靈獻起居注』[2] 그리고 서한의 『한저기漢著記』[3] 등이 있었다. 그밖에는 서한 육가陸賈(B.C.200-B.C.168)의 『초한춘추楚漢春秋』와 동한 유진劉珍 등의 『동관한기東觀漢記』가 모두 가치 있는 것들로서 진한 시기 역사학의 내용을 풍부하게 하였다. 당시 사회에서 총체적으로 보자면, 진한 시기 역사학의 두드러진 특징은 역사학과 정치가 긴밀하게 연관되어 있었던 것으로 정치 권력이 역사학을 통제하였다.[4] 일찍이 진시황이 진나라 기록이 아닌 것은

1 『後漢書』「明德馬皇后紀」에 東漢 明帝 馬皇后가 직접 편찬하였다고 기재되어 있다. 中華書局, 1965년 표점본, 410쪽.

2 (東晋) 袁宏, 「後漢記序」, 中華書局, 2002년.

3 『漢書』「藝文志」'春秋類'에 "『漢著記』 百九十卷"이라고 기재되어 있다. 中華書局, 1962년 표점본.

4 陳其泰, 『秦漢史學和秦漢政治』, 『學習與探索』, 1999년, 제5기.

모두 불태우라고 하였는데, 한 무제 때 유가의 학술만을 존중하게 되자, 선제宣帝 때 석거각石渠閣에서 건의를 올리기 전까지 진한 시기 역사학과 정치가 결합하는 새로운 형태가 생겨났으니, 이 역시 역사학 발전의 새로운 단계가 나타났다고 볼 수 있다. 석거각과 백호관白虎觀에서 건의를 올리자 황제가 경전의 의미가 같고 다른 점을 직접 결정하였으니, 이것은 한나라 때 황제가 전권을 장악하여 다스리는 유가儒家의 형식이 한층 발전하여 학술과 사상을 통제하였다는 것을 말하는 것이다. 이것은 이 시기가 역사학 발전의 제2, 제3의 단계였다는 것을 의미하는 것이다.[5]

위진남북조 시기에 들어서서 사회가 오랫동안 분열과 동란으로 불안한 상태가 지속되게 되자 조정에서 역사학을 통제하는 일이 없어지게 되었다. 역사학계에서는 기전체와 편년체로만 쓰는 것이 아니라 그때까지는 없었던 새로운 발전의 단계에 접어들게 되었다. 우선 역사서가 독립적인 지위를 갖게 되어 경전의 부속품이라는 인식에서 벗어나 독립적 학문 영역이 되었다. 역사서는 4부四部의 분류법 가운데 을부乙部에 놓이게 되었고 이런 방식은 근대에까지 이어졌다. 다음으로 개인적인 저작도 매우 많았는데, 편년체와 기전체가 모두 중시되어 두루 간행되었다. 역사 기록에 의하면, 이 시기 편찬된 후한의 역사는 12종이 있었고, 삼국의 역사서는 20여 종이 있었고, 진晉나라의 역사는 23종이 있었으며, 16국의 역사는 30종이 있었고, 남북조 역사는 19종이 있었다고 한다.[6] 이것들은 역사 편찬이 매우 활발했다는 것을 반영하고 있다. 동시에 새로운 부문에서 새로운 체제의 역사 저작이 많이 나왔다. 역사 저작이 많이 편찬되었을 뿐만 아니라 내용도 매우 다양해졌고 종류도 매우 다채로워졌다. 『수서隋書』 「경적지經籍志」의 역사 부문에는 정사正史 · 고사古史 · 잡사雜史 · 패사覇史 · 기거주起居注 · 구사舊事 · 직관職官 · 의주儀注 · 형법刑法 · 잡전雜傳 · 지

---

5 白壽彝, 『中國史學史(第一册) · 敍篇』, 上海人民出版社, 1986년, 50-56쪽.

6 倉修良, 『試論中國史學史分期問題』, 『史家 · 史籍 · 史學』, 山東教育出版社, 2000년, 10쪽.

리地理 · 보계譜系 · 부록簿錄 등이 있다. 여기에 들어 있는 대다수는 위진 남북조 시기에 지어진 것이다. 예를 들면, 편년체 고사류에는 34부가 있고, 잡사류에는 72부가 있는데, 남조 송宋나라의 유의경劉義慶(403-444)이 지은 『세설신어世說新語』가 대표적이다. 패사류는 27부가 있는데, 모두 16국의 역사서이며, 북위北魏 최홍崔鴻(북위 효문제 초기에 태어나서 대략 효명제孝明帝 효창孝昌 연간 초기에 죽었다.)이 지은 『십육국춘추十六國春秋』가 대표적이다. 보계류는 53부인데, 『기주성족보冀州姓族譜』 같은 것이 있다. 잡전류는 여러 종류 가운데에서 수량이 가장 많아서 모두 217부이다. 이들 저작들의 편찬 방법이 각기 달라서 어떤 전기는 어느 한 지방의 인물을 기록한 것으로 『서주선현전徐州先賢傳』 등이 있다. 어떤 것은 성격이 서로 비슷한 인물을 기록한 것으로 서진西晉 황보밀黃甫謐(215-282)이 지은 『고사전高士傳』 등이 있다. 어떤 것은 한 가문의 인물을 기록한 것으로 『태원왕씨가전太原王氏家傳』 등이 있다. 그리고 여러 종류의 열녀전列女傳이나 고승전高僧傳 그리고 진인전眞人傳 등도 있다. 마지막으로 여러 가지 지괴류志怪類의 책으로는 『수신기搜神記』 등이 있다. 특히 주목할 만한 것으로는 불교와 도교의 전파와 발전으로 인하여 불교와 도교에 관한 역사서가 기전체 역사서 가운데에 정식으로 한 부문을 차지하고 있는 것이다. 승려와 도사에 관한 전기도 이때 나타나기 시작했다. 위수魏收(506-572)의 『위서魏書』에는 「석로지釋老志」가 있는데, 불교와 도교의 역사를 서술하고 있는 것이 중국 역사학에 있어서 처음 시도된 것이다. 남조 양나라 혜교慧皎(497?-554)의 『고승전』은 동한부터 양나라 때까지 중국과 외국의 승려 257명을 기술하였고, 200여 명을 덧붙였다. 역사학의 한 부류로서 불경의 목록학도 이때 나타났는데, 양나라 승우僧祐(445-517)의 『출삼장기집出三藏記集』 등이 있다.[7]

7 周一良, 「魏晉南北朝史學發展的特點」, 『魏晉南北朝史論集』, 北京大學出版社, 1977년,

이 시기는 지방 경제가 발전하고 호족들의 세력이 커지면서 서한 이래 나타난 각 지역의 기록인 '지기地記' 류의 저작들도 한층 발전하였다. 동한과 삼국 시기에는 특이한 사물에 대하여 기록한 저작들이 편찬되었다. 예를 들면 동한 양부楊孚의 『남예이물지南裔異物志』와 삼국 시기 초주譙周의 『파촉이물지巴蜀異物志』 등이 있다. 위진 이래 각 지방에 관한 저작이 매우 증가하여 각 지역마다 독특한 풍속기風俗記나 풍토기風土記가 있었고, 변방 지역에는 '이물지異物志'가 편찬되었다. 이밖에도 산수를 기록한 수도기水道記와 산수기山水記 등도 있다. 어떤 것은 역사 기록을 중시한 것이 있기도 하고, 어떤 것은 그 지역 지리나 특산품을 중시하여 기록한 것도 있다. 지역적으로는 장강長江 유역과 남방의 각 주군州郡을 범주로 다룬 것이 많다. 이러한 지방의 기록은 수량이 매우 많다. 남제南齊 때 육징陸澄(425-494)은 160여 종의 지리지 방면 저작을 모아서 『지리서地理書』 150권을 편찬하였다.(그 가운데 1권은 목록이다.) 양나라 임방任昉(460-508)은 또 84종을 보태어서 『지기地記』 252권을 편찬하였다.[8] 이렇듯 정사 이외의 지리서 가운데 어떤 것은 주군州郡의 지리를 기술한 것이 있고, 어떤 것은 유명한 산과 큰 하천을 기록한 것도 있고, 어떤 것은 경제에 대하여 기술하였고, 어떤 것은 토산품과 특이한 사물을 기록한 것도 있다. 종류가 매우 많고 내용도 각각 다르다. 수지隋志에 나오는 지리지가 139부가 있는데, 장종원章宗源의 『수서경적지고증隋書經籍志考證』에는 모두 250여 종이 수집되어 있다. 지리지 가운데 주州를 대상으로 기술한 것으로는 『양주기楊州記』와 『기주기冀州記』 같은 것이 있다. 군郡을 대상으로 기술한 것으로는 『오흥기吳興記』·『오군기吳郡記』·『상당기上黨記』 등이 있다. 현縣이나 성城을 대상으로 기술한 것으로는 『전당기錢塘記』와 『낙양기洛陽記』

384-402쪽.

8 中科院自然科學史所地學史組主編, 『中國古代地理學史』, 科學出版社, 1984년, 338-339쪽.

등이 있다.[9] 이러한 저작들은 후대 지방사를 다룬 역사 기록의 시작이라고 할 수 있다.

『한서』「지리지」는 전국과 서한 이래의 지리학 연구의 성과를 담은 것으로 처음으로 '지리地理'라는 용어로 지리학의 편장을 명명한 것이다. 이것은 먼 옛날부터 한나라 때까지 전국 지리의 연혁을 기술하여서 뒷날 역사서 가운데 「주군지州郡志」나 「군현지郡縣志」의 시초가 된 것이다. 이 시기에 가장 유명한 지리학 전문서는 역도원酈道元의 『수경주水經注』이다. 이것은 역사학에서나 지리학에서 매우 가치 있는 것으로 인정받고 있다. 그는 동한 시기 물길의 분포를 전문적으로 기록한 『수경水經』에다가 비교적 철저하게 물길의 정보를 기록하였다. 이후로 이러한 부류의 지도가 많이 나왔다. 고고학에서 발견한 마왕퇴馬王堆 「지형도地形圖」나 「주군도駐軍圖」 그리고 「성읍도城邑圖」 같은 것들은 서한 전기의 지도학의 성취이며, 서한 초기에 지도 제작에서 측량하고 그리는 기술이 이미 상당한 수준에까지 다다랐다는 것을 보여 준다. 그리고 배수裵秀의 「우공지역도禹貢地域圖」와 「지형방장도地形方丈圖」는 지도 제작의 여섯 가지 방면을 고려한 이론인 '제도육체制圖六體' 이론을 이용해서 이론적으로나 실질적으로 당시 지도 제작의 높은 수준을 반영하였다. 이것들은 세계 지도학사와 지리학사에 있어서 한 획을 그을 만한 것들이다.

9 周一良, 『讀鄴中記』, 『魏晉南北朝史論集』, 北京大學出版社, 1997년, 474쪽.

제1절

최초의 기전체 역사서, 『사기史記』

1. 기전체 역사서가 처음 나오게 된 의의

중국 체제가 완비되고 규모가 큰 역사 저작은 바로 사마천의 『사기』이다. 사마천司馬遷(B.C.145-?)은 자가 자장子長이고 좌풍익左馮翊(한대 행정지역) 하양夏陽(지금의 산시 한성韓城) 사람으로 서한 무제 때 태사령太史令을 지냈다. 그는 아버지 사마담司馬談의 유언에 따라서 고대로부터 당시까지의 역사를 꿰는 역사서를 지을 것을 결심하였다. 비록 궁형을 당했지만, 그는 굳센 의지로 『사기』를 완성하였던 것이다. 『사기』의 원래 이름은 『태사공서太史公書』 또는 『태사공기太史公記』이며 기전체 통사이다. 『사기』에 처음 나타난 기전체 서술 체제는 이후 역사 편찬의 모범이 되었다. 이것은 정사 편찬의 모범으로서 기초를 세우고 새로운 길을 개척한 것이며, 중국 역사학이 이미 크게 발전해 있다는 표지와도 같은 것이다.

『사기』는 구조와 체례가 완정하고 내용이 풍부한 역사서이다. 『사기』의 기사에는 전설에 나오는 황제黃帝로부터 한 무제 때까지 3천여 년의 역사를 기술하고 있는데, 전국과 진한 시기의 기술이 매우 상세하다. 모두 130편으로 12본기本紀, 10표表, 8서書, 30세가世家, 70열전列傳으로 이루어져 있다.(그림 7-1)

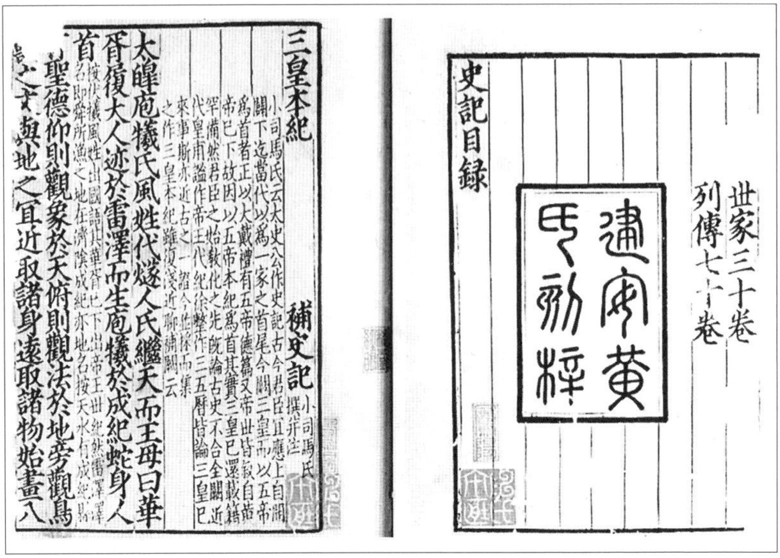

그림 7-1 송황선부각본宋黃善夫刻本 『사기史記』. 중국국가도서관 소장.

『사기』 이전의 역사서인 『상서尙書』는 상고 시대 역사 자료를 모아 놓은 것으로 정식으로 역사서라고 할 수는 없다. 그밖에는 『죽서기년竹書紀年』·『춘추春秋』·『좌전左傳』과 같은 것들이 있는데, 이것들은 모두 연월일의 순서에 따라 기록한 것이다. 『국어國語』와 『전국책戰國策』은 각 지방국 별로 나누어서 편찬한 것이다. 『사기』의 편찬 방법은 당시로서는 매우 독창적인 것이었다. 사마천은 본기·표·서·세가·열전의 다섯 종류 체례로 복잡한 역사 사실을 기록하였다. 이러한 방법은 각 인물들의 활동 상황과 각각의 전장典章 제도의 연혁과 원류를 살피기에 편리한 것이며, 인물 전기를 중심으로 하는 기전체 역사서의 편찬 방법으로서 이후 대대로 정사의 규범이 되었다.

이 다섯 종류의 체례는 각각의 특정한 형식을 가지고 있다. 본기는 책 전체의 강령과도 같아서 연도와 월에 따라서 제왕들의 언행과 정치 업적을 기술하였고, 각 방면에서 중요한 사건을 곁들여 기록하였다. 본기는 두 부분으로 나눌 수 있다. 하나는 선진 시기를 기록한 것인데 왕조를 중심으로 하였으며, 다른 하나는 진한 시기의 제왕을 기술하였다. 항우項羽는 비록 제왕은 아니었지만 천하를 제패했었다고 해서 그를 본기 편에 넣었다. '표表'는 마치 계보처럼 연대순으로 기록된 보첩譜牒의 형식으로 복잡한 역사 사실을 명확히 하여서 맥락을 잡게 했다. 표 역시 두 종류로 나눌 수 있다. 하나는 큰 사건을 연대별로 만든 것이고, 다른 하나는 인물별로 만든 것으로 열전의 내용과 서로 보완이 된다. 당시 그다지 유명하지 않거나 없어지지 않은 사적들이 여기에 실려 있다. 표에 이름이 올라 있는 이들은 열전에서는 빠져 있어서 앞뒤가 정연하다. 이것이 『사기』 체제의 가장 큰 특징이다. '서書'는 종합적으로 논술하는 형식으로 되어 있으며, 어떤 것은 기사본말체紀事本末體의 형식인 것도 있고, 전장 제도와 그 연혁을 서술하기도 하였다. 서의 내용 역시 예악 제도, 천문 역률曆律, 사회 경제, 하천 지리 등으로 분류하여 다루고 있어서 역사에 나오는 제도를 연구하는 데에 매우 중요하다. '세가'는 편년체와 전기체 형식을 아울러 써서 제후나 권문귀족 그리고 능력이 뛰어나거나 대대로 봉록을 받는 인물들이 실려 있다. '열전'은 인물을 중심으로 하는 전기로서 한 사람을 다루기도 하고 여러 사람을 다룬 것도 있으며, 또는 같은 부류의 인물들을 다룬 것 등이 있어서 여러 가지 형식으로 되어 있다. 오로지 인물을 중심으로 한 열전은『사기』에서 처음 시도된 것이다. 역시 두 종류로 나눌 수 있다. 하나는 인물 전기로서 한 사람만을 다룬 전전專傳, 여러 사람을 다룬 합전合傳, 같은 부류의 사람을 다룬 유전類傳이 있다. 다른 하나는 외국 혹은 소수민족에 대한 기록으로서 종족의 내원來源, 풍속 제도, 왕족의 흥망성쇠와 중국과의 관계를 서술하고 있다. 이 다섯 종류의 체제는 모두 과거에도 있었던 것들이기는 하지만, 의식적으로 그것들을 합쳐서 하나의 책 안에 묶어 완정한 체계를 완성한 것이다. 이것이『사기』의 독창성이다. 유지기劉知幾는『사기』를 평가하여 다음과 같이 말했다.

『사기』는, 본기에서 커다란 실마리를 포괄하였고, 열전에서 작은 일이라도 자세하게 서술하였으며, 표에서 연도와 작위를 열거하였고, 지에서 빠뜨릴 만한 일들을 총괄하였다. 천문, 지리, 국가의 법전이나 제도, 의식 등 드러내야 할 것과 숨겨야 할 것 등을 두루 자세히 살펴서 크거나 작은 일도 빠뜨리지 않고자 하였다.(史記者, 紀以包擧大端, 傳以委曲細事, 表以譜列年爵, 志以總括遺漏, 逮于天文·地理·國典·朝章, 顯隱必該, 洪纖靡失.")[10]

장학성章學誠은 역사학 고전의 최고 경계는 '두루 통하며 통찰력이 있는(圓通用神)' 것이어야 하는데, 『사기』는 "두루 통해 있으면서 통찰력이 있다.(近于圓而神)"고 할 만하며, 『상서尙書』나 『춘추春秋』의 뒤를 잇는 중요한 저작이라고 말하였다.[11]

2. 『사기』의 역사학적 가치

『사기』의 다섯 체례는 비록 각각 분야를 세분하여 성격이 다른 것 같지만 내용적으로 서로 연관되어 있다. 이런 방면에는 상세하지만 저런 방면에서는 소략하기도 하고, 여기에는 실려 있지만 저기에는 실리지 않았다. 이 때문에 다섯 체제로 나누어져 있지만, 실제로는 하나의 완정한 체제를 갖추고 있다고 할 수 있다. 그런데 본기와 열전이 책 전체의 주요 부분이기 때문에 총칭해서 기전체紀傳體라고 부르는 것이다. 뒷날 정사들은 기본적으로 『사기』 체례의 범주를 뛰어넘는 것이 없었다. 사마천이 처음 시도한 기전체 통사는 우리들이 이것으로 말미암아 역사의 발전과 변화를

10 劉知幾, 『史通』「二體」, 浦起龍 通釋, 上海人民出版社, 1978년.
11 章學誠, 『文史通義』「書敎」下, 葉英, 『文史通義校注』에 나온다. 中華書局, 1985년, 49쪽.

연구할 수 있다. 사마천은 『사기』를 통해서 "옛날과 지금의 변화를 두루 통한다.(通古今之變)"는 것을 추구하고자 하였다. 오늘날 학자들의 통계에 의하면, 『사기』 전체는 52만 6,500자인데, 이것은 중국 고대사에서 가장 규모가 크고 조리가 엄밀한 대작이면서 고대 역사서 가운데 유일하게 체계적으로 연구한 연구서라고 할 수 있다.

『사기』에서 다루는 범주는 매우 다양하여 『좌전左傳』·『국어國語』·『세본世本』·『전국책戰國策』·『초한춘추楚漢春秋』 그리고 제자백가諸子百家들이 수집한 기록들에 대하여 당시 볼 수 있었던 서적과 자료들을 풍부하게 이용하였다. 또 왕실에서 수장하고 있던 서류나 민간에서 소장하고 있던 고문서들을 다양하게 활용하였다. 특히 자신이 직접 다니면서 보고 듣거나 다른 사람들과의 교류를 통해서 얻은 자료들과 실제로 조사한 자료들도 활용하였다. 역사적인 연원을 보충하였을 뿐만 아니라 그 내용의 진실성까지도 증명하여 첨가하였다. 이처럼 매우 풍부한 역사 자료를 가지고 비판 분석하는 방법을 통해서 공자가 『춘추』에서 한마디 말로 상대를 높이기도 하고 낮추기도 하였던 것과 비견되고 있다. 이것이 바로 사마천의 큰 공헌이다. 그래서 『사기』를 '역사가의 뛰어난 명창(史家之絕唱)'이라고 높이는 것이다.

사마천은 널리 역사 소재를 모으고, 그것들을 감별 선택하여 근거가 없는 것은 버리고 신중하게 과학적인 태도를 견지하였다. 그는 편찬하는 과정에서 "근거 없이 찬양하지 않고 나쁜 점을 숨기지도 않았으며,(不虛美, 不隱惡,)"[12] 사실에 근거하여 옳은 것을 추구하였다. 그는 전설 가운데에서 3황三皇은 믿을 수 없다고 해서 본기에 싣지 않았다. 제자백가에 대한 기록도 체계적으로 정제하여 상세하게 고증하였다. 근거가 없어서 믿을 수 없는 것은 버리고 의심이 나는 부분은 그대로 남겨 두어 함부로 단

12 『漢書』「司馬遷傳」에 劉向과 揚雄의 말을 인용하였다.

정하지 않아 여러 가지 설이 함께 존재하게 되었다. 이것은 뒷날 역사 연구에 이롭게 작용하는 것으로 역사 연구에 있어서 과학적인 태도라고 할 수 있다. 유지기는 사마천이 여러 다른 학설을 잘 살피고, 많은 설들을 잘 수집하고 난 다음에야 역사서 저술에서 일가를 이룬 것이며, 이후 영원히 전해질 것이라고 칭송하였다.

『사기』에 나타난 역사관은 총체적으로 보자면 매우 진보적이다. 작자는 통치 계급의 잔혹함과 부패 그리고 백성들이 겪는 착취와 핍박의 고통을 직접 보고 백성들이 의거를 일으키는 것에 동정하여 진승陳勝을 세가世家에 넣었다. 이것은 후세 역사가들이 따라가지 못하는 부분이다. 당시 통치자들의 부조리한 행태에 대하여 과감하게 폭로하고 백성들의 고통에 대하여 절실하게 동정하였으니, 이것은『사기』가 백성들의 입장에 서서 편찬된 것이라는 점을 반영한 것이다.

『사기』는 당시 발생한 여러 현상들 가운데 특히 빈부, 귀천, 장수와 단명, 선악, 천도天道, 신권神權 등에 대하여 기술하면서 작자의 정확한 인식도 함께 밝혔다. 작자는 사회 경제에 대해서도 관심을 기울였으며, 사회 경제적인 지위가 정치적인 지위를 결정하기도 한다고 한 것은, 그의 뛰어난 견해가 아닐 수 없다. 백성의 마음이란 이익을 추구하고자 한다는 것을 인정하였으며, 지은이는 천명이나 귀신과 같은 것의 존재를 부정하였는데, 여기에는 소박한 유물주의적인 요소가 반영된 것이기도 하다.『사기』에는 한나라 초기 상공업이 발전된 상황을 반영하였고, 내용 면에서도 이 당시 인식의 발전이 사회 경제에 유익한 것이라고도 암시하였다.「평준서平準書」편에서도 상공업의 발전이 역사 발전의 필수적인 추세이기 때문에 상공업을 억제해서는 안 된다고 하였다. 이러한 관점은 분명 옳은 것이었다.

『사기』는 인물을 평가할 때 실질적인 시각을 중시하였다. 한마디 잘못했다고 해서 전체에 대한 책임을 묻지도 않았으며, 성공하거나 실패한 것으로 영웅인지 아닌지를 단정하지도 않았다. 역사 사건과 인물의 관계를 언급할 때, 『사기』는 서술하는 단계에서 자연스럽게 자신의 견해를 반영하였으며, 각 편 끝머리에 "태사공이 말한다.(太司公曰)"라고 하여서 정식으로 논평하였다.

『사기』의 핵심 요지는 "인간과 하늘의 관계를 궁구하고, 옛날과 오늘날의 변화를 꿰뚫어서 일가의 언론을 이룬다.(究天人之際, 通古今之變, 成一家之言.)"[13]는 것이다. 여기에서 '인간과 하늘의 관계를 궁구한다'는 의미는 천도와 인간 사이의 관계를 탐색한다는 뜻이다. 지은이는 책에서 옛날 사람들이 신비한 뜻이나 하늘의 명에 얽매이는 것을 비판하고, 이것을 '제왕이 세상의 중심이라는 주장'으로 대체하고자 하였다. 이른바 '옛날과 오늘날의 변화를 꿰뚫는다'고 한 것은 역사의 발전과 변화를 연구한다는 의미이며, "근본을 추구하고 끝을 살피며 성대함과 쇠약함을 관찰한다.(原始察終, 見盛觀衰.)"[14]는 것이다. 다만 작자는 역시 역사가 순환한다는 논의를 펴고 있다. 예를 들면 「고조본기高祖本紀」에서 3왕三王의 도가 순환하여 마치는 것 같지만 다시 시작된다고 하였으니, 이것은 동중서董仲舒 '삼통설三統說'의 영향을 받은 것이다. 이러한 인식은 결코 과학적이지 못하지만, 당시 사람들은 대개 이러한 인식 수준이었다고 할 수 있다.[15]

3. 『사기』의 문학적 가치

『사기』는 걸출한 역사서이면서 문학서이기도 하다. 『사기』는 역사 자료가 풍부하며, 관점도 진보적인데다가 생동감 있는 필치로 인물을 묘사한

13 司馬遷, 「報任安書」, 葉英, 『漢書』 「司馬遷傳」에 나온다.
14 『史記』 「太史公自序」, 中華書局, 1959년 표점본, 3,319쪽.
15 관련된 논술은 다음을 참조했다. 陶懋炳, 『中國古代史學史略』, 湖南人民出版社, 1987年, 80-90쪽.

것이 미묘함의 극치를 이루었기 때문에 '압운을 하지 않은 이소(無韻之離騷)'라고 불린다.

『사기』의 문학적 성취는 주로 인물의 전기에 잘 나타나 있다. 인물 전기를 중심으로 역사 사실을 반영한 것은 사마천이 처음 시도한 것이다. 세가 가운데에서 「공자세가孔子世家」와 「진섭세가陳涉世家」는 두 사람의 전기이지만, 다른 편명에서는 제후 왕들의 역사를 서술하였다. 열전은 귀족·관료·정치가·군사가·사상가·경학가·책사策士·은사隱士·세객說客·자객·유협遊俠·의복醫卜·배우俳優·총신寵臣 및 소수민족 등 사회 안의 다른 계층이나 다른 유형 인물들의 활동 역사를 서술하였다. 이렇게 해서 비로소 생생한 역사가 이루어진 것이다. 바로 이러한 대전제 아래에서『사기』는 비로소 문학 명저가 된 것이다.

『사기』 인물 전기의 가장 큰 특색은 그것의 실록 정신에 있다.『사기』는 역사의 실제 사실을 진실로 어떻게 다루어야 하는지에 대한 방법과 태도를 포괄하고 있으며, 권력의 압력에 굽히지 않는 정신도 갖추고 있다. 사마천은 전통적인 역사 서술의 방법에 구애됨이 없이 자신의 역사에 대한 사상 인식과 감정 상태를 사실처럼 기술하였다. 그래서 비교적 객관적으로 인물의 성격을 전반적으로 잘 묘사하여서 역사의 진실을 반영하였다. 한 사람의 구체적인 인생의 자취를 서술할 때, 그의 사람됨을 중시하되 그 사람됨의 복잡한 내면도 잘 살피려고 하였다. 그는 인물을 서술할 때 자신의 견해를 객관적인 사실 서술을 통해서 실현하고자 하였고, 실제 사실에 근거하여 인물에 대하여 기술하면서 사랑하고 미워하는 태도까지도 표현하였다. 예를 들면, 「항우본기項羽本紀」에서는 항우를 충만한 열정을 가진 실패한 영웅으로 기술하면서도 그가 바람과 구름을 뒤흔드는 뛰어난 용맹함을 가지고 있다는 점을 칭찬하였고, 그의 역사적인 공적을 긍정하면서도 또한 그의 지나친 명예심과 잔인성은 질책하였다. 이것은 항우 자신의 역사적 자취를 통해서 기술한 것이며, 지은이가 감성적으로 서술한 것이기도 하다. 이처럼 항우에 대하여 생생하게 기술하였기 때문에 그의 이름을 부르면 금방 튀어나올 것 같아서 읽는 이들이 차마 책을 손에서 놓지 못하게 할 정도였다. 『사기』가 이처럼 널리 읽히게 된 것은 사마천의 문장이 정밀하고 아름답기 때문이다.

『사기』의 언어는 매우 풍성하다. 입으로 전해져 내려오는 고사성어나 속담·가요뿐만 아니라 일반 백성들이 쓰던 속어까지 채용하고 있다. 옛역사 자료를 이용하였으며, 당시 통용되던 용어로도 기술하였다. 『사기』의 서사는 명쾌하면서도 함축적이고, 언어 밖의 뜻을 함유하고 있어서 읽는 이에게 깊은 맛을 느끼게 하며, 인물이 입으로 직접 말하는 것처럼 매우 생동감 있게 서술하였다. 따라서 그 인물이 어떤 생각을 하는지도 표현하였다. 이렇게 해서 인물에 대한 묘사가 뛰어나며, 읽기에도 수월하여 『사기』가 문학적으로도 이전에 볼 수 없었던 성공을 이루었던 것이며, 중국 전기傳記 문학을 비로소 열었다고 평가 받는 것이다.

제2절

기전체 단대사의 확립과 발전

1. 『한서』, 중국 최초의 기전체 단대사

반고의 『한서』는 전통적인 역사학을 확립하는 데에 공헌하여 『사기』가 만든 기전체를 한층 더 발전시키고 완벽하게 하였다. 사마천의 『사기』가 통사였던 것에 비하여 『한서』는 한 시대를 역사의 대상으로 삼아서 이후 역사서 편찬에 있을 수 있었던 어려움을 해결하였다. 이후로 『삼국지』나 『후한서』에서부터 『명사明史』에 이르기까지 내내 이어져 왔으므로 장학성은 『한서』가 역사 편찬에 있어서 "사당에 모셔지지는 않았지만 존중을 받는 존재(不祧之宗)"[16]와도 같다고 높였다. 위진남북조 시기 기전체 단대사는 계속 발전하였으니, 이 시기에 편찬되어 나중에 24사史에 편입된 것으로는 남조 양나라 심약沈約(441-513)의 『송서宋書』, 양나라 소자현蕭子顯(489-537)의 『남제서南齊書』 그리고 북조 북제北齊 위수魏收의 『위서魏書』가 있다.

반고班固(32-92)는 자가 맹견孟堅으로 부풍扶風 안릉安陵(지금의 섬서 함양咸陽 동쪽) 사람이며, 동한 광무제光武帝·명제明帝·장제章帝 시기를 살

16 章學誠, 『文史通義』「書教」下, 葉瑛, 『文史通義校注』에 나온다. 50쪽.

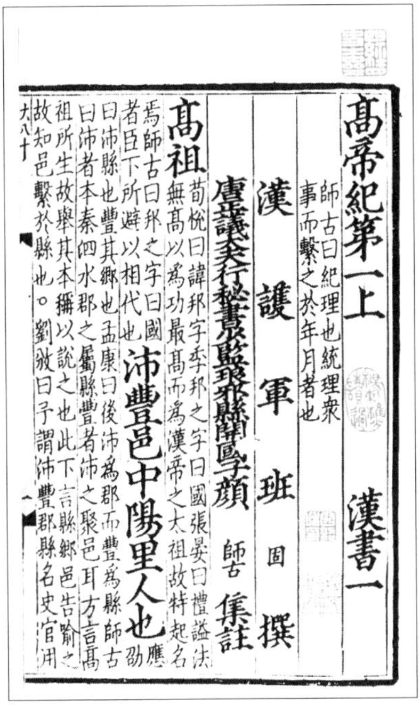

高帝紀第一上　漢書一

師古曰紀理也統理衆事而繫之於年月者也

漢　護　軍　班　固　撰

唐正議大夫行秘書少監琅邪縣開國子顏　師古　集註

高祖荀悅曰諱邦字季邦之字曰國張晏曰禮謚法無高以爲功最高而爲漢帝之太祖故特起名焉師古曰邦之字曰國者臣下所避以相代也沛豐邑中陽里人也應劭曰沛縣也豐其鄉也孟康曰後沛爲郡而豐爲縣師古曰沛者本秦泗水郡之屬縣豐者沛之聚邑耳方言高祖所生故舉其本稱以說之也此下言縣鄉邑告諭之故知邑繫於縣也○劉攽曰予謂沛豐郡縣名史官用

그림 7-2 송채기가숙각본宋蔡琪家塾刻本 『한서漢書』. 중국국가도서관 소장.

았다. 그의 아버지 반표班彪는 『사기』의 속편으로 『후전後傳』 65편을 지었다. 54년(건무建武 30)에 반표가 죽자, 반고가 『후전』을 정리하였다. 그는 『후전』이 상세하지 못하기 때문에 이것을 바탕으로 『한서』를 편찬하고자 하였다. 92년(화제和帝 영원 4)에 반고가 죽었을 때, 8표表와 「천문지天文志」가 아직 완성되지 않았었다. 화제는 그의 누이인 반소班昭에게 마무리하라고 명했다. 나중에는 반소에게 『한서』를 배운 마속馬續에게 최종 마무리를 하라고 명했다. 마속이 보완한 것은 「천문지」뿐이었다. 책 전체는 120권으로 B.C.206년(한 고조 원년)에서부터 23년(왕망王莽 지황地黃 4)까지 모두 229년 동안의 역사 기록을 실어서 중국 최초의 기전체 단대사가 되었다.(그림 7-2)

『한서』는 서한 역사를 연구하는 데에 중요한 자료이다. 반고는 일찍이 난대영사蘭臺令史를 지냈기 때문에 많은 도서 자료를 볼 수 있었으며, 『사기』와 『후전』 같은 것을 참조할 수 있었다. 이리하여 『한서』에 담긴 역사 자료는 비교적 풍부하다. 서한 역사 자료에 대해서 말해 보자면, 지금 남아 있는 사료 중에는 『한서』가 가장 완벽하다.

『한서』의 체례는 『사기』와 마찬가지로 기전체이다. 다만 『사기』는 통사이고, 『한서』는 단대사로서 처음으로 하나의 왕조를 역사서로 편찬한 것이었다. 동시에 『사기』의 본기를 '기紀'로 고쳐 불렀고, '서'는 '지志'로 고쳤고, '세가'는 일률적으로 '열전'에 편입시켜서 '전傳'이라고 하였다. 이러한 체례의 변화는 후대의 기전체 역사서 편찬에 큰 영향을 끼쳤다.

『한서』는 처음으로 「고금인표古今人表」와 「백관공경표百官公卿表」를 만들었다. 「고금인표」는 전설 시대 태호太昊로부터 진秦나라 오광吳廣 때까지의 인물을 모아서 9등급으로 구분하여 평가하였다. 「백관공경표」는 상하 두 편으로 나누어져 있는데, 상편은 진한 시대 관직과 직책의 정황, 즉 각종 관직의 권한과 봉록의 액수를 기술하였다. 하편에서는 14급級과 34관격官格으로 나누어진 간단한 표를 사용해서 한나라 때 공경과 대신의 등급이 오르고 내리거나 이동하고 면직되는 정황을 기술하였다. 다른 편은 많지 않지만, 당시 관직 제도와 관료들이 자리를 옮기는 정황을 비교적 명확하게 반영하고 있다. 이것은 진한 시기 관직을 연구하는 데에 없어서는 안 될 자료이다.

『한서』의 10지十志는 더욱 중요하다. 백수이白壽彝 교수는 10지가 매우 넓은 범주를 적절하게 표시하고 있다고 여겼다. 그는 "여기에서는 자연과 사회의 학문 영역에서 믿을 수 있는 것과 신비한 것까지 모두 포괄하고 있어서 예술은 물론 기술까지도 포함하고 있다."[17]고 하였다. 「식화지食貨志」는 『사기』 「평준서」로부터 발전해 온 것으로 상하 두 편으로 나누

17 白壽彝, 『司馬遷與班固』, 『北京師範大學學報』, 1963년, 제4기.

어져 있다. 상편에서는 '먹는 것(食)', 즉 농업 경제 방면에 대하여 말했고, 하편은 '재화(貨)', 즉 상업과 화폐의 정황에 대하여 말했다. 서한 시기 경제 방면을 전문적으로 다룬 것일 뿐만 아니라 서한 이전의 정황에 대해서도 서술하여서 내용상 「평준서」를 뛰어넘었다고 할 수 있다. 반고는 또 「형법지刑法志」·「오행지五行志」·「지리지地理志」·「예문지藝文志」를 처음으로 지었다. 「형법지」는 법률 제도의 연혁과 구체적인 율령 규정을 기술하였다. 고대에는 군대와 형법이 구분되어 있지 않았기 때문에 옛날과 당시의 군사 제도의 연혁을 함께 기술하였다. 「오행지」는 오행과 자연의 재난과 같은 기이한 현상을 기술하였는데, 여기에서 하늘과 인간 사회가 서로 관계가 있다는 천인감응天人感應의 미신적인 요소는 빼고, 그 가운데에서 자연재해, 지진, 일식과 월식 같은 것을 기록한 것은 고대 중국의 자연과학사를 연구하는 데에 있어서 중요한 참고 자료이다. 「지리지」는 당시 전국 군현郡縣의 행정 구획, 역사적인 연혁, 호구 수 그리고 각 지방의 물산, 경제 개황, 민간 풍속을 기술하였다. 「예문지」는 각종 학술 유파의 원류를 고증하고 당시의 서적들을 기재한 것으로 중국에서 가장 오래된 도서 목록이다. 『한서』의 지志는 규모가 매우 광대하고 내용이 풍부하며, 편목도 새로이 고안한 것들로서 역사 연구의 영역을 확대한 것으로 뒷날 사람들에게 자주 거론되었다. 유지기는 『한서』가 『사기』의 체재를 이어받았으며, 단대사로서 독창성도 갖추었다고 여겨서 다음과 같이 말하였다.

> 수도 장안의 시작과 끝을 탐구하여 유劉씨 황제의 한나라가 흥하고 망하는 사정을 살펴서 한 시대를 포괄하는 책 한 권을 편찬하였다. 언어는 모두 잘 다듬어져 있고, 사건은 매우 엄밀하게 검증되어 있으니, 학자들이 사실을 탐구하여 성과를 내기에 수월하게 되어 있다. 지금까지도 『한서』의 방식을 바꾸지 않았다.(究西都之首末, 窮劉氏之廢興, 包擧一代, 撰成一

書, 言皆精煉, 事甚該密, 學者尋討, 易爲其功. 自爾迄今, 無改斯道.)[18]

2. 진수 『삼국지』와 범엽 『후한서』

『삼국지』는 위魏 · 촉蜀 · 오吳 삼국의 역사로서 기본적으로 기전체 역사에 속한다. 진晉나라 진수陳壽가 편찬하고 남조 송宋나라 배송지裴松之가 주석을 달았는데, 기紀와 전傳은 있고, 지志와 표表는 없다. 문장이 간결하고, 기사가 상세하여 대대로 평가가 비교적 좋다. 배송지의 주는 글자의 훈고는 생략하고 역사적 사실을 보충하는 것을 중시하여서 분량이 원래 책보다 몇 배가 늘어났다. 위나라 기록이 30권이고, 촉나라 기록이 15권이고, 오나라의 기록이 20권으로 모두 65권이다. 진수(233-297)는 자가 승조承祚이고 파서巴西 안한安漢(지금 사천 남충南充) 사람이다. 배송지(372-451)는 자가 세기世期이고 하동河東 문희聞喜(지금은 산서에 속해 있다.) 사람이다.

『삼국지』가 지어진 연대는 정확하지 않다. 위나라를 정통으로 하여서 위나라의 기록이 맨 앞에 나오고, 조曹씨만을 황제라고 칭하였다. 오나라와 촉나라의 군주가 즉위한 것도 모두 위나라 연호를 써서 정통성이 위나라에 있다는 점을 분명히 했다. 오나라 경우 손권孫權만 '주主'라고 칭하고 손량孫亮 등은 '이름'으로 불렀다. 촉한 유비劉備는 선주先主라고 하고 그의 아들 유선劉禪은 후주後主라고 하여서 오나라의 손씨와 격이 같지 않았던 것은 진수가 원래 촉한 지역 출신이라서 고국에 대하여 배려한 것이라고 볼 수 있다. 『삼국지』의 기전紀傳 부문은 각각의 체계를 두고 있다. 이 세 나라의 기록을 하나로 보자면 각각 기紀와 전傳이 있는 것이지만, 3국의 기록을 나누어서 본다면 각각의 기전을 겸하고 있는 것이다.

---

18 劉知幾, 『史通』「六家」.

이로 인하여 청대淸代 역사학의 대가인 전대흔錢大昕은 "진수의 『삼국지』는 이전 사람들이 해보지 않았던 체례를 처음 시도하였으니, 마치 해 달과 함께 높이 드리워져 있는 것과 같아서 잊혀질 수 없는 것이다.(陳承祚三國志, 創前人未有之例, 懸諸日月而不刊者也.)"[19]라고 크게 칭송하였다.

삼국 시기 정치, 경제 그리고 군사 방면에서 큰 공을 세운 인물들과 학술 사상 방면에서 공헌을 한 인물들이 책에 모두 수록되어 있다. 이밖에 국내외 소수민족과 이웃 나라의 역사까지도 수록하였다. 『위서魏書』「왜인전倭人傳」에는 일본 고대 역사의 중요한 사료가 실려 있다. 『삼국지』에는 전장 제도 등의 방면에 관하여 쓴 지志가 없는 것이 흠이다. 진수는 사료를 취사 선택하는 데에 비교적 신중하고 엄밀히 하였기 때문에 문장도 간결하다. 그러므로 이전 사람들이 이 책을 "체제에 넉넉함이 있지만, 문채는 모자란다.(裁制有餘, 文采不足.)"[20]고 하였다. 『삼국지』는 전체가 일관되게 구성되어 있어서 같은 사건이 다시 나오지 않아 이전의 역사에 비하여 좀 더 정밀하다. 동시에 『삼국지』에 나오는 의론 역시 매우 식견이 풍부하다.

진수는 삼국 시기 사람으로 같은 시기 사람들의 역사 기록을 직접 찾아다니며 보고 들은 것이라서 매우 사실적인 것을 참조할 수 있었기에 그에게는 유리한 조건으로 작용하였다. 다만, 시대가 너무 가까워서 사료가 아직 다 나오지 않기도 하고, 좋아하고 미워하는 감정도 아직 다 사그라지지 않아서 기록한 사실이 충분하지 않고 역사에 대한 평가도 다소 부적절한 면이 있다는 것이 아쉬운 점이다. 배송지에 이르러서야 『삼국지』가 너무 소략해서 때로는 빠뜨린 것이 너무 많은 것을 바로 잡게 되었다. 배송지가 송 문제의 명령을 받들어서 『삼국지』에 주를 달았고, 429년(원가元

19 錢大昕, 『潛研堂文集』 권24 『三國志辨疑序』, 江蘇古籍出版社, 1997년.
20 李慈銘, 『越縵堂日記』, 廣陵書社, 2004년.

嘉 6)에야 마쳤다. 배송지의 주는 지리와 명물 등을 해석하였을 뿐만 아니라 더욱 중요한 것은 원래 책의 기록에서 빠뜨린 것과 착오를 바로잡았다는 점이다. 같은 사건인데도 여러 사람의 기록이 다를 경우에 그는 모두 모아서 참고로 삼게 하였다. 역사적 사실과 인물에 대하여 배송지는 평론을 달았다. 진수의 의론이 합당하지 않은 경우에 배송지는 비평을 가하기도 하였다. 배송지의 주석은 매우 광범위하게 자료를 모아 인용한 책의 처음과 끝이 매우 완정하여 하나도 버릴 것이 없을 정도이다. 인용한 사료는 무려 150여 종이다. 그는 이렇듯 역사로써 역사를 검증하는 방법을 처음으로 시도하였다.

종합해 보자면, 배송지 주의 가장 우수한 점은 여러 역사가의 풍부한 원문 사료를 인용하여 진수의 원서를 해설하였다는 점이다. 이러한 사료들이 지금은 대개 없어져 버렸는데, 배송지의 주에 의거하여 일부분을 복원할 수 있어서 이들 책의 대강을 이해할 수 있다. 그러므로 배송지 주의 역사적 가치는 『삼국지』보다 못한 것이 아니다. 동시에 배송지의 주는 사료를 선택하고 검증하는 것에 있어서도 상당히 오랜 시간을 들인 것이며, 자신의 견해도 잘 드러냈다.

다만 주가 거듭 반복되어 나오는 경우가 많은 것이 흠이다. 사료가 많을수록 좋기는 하지만, 어떤 것은 그다지 관련이 없는데도 들어가 있기도 하고 어떤 경우는 아무런 관계가 없는 것이 들어 있기도 하다. 다만 이런 정도의 하자가 있더라도 배송지 주는 여전히 삼국 시기의 역사를 연구하는 데에 있어서 꼭 필요한 사료이다.

『후한서』는 동한의 역사를 다룬 기전체 단대사로서 모두 120권이다. 기紀가 10권, 전傳이 80권, 지志가 30권으로 광무제부터 헌제 때까지 195년의 역사를 기록하였다. 기와 전은 남조 송나라 범엽范曄이 편찬한 것이고, 지는 진晉나라 사마표司馬彪가 편찬한 것으로 흔히 『속한지續漢志』라고 부른다. 범엽(398-445)은 자가 울종蔚宗이고 순양順陽(지금 하남 절천浙

川 동남 지역) 사람이다.

범엽이 『후한서』를 편찬하기 전에 이미 많은 역사가들이 후한의 역사를 지었다. 특히 『동관한기東觀漢記』는 동한 광무제光武帝부터 영제靈帝 때까지 동한 시기의 역사서이다. 범엽은 『후한서』를 편찬할 때 여러 책을 두루 모으고, 참고할 것과 버려야 할 것을 잘 참작하여서 『후한서』를 완성한 것이다. 그는 본래 『한서』를 모방하여서 10지十志를 쓰다가 살해당해서 완성하지 못했다. 범엽의 문장은 간략하면서 요점을 잘 파악하여 소략한 듯하지만 빠뜨린 것이 없다. 그리하여 『후한서』가 세상에 전해진 다음에 원굉袁宏의 『후한기後漢記』 이외에도 다른 역사가들이 후한의 역사를 편찬한 것이 있지만, 지금은 전하지 않는 까닭에 범엽의 『후한서』는 동한 역사를 연구하는 데 가장 중요한 사료이다.

『사기』나 『한서』에 비하여 『후한서』는 편찬 방면에서 개선된 것이 있다. 우선, 「외척전外戚傳」을 「황후기皇后紀」로 바꾸었는데 그 내용은 화교華嶠의 『후한서』를 근본으로 삼았다. 이러한 변화는 화제 이후 여섯 명의 태후가 조정에 나와서 스스로 황제의 명령이라고 자처하였기 때문이라고 할 수 있는데, 이런 것들은 군주권을 존중하지 않았다는 것을 의미한다. 다음으로, 새로이 「당고전黨錮傳」·「환자전宦者傳」·「문원전文苑傳」·「독행전獨行傳」·「방술전方術傳」·「일민전逸民傳」 그리고 「열녀전列女傳」과 같은 7개의 전을 늘렸다. 이것은 사회 여러 계층의 사람들과 각기 다른 유형의 대표 인물들을 나누어 서술하여 여러 각도에서 동한 시대의 면모를 그리려 했던 것이다. 이러한 부류의 전은 모두 동한 사회의 실제 모습과 사상 동향을 그려낸 것이다. 동시에 범엽은 독자적인 행동을 하는 사람이나 은둔하는 사람들에 대한 의식을 반영하기도 하였다. 범엽은 『후한서』에 「열녀전」을 넣었으니, 이것은 기전체 역사 가운데 처음 나타난 형식으로서 부녀자들이 당시 사회에서 지위가 올라갔다는 것으로 이해할 수 있다. 세 번째로, 분류별로 서술하는 방법의 편차가 매우 조밀하다는 점이다. 범엽

『후한서』의 열전 목록에 나오는 이름이 500여 명가량 되는데, 대개는 부류에 따라 어떤 한 부류의 중요한 인물의 전에 함께 기입하였다. 이것이 『후한서』의 특색이다. 범엽은 「옥중여제생질서獄中與諸甥侄書」에서 "예부터 체제가 크면서 기획이 정밀한 것 가운데 이만한 것이 없으며, 내가 일찍이 반고의 저작과 비교해 보았는데, 부끄러울 정도는 아니다.(嘗共比方班氏所作, 非但不愧之而已.)"[21]라고 하였는데, 지나치게 자기 자랑을 한 것만은 아니다.

남조 양나라 유소劉昭가 처음으로 여러 역사가들이 지은 후한의 역사서에서 같고 다른 점을 모아 범엽의 책에 주를 달았고, 사마표의 『속한서』에서 지志를 뽑아 내어 주석을 달아 범엽의 책에 보완하였다. 지 가운데 「여복지輿服志」는 『한서』에는 없는 것으로 진한 시기 복식과 수레 제도를 연구하는 주요 참고 자료가 되어서 진한 시기 문화사와 사회사를 연구하는 데에 중요한 의의를 갖는다고 할 수 있다. 사마표는 『한서』의 「백관공경표」를 「직관지職官志」로 고쳐서 동한 시기 관직을 설치하고 직분을 나누는 정황을 서술하였다. 그는 한나라의 기록이 소략하여 상세하지 않은 폐단을 보완하여서 유수劉秀가 제정한 것을 기준으로 삼아 상공上公·장군·제경諸卿·군국의 관리들을 순서대로 하고, 각 급의 주리主吏와 속리屬吏들과 같은 관원의 숫자, 직분 그리고 그것들의 원류를 조리 있게 파악하고 관리들이 받는 녹봉을 함께 표기하였다. 이것은 진한 시기를 연구하는 데에 있어서 빠뜨릴 수 없는 사료이다. 다만 지 부문에 「식화지」와 「예문지」가 없어서 당시 경제 제도와 문학이나 역사 전적의 정황이 반영되어 있지 않은 것이 흠이다.

21 『宋書』「范曄傳」, 中華書局, 1974년 표점본, 1,829−1,831쪽.

제3절

지방사지地方史志의 발전

1. 조엽趙曄의 『오월춘추吳越春秋』

동한 이후 지방 세력이 각기 할거하는 경향이 두드러지고 위진 이래 각 지역에 따라 할당된 9품중정제九品中正制가 시행되었기 때문에 지방의 특성을 가진 잡전雜傳으로서 『익부기구전益部耆舊傳』이나 『곤주선현전袞州先賢傳』 등이 나왔다. 이렇듯 지방의 특성이 반영된 잡전과 지리地理가 점점 결합하여 발전하기 시작했다. 『수서隋書』「경적지經籍志」에서 일컫는 지방의 풍물, 역사, 인물과 관련이 있는 군국郡國의 책들이 계속 나오고 지방사지地方史志가 점차 발전하였다. 지금까지도 영향력이 비교적 큰 것으로는 조엽趙曄의 『오월춘추吳越春秋』, 원강袁康의 『월절서越絕書』, 상거常璩의 『화양국지華陽國志』, 양현지楊衒之의 『낙양가람기洛陽伽藍記』 등이 있다.

『오월춘추』는 동한 산음山陰 사람 조엽이 편찬한 것이다, 이 책은 오늘날 전해지는 것은 6권 10편으로 되어 있다. 그 가운데 권1 제1편 「오태백전吳泰伯傳」과 권4 제1편 「월왕무여전越王無餘傳」은 모두 서문 같은 형식으로 내용은 주로 월나라 부족의 연원을 설명하고 있다. 그 나머지 부분은 모두 편년체 역사 형식으로 쓰였는데, 아마도 이것이 『춘추春秋』라는 이름을 쓰게 된 원인인 것 같다. 다만, 이 책은 해마다 기록하여 판각하는 방법을 채택하지 않고 각각의 부족 가운데 중요한 군왕 시기의 비교적 중요한 연대를 선택하여서 기사를 기록하고 있다. 오나라 부분에서는 주로 오왕 요僚, 합려闔閭 그리고 부차夫差를 기술하고 있는데 뒤의 두 사람을 더 중요하게 다루고 있다. 월나라와 관련된 기사에서 중점으로 삼는다는 것이 더욱 분명하다. 5편 가운데 4편이 구천句踐에 관한 것이며, 서술 역시 편년체 방식에 기탁하고 있어서 편찬자가 독자적으로 서술하였다고 할 만하다.

책 이름에 대해서 보더라도 이 책은 편년체로 엮은 오월 두 나라의 역사라는 것을 알 수 있다. 그래서 『수서』「경적지」, 『구당서』「경적지」, 『신당서』「예문지」에서는 잡사로 분류하였고, 『송사宋史』「예문지」에서는 패사覇史로 분류하였으며, 『사고전서총목제요四庫全書總目提要』에서는 재기載記로 분류하였다. 전체적으로 보자면, 책 전체는 편년체 역사의 일종이지만, 역사를 기록한 내용은 매우 독특하다. 1년의 기사에서 짧은 것은 겨우 다섯 자이고, 긴 것은 3,700자나 되는 것도 있다. 그러므로 이 책이 비록 편년의 형식을 채택하였다고 하더라도 형식적인 구속을 받지는 않았다. 그래서 길이에 따라 적절히 조정하여 말하고자 하는 것을 잘 드러냈다. 이 책은 편집하는 과정에서 어떤 사건을 집중적으로 서술하고 오월 두 나라를 나누어서 편집하여 이 책의 기록이 필요할 때에는 오월 두 나라 사이 그리고 오월과 춘추 여러 나라들 사이에서 쌍방 혹은 여러 나라들 사이의 관계를 잘 설명하고 있어서 복잡한 정황을 명확히 정리하였다. 다만 이 책 역시 "길거리에 떠도는 이야기나 매우 괴이하고 허망하여 진짜인지 가짜인지를 추측할 수 없는(委巷之說, 迂怪妄誕, 眞虛莫測)"[22] 내용들이 많아서 읽을 때 역사 사실과 일치하는지 반드시 대조해야 한다.

22 『隋書』「經籍志」, 中華書局, 1973년 표점본, 962쪽.

『오월춘추』는 강절 양쪽의 오나라와 월나라가 흥망성쇠하는 역사를 비교적 체계적으로 기록한 것인데, 두 나라가 서로 정벌한 것뿐만 아니라 두 나라 변방 지역의 민족이 여러 차례 북쪽으로 올라와 중원의 여러 나라와 패권을 다투던 정황도 서술하였다. 그래서 자연스럽게 병사를 훈련시키고 진지를 세우고, 무기를 만들고, 성이나 못을 수축하고, 교통을 확장시키고 부국강병을 추구하는 여러 가지 정책 등도 다루고 있다. 그 가운데에는 비록 기록된 내용이 진짜와 가짜를 구분할 수 없거나 옳고 그름을 분별하기 어려운 경우도 있지만, 오나라와 월나라의 역사를 연구하는 데에 있어서 중요한 참고 자료라고 할 수 있다.[23]

2. 원강袁康의 『월절서越絕書』

『월절서越絕書』는 고대 중국의 특정한 지방 역사를 기록한 문헌 저작이다. 이 책은 지은이의 이름이 기재되어 있지 않아서 책이 언제 지어졌는지, 지은이가 누구인지 알 수 없었다.

이 책의 명칭에 대해서는 여러 가지 해석이 많았다. 청대 학자 유월俞樾은 '끊었다'는 뜻의 '절絕' 자가 들어간 것은 『춘추』가 '기린을 잡은 해(獲麟之年)'를 끝으로 더 이상 기록되지 않은 것을 지은이가 모방하여 구천이 천하를 제패하고서 기록을 그만둔 것이라고 여겼다. 이러한 견해에 대하여 많은 사람들이 수긍하였다.[24] 사실 『월절서』의 첫 편인 「외전본사外傳本事」에는 "'절絕'이라고 한 것은 '끊었다'는 뜻으로 구천의 시기를 일컬은 것이다.(絕者, 絕也, 謂句踐時也.)"라고 하였다. 다만 책 제목 중간에 끼워 넣었기 때문에 이후 많은 사람들이 이의를 제기하여 문제가 좀 복잡해졌

---

23 倉修良, 『吳越春秋輯校匯考序』, 周生春, 『吳越春秋輯校匯考』에 보인다. 上海古籍出板社, 1997년.

24 俞樾, 『曲園雜纂』 권19, 『春在堂全書』, 光緒二十三年重訂本에 보인다.

을 뿐이다.[25]

『사부전서총목제요四部全書總目提要』에 의하면, 이 책은 동한 때 회계會稽 사람 원강袁康이 편찬하였고, 오평吳平이 글귀에 수정을 가한 것이라고 했다. 지금 이 책은 내전內傳 · 내경內經 6편 그리고 외전外傳 13편으로 되어 있다. 이 책은 오나라와 월나라가 전쟁을 벌이고 월왕 구천이 쓸개를 핥는 상담嘗膽의 교훈을 새기고 끝내 월나라를 다시 일으켜서 오나라를 멸하고 중원에서 패권을 차지하는 과정을 상세히 적고 있는데, 그 내용이 병법과 권모술수 등을 부리는 것이 대부분이다. 이 책은 오나라와 월나라의 산과 강, 지리, 성城과 못 그리고 물산에 대하여 자세히 적었다. 이 책에서는 생산을 발전시키고 물건을 유통시키고 백성들의 생활을 넉넉하게 하는 내용도 많이 실려 있어서 역사적으로도 매우 귀중한 사료이다. 또 이 책에는 음양오행陰陽五行 사상이 농후하다. 많은 사람들이 자신의 정치 사상이나 여러 문제를 설명할 때 자주 음양오행 사상을 가지고 설명하는 것이 여기에 근거하여 말하는 것이다.

이제껏 공적이거나 사적인 서적 목록에서 대개 『월절서』를 잡사雜史나 패사稗史로 분류하는데, 『사고전서四庫全書』에서는 재기류載記類로 분류하여 이 책이 역사서라고 설명하고 있다. 그것은 춘추 시기 월나라의 역사를 기재한 것뿐만 아니라 월나라와 서로 이웃한 오나라와 초楚나라의 역사 일부를 기록하기도 했기 때문이다. 그 가운데 권2 「오지전吳地傳」과 권8 「지전地傳」 두 편은 오나라와 월나라의 수도와 그 부근 산천의 형세, 성과 못, 도로, 궁전, 왕릉, 농토의 수리시설, 작업장, 광산 등을 매우 상세하게 묘사하였다. 그리고 이 두 수도의 부근인 태호太湖 유역과 회계산會稽山의 지리적 특징도 자세히 소개하였다. 이 두 편이 뒷날 지방지地方志의 시초가 된다고 말할 수 있다. 『월절서』는 병서兵書이기도 하다. 여기

25 倉修良, 『越絕書是一部地方史』, 『歷史研究』, 1990년, 제4기.

에는 무기나 전차(輜車) 등 전술 방면의 문제를 서술하고 있을 뿐만 아니라 정치 경제나 외교 방면에서 전략적인 문제까지도 언급하고 있다.

최후에 월족이 흩어져 다른 민족과 습합됨으로써 월족의 언어가 일찍이 없어져 버린 까닭에『월절서』에 남아 있는 언어 흔적은 귀중한 역사 사료이다. 이 책에는 오월 두 나라 사람들의 이름과 지명 그리고 보통명사가 많이 나온다. 오늘날 이미 없어져 버린 언어를 연구하는 데에 중요한 자료를 우리들에게 제공해 주는 실마리가 된다. 말이 통하지 않는 것으로 말미암아 생기는 지명에 대한 오해가 이것을 통해서 잘 풀리기도 한다. 이 책에는 지명의 연원에 대한 해석이 30여 곳 넘게 나오기 때문에 지명학 연구에도 중요한 의의가 있다. 이 책은 남송 이후 내내 완정하지 않은 채로 전해져서 그것들을 모으는 작업이 어려웠기 때문에 지금 이 책의 원래 모습을 정확히 살펴볼 수는 없다.

3. 상거常璩의『화양국지華陽國志』

『화양국지華陽國志』는 진晉나라 때 상거常璩가 편찬한 지방사로서 본래 이름은『화양국기華陽國記』또는『화양기華陽記』였다. 이 책은 상고 시대로부터 347년(동진 영화永和 3)까지 파촉巴蜀 지방의 지리와 인물 등을 기술한 것이다. 상거는 자가 도장道將이고 촉도蜀道 강원江原(지금의 중경重慶 동남 지역) 사람으로 나고 죽은 해가 분명하지 않아서 이 책의 편찬 시기를 대략 355년(영화 11) 이전으로 추정한다. 이 책은 지리와 편년체 역사 그리고 인물의 전기를 하나로 엮은 것으로 뒷날 지방사지를 편찬하는 데에 큰 영향을 끼쳤다. 이것은 오늘날 중국에 전해지는 완정한 체제의 지방사지로서 가장 이른 시기에 편찬된 것이다. 이 책 내용의 특징은 기전체 정사에서는 다루지 않는 고대 중국 서남 변방의 지리 · 정치 · 경제 · 문화 · 민족의 풍속과 정서를 주로 다루고 있어서 소중한 역사 자료를 제공해 준다는 것이다. 이것은 오늘날 전해지는 사료 가운데 당시의 지리를 연구하기 위한 유일하고도 전형적인 자료라고 할 수 있다.

이 책은 4세기 이전 익주益州를 중심으로 하는 서남 지방의 역사와 지리를 서술하였다. 지은이는 양한兩漢 시대의 익주를 『상서尙書』「우공禹貢」에서 보듯 "화산 북쪽에서 흑수까지 걸쳐 있는 양주 지방(華陽黑水惟梁州)"에 해당된다고 가정하여 이 책 이름을 『화양국지』라고 지었다고 한다.[26] 이 책은 1권에서 4권까지 「파지巴志」·「한중지漢中志」·「촉지蜀志」·「남중지南中志」로 분류하여 양주·익주·영주寧州의 역사 변화와 군현郡縣이 세워지게 된 연혁을 총체적으로 서술하였다. 먼저 역사의 변화를 서술하고 뒤에 군현의 연혁을 게시하였다. 5권에서 9권까지는 편년체 형식으로 서한 말기부터 동진 초기 즈음까지 이곳에서 할거하던 공손술公孫述과 유언劉焉·유장劉璋 부자, 그리고 촉한蜀漢의 유비劉備 부자, 성한成漢 이李씨의 역사와 서진西晉이 통일한 시기 파촉의 역사를 서술하였다. 10권에서 12권까지는 서한에서 동진 초기까지 훌륭한 인물들과 여인들의 열전인데, 여기에 수록된 3주州의 인물이 거의 400명에 달하여 정사에서 다루지 못하고 있는 것을 보완하고 있다.

『화양국지』는 지방사지로서 한 지역의 정치·경제·군사·문화·인물·지리·과학기술 등과 같은 항목의 역사 사실을 종합적으로 기술하는 것을 처음으로 시도한 것이며, 역사 자료 역시 매우 풍부하다. 당시 바닷물을 끓여서 소금을 제조하는 것과 우물을 파서 소금을 채취하는 방법을 기술한 것이 매우 구체적인데, 이 방면의 기록은 세계적으로도 최초의 문헌 기록이다. 이빙李冰이 촉 지방의 경제를 발전시킨 공헌에 대해서도 이 책에 매우 상세히 기록되어 있다. 이밖에도 자연 자원과 곡식을 생산하는 기술에 대한 서술도 있다. 이것은 진한과 위진 시기 역사와 지리 그리고

26 어떤 학자는 기록된 梁州·益州·寧州가 모두 華山의 북쪽에 있기 때문이라고 여긴다.

파촉 지방 역사를 연구하는 데에 있어서 더할 수 없이 중요한 전적 자료이다.

이 책이 지방사에 속하는 것인지 아니면 지방지에 속하는 것인지에 대하여 예전부터 많은 논란이 있었다. 그것의 내용과 구조 형식의 방면에서 보자면 확실히 지방사라고 할 수 있지만, 역시 지방지라고도 할 수 있다. 다만 『화양국지』와 당시 다른 지방의 기록을 비교해 보면 편년체 형식의 지방 역사가 많이 있지만, 책 전체에는 실제로 정치 방면에서 서술한 비중이 상당히 크다. 그러므로 근래 많은 학자들은 이 책을 지방통사地方通史의 일부로 보려는 입장이 강하다.

4. 양현지楊衒之의 『낙양가람기洛陽伽藍記』

양현지楊衒之(성씨 楊은 陽 또는 羊으로도 쓴다.)는 북위北魏 북평北平(지금 화북 완현完縣 동남 지역) 사람이다. 태어난 해가 자세하지 않아서 대략 북제北齊 천보天保 연간(550–559) 중이라고 한다. 당시 동위東魏와 서위西魏가 오랫동안 전쟁을 벌이던 때라서 번영하였던 낙양이 전란으로 크게 파괴되었다. 547년(무정武定 5)에 양현지는 일 때문에 낙양으로 돌아와서 지난날 번성했던 낙양성의 성곽이 무너지고 궁실이 파괴되고 사찰이 모두 불타고 사당이 폐허가 된 것을 직접 보고 눈에서 피눈물이 날 지경이었다고 한다. 그는 깊이 상심하여 지난 세월을 되새기며 "나중 세대에 전해지는 것이 없을까 걱정하여 이 기록을 쓴다.(恐後世無傳, 故撰斯記.)"[27]고 하였다. 당나라 때 승려 석도선釋道宣은 양현지가 이 책을 편찬한 뜻은, 그가 "장엄한 사찰의 아름다움과 금빛 휘황한 벽을 보니, 모두 왕공과 귀족

27 『洛陽伽藍記』 序에 모두 나온다. 周祖謨校釋, 『洛陽伽藍記校釋』, 上海書店出版社, 2002년, 7–9쪽.

들이 백성을 착취하였던 것이다. 이에 『낙양가람기』를 편찬하니, 그들이 일반 백성을 동정하지는 않았음을 말한다.(見寺宇壯麗, 損費金碧, 王公相竟侵漁百姓, 乃撰洛陽伽藍記, 言不恤衆庶也.)"[28]고 하였다. 이 책을 지은 목적은 두 가지인데, 지난날을 회상하는 것과 사치스러웠던 것을 지적하는 것이다. 앞의 것은 지은이 자신이 전란을 당하여 고국에 대한 그리움을 반영한 것이고, 뒤의 것은 북위 통치자들이 지나치게 사치스러웠던 것에 대한 불만을 토로한 것이다.

『낙양가람기』의 체례는 우선 서문에서 시작하여 낙양 네 성의 성문과 그 명칭의 연혁을 서술하였고, 다음으로 성 안, 성 동쪽, 성 남쪽, 성 서쪽, 성 북쪽으로 나누어서 다룬 것이 모두 5권이다. 당시 낙양성 안팎의 유명한 불교 사찰, 그가 지냈던 거리의 이모저모와 명승고적 그리고 절들이 지어진 연혁과 이것과 관련된 여러 가지 전해 오는 일들을 서술하였다. 이 책은 비록 당시 낙양의 유명한 사찰을 위주로 하였지만, 당시 낙양성의 건설, 역사 자취, 궁궐의 변란, 귀족 관료들의 횡포 그리고 외국 여러 나라에서 온 사절들이 오간 정황, 불교의 민간 전파, 외국 승려들의 활동, 문인 학자들의 이야기 등을 고루 서술하였다. 이처럼 이 책 내용은 매우 광범위한데, 그 내용이 지리에 관한 정황을 두루 언급하였기 때문에 『수서』「경적지」 이래 역대로 그것을 지리류에 넣었다. 다만, 이 책이 낙양에서 40년 동안 지내면서 불교 사찰의 흥망성쇠를 기술하는 것을 통해서 낙양의 경제, 문화 그리고 백성들의 생활 모습을 반영하였으니, 이것은 북위 시기 낙양 지방의 역사라고도 할 수 있다. 이 점이 이 책의 가장 큰 가치이다.

양현지가 낙양에서 거주한 기간이 상당히 오래되었기 때문에 낙양의 정황에 대하여 잘 알고 비교적 상세히 서술하였는데, 유명한 사찰에 대한

---

28 道宣, 『廣弘明集』 권6, 『王臣滯惑篇』, 『大正藏』 권52.

묘사는 더욱 그러하다. 예를 들면 성 남쪽의 경명사景明寺가 지어진 연혁과 지리적인 위치, 건축 규모 그리고 정원의 배치에 대한 묘사가 경명사의 웅장한 건축과 그윽하고 아름다운 경치를 생동적으로 펼쳐 내고 있다. 이것은 당시 북위에 있는 낙양의 불교 사찰 건축과 그 정원 배치를 연구하는 데에 있어서 중요한 자료를 제공하고 있다. 불교 사찰 이외에 이 책은 시장이나 정원에 대하여 역시 잘 묘사하고 있고, 이밖에 성문·거리·관청·창고 등도 기술하였다. 이들 기록들은 북위 낙양성을 복원하는 데에 유용하다.

『낙양가람기』의 구성은 매우 엄정하고, 언어는 간결하고, 문장은 표준적이라서 북조 문학의 대표작이라고 할 만하다. 지은이가 당시 종교 사상의 영향을 받아서 책 안에 신비한 귀신 이야기와 믿지 못할 전설들도 많이 나온다. 이 책은 역사학이나 지리학 그리고 문학 방면의 명저라고 부르기에 모자라지 않다.

제4절

지리학의 성취

1. 『한서』「지리지」

서한 전기, 지리학이 이미 상당히 발전하여 『사기』의 「하거서河渠書」와 「화식열전貨殖列傳」은 한 지역의 경제와 지리를 기록한 것으로 모두 중요한 지리서이며, 또 이후에 편찬된 자연 지리서나 인문 지리서의 시초가 되었다. 동한 전기에 지어진 『한서』「지리지」(약칭하여 『한지漢志』라고 부른다.)는 고대 중국에 있어서 전 국토를 다룬 지리서이며, 처음으로 '지리地理'라는 이름이 붙은 전문적인 서적이다. 이것은 처음으로 정사 안에 들어간 지리지이며, 전국의 강역 · 행정구역 · 호적을 특정한 장에 서술하였으며, 아울러 자연과 인문에 관한 내용도 다루고 있어서 정사의 내용을 좀 더 완정하게 다지는 역할을 하였다. 『한지』는 사서 지리지 가운데 가장 뛰어난 역대 지리지의 모범이 될 만하다. 그것은 강역과 행정구역을 큰 틀로 삼아 체례를 삼고 있다. 이것은 2천 년 동안 학자들이 그대로 따라할 만큼 후대에 끼친 영향이 매우 크다.

『한지』는 다음과 같이 3개 부문으로 나누어져 있다.

첫 번째 부분: 「우공禹貢」과 「직방職方」 두 편을 먼저 서술하였다. 반고는 이 두 편이 하夏나라와 주周나라의 강역과 제도를 대표한다고 여겼다.

다음으로는 그 연혁을 간략히 서술하고 한대 초기까지 언급했다.

두 번째 부분: 이것은 『한지』의 근간이 되는 부분이다. 이것은 다민족·대통일과 중앙집권적인 국가 관념으로부터 출발하여 행정구역을 단위로 하여 서한의 강역 안에 103개 군국郡國의 지리 정황을 차례대로 기술하였다. 먼저 경조윤京兆尹·좌풍익左馮翊·우부풍右扶風으로부터 시작하여 다른 군국으로 서술을 이어갔다. 군국 이하에 현縣과 도道 그리고 후국侯國의 일급 행정구역이 모두 1,587개가 있다. 그 가운데에서 도道는 32개로 소수민족이 거주하는 지역이다. 『한지』는 군현郡縣을 중심으로 역대 행정구역, 호구의 숫자, 산 구릉 습지, 수도원류, 수리시설, 지방 특산물, 염철관 소재지 그리고 여러 가지 중요한 산물로서 성읍·거주지·국경·정장亭障·사당·유적지 및 관련된 역사 등을 담고 있으며, 이것들을 관련이 있는 군현郡縣으로 분류하여 모아 두었다.

세 번째 부분: 천하의 개황을 총괄하였는데, 전국의 지역 지리를 총괄하였다. 이전 시대 큰 제후국의 강역을 기초로 하여 전국을 10여 개 큰 구역으로 나누었다. 중앙에 '진지秦地'로부터 시작하여 북으로, 동으로, 남으로 이어 나가 각각의 큰 지역 주민들의 유래, 정치적인 변천, 지역 특산물, 사회 풍속 및 중국 안의 이민족과의 관계를 종합적으로 서술하고 있다. 동쪽으로는 한반도와 일본, 남쪽으로는 오늘날 흔히 말하는 남해 실크로드가 있다. 예를 들면 서문徐聞과 합포合浦에서부터 도원국都元國·읍로몰국邑盧沒國·심리국諶離國·부감도로국夫甘都盧國·황지국黃支國·이정불국李程不國 등에 다다른다고 하였던 것은 지금의 인도 연해 일대를 말한다.

『한지』에 기술된 호구는 2년(한漢 평제平帝 원시元始 2)의 자료를 근거로 한 것인데, 이것은 문헌 기록 가운데 중국에서 가장 오래된 호구 기록이다. 그런데 학자들의 고증 연구에 의하면, 그 강역의 행정구역이 반영하고 있는 것은 B.C.12년에서 B.C.7년까지, 즉 원연元延 연간과 완화綏和

연간 때까지의 정황이다.

그런데 지리적인 환경이 변화하였기 때문에 실제 정황과 『한지』의 기록이 맞지 않는 부분이 좀 있다. 『한지』는 군국의 행정구역을 중심으로 삼아서 산과 강을 덧붙여 설명하였기 때문에 산맥의 분포나 물길의 맥락에 대한 서술이 흩어져 있다. 이 때문에 독자들이 당시 자연 지리적인 상황을 온전하게 파악하기 어렵다. 여기에 실린 경제와 교통 상황에 대한 서술은 좀 부족하다. 또 다시 옮겨 쓰고 인쇄하는 과정에서 오자나 탈자가 생기기 때문에 내용을 정확하게 이해하기 어렵기도 하다. 이러한 것들을 주의해서 읽어야 한다.

2. 역도원酈道元의 『수경주水經注』

『수경주』는 강의 물길을 위주로 한 종합적인 지리서로서 북위의 역도원酈道元이 지은 것이다. 이것은 중국의 6세기 이전 지리학의 대표적인 저작이다.

역도원은 당시 전해져 오던 『수경水經』이 너무 간략한 것을 보고는 실제로 검증을 하고 관련된 여러 지리서들을 두루 인용하여 『수경주』를 편찬하였다. 이 책은 물길이 흐르는 주요 노선에 주석을 달았다. 물길의 첫머리, 흐르는 방향, 물길의 변천, 명칭이 달라진 것 등을 하나하나 검토하여 그 근원을 서술하고 물길과 관련된 지역, 지역과 관련된 사건들, 그리고 물길이 흐르는 지역의 산 구릉이나 습지, 군현의 성읍, 국경이나 나루의 명승지, 지역 특산물, 농지와 수리시설 그리고 역사 사실, 인물, 전해오는 이야기, 신화, 가요, 속담, 방언 등을 상세히 서술하였다. 글자 수는 원래 1만여 자였던 것에서 30여 만 자로 늘어났다. 강은 원래 137개였는데, 1,252개로 늘어났다. 검증한 참고 문헌과 그림이 400종이고, 비석 자료는 300여 종인데, 인용한 사료가 지금은 거의 없어졌다.[29] 문장이 맑고 아름다워서 많은 사람들이 자주 걸작으로 일컬으며, 문학적인 가치도 매우 높아 고대 중국의 4대 주석서 가운데 하나로 꼽힌다.[30]

『수경주』의 학술적 가치는 매우 높다. 사료적인 가치에 대해서 말하자면, 여기에 수록된 1,200여 물길의 발원 지점, 하천 유역, 지류 분포 그리고 변천의 역사는 6세기 이전 중국 하천의 물길에 관하여 가장 상세한 기록이다. 더욱이 각 지역의 수리시설이 개발된 것에 대한 기록은 지금까지도 중요한 참고 자료가 된다. 지금 남아 있는 판본 40권 가운데 황하黃河의 주요 물줄기와 비교적 작은 지류들은 5권에 걸쳐 나온다. 위수渭水·분수汾水·낙수洛水가 각각 3권에 걸쳐 나오고, 장강은 주요 물줄기가 3권이고, 강으로 들어가는 여러 물줄기가 4권에 걸쳐 있다. 한수漢水와 그 지류는 4권에 걸쳐 있다. 이 22권의 내용은 내용이 풍부하고 기술이 매우 정교한 것이 지은이가 온 힘을 기울여 쓴 것이다. 물이 흐르는 순서대로 배치하여서 북쪽을 먼저 다루고 나서 남쪽을 나중에 하고 내륙 안쪽부터 서술하고 이어서 변방으로 이어갔다. 물길의 서술에는 발원지를 먼저하고 지류를 나중에 다루어서 어떤 지역에서 어떤 지역으로 들어간다거나 어떤 지역에서 바다로 들어간다는 식으로 기술하고 있다. 내용상으로는 먼저 물길이 흐르는 정황을 서술하고 각 유역의 구체적인 지질, 지형, 토양, 기후 및 토산물, 민속, 명승지 등을 기술하였다. 동시에 역도원이 수집한 많은 문헌 자료 덕에 북위 이전 지방지가 거의 망라되어 있다. 게다가 현지를 직접 다니며 한나라와 위나라 때의 많은 비석을 조사하여 『수경주』에 수리水利 공정, 화산, 온천, 고생물 화석, 석회암 지형에 대하여 기술할 수 있었는데, 매우 생동적이고 구체적이어서 우리들에게 매우 가치 있는 자료를 제공해 주고 있다.

---

29 陳橋驛, 『酈道元與水經注』, 上海人民出版社, 1987년.

30 다른 3가지 注는 裴松之의 『三國志注』, 劉孝標의 『世說新語注』, 李善의 『文選注』이다.

역도원이 비록 남북조로 분열되어 있던 시기에 태어났더라도 그가 편찬한 『수경주』는 북위가 통치하는 강역만을 기술한 것이 아니라 남조 대부분 지역도 포함하고 있다. 이것은 그가 원대한 안목을 가지고 있었다는 것을 의미한다. 다만, 남북조로 분열된 시대적인 제약 때문에 전국을 모두 실제로 다니면서 고찰할 수는 없었을 것이다. 많은 자료는 단지 예부터 내려오는 전적을 참조하였을 것이다. 그러므로 책에 명백한 착오가 없을 수 없었던 것이다. 특히 강회江淮 이남의 물길은 비교적 간단하게 서술되어 있으며 많은 부분이 빠지거나 부정확한 서술이 있다. 총체적으로 말하자면, 그래도 『수경주』는 고대의 걸출한 지리서로서 역대로 많은 학자들의 존중과 찬사를 받았다.

3. 고고학에서 발견한 지도

1986년 감숙성甘肅省 천수시天水市 방마탄放馬灘 제2호 진秦나라 무덤에서 소나무 판에 새겨진 7폭짜리 그림이 출토되었다. 시대는 B.C.299년(소양왕昭襄王 8) 혹은 B.C.239년(진왕정秦王政 8)이라는 설이 있다. 7폭 모두 길이·폭·두께가 26.7×18.1×1.1cm인 소나무 판 양쪽에 새겨져 있다. 산, 물길과 계곡, 관문과 협곡, 도로 등 지리적인 특징을 반영한 것 이외에 현縣과 향鄕 두 행정구역이 소재하는 위치가 표기되어 있다.[31] 이것은 현재 발견된 중국 최초의 실물 지도이면서 세계 최초의 지도이기도 하다.

1973년에 장사長沙 마왕퇴馬王堆 3호 한漢나라 묘에서 비단에 그려진 지도가 발견되었는데, 지금으로부터 2,100여 년 된 것이다.[32] 이것은 지

31 丁建偉, 『世界上現存最早的地圖天水放馬灘地圖』, 『地圖』 1993년, 제4기.

32 무덤 안에 있는 木牘의 기재에 의하면, 장례식을 한 연도를 고증해 보니 漢文帝 初元 12년, 즉 기원전 168년이다.

형도地形圖와 주군도駐軍圖 그리고 성읍도城邑圖로 나뉘어져 있는데, 지도의 명칭이나 실제 길이에 대한 비례척比例尺 그리고 그려진 시기는 표기되어 있지 않다. 그래서 지형도는 「서한초기장사국남부지도西漢初期長沙國南部地圖」라고 이름을 붙였다. 이 지도를 통해서 당시 지도를 제작하는 수준을 알 수 있다.

지형도는 둘레가 96cm의 정방형으로서 위쪽이 남부이고 아래쪽이 북부이며, 지금의 광서廣西 전주全州의 동쪽, 호남湖南 신전新田 · 광동廣東 연현連縣 서쪽 지역을 다루고 있다. 북쪽으로는 신전과 전주 이남까지이고, 남쪽으로는 주강珠江 입구 밖의 남해까지 다다르게 되어 있는데, 주요 지역은 상세하고 주변 지역은 소략하다. 지도에는 통일된 범례를 사용하고 있어서 백성이 거주하는 지역은 두 종류의 부호로 표기하고 있다. 현縣 단위는 네모로 표시하고, 향鄕과 리里는 동그라미로 표시하였는데, 그 안에 지명을 써넣었다. 도로는 모두 가느다란 선으로 표시하고, 물길은 고르지 않은 굽은 선으로 표시하였다. 크고 작은 물줄기가 30여 개의 주류와 지류로 나타나 있고, 물줄기와 지형의 관계가 매우 분명하게 그려져 있다. 산맥은 산 모양의 연속된 선으로 표시하였다. 주요 지역의 위치는 심평深平을 중심으로 하는 심수深水 유역인데, 심수는 상강湘江 상류 소수瀟水의 한 지류이고, 심평 역시 심수 부근의 비교적 큰 향리鄕里이다. 심수 자체는 구의산九嶷山의 남측과 서측을 둘러싸고 있는 호롱박 형태로서 심수 양쪽 크고 작은 지류의 계곡을 포함하면서 여러 향리를 지나고 있다. 향리에 호구 수가 기입되어 있는 것이 많지만, 지금은 사람이 살지 않는다는 뜻의 '금무今毋' 혹은 '금무인今毋人'이라고 적은 것도 있다. 군대가 주둔하고 있는지 확인할 수 있도록 상세하고 정확하게 표기하였다. 그래서 이 지도는 세계에서 실제로 측량하여 그려진 가장 오래된 지도이다. 여기에 그려진 주강의 지류인 북강北江과 서강西江 그리고 주강 입구 역시 당시 장사 지역 사람들의 남월南越 지역에 대한 인식과 교류 상황을 나타내는 것이다.

주군도駐軍圖는 길이가 98cm이고 너비가 78cm인 채색 군사용 지도이다. 그림의 위쪽이 남쪽이고, 왼쪽이 동쪽으로 심평 남쪽의 심수 상류와 크고 작은 지류가 지나는 협곡을 범주로 다루고 있다. 이 지도의 주요 특징은 서徐·주周·사마司馬로 불리는 세 명의 도위都尉가 주둔하고 있는 지역으로 특수한 부호와 색깔로 그 배치된 방어선의 경계와 지휘하는 성의 보루가 표시되어 있다. 이것은 당시 장사 지역 방어군의 전시 준비태세를 기록한 것으로서 한나라 초기 역사와 군사의 중요한 실물을 알려주는 사료이다. 주군도는 검은색, 붉은색, 파란색을 써서 세계적으로도 가장 오래된 채색 군사 지도이다.

성읍도는 길이가 약 40cm이고 폭은 45cm인데, 성읍을 네모난 형태로 그리고, 성의 크기, 성문의 보루, 성벽의 누각, 성 안의 도로 등을 표시하였다. 거리는 넓고 좁은 두 가지 형태로 구분하였다. 궁전의 위치도 표시하였다.[33] 성읍도는 당시 도시의 평면도로서 최초의 실물 증거라고 할 수 있으며, 한나라 때 도시의 구획과 배치 그리고 구성을 연구하는 데에 귀중한 자료이다.

4. 배수裵秀의 「우공지역도禹貢地域圖」·「지형방장도地形方丈圖」·제도육체制圖六體

배수裵秀(223-271)는 자가 계언季彦으로 하동河東 문희聞喜(지금 산서에 속해 있다.) 사람이다. 그는 중국 고대 전통 지도학 이론을 창시한 사람이다. 그의 중요한 학술 성과는 「우공지역도禹貢地域圖」 18편과 이 지도의 서문에 '제도육체制圖六體'를 제기한 것이다. 이밖에 그는 이전에 있던 천

33 趙榮, 『地理學思想史綱』, 陝西科技出版社, 1995년, 112쪽.

하도天下圖를 축소하여 '지형방장도地形方丈圖(방장도方丈圖라고도 부른다.)'로 만든 것인데, 이것이 고대 지도학에서 뛰어난 공헌을 하였다.

배수가 사공司空의 자리에 있었을 때 직무 수행 때문에 늘 지도를 다루면서 예전부터 내려오는 산과 강의 이름이 너무 오래되어 많이 달라졌기 때문에 후대 사람들이 근거 없이 함부로 말하게 되었다는 것을 느꼈다. 그는 '한씨여도漢氏輿圖'와 여러 지역을 그린 지도들이 정교하지 못한 것이, 자의 눈금을 제대로 적용하지 않은데다가 기준도 제대로 고증하지 않은 것이라서 믿을 수 없다고 생각했다.[34] 그리하여 사료를 수집하고 연구를 계속하여 268년에서 271년 사이(진시秦始 4–7)에 「우공지역도」 18편을 그가 주도하여 편찬하였다. 다만, 이 책이 세상에 나와 전해진 시간이 얼마 되지 않았기 때문에 『수서』「경적지」에는 기재되어 있지 않다. 몇 권만이 남아 있다가 나중에는 그마저도 모두 전하지 않게 되었다. 후대에 전해져 내려온 「우공지역도」 서문과 『진서』「배수전」에 의하면, 「우공지역도」 18편은 하夏나라 우왕禹王 때부터 서진에 이르기까지 역대 행정구역의 연혁을 다루었다는 것을 알 수 있다. 이것은 문자가 기재된 역사 지도집으로서 지역의 연혁을 위주로 하고 고금의 지명을 대조하는 전통을 처음으로 시도한 것이다.

당唐대 학자 우세남虞世南의 『북당서초北堂書鈔』「방장도方丈圖」에는 배수가 「우공지역도」를 편찬하기 전에도 일찍이 정교하게 축소하여 그리는 방법을 이용해서 한漢나라 때 사람들은 비단 80필에 「천하대도天下大圖」를 제작하였고, 대략 1:180만의 비례로 2.37m×2.37m의 진晉대 전국 「지형방장도地形方丈圖」를 축소하여 제작하였다고 한다. 이 지도는 일찍이 당대까지 전해졌다. 그런데 이것이 「우공지역도」이고, 「방장도」는 완성되지 않았으니, 당연히 세상에 전해지지 않은 것이라고 하는 학자도 있

34 裵秀, 「禹貢地域圖序」, 『晉書』「裵秀傳」에 나온다.

다.[35]

배수가 지도학 방면에서 커다란 업적을 세운 것은 「우공지역도」 서문에서 '제도육체制圖六體'를 제기한 것이다. 이것은 지도를 제작하는 6가지 항목을 말한다. 『진서』「배수전」에 의하면, 제도육체는 다음의 여섯 가지 법칙을 말한다. 첫째는 '분율分率' 곧 비례척比例尺으로서 각 지역 면적의 크고 작음을 이용하는 것이다. 둘째는, '준망準望', 즉 직사각형의 기준선으로 방향을 변별하고 위치를 바로 잡는 것인데, 이것으로 두 지역 사이의 방위를 확정하는 것이다. 셋째는 '도리道里', 즉 직선으로 된 거리로서 두 곳 사이의 거리를 사람이 다닌 거리의 멀고 가까운 정도로 확정하는 것이다. 넷째는 '고하高下'인데, 이것은 산등성이 형태의 비스듬한 곳을 평평한 거리로 정하는 것이다. 다섯 번째는 '방사方邪'인데, 이것으로 방향의 편차를 바로 잡는 것이다. 여섯째는 '우직迂直'인데, 이것으로 우회하여 굽은 선을 곧은 선으로 바꾸는 것이다. 여기에서 뒤의 세 가지 규정은 땅의 성질에 따라서 지형이 굴곡지거나 방향에 편차가 생기고 우회하여 굴곡지기 때문에 생기는 오차를 바로 잡는 것이다.[36] 배수는 또 제도육체를 더욱 잘 활용하기 위해서 그 조항들 사이의 연관관계와 서로 제약이 되는 사항, 그리고 하나라도 빠뜨리면 그 정확성이 떨어지게 된다는 것을 입증하였다. 이것은 고대에 있어서 가장 체계적이며 완정한 지리학 이론 체계를 세운 것이며, 지도학에 있어서 처음으로 시도되었다는 의의를 가지고 있다. 그래서 청대까지도 그의 이론은 중국 지도학자들이 존중하고 따랐던 것이다.

---

35 曹婉如, 「裵秀」, 譚其驤 主編, 『中國歷代地理學家評傳』에 보인다. 山東教育出版社, 1990년, 146쪽.

36 曹婉如, 『中國古代地圖繪制的理論和方法初探』, 『自然科學史研究』 1983년, 제3기.

中華文明史
제2권 下

제8장

진한 위진남북조 문학

진한 위진남북조 시기는 중국 문학의 자각기로 발전한 중요한 시기이다. 이 시기의 문학은 점차 경학經學과 역사학에서 탈피하여 문학의 특징이 점점 드러나던 때이다. 이때 중국 문학사 가운데 주요 문체가 기본적으로 확립되었고, 문학 단체와 문학 유파 그리고 문학 풍격까지도 형성되었다. 아울러서 최종적으로는 당대唐代 문학이 발전하고 번영하기 위해서 견실한 기초를 다진 때라고 할 수 있다.

제1절

문학의 자각

1. 문文과 필筆의 구분

문과 필의 구분은 남조南朝 시기에 비롯되었다.[1] 다만 한나라 말기와 위진 시기에도 문인들은 문과 필에 대하여 어느 정도 자각하고 있었다. 역사 자료에서도 한나라 말기에는 문리文吏와 유생儒生들로 신분을 나누었으니 문리들은 경전에 주석을 달거나 상소문을 쓰는 것 같은 응용적인 문장을 잘 쓰고, 유생들은 경학經學에 밝았다. 그러므로 두 부류 사이에는 각자의 장단점이 있었다.[2] 응용 문장이 이때 따로 나타나게 되었으니, 이것은 한나라 말기의 중요한 학술 내용이지, 문학적인 양식의 문체가 필요해서 분리되어 쓰였던 것은 아니다. 단지 문학이 자각하게 되는 과정

1 『宋書』「顔竣傳」에 나온다. 또 『文心雕龍』「總術」에 "今之常言, 有文有筆, 以爲無韻者筆也, 有韻者文也. 夫文以足言, 理兼詩書, 別目兩名, 自近代耳."라고 하였다. 范文蘭 『文心雕龍注』, 人民文學出版社, 1998년판, 655쪽.

2 『後漢書』「順帝本紀」 陽嘉元年에 기록하기를 "初令郡國擧孝廉, 限年四十以上, 諸生通章句, 文吏能箋奏, 乃得應選."라고 하였다. 또 『胡廣傳』에 "時尙書令左雄議改察擧之制, 限年四十以上, 儒者試經學, 文吏試章奏."라고 하였다. 관리들과 유생들의 투쟁에 대해서는 『論衡』「程材」 참조. 관련된 논술은 閻步克의 「士大夫政治演生史稿」 참조. 北京大學出版社, 1996년.

을 촉발하는 역할을 하였을 뿐이다. 동한의 왕충王充이 『논형論衡』에서 필筆과 소疏는 관리들이 쓰는 문체이고, 부賦와 송頌은 반고班固나 부의傅毅 같은 문인들이 쓰는 문체라고 하여서 이미 문과 필을 구분하는 의식이 있었다는 것을 알 수 있다. 이러한 발전 과정이 한나라 말기와 위魏나라 시기에 문학文學과 문장文章의 차이를 엄밀히 구분하면서 문학에 대한 자각이 시작되었던 것이다.[3]

문과 필의 구분은 기본적으로 문학 작품과 비문학 작품의 구분에서 시작한다. 이것은 문학 발전의 필연적인 추세이며, 역사적인 요구를 반영한 것이었다. 문학이 날로 발전함에 따라 문학의 지위가 높아 갔다. 문과 필의 구분 역시 더욱 분명해졌다. 동시에 문학의 특징에 대한 인식 역시 더욱 분명해졌다. 이것은 남조 제량 시기에는 더더욱 문학비평의 중요한 내용이 되었다. 문과 필에 대한 논의는 유협劉勰과 소역蕭繹이 대표적이다.

유협은 『문심조룡文心雕龍』「총술總術」편에서 당시 사람들의 견해를 총결하여서 "운韻이 있는 것은 문이고 운이 없는 것은 필이다.(有韻爲文, 無韻爲筆.)"라고 말했다. 이것은 운을 썼는지 여부가 문과 필을 구분하는 기준이라고 말한 것이다. 운이 있는 문체로는 시詩와 부賦 그리고 송頌·찬贊·조弔·뇌誄 등이 있고, 운을 쓰지 않는 문체로는 조詔·책策·격檄·이移 등이 있다. 이러한 분류법은 간단명료해서 형식상으로는 순수문학 작품과 응용문장 사이의 경계로 구분한 것이다. 유협의 『문심조룡』은 이러한 기준을 가지고 문체를 나누었는데, 그가 논의한 문체는 대개 32종류이다. 「명시明時」 편에서 「해은諧隱」 편까지는 운이 있는 문이고, 「사전史傳」 편에서 「서기書記」 편까지는 운이 없는 필이다. 약간 뒤에 나온 『문필식文筆式』 역시 같은 기준으로 일관되게 문과 필을 다음과 같이 나누었다.

---

3 『三國志』「王粲傳」 裴松之의 주석에 『典略』에서 繁欽을 "旣長于書記, 又善爲詩賦"라고 한 것을 인용하였다. 그리고 文과 筆의 구분을 분명히 밝혔다.

글을 짓는 방법에는 문과 필을 나눌 뿐이다. 문은 시詩·부賦·명銘·송頌·잠箴·찬贊·조弔·뇌誄이고, 필은 조詔·책策·이移·격檄·장章·주奏·서書·계啓 등이다. 다시 말하자면 운이 있는 것이 문이고, 운이 없는 것이 필이다.(制作之道, 唯筆與文. 文者詩·賦·頌·銘·箴·贊·弔·誄是也; 筆者, 詔·策·移·檄·章·奏·書·啓等也. 即而言之, 韻者爲文, 非韻者爲筆.)[4]

2. 문체변석文體辨析과 문학의 특징에 대한 인식

유협과 달리, 소역은 문학 작품의 본질과 특징에 더욱 중점을 두었다. 그는『금루자金樓子』「입언立言」편에서 다음과 같이 말했다.

옛날 학자를 두 가지 부류로 나눈다면, 오늘날 학자의 부류는 넷이다. 공자의 제자들이 줄곧 가르치고 배우는 것을 이어 가서 성인의 경전을 익힌 자들은 유자라고 부른다. 굴원屈原·송옥宋玉·매승枚乘·장경長卿 같은 이들은 사부를 주로 지었으니, 문文이라 한다. 오늘날 유자들은 자서子書와 역사서에 능통하다. 다만 사건들만 잘 알고 그 이치는 잘 몰라서 학식이 있다고만 이른다. 염찬閻纂처럼 시를 잘 짓지 못하거나 백송伯松처럼 장주章奏를 잘 짓는 이들을 에둘러서 필筆이라고 부른다. 당시 유행하는 노래를 잘 읊조리고 슬픈 감성에 잘 빠지는 것을 문文이라고 한다. 학자들은 대개 글 짓는 것을 잘 못하지만, 글귀의 이치를 잘 파악하고 세상의 이치에 맞추어서 새로이 변화할 줄 모르고, 본디 마음 굳게 지

4 『文筆式』은『文鏡秘府論』「西卷」에 기록이 보인다. 羅根澤,『文筆式甄微』(『中山大學文史學研究所月刊』 제3권 제3기, 1935년)과 王利器,『文鏡秘府論校注』(中國社會科學出版社, 1983년)에는 隋나라 사람이 출간하였다고 하였다. 인용된 문장은 王利器『校注』본에 나온다. 474쪽.

키는 것만을 잘한다. 학자들은 예악의 옳고 그름을 규정할 줄은 모르고, 경전 가르침의 중요한 이치를 변별하고, 다만 예전에 나온 말들을 헤아려 많은 지식을 갖추었으나, 그 지식의 흐름을 파악하였으니 역시 훌륭하다고 할 수 있다. 필은 세상에서 물러나서는 글 한 편을 쓰기 어렵고 세상에 나아가서는 의로움을 갖추었다고 할 수도 없으니, 이치를 교묘하고 신비하게 꾸미는 붓장난에 지나지 않을 뿐이다. 문 같은 경우는 오로지 자잘한 형식미와 음악미가 그득하여 입으로 부르기에 딱 들어맞고 감성이 요동치는 것들이다. 옛날의 문필과 지금의 것은 그 바탕이 역시 다르다.(古人之學者有二, 今人之學者有四. 夫子門徒, 轉相師受, 通聖人之經者, 謂之儒; 屈原·宋玉·枚乘·長卿之徒, 止於辭賦, 則謂之文. 今之儒, 博窮子史, 但能識其事, 不能通其理者, 謂之學. 至如不便爲詩如閻纂, 善爲章奏如伯松, 若此之流, 汎謂之筆. 吟詠風謠, 流連哀思者, 謂之文. 而學者率多不便屬辭, 守其章句, 遲於通變, 質於心用. 學者不能定禮樂之是非, 辨經敎之宗旨, 徒能揚榷前言, 抵掌多識, 然而挹源知流, 亦足可貴. 筆退則非謂成篇, 進則不云取義, 神其巧惠, 筆端而已. 至如文者, 惟須綺縠紛披, 宮徵靡曼, 脣吻遒會, 情靈搖蕩. 而古之文筆, 今之文筆, 其源又異.)[5]

여기에서 소역은 지금과 옛날의 학자를 기본적으로 문과 필의 개념으로 구분하였다. 이른바 옛날 학자들은 유儒와 문文의 두 가지가 있었고, 지금 학자에는 유·학·문·필의 네 가지가 있다고 하였다. 이러한 구분은 당시 학문 분야가 발전한 실제 상황에 부합하는 것이며, 시대 관념의 변화에 따른 것이다. 유자와 학자에 대해서는 일단 다음에 논의하도록 하자. 흥미로운 것은 소역이 문과 필을 구분한 것이 결코 운이 있느냐 없느냐를 기준으로 삼은 것이 아니라 문체의 본질적인 특성에 중점을 두었다

5 蕭繹, 『金樓子』「立言」, 『知不足齋叢書』本, 淸乾隆間鮑氏刻本.

는 점이다. 필에 대하여 정의하기를, "그는 세상에서 물러나서는 글 한 편을 쓰기 어렵고 세상에 나아가서는 의로움을 갖추었다고 할 수도 없으니, 이치를 교묘하고 신비하게 꾸미는 붓장난에 지나지 않을 뿐"이라고 하였다. 또 예를 들어 "염찬閻纂 같은 이는 시를 잘 짓지 못하거나 백송伯松 같은 이는 장주章奏를 잘 짓는다."고 하였는데, 여기에서 장주는 운이 없는 문체이니 본디 필의 범주에 속한다고 하였다. 그런데 소역은 시를 잘 짓지 못하는 염찬 역시 필의 부류에 넣었으니, 이것은 당시 통용되던 운이 있는 것은 문이고 운이 없는 것은 필이라는 관념에는 맞지 않는 것이었다. 그는 문에 대하여 정의하기를, "유행하는 노래를 잘 읊고 슬퍼하는 감성에 잘 빠지는 것"이며, "아름다운 형식미와 음악성이 풍부하여 입으로 부르기에 딱 들어맞고 감성이 요동치는 것"이라고 했다. 여기에서 더욱 강조한 것은 아름다운 형식미와 음악성이 있는 성조聲調, 그리고 사람의 감성을 자극하는 정서였다. 이러한 구분은 결코 과학적이지 않다. 어떤 작품이 아름다운 형식미와 음악성이 풍부하다고 할 수 있는 것인가? 어떤 작품이 독자의 감성을 요동치는 것이라고 할 수 있는가? 이것은 결코 객관적인 기준이 있는 것이 아니다. 다만 문학 작품의 본질의 측면에서 보자면, 소역은 당시 비평가들에 비하여 매우 뛰어난 논의를 편 것이라고 할 수 있다. 그의 견해는 문체를 구분한 것에만 그친 것이 아니라 문학 작품으로서 갖추어야 하는 수준과 품격을 제시한 것이다. 그의 입장에서 보자면, 시라 하더라도 염찬과 같은 수준이라면 문이라고 할 수 없다는 것이다. 소역의 이러한 인식은 순수문학 작품에 대한 본질적 인식이 비교적 정확한 것이라고 할 수 있다. 이러한 인식은 간단하게 운이 있는지 없는지를 가지고 구분하는 것에 비하여 훨씬 높게 문학에 대하여 자각하고 있는 것이라고 할 수 있다. 남조 시기 비평가들이 문을 중시하고 필을 경시하는 경향으로 볼 때, 문학 작품의 지위는 비문학적 작품보다도 높은 것으로서 당시 사람들이 널리 인정하던 것이었다. 『남사南史』「임방전任昉傳」에서 "임방이 문학적 재주가 뛰어나서 당시 사람들이 '임방의 필과 심약沈約의 시(任筆沈詩)'가 최고라고 일컬을 정도"라고 하였다. 임방은 이 말을 듣고 마음이 매우 상하였다. 그는 늘그막에 시 짓기를 열심히 하여서 심약을 따라잡고 싶어 했다. 하지만 시에 전고를 너무 많이 쓰고, 글귀가 자연스럽지 못하였다. 도성의 모든 선비들이 그를 높였으나, 그의 시가 역시 너무 천착하는 것이 있다고들 했고, 당시 그의 재주에 대하여 말하지 않는 이가 없었을 정도였다고 한다. 이러한 정황과 한위 시기를 비교해 보면, 문학의 지위와 가치가 높아졌다는 것은 의심할 바가 없다.

3. 「문원전文苑傳」과 총집總集과 별집別集의 편찬

역사서에 「문원전文苑傳」이 처음 나온 것은 범엽范曄 『후한서後漢書』에서이다. 범엽의 책은 424년(송 문제宋文帝 원가元嘉 원년)에 편찬되었다.[6] 이후 438년(원가 15)에는 문제가 유儒·현玄·문文·사史 4관館을 설치하였는데, 이때 문학이 제도적으로 학문의 한 부문으로 자리 잡았고, 문학에 대한 가치와 독자적인 지위를 인정받게 되었다. 범엽의 『후한서』 「문원전」에는 서론이 없어서 그가 '문원文苑' 한 편을 따로 둔 이유가 무엇인지 알 수 없다. 그는 「옥중여제생질서獄中與諸甥侄書」에서 스스로 여러 잡전雜傳이 저마다 모두 정밀하고도 깊은 뜻이 있다고 하였다. 특히 「순리循吏」 편 이후 「육이六夷」에 이르기까지 각 서론에서 "붓의 힘이 넘쳐서 참으로 천하의 기이한 작품이라고 할 수 있다. 그것들은 대체로 가의賈誼의 「과진론」만 못하지 않고, 일찍이 반고班固가 지은 것과도 비교해 보았지만, 부끄럽지 않을 정도"라고 했다. 이것에서 범엽이 서론 쓰는 것을

6 『宋書』「范曄傳」에 范曄이 元嘉元年(424)에 좌천당하여 宣城太守가 되어서 실의를 하였는데 여러 사람이 지은 『後漢書』를 刪定하여 이로써 일가의 작품이 되었다고 하였다.

중시했다는 것을 알 수 있다. 다만 그는 「문원전론文苑傳論」을 쓴 적이 없으니, 이것은 매우 애석한 일이다. 한나라 때 문학가의 지위는 배우俳優와 마찬가지였다.[7] 그러므로 양웅揚雄은 사부辭賦라는 문체는 마치 아이가 '나무판에 벌레를 새겨 놓은 일(雕蟲篆刻)'과 같은 것이라서 사내대장부는 하지 않는 일이라고 하였다. 문학으로 이름을 날린 인물에 대하여 역사가는 "문학이라고 하는 것의 의미는 참으로 원대하다.(文之爲義, 遠矣大矣.)"[8]고도 하였고, 문장으로 뛰어난 인물로 사마상여司馬相如 같은 이의 전傳을 썼다. 그러나 '입언立言'이라고 하는 것은 유가들의 '썩지 않는 세 가지의 하나'라는 뜻으로서(이 세상에서 덕德, 공功, 말 세 가지를 실천한다고 한 것 가운데 하나) 대개는 많은 학파에서 의리를 주장한 글들을 말하는데, 사부辭賦의 경우 너무 번다하여 실질을 빠뜨리고 흥청망청 놀다가 제자리로 돌아올 줄 모르는 상태라는 비난을 면치 못했다.[9] 유지기劉知幾가 역사서 체례에서 그것이 잘되고 못된 것을 논한 것은 참으로 이치에 맞았다. 다만 사마천이나 반고 같은 역사가의 기록이 없었다면 집부集部가 아직 편찬되지 않던 서한 시기에 작가와 작품을 온전하게 보전하여 후세까지 전한다는 것은 상상조차 하기 어려운 것이다. 이런 점에서 볼 때 역사가의 식견은 종종 이치에 닿는다고 해서 그냥 얻어지는 것이 아니다. 한위 교체기 즈음에 조비曹丕는 『전론典論』「논문論文」에서 공공연히 제창하기를, "문학은 나라를 다스리는 커다란 업무이고, 썩지 않을 성대한 사업이다.(文章乃經國之大業, 不朽之盛事.)"라고 하였다.

또한 말하였다.

7 『漢書』「嚴朱吾丘主父徐嚴終王賈傳」에 보면, 武帝가 東方朔과 枚皐 등 문사들에게 俳優를 양성하라고 했다.

8 劉知幾, 『史通』 권5 「載文」, 浦起龍通釋, 上海古籍出板社, 1978년.

9 위와 같다.

사람이 장수를 하다가도 때가 되면 죽는 것이고, 영광과 즐거움이 자신이 살아 있을 때에만 그치는 것이다. 이 두 가지는 반드시 일정한 때에 도달하게 되는 것이니, 문학이 무궁한 것만 못한 것이다. 이 때문에 옛날 글 짓는 이들은 먹에 자신을 기탁하고, 서적에 자신의 뜻을 내보인다. 훌륭한 역사가의 글을 빌리지 않거나 날듯이 내닫는 기세에 의탁하지 않더라도 그의 명성은 후세에 스스로 전해질 것이다.(年壽有時而盡, 榮樂止乎其身, 二者必至之常期, 未若文章之無窮. 是以古之作者, 寄身於翰墨, 見意於篇籍, 不假良史之辭, 不託飛馳之勢, 而聲名自傳於後.)

조비는 왕세자王世子의 신분으로 문학의 가치가 역사서와 같은 것이라고 선포한 것이다. 비록 이 문장에 정치적인 뜻이 깃들어 있기는 하지만,[10] 역시 문학의 지위가 독립적인 방향으로 내달리고 있다는 것을 밝힌 것이다. 바로 이러한 배경 때문에 비록 역사서에 「문원전」이 들어가게 된 것이 남조 송나라 때이긴 하지만, 한나라 말기 이래 역사서에 작가의 작품이 많이 기재되어 있다. 이것은 바로 조비의 관점이 실현된 것이다. 범엽의 『후한서』「문원전」에는 서론序論이 없지만, 그 이후의 『남제서南齊書』·『양서梁書』·『위서魏書』 등에는 모두 문학전이 실려 있고, 서론과 전론傳論도 모두 있다. 문학가를 위한 열전에는 문학 작품으로 자신의 주장을 말하고, 어떤 때는 덕德을 세우거나 공을 세우는 것 등과 함께 이름이 세상에 오래도록 전해질 만큼 문학이 진정으로 독립된 지위를 얻었다고 할 수 있다.

문학이 독립하여 자각하기 시작하면서 총집總集이나 별집別集이 편찬되었다. 집부集部는 『수서隋書』「경적지經籍志」에 의하면 동한 시기에 시작

10 曹融南 · 傅剛, 『論曹丕 · 曹植文學價値觀的一致性及產生的歷史背景』, 『中國古代文學理論硏究』 제11집, 上海古籍出板社, 1986년 참조.

되었다고 한다. 다만 근대에 어떤 학자들은 문학 창작이라는 목록이 생긴 것은 조식曹植 때부터라고 여긴다.[11] 『삼국지』「위지魏志」「진사왕전陳思王」에는, 명제明帝 경초景初 연간에 조식이 이즈음에 지은 부賦·송頌·시詩·명銘·잡론雜論 100여 편을 모아서 편찬하고 궁궐 안과 밖에 보관하라고 명령을 내린 것이 있는데, 이것은 분명히 편집본의 첫 사례이다. 실제로 조식은 생전에 자신의 작품을 편집하였는데, 이 내용이 『예문유취藝文類聚』 권55 조식의 「전록서前錄序」에 실려 있다.[12] 한위 시기에는 자서子書를 귀하게 여겼지만, 집부集部 역시 사회적으로나 개인적으로도 모두 아끼는 것이었다. 이것 역시 조비가 저작을 편찬하여서 세상에 오래도록 전해질 수 있도록 하였기 때문에 가능했다. 이후로 별집別集의 편찬도 나날이 늘어났다. 남조에 이르러서는 "집집마다 글을 짓고, 사람마다 문집을 만들었다.(家家有制, 人人有集.)"[13]고 할 정도였다. 심지어 왕균王筠 같은 경우에는 자기가 관직을 옮길 때마다 문집을 편찬할 정도로 문집 발간에 열을 올렸다. 이처럼 그의 문집은 매우 공을 들인 것으로 진귀하다고 할 만하다. 별집이 많이 편찬되자 총집도 많이 편찬하게 되었다. 위나라 때 총집이라고 할 만한 책이 나타났다. 『수서隋書』에 실린 응거應璩의 『서림書林』은 서체書體에 관한 총집이다. 또 조비가 「여오질서與吳質書」에서 서간徐幹·진림陳琳·응창應瑒·유정劉楨 등을 추모하여서 그들이 남긴 글을 모아서 각각 문집을 만들었으며, 또한 그들을 위해서 총집도 만들었다. 이 총집이 지금은 전하지 않지만, 사령운謝靈運이 「의위태자업중집시擬魏太子鄴中集詩」에서 조비가 이 총집을 짓고 목차를 정했다고 하는 것으로 보아 이것이 남조 송나라 때까지는 전해졌던 것이 틀림없다. 위진

11 姚名達, 『中國目錄學史』, 商務印書館, 1957년.

12 「前錄序」, "余少而好賦, 其所尙也. 雅好慷慨, 所著繁多. 雖觸類而作, 然蕪穢者衆, 故刪定, 別撰爲前錄七十八篇."라고 하였다.

13 주5)와 같다.

이래로 총집 편찬이 성행하였다. 『수서』「경적지」에는 당시 남아 있던 것이 107부 2,213권이고 없어진 것까지 계산하면 모두 249부 5,224권이라고 하였다. 집부 편찬도 성행했는데, 주로 작품 수량이 많아졌기 때문이기도 하고 문학비평이 흥성해진 이유 때문이기도 하다. 중국 문학비평에는 비평가가 글을 써서 비평을 한 것 이외에도 오랫동안 자신의 작품들을 통해서 자신의 관점을 전달하기도 하였다. 예를 들면, 지우摯虞의 『문장유별집文章流別集』이나 『수지隋志』에서는 그것을 마치 "큰 꽃봉오리를 캐고, 무성한 잔가지를 치는 것(采摘孔翠, 芟剪繁蕪)"과 같은 것이라고 하였으니, 그것은 이전 시대 작품을 선별하는 작업이면서 시나 부 이외의 다른 문체들에서 부류별로 구분하여 이름을 지었다. 지우는 그때까지의 작품에 대하여 총집에 그의 견해를 담아 내었다. 이 시기 총집은 언제나 한 사람이 여러 종류의 총집을 편찬한 것이었다. 예를 들면, 사령운은 당시 저명한 시인으로서 각 체의 총집 8종을 편찬하면서 자신의 창작뿐만 아니라 편집에도 열정이 대단하다는 것을 보였다. 이것은 이 시기 작가들의 문학 작품을 얼마나 중시하였는지를 보여 주는 것이기도 하다. 앞에서 말한 8종의 총집 가운데에서 시부詩部는 4종인데, 편집한 방법이 달라서 각기 다른 문학사상을 나타내었다. 여기에서 문학비평이 총집의 편찬을 촉진하였다는 것을 알 수 있다.

4. 언지言志에서 서정抒情으로의 전환

문학에 대한 자각은 '시가 감정에 말미암아 생긴다'라는 '시연정詩緣情'의 개념을 통해 잘 나타나 있다. 선진先秦 이래 유가儒家의 문헌에서는 '시가 작가의 뜻을 말하는 것'이라는 '시언지詩言志'[14]의 개념을 강조하였다. 『시대서詩大序』는 유가의 시학을 논한 문헌으로서 여기에서 그러한 전통을 전면적으로 피력하고 있다. 이러한 주장은 실제로 시가의 정치 교화적인 작용을 강조한 것으로 순수한 문학의 특성을 중시한 것은 아니다. 위진 이후 조비가 처음으로『전론』「논문」에서 "시와 부는 화려해야 한다.(詩賦欲麗)"는 주장을 했다. 여기에서 '화려(麗)'를 시와 부의 기본적인 사항이라고 하여 이전까지 시가가 작가의 뜻을 전하는 것이라는 전통을 깼다. 시나 부가 화려해야 한다는 관념은 조비만의 주장은 아니었으며, 한나라 이래로 문학이 점차 독립하려는 과정에서 필연적으로 생겨난 것이다. 한부漢賦의 예를 들면, 양웅揚雄은 일찍이 사인辭人의 부가 수식이 너무 지나치다고 비판하였다. 이것은 창작하는 데에 있어서 문학 형식이 화려한 방면으로 발전하여 나아갔다는 것을 말한다. 소통蕭統이「문선서文選序」에서 "자취를 하나하나 다루어서 더욱 화려하게 하며, 그 근본을 바꾸는 것에 매진하라."고 하였던 것이 바로 이러한 의미이다. 오언시五言詩는 동한 중후반기에 나타났는데,[15] 처음부터 매우 높은 예술적 성취를 이루었다.[16] 이것들은 모두 조비가 시나 부는 화려해야 한다고 했던 역사적인 배경으로 말미암은 것이다. 조비 이후에는 육기陸機가「문부文賦」에서 "시는 작가의 심정으로 말미암아 생기는 것으로 아름다워야 한다.(詩緣情而綺靡)"는 주장을 폈다. 시가 작자의 감성에 말미암는 것이라는 것에 대하여 이제껏 많은 논쟁이 있었다.[17] 다만, 그는 시가 작가의 뜻을 펴는 것이라는 견해는 버리고, 시는 작가의 심정에 말미암는다는 것과 아름다워야 한다는 것을 주장하였다. 주자청朱自淸은 이것이 새로 생겨난 개념이라고 하였다.[18] 진晉나라 이후 작가와 비평가들은 언제나 시는 작가의 감정에 말미암는다는 주장을 내세웠다.[19] 이것은 이 시기에 시가 정치적

14 『尙書』「堯典」과『禮記』「樂記」에 나온다.

15 이것은 통용하는 세법에서 취한 것이다.

16 鍾嶸『詩品上』에는 古詩를 "文溫以麗, 意悲而遠, 驚心動魄, 可謂幾乎一字千金"이라고 하였다.『歷代詩話』本, 中華書局, 1981년.

17 張少康,『詩賦集釋』, 上海古籍出板社, 1984년 참조.

18 『詩言志辨』에 나온다.『朱自淸全集』권6권, 江蘇教育出版社, 1990년.

으로 교화하는 도구로부터 벗어남과 함께 시가의 심미적인 특성에 대하여 언급한 것이다.

5. 문학 비평의 번영과 체계적인 발전

문학 창작이 번성하자 문학 비평이 발전하게 되고, 위진남북조 시기가 되자 문학의 심미적인 특성에 의거하여 많은 비평 논문과 전문적인 저작이 나타났다. 그것들이 논의하는 토론 내용과 비평 형식이 매우 다양하였다. 이것은 후세 문학 비평의 발전을 위해서 기초를 세운 것이라고 할 수 있다. 문학 비평 가운데 몇몇 내용들, 예를 들면 작가의 개성, 작품의 풍격, 창작의 과정 그리고 창작 방법, 사회 생활, 자연 환경과 창작의 관계, 비평의 태도, 문체의 차이 등에 대하여 깊이 있는 탐구를 하였다. 형식면에서 보자면, 조비의 『전론』「논문」은 비평에 관한 전문적인 문장이며, 육기의 「문부」는 부賦의 형식으로 문학을 논한 것이고, 종영鍾嶸의 『시품詩品』과 유협劉勰의 『문심조룡文心雕龍』은 비평 전문 저서이고, 심약沈約의 「송서사령운전론宋書謝靈運傳論」과 소자현蕭子顯의 『남제사南齊史』「문학전론文學傳論」은 역사서 가운데에서 전문적으로 문학을 논한 것에까지 발전한 것이다. 조비가 단편적으로 문학을 논의한 것에서 종영이나 유협이 전문적인 비평 저서를 낸 것은 문학 비평이 체계적이며 엄밀해졌음을 말한다. 더욱이 유협의 『문심조룡』이 다룬 체재는 매우 광범위하면서도 논의가 정밀하다. 전체 50편으로, 앞의 5편은 전체의 기본 틀을 제시하여서 작자의 비평 원칙을 밝히고 있다. 그밖에도 크게 두 부분으로 나눌 수 있는데, 앞 20편에서는 여러 가지 문체의 기원과 변화, 문체의 명칭과 규격 등에

19 蕭子范, 『求撰昭明太子集表』· 王粲, 『昭明太子哀册文』 참조. 『全梁文』 권23 · 65권에 따로 실려 있다.

대하여 다루고 있어서 이른바 "근원을 탐구하여 그 말단까지 밝히고, 이름을 풀어서 의미를 드러내고, 글을 선별하여 편장을 정하고, 이치를 설명하여 계통을 세운다.(原始以表末, 釋名以章義, 選文以定篇, 敷理以擧統.)"고 하였다. 뒷부분 24편은 일반적으로 주로 창작론과 관련하여 창작의 기본 이론과 방법에 대하여 다루고 있다. 예를 들면 구상, 풍격, 수사 기법 그리고 문학의 사회성과 자연과의 관계 등에 관한 것들이다. 마지막으로「서지序志」편은 전체의 서문이다.『문심조룡』이 나타난 것은 이 시기 문학 비평이 고도로 발전했다는 것을 의미한다. 위진 시기 이래 문학 비평에서 언급했던 문제들은 대체로 유협이『문심조룡』에서 총결하였거나 더욱 발전시킨 것이다. 이 시기 완정한 형태의 문학 비평 체계가 세워진 것은 위진 남북조 시기 문학 비평이 번성하여 이룩한 결과였다.

6. 남북조 문학 풍조의 차이와 융합

위진남북조는 남조와 북조가 대치하던 시기였으며, 문화적으로는 그들 사이가 균형적으로 발전하지는 못했다. 남조는 상대적으로 문화가 비교적 성숙하여서 문학 창작 방면에 큰 성취를 이뤘다. 북조의 경우 특히 전기에는 남조의 문화를 배웠고 몇몇 유명한 작가들은 확실히 남방 작가의 작품을 모방하는 것으로 살아 갔던 것이 분명하다.[20] 이와 같다 하더라도 북조 작가들은 여전히 자기들만의 특성을 가지고 있었다.『수서』「문학전서文學傳序」에는 그와 같은 상황에 대하여 다음과 같이 서술하였다.

강남 지역의 음률은 특히 뛰어나 맑고 아름다움을 귀하게 여긴다. 황하

20『北齊書』「魏收傳」, "(魏)收每議陋邢邵文. 邵又云: '江南任昉, 文體本疏, 魏收非直模擬, 亦大偷竊.' 收聞, 乃曰: '伊常于沈約集中作賊, 何意道我偷任昉?'"

> 북방 작품들은 뜻이 곧고 굳세어서 기운이 질박한 것을 중히 여긴다. 기운이 질박하면 이치가 문장을 앞서고, 맑고 아름다우면 문장이 그 뜻을 지나치게 된다. 이치가 심오한 것은 세상의 쓰임에 맞고, 문장이 화려한 것은 노래로 부르기에 적당하다. 이것이 남방과 북방에서 글을 짓는 이들의 잘하고 못하는 대강의 비교이다.(江左宮商發越, 貴於清綺; 河朔詞義貞剛, 重乎氣質. 氣質則理勝其辭, 清綺則文過其意. 理深者便於時用, 文華者宜於詠歌; 此其南北詞人得失之大較也.)

종합해서 말하자면, 북조 문학은 비교적 실용적인 것을 중시하고 사상적으로는 유학을 숭상하여 예교禮敎와 사람이 지켜야 할 도리로서 강상綱常을 지키고자 했다. 이 때문에 현실성이 매우 강하다. 문체의 선택에서도 북방은 남방과 달라서 실생활에 응용하는 문체를 중시하였다. 북조에서는 산문이 발달하였으니, 남방의 작가들보다 뛰어났다.[21] 그렇지만 남방과 북방이 비록 대치하고 있었지만, 문화 교류는 오히려 빈번하였으며, 그 형식도 다양하였다.

예를 들면, 남방과 북방 쌍방이 서로 사신을 파견한다든지 남방의 작가나 문인들이 여러 가지 이유로 북방으로 투항하거나 특히 문화적인 방면에서 변방과 무역을 하느라 왕래를 하였고, 때로는 쌍방이 전쟁을 하느라 왕래하기도 하였다. 잘 알려진 예로는 유신庾信이 남방에서 북방으로 가서 그의 작품이 북방 사람들에게 매우 큰 영향을 끼치기도 하였다. 이것은 북방 문학의 발전을 직접적으로 촉진하였을 뿐만 아니라 유신 자신도 북방 문학의 영향을 받았다. 그는 북방에 머물면서 고향에 대한 그리움, 망국의 한, 여행의 고단함 등을 주제로 작품을 지어서 문학사에서 큰 명예를 얻었다. 이들 작품들은 남방과 북방의 문화가 융합한 결과물이다.

21 曹道衡 · 沈玉成, 『南北朝文學史』, 人民文學出版社, 1991년 참조.

유신의 뛰어난 작품을 보면 북방 문학이 이미 독립적인 특성을 가지고 있으며, 여러 면에서 이미 남방의 문학을 따라잡거나 심지어는 뛰어넘었다고도 볼 수 있다.

제2절

전기문학傳記文學 전통의 확립

1. 서사敍事 전통의 확립

『사기』는 중국 최초의 규모가 크고 구상이 정교한 역사 저작이면서 문학 명저이다. 진한 시기, 문학 체재는 사부辭賦가 주요했다. 역사서인『사기』는 사건을 기록하거나 인물을 묘사한 것으로서 훗날 전기문학의 모범을 세웠다. 사마천은「보임안서報任安書」에서 자신이 역사서를 짓게 된 것은 "하늘과 인간의 경계를 궁구하고 고금의 변화를 꿰어서 일가의 언론을 이루고자 함이다.(究天人之際, 通古今之變, 成一家之言.)"라고 하였다.『사기』의 기전체紀傳體 양식이 이미 앞선 시대의 역사서를 본받았다고 하더라도 옛 것을 잘 본받아서『사기』만의 체재를 완성하여 고금의 잘되고 못된 이치를 잘 살핀 것은 사마천만의 독창성이다. 청淸대 조익趙翼은 다음과 같이 말하였다.

> 사마천은 옛날과 오늘을 잘 참작하여서 전체적인 틀을 세우고 선례를 삼아 온전하게 역사서를 지었다. …… 이로부터 실례가 한번 정해지자 그 이래로 역사서를 짓는 이들이 모두 그것을 모범으로 삼게 되었다.(司馬遷參酌古今, 發凡起例, 創爲全史. …… 自此例一定, 歷代作史者, 遂不能出

其範疇.)[22]

사마천에 대해서 말해 보자면, 그가 지은『사기』는 통사로 지어진 것으로 공자가『춘추』를 편찬한 전통을 계승한 것이다. 그리하여 그는 하늘과 인간의 경계를 궁구하고 고금의 변화를 꿰고자 하였던 것이다. 그는 하늘과 인간의 도 사이에 서로 작용하는 인과관계를 탐구하여 예로부터 오늘날까지 이어지는 흥망성쇠의 이치를 두루 알아보고자 했다. 그렇다면 하늘과 인간 사이의 관계와 옛날부터 지금까지 내려온 변화란 무엇을 말하는가? 이것은 사마천『사기』의 다섯 가지 체재에 자세히 나타나 있다.『사기』는 12본기本紀, 10표表, 8서書, 30세가世家, 70열전列傳으로 나누어져 있어서 이전 역사서의 편년체 체제와는 완전히 다르다. 이것은 사마천이 인물을 역사의 주체로 본 관점이 반영된 것이다. 역사는 인류의 활동 그 자체이며, 인류 역사는 각 계층의 인물들이 함께 이루어 내는 것인데, 사마천『사기』가 바로 이러한 관점에서 편찬된 것이다. 열전은 사회 각 계층의 100여 명을 싣고 있고, 4천여 명을 언급하고 있어서 파란만장한 역사가 펼쳐지고 있다. 사마천은 하늘과 인간 사이의 관계와 예로부터 지금까지 흥망성쇠하게 된 변화의 원인을 탐구하여 각각의 인물들이 살아가는 가운데에서 서술하고 있다. 이것은 그가 인류 역사 발전의 과정을 잘 살피고 깊이 사색한 결과라고 할 수 있다. 그러므로『사기』는 살아 있는 역사이고, 풍부한 의미를 담았으면서 깊이가 있다. 비록 1천여 년의 역사를 다루고 있지만, 그가 말하는 이치는 여전히 뚜렷하게 이어지고 있어서 후대의 많은 사람들을 일깨우기에 충분하다.

사마천의 인물 전기가 지닌 문학성은 실제로 이와 같은 기초 위에서 가능했다. 그는 본래부터 문학적으로 묘사하려고 했던 것은 아니며, 오늘날

---

22 趙翼,『廿二史札記』권1, 王樹民校證, 中華書局, 1984년.

말하는 문학 관념도 없었다. 그는 단지 인물을 진실하게 묘사하기 위해서 인물의 정신 상태를 잘 파악하고 인물이 펼친 활동과 사건에 드러나 있는 성격과 심리 상태를 잘 파악하며, 역사 변화의 내재적인 요소를 드러내고 아울러서 이것으로부터 역사에 대한 자신의 판단을 표현했던 것이다. 다만 인물의 살아 있는 모습을 어떻게 그려낼 것이며, 그의 정신 상태까지 어떻게 전달할 것인지 고심했던 것이 바로 기전문학의 전통을 세우게 된 것이다. 사마천의 깊이 있는 역사 사상과 뛰어난 역사의식으로 말미암아 『사기』의 인물 전기는 예전에 볼 수 없었던 수준에까지 도달할 수 있게 되었다.

2. 과대한 수식과 역사학 정신의 배치와 결합

『사기』의 문학적 성취에 대하여 예로부터 많은 사람들이 연구를 하였다. 예를 들면 서사의 곡진함, 언어의 간결하면서 생동적인 점, 살아 있는 듯한 인물 묘사 같은 것들이 모두 사마천 『사기』가 성공할 수 있게 한 주요 요소들이며, 뒷날 사건을 서술하고 인물을 묘사하는 데에 있어서 모범이 되었다. 그렇다면 무엇이 사마천에게 그렇듯 문학적인 재능을 발휘하게 하였을까? 본디 중국은 역사를 중시하는 나라이기 때문에 역사학 전통이 일찍부터 정립되어 있었다. 이것은 바로 부끄러운 역사를 숨기지 않고 사실대로 저술하려는 전통이다. 사실을 기록하는 정신은 과장되게 기록하지 않아야 한다. 지금까지 전해지는 역사서인 『상서尙書』나 『춘추春秋』 역시 비록 사실을 좀 더 강조하기 위해서 종종 과장된 표현 수법을 사용하기도 하였다. 『논형論衡』「예증藝增」 편에는 『상서尙書』「무성武成」 편에서 주 무왕周武王이 주왕紂王을 물리칠 때 흘린 피에 방아가 떠다녔다는 예를 들어서, "피가 절굿공이를 떠다니게 하였다고 했으니 너무 과장된 것이다. 죽은 이의 흘린 피가 어떻게 절굿공이를 띄우겠는가? 무왕武

王이 목야牧野에서 주왕紂王을 정벌하였다면 하북 지역이 지대가 높고 토양이 건조한데 전투가 끝나고 피가 흘렀다고 해도 바로 땅 속으로 스며들었을 것이니 어찌 절굿공이를 띄울 수 있겠느냐?"고 하였다. 다만 이런 종류의 과장은 실제 사실에서 완전히 벗어난 것이 아니라 단지 수사적인 표현법일 뿐으로 뒷날 전기문학의 과장된 수사법과는 같지 않다. 『좌전』에서 시작된 과장된 수사법은 이미 역사서 가운데에서 매우 큰 비중을 차지하고 있다. 예를 들면, 희공僖公 23년의 기사에 진공晉公의 아들 중이重耳가 계외季隗에게 자신을 25년 동안 기다린 다음에도 자기가 오지 않으면 그때 재혼하라고 하였다. 계외는 자기의 나이가 25살인데, 그때 가서 결혼하게 된다면 자기는 곧 죽을 것이라고 대답하였다. 이 부부의 대화가 역사서에는 나오지 않는데, 역사가는 이들이 나눈 대화를 어떻게 알았을까? 또 성공成公 2년 진晉과 제안齊鞍의 전투에서 극극郤克 · 해장解張 · 정구완鄭丘緩 세 사람의 대화 가운데에는 진나라 장수들이 적에 대하여 분개하는 투지가 잘 나타나 있어서 인물의 정신과 성격을 잘 드러내고 생동감 있게 서술하였다. 이런 종류의 대화는 아마도 실제 있었던 것은 아닐 것이다. 이런 것들은 역사가가 서술하는 과정에서 과장되게 쓴 것으로서 사건 진상에 영향을 끼치지 않는 정도로 사건을 좀 더 진실되게 보이는 효과가 있다. 실제로 역사가들의 기술은 이제껏 그들만의 특성을 띠고 있다. 『상서』의 경우에는 무왕이 주왕을 쳤다는 기록은 분명히 작자가 무왕에 대하여 지지하는 태도가 반영된 것이다. 작자의 주관적인 성향이 역사 사건에 대하여 일정 부분 가공을 한 것이다. 이것은 공자가 『춘추』를 편찬할 때부터 이미 세워진 역사학 저술의 원칙과도 같다. 공자가 편찬한 『춘추』는 본래 노魯나라의 역사였는데, 공자가 그 안에 분명히 드러나지 않은 말인 '미언微言'에다가 잘했다거나 못했다거나 하는 자신의 평가를 기입하여서 당시 세상을 어지럽히는 신하나 못된 자식들을 두렵게 만들었다. 예를 들면, 『춘추』 은공隱公 원년에 "정백이 단段을 언鄢에서 물리쳤다.(鄭伯克段于鄢)"라는 기록에서 정백 · 극 · 단이라고 일컬은 것에는 모두 깊은 의미가 담겨 있다. 두예杜預는 다음과 같이 주석을 달았다.

> 나라라고 칭하지 않고 토벌하여서 '정백'이라고만 한 것이니, 그가 법도를 모른다는 것을 비판한 것이다. 단이 동생답지 못해서 '동생'이라고 말하지 않은 것이다 정백이 비록 법도를 몰랐다고 하더라도 단 역시 흉악하고 법도를 몰랐던 것이다. 임금이 신하를 토벌하는 데에 두 임금의 예를 들어 단을 강대한 우두머리로 세워 주고 큰 지역을 차지하게 하여 나라와 상대할 만큼 커진 것이다. 이것을 일러서 극克이라고 하는 것이다.(不稱國討, 而言鄭伯, 譏失教也. 段不弟, 故不言弟, 明鄭伯雖失教, 而段亦凶逆. 以君討臣, 而用二君之例者, 立段强大雋傑, 據大都以耦國, 所謂得雋曰克也.)

용어의 사용에 있어서 작자가 잘했다거나 못했다거나 하는 평가를 실어서 뒷날 역사서 편찬의 전통이 되었다. 다만 미언을 이해하기가 어려워서 "좌구명은 제자들이 각기 의견을 달리 갖고 자기들 견해에 안주하여 진실을 모르게 될까 걱정하였다. 그리하여 공자는 역사를 기록하였던 것에 따라서 자신의 의견을 모두 논의하여『좌씨춘추』를 지었다.(左丘明懼弟子人人異端, 各安其意, 失其眞, 故因孔子史記, 具論其語, 成左氏春秋.)"[23]고 하였다. 거듭 그가 잘했는지 못했는지 평가한 뜻을 구체적인 사건을 들어서 설명한 것이다. 이리하여『좌전』의 서사는 실제로 공자가『춘추』를 편찬한 전통을 계승하였다.

23『史記』권14「十二諸侯年表」, 中華書局, 1959년 표점본, 509-510쪽.

3. 역사학과 문학

상대적으로 초기 역사서에서의 기록과 간단하게 연도별로 정리한 것에서도 구체적인 서술도 모두 과장되게 수식한 것이 많다. 다만, 역사 사실에 어긋나지 않는다는 전제 아래에서 생동감이 넘치는 서사는 그 가운데에서 상상력을 북돋우며 대화와 심리 묘사 역시 예술적 감동을 주고 독자들의 수요에도 딱 맞았다. 전국戰國 시기 이후 『국어國語』나 『국책國策』 같은 역사서는 모두 이러한 추세를 반영한 것이었다. 간단하게 연대별로 기록한 진秦나라 역사는 한편으로는 진나라 사람들의 문화가 낙후하여 당시 중원의 주요 문화에는 끼지 못하였다. 이리하여 『좌전』·『국어』·『국책』 같은 역사서의 서사는 실제로 이러한 필요에 따라서 편찬된 것이며, 그렇듯 편찬하는 과정에서 문학적 예술성이 잘 드러나게 된 것이다. 문학적 예술성이 점차 역사서 편찬 과정에서부터 분화되어 일정한 시기가 되자 새로이 독립된 영역이 만들어져서 문학이 형성되는 기초로 작용하게 된 것이라고 볼 수 있다. 한 무제 시기 사마천에 대해서 말하자면, 이때까지는 아직 문학이라는 분야가 독립적으로 존재하던 때가 아니었다. 그의 역사서 창작은 이미 있었던 역사 전통에 따라서 기술하였던 것일 뿐이다. 다만 『사기』가 지어진 것은 이전에 있던 역사서에 비하여 예술적인 측면에서 좀 더 생동적으로 표현된 것으로 이후 전기문학의 시작을 개척한 것으로 평가할 수 있다.

4. 역사 인물 전기의 문학성 논란

사마천 이전에 『좌전』과 『국책』은 인물을 묘사하는 데에 있어서 이미 풍부한 경험을 갖고 있었으며, 좋은 작품이 많이 있었다. 예를 들면, 『전국책戰國策』에서 형가荊軻가 진왕秦王을 죽이려던 사건 같은 것도 기본적으로 사마천은『사기』에 그대로 가져가 실었다.[24] 그를 역수易水에서 전송하는 장면은『사기』에서 한 글자도 고치지 않을 만큼『전국책』은 인물 형상화를 성공적으로 해냈다. 형가가 역수에서 이별하는 장면은 강개하면서도 비애가 가득하며 매우 생동적이어서 천년이 지났는데도 마치 살아 있는 것 같다. 다만 이전 연구자들이 말한 것처럼, 논의할 부분도 매우 많다. 요저전姚苧田은『사기청화록史記菁華錄』에서 다음과 기술하였다.

> 『국책』에서 형가가 진왕을 죽이려고 했던 내용은 문장이 참으로 오래도록 절묘한데 형가를 묘사한 대목은 논의할 점이 많다. 첫째는, 전국 시대 한韓나라의 장사로서 엄중자嚴仲子의 부탁을 받고 재상 한괴韓傀를 죽인 섭정聶政이 엄중자가 주는 100냥이나 되는 황금을 가벼이 받으려 하지 않았는데, 형가는 연燕 태자가 선물로 준 수레와 미녀를 기꺼이 받았다. 두 번째는, 사람들이 이 일을 누설할까 섭정이 걱정하여 혼자 칼을 차고 한韓 땅에 도달했는데, 형가는 자기에게 온 손님들을 맞이하고, 흰 옷을 입고 가족들과 헤어지면서 축筑을 타며 슬피 노래를 불렀으니, 어찌 계획이 사전에 들통 날 것을 걱정하지 않았던 것일까? 세 번째는, 섭정은 거사의 성공을 위해서 얼굴의 살을 도려내고 내장을 끄집어 내어 죽으면서 스스로 자신의 정체를 모르게 하였는데, 형가는 발을 쩍 벌리고 앉아서는 소리를 지르며 살아서 태자 단의 복수를 하고자 했다는 말을 분명히 했다. 호랑이와 이리 같은 진나라에 대항하여 그는 옛날에 제齊나라와 화친을 맺을 때 갑자기 칼을 들고 회담장 위로 뛰어올라가 환공桓公

24 荊軻가 秦始皇을 죽이려고 한 사건에 관해서는『國策』과『史記』의 기록이 기본적으로 일치한다. 뒷날 사람들이 劉向이『國策』을 편찬한 것에 대하여 의심하였고, 漢대 이후 빠진 내용들은 뒷날 사람들이『史記』의 내용으로 보충해 넣었다. 이 설은 바로『史記』를 초록한 것이다. 方苞의『書刺客傳後』참조.『望溪集』권2,『四庫全書』本에 실려 있다. 다만 근래 사람 鄭良樹가 樓蘭에서 출토된 漢代 帛書인『戰國策』殘本을 근거로 이 설을 반대하였다.『戰國策研究』, 台灣學生書局, 1986년.

을 위협하여 빼앗긴 땅을 돌려받았던 조말曹沫이 했던 것처럼 서로 침범하지 않겠다는 조약이 깨지지 않기를 바랐다. 그의 어림석음과 무지함은 더 말할 것도 없다.[25]

이 이야기는 분명히 과장되어서 실제 사실과는 다를 것인데, 사마천은 『사기』에 기입하였다. 인물의 정신을 돌출적으로 표현하려는 사마천의 역사의식을 설명하고 있다. 사마천은 세밀한 부분을 묘사하는 것에 힘써서 인물을 생동감 있게 묘사하는 효과를 내었다. 이것은 『사기』가 거둬들인 성과이다. 예를 들면 「회음후열전淮陰侯列傳」에서 한신韓信이 젊은 시절 동네 불량배의 가랑이 밑으로 기어 들어가야 했던 과하지욕胯下之辱 대목을 매우 상세하게 쓴 것은 한신이 강인하면서도 원대한 포부를 지니고 있다는 것을 부각시키기 위한 것이다. 커다란 용기가 있다면 눈앞의 사소한 것은 보지 않는다는 점은 「자객열전刺客列傳」에도 잘 나타나 있다. 형가가 유차榆次(지금 산서 중부 태원분지太原盆地)에서 지낼 때 섭개聶蓋와 검에 대해서 얘기하는데 섭개가 갑자기 화를 내며 노려보자 형가는 마침내 도망쳐서 돌아가지 못했다. 섭개는 형가를 겁쟁이라고 여겼는데, 실제로는 형가가 뜻이 크고 높다는 것을 몰랐던 것이다. 남자가 자기를 알아주는 이를 만나지 못하여 헛되이 죽는 것은 이로운 것이 아니다. 이것이 나중에 진왕을 암살하려고 한 거사의 복선으로 작용한 것이다. 이러한 상세한 구절은 『전국책』에는 실려 있지 않는데, 사마천이 스스로 알아서 구체적으로 그려낸 것처럼 사마천의 생각은 다른 역사가들과 달랐다. 이것은 사마천 자신이 궁형을 당하는 재난을 당하여 고통을 숨기고 살면서 『사기』를 완성하고자 한 포부와 서로 들어맞은 것이다. 그러므로 사마천은 그것을 역사 기록에 편입시켰을 뿐만 아니라 직접 조밀하게 운영하였던 것이

25 淸道光 4년(1824) 夫荔山房刻本.

니, 이것은 태사공 자신이 하고자 했던 의도였다.

『국책國策』에서 『사기』에 이르기까지 우리들은 서한 초기의 서사 수준이 어느 정도에까지 다다랐는지를 알 수 있다. 『한서』「예문지」에는 특이하게도 소설가小說家가 들어 있고, 그들이 패관稗官에서 나왔으며, "길거리에서 이야기하는데, 거리에서 말하는 것을 들은 것들로 지은 것이다.(街談巷語; 道聽途說者之所造也.)"라고 했다. 안사고顔師古는 여순如淳을 인용하여서 다음과 같이 말하였다.

> 길거리에서 이야기한다고 한 것은 자질구레한 말이라는 뜻이다. 왕이 된 자는 길거리 백성들의 풍습을 알고자 하기 때문에 패관을 두어서 그것들을 말해 보라고 시킨 것이다. 지금 세상에도 우어偶語를 패稗라고 일컫는다.(街談巷說, 其細碎之言也. 王者欲知閭巷風俗, 故立稗官, 使稱說之. 今世亦謂偶語爲稗.)

길거리에서 하는 자잘한 이야기를 소설小說이라고 하고, 그 이야기가 서술하는 내용이다. 이러한 내용들 역시 사마천이 채택한 사료 가운데 하나이다. 사마천은 「보임안서報任安書」에서 다음과 같이 말했다.

> 삼가 내 자신의 역량이 뛰어나지 못하여 근래에 내 마음을 쓸데없는 언사에 기탁하여 세상에 흩어진 기록들을 두루 수집하고 그 일들을 궁구해 보아서 그것이 성공하고 실패하여 잘되고 못 되는 이치를 살펴서 130편을 지었다.(僕竊不遜, 近自托于無能之辭, 網羅天下放失舊聞, 考之行事, 稽其成敗興壞之理, 凡百三十篇.)

여기에서 "세상에 흩어진 기록들을 두루 수집하였다."고 한 것은, 분명 민간에서 전해오는 이야기를 포함한 것이라고 할 수 있다. 이 때문에 『사기』에서 상세하게 말하여 사람을 감동시키는 서술 역시 당시 민간에서 떠도는 이야기들을 반영하여 서술하였다는 것이다. 이것 역시 『사기』의 성취로서 결코 우연히 이루어진 것이 아니라고 할 수 있다. 『사기』의 인물열전이 비록 그 사람 평생의 이야기를 다룬 것이지만, 사마천이 소재를 정하고 이야기 구조를 배치한 것에는 독자적으로 구상하여서 집중적이고도 선명한 색채를 드러내어 매우 곡진하며 치밀한 데가 있다. 본전本傳의 전개에 있어서 적절하지 않다고 할 수 있는 것은 다른 전기의 기술과 서로 비교하여 참조할 수 있도록 교묘하게 이야기를 전개하고 있는 것이다. 예를 들면, 「고조본기高祖本紀」에는 매우 세밀하면서 특이한 현상들을 많이 실었지만, 천하를 평정하였던 업적에 대해서는 여러 공신들의 전기에서 다루고 있다. 이밖에도 본전의 주요 뜻은 그 전기 주인공의 역사적인 업적을 쓰게 된 데에 두었다고 하면서 몇몇 부문에서는 주제와 관련이 그다지 없는 소재를 다른 사람의 전기에서 다루기도 하였다. 그러므로 『사기』를 열심히 읽을 때 다른 전기의 내용과 결합하여서 읽어야만 그 역사 인물을 제대로 이해할 수 있다. 예를 들면, 사마천은 「항우본기」에서 유방이 패배하여 도망치는 것을 기술할 때, 그의 아들 효혜孝惠와 딸 노원魯元을 몇 차례 수레에서 던졌던 일을 언급하여 유방이 위기를 맞아 도망칠 때 친아들과 딸마저 돌보지 않는 이기적인 성품의 소유자라는 것을 밝혔다. 분명히 이러한 소재는 본기本紀에서 다룰 내용은 아니다. 사마천의 이러한 의도는 전기의 서술을 좀 더 선명하고, 생동적이며 드라마틱하게 하려는 데에 있었다. 아니었으면 본기가 너무 무미건조하여 후세 독자들이 끝까지 읽지 못하게 되었을 것이다.

5. 하늘과 인간의 경계를 궁구하고 고금의 변화를 꿰다

사람이 곧 역사의 창시자이다. 이것은 사마천이 인물을 『사기』의 중심으로 삼은 사상이기도 하다. 인물을 생동적으로 그려 냄으로써 역사 발전의 변화 양상의 맥락을 분명하게 반영하여 이른바 하늘과 인간의 경계를 궁구하고 고금의 변화를 꿰고자 하였던 것이다. 인물의 성격이나 언어를 정확하게 묘사하는 것으로써 사마천은 그러한 자신의 사상을 실현하고자 하였다. 어떤 사건과 언어를 선별하여 구사함으로써 그 인물의 성격이 어떠한지를 묘사하는 것인데, 이것은 모두 사마천이 인물에 대하여 어떤 평판을 가지고 있는지에 따라 결정되었다. 사마천이 역사에 대하여 독립적으로 갖고 있던 의식이나 인물이 역사에 대하여 수행하였던 작용에 대한 기술에도 사마천 자신만의 판단이 작용하였다. 그러므로 우선, 어떤 인물을 전기에 넣을 것인가에 대하여 그는 전반적이고도 상세하게 고려하였다. 인물을 선별하여 전기에 넣을 때에 그가 어떤 역사적인 고려를 하였는가를 밝히고 소재의 선택과 인물을 선명하게 묘사하고 있다. 사마천은 『사기』 전체에서 100여 명의 인물을 열전에 두었다. 전설의 시대인 5제五帝 때부터 시작하여 선별된 인물은 모두 역사상 나라의 흥망과 변화에 관련이 있다고 여겨지는 이들이다. 『사기』 전체의 구성에서 보자면, 『사기』는 분명 당시 시대는 자세히 다루고 옛날 일들은 소략하게 다루고 있다. 이것은 다음과 같은 이유 때문이다. 하나는, 사마천은 역사가 발전 변화한다는 의식을 가지고 있어서 옛일들은 지금을 밝히는 데에 쓸모가 있는 것이라고 여겼다. 그가 「태사공자서」에서 "대략 3대의 일을 미루어서 진한秦漢대의 일을 기술한다."고 하였던 것은 3대의 일은 간략하게 기술하지만, 진한 대의 일은 상세하게 기록하겠다고 한 것이다. 둘째는, 아주 옛날의 일들은 기록이 많이 없어진데다가 남아 있더라도 억지로 끼워 맞춘 괴이한 내용들이 전해져 내려와서 믿을 수 없는 허황된 이야기가 많기 때문에 실증적인 태도를 가지고 있는 사마천으로서는 선택하지 않은 것이다.[26] 실제

---

26 『史記』 권123, 「大宛列傳贊」, "至「禹本紀」「山海經」所有怪物, 余不敢言之也." 中華書

로, 전기문학으로서 사람들에게 가장 감동을 주는 부분도 진한 시기 인물에 대한 묘사이다. 이들 인물들은 사마천의 뛰어난 필력을 통해서 하나하나 생생하게 살아 있다. 진시황의 경우를 예로 들자면, 전국戰國을 통일한 이후 독단적이고도 과단성 있게 통치하는 패기가 「진시황본기」에 잘 나타나 있다. 항우에 대해서는 사마천이 더욱 심혈을 기울여서 기술하였다. 항우가 황제의 위업을 달성하지는 못했지만, 본기에 넣어서 다루고 있는 것에 대하여 뒷날 사람들에게 적절하지 못하다는 비판을 줄곧 받아 왔다. 그러나 사마천은 「항우본기찬項羽本紀贊」에서 다음과 같이 기술하였다.

> 항우는 작은 봉지도 갖지 않았으면서 시대적인 대세를 타고 세상의 한가운데에 우뚝 섰다. 3년 만에 다섯 제후들을 이끌고 진나라를 멸망시키고서 세상을 다시 나누어서 제후들에게 분봉해 주었다. 당시 정치를 항우가 장악하자 그를 패왕霸王이라고 불렀으니, 일찍이 이런 경우는 없었다.(羽非有尺寸, 乘勢起隴畝之中. 三年, 遂將五諸侯滅秦, 分裂天下而封侯, 政由羽出, 號爲霸王. 位雖不終, 近古以來, 未嘗有也.)

이것이 바로 항우의 역사적인 역할이었다. 그러므로 사마천은 파격적으로 그를 제왕이라고 인정하여 본기에 넣었던 것이다.(그림 8-1) 『사기』는 다섯 가지 체제로서 구성이 엄격하지만, 때때로 파격적인 기술이 있기도 하다. 예를 들어서 「여후본기呂后本紀」는 본기에 두었으면서 한 혜제는 본기에 두지 않았다. 또 서주西周 시기 제후였던 관숙管叔과 채숙蔡叔은 비난을 일으켰기 때문에 종묘에 모셔지지 못했는데도 사마천은 그들을 「관채세가管蔡世家」에 넣었다. 후대 비평가들도 일리가 있는 조처라고 하기는 하였지만, 사마천만의 역사관을 반영한 것이었기 때문에 사마천이

局 點校本, 3,179쪽.

그림 8-1 명明나라 왕은王圻과 왕사의王思義가 편찬한 『삼재도회三才圖會』에 실려 있는 항우項羽의 초상.

처해 있던 역사적인 환경을 후대 사람들은 받아들이지 않은 것이라고 볼 수 있다. 진나라와 한나라가 교체되던 즈음 군웅이 할거하던 때에 진섭이 가장 먼저 봉기하였고, 이어서 항우와 유방이 서로 패권을 다투었다. 그들은 모두 평민 출신으로서 강력했던 진나라를 뒤집었다. 당시 세 사람 모두 성공할 수 있는 기회를 가지고 있었지만, 최종적으로는 유방에 의해서 천하가 통일되었다. 그렇다면 유방은 어떻게 해서 성공할 수 있었고, 진섭과 항우가 실패한 이유는 무엇일까? 이들이 성공하고 실패하게 된 궁극적 원인은 무엇 때문일까? 이것이 바로 사마천이 중시하였던 문제이다. 그래서 사마천은 「진초지제월표秦楚之際月表」를 특별히 포함시켜서 자신이 진나라에서 한나라로 교체되던 시기의 역사 변화 추이에 주목하고 있다는 점을 나타냈다. 『사기』의 「유방본기」와 「항우본기」를 비교해 보면 사마천이 확실히 항우에 대하여 편애를 하고 있으며, 그의 실패를 애석하게 여기고 있다는 것을 알 수 있다. 항우의 자취를 묘사하면서 때때로 그를 영웅으로 치켜세우려는 의도가 확실하다. 그는 항우를 재주와 용기가 남들보다 뛰어나다고 묘사하였다. 여기에서 사마천이 말하는 재주와 용기가 다른 사람보다 뛰어나다고 한 것은 그의 독창성이 뛰어난 점을 다른 사람이 감히 해낼 수 없었다는 것을 지적한 것이다. 『사기』에서 영웅호걸의 호칭을 받은 다른 한 사람이 이광李廣이다. 이광은 활을 잘 쏘았지만, "적이 급박하게 다가오더라도 적이 수십 보 안에 있지 않거나 겨누어서 맞출 수 없으면 쏘지 않았다. 쏘려고 활을 퉁기면 즉시 적들이 땅에 쓰러졌다.(見敵急, 非在數十步之內, 度不中不發. 發卽應弦而倒.)"[27]고 하였다. 이것은 보통 사람이 해낼 수 있는 일이 아니다. 이러한 것은 항우의 경우 더욱 잘 묘사되어 있다. 거록巨鹿의 전투에서 항우는 아침에 상장군 송의宋義의 막사를 찾아가 그의 머리를 베어 죽여 버리고 군병을 이끌로 강을 건너고는 여러 장수들에게 "배를 모두 물에 가라앉히고, 솥을 부수고, 막사를 불태우고 사흘치 식량만을 남기게 하여서 병사들에게 죽기를 각오하고 싸워 누구 하나 물러날 마음을 가지지 말도록 하라."는 명령을 내렸다고 사마천은 기술하였다. 이러한 내용을 통해서 항우의 용기와 지혜가 다른 사람들에 비하여 뛰어나다는 것을 충분히 표현하였다. 진나라 군대를 물리칠 때에도 "항우가 여러 제후들과 장수를 불러들이자, 그들이 군문을 들어서서 설설 기며 항우에게 다가가지 않는 이가 없었으며, 감히 고개를 들고 쳐다보지 못했다.(項羽召見諸侯將, 入轅門, 無不膝行而前, 莫敢仰視.)"[28]고 하였다. 영웅의 기개는 뒷날 사람들에게 무한한 존경심을 불

27 『史記』 권109 「李將軍列傳」, 中華書局 點校本, 2,872쪽.
28 『史記』 권7 「項羽本紀」, 中華書局 點校本, 307쪽.

러일으키기 마련이다. 항우에 비하여 유방은 한량의 끼가 다분하였다. 사마천은 그가 술과 여색을 밝힌다고 기술하였다. 비록 본기에는 신비하고 기이한 일들을 매우 많이 기록하기는 하였지만, 유방이 한 행동으로 보아서는 확실히 그를 영웅이라고 할 수는 없다. 사마천은 항우와 유방이 각각 진시황을 만났을 때 있었던 일을 의도적으로 자세하게 싣고 있다. 항우는 영웅다운 호기가 있었기 때문에 시황제 자리를 차지하여 정권을 대신해야겠다고 한 반면에 유방은 진시황을 보고는 "아하! 대장부로서 저렇게 한번 해봐야 하는 것을!"이라고 부러움에 가득한 말을 하였다. 실제로 역사가 그렇게 진행되어서 항우는 진시황제를 물리치고 그를 몰아냈고, 유방은 항우가 이루어낸 성과를 누려서 황제의 자리에 올랐다. 「유경숙손통열전劉敬叔孫通列傳」에는 숙손통이 황제를 위해서 조정 회의에서 신하들이 유방에게 조례를 받도록 한 다음에야 유방은 자신이 "이제야 황제 자리가 귀한 것인 줄 알게 되었다."고 말하기도 하였다. 그 당시 분위기가 그와 같았으니, 항우와는 비교도 할 수 없을 정도였던 것이다. 다만 문제는 최종적으로 유방은 성공을 하였고, 항우는 실패를 하였다는 것이다. 그렇게 된 원인은 어디에 있는 것일까? 이 역시 바로 사마천이 탐구하고 싶었던 문제이기도 하다. 「항우본기」 찬에서 사마천은 결론지어서 다음과 같이 말하였다.

> 진섭이 처음으로 난을 일으키자 호걸들이 벌떼처럼 일어나 서로 쟁패를 다투었으니, 이루 헤아릴 수 없었다. 그러나 항우는 한 뼘의 땅도 갖고 있지 않았으면서도 당시 형세를 틈타서 바닥에서부터 일어났다. 3년이 되자, 마침내 다섯 제후를 거느리고 진나라를 멸망시켰다. 천하를 나누어서 왕과 후侯를 봉하여 항우는 정치를 좌지우지하고 자신을 패왕霸王이라고 불렀다. 그 직위가 끝까지 가지는 않았지만, 예로부터 이런 일은 없었다.(陳涉首難, 豪傑蠭起, 相與並爭, 不可勝數. 然羽非有尺寸, 乘勢起隴

畝之中, 三年, 遂將五諸侯滅秦, 分裂天下, 而封王侯, 政由羽出, 號爲霸王, 位雖不終, 近古以來, 未嘗有也.)

이것이 항우의 역사적인 공훈이다. 사마천은 또 이어서 다음과 같이 말했다.

항우가 관중 땅을 포기하고 초나라를 그리워하여 의제義帝를 쫓아내고는 스스로 정권을 장악하였다. 왕과 제후들이 자기를 배반한 것을 원망하게 되면서 상황이 어렵게 되었다. 항우는 스스로 자신의 공을 자랑하고 자신의 사사로운 지혜를 내세워서 옛것을 스승 삼지 않고 자신이 이룬 패업이라고 일컬으면서 천하를 힘으로써 정복하고자 하였다. 5년 만에 끝내 나라를 망치고 자신도 동성東城에서 죽게 될 때까지도 깨닫지 못하고 스스로 책망하지 않았으니, 이는 모두 그의 잘못이다. 그리고는 "하늘이 나를 망하게 하는 것이지, 내가 병사를 잘못 부려서 이렇게 된 것이 아니다."라고 핑계를 대었으니, 어찌 잘못이 아니라고 할 수 있는가?(及羽背關懷楚, 放逐義帝而自立, 怨王侯叛己, 難矣. 自矜功伐, 奮其私智而不師古, 謂霸王之業, 欲以力征經營天下, 五年卒亡其國, 身死東城, 尙不覺寤而不自責, 過矣. 乃引天亡我, 非用兵之罪也, 豈不謬哉.)

이것은 항우가 마침내 옛 법을 존중하지 않고, 독자적으로 무력을 써서 천하를 정벌하려고 하다가 실패하였다는 것으로서 이것은 하늘이 덕이 있는 이를 존중하고 폭력적인 자는 도와주지 않는다는 것을 말하는 것이다.

6. 운이 없는 「이소離騷」

노신은 일찍이 『사기』를 '운韻이 없는 이소離騷'라고 하였다. 확실히 『사기』는 그 안에 비애를 담고 있으며, 읽는 이를 눈물 짓게 한다. 이것은 첫 번째, 『사기』가 묘사하는 인물이 비분강개한 이가 많으며, 그 사적은 어느 시대나 확실히 드러나는 것으로 후세 사람들에게 많은 감동을 주는 것이다. 두 번째로, 사마천이 서술하는 데에 있어서 그의 생각을 깃들게 하는 것과 연관이 있다, 사마천은 대대로 역사를 기록하는 관리 집안 출신이다. 젊어서부터 관리가 되기 위하여 학업에 정진하였고, 많은 서적을 읽으면서 준비하였다. 아버지 사마담司馬談이 죽을 때, 『춘추』를 계승할 만한 역사 기록을 완성하라고 유언하였다. 유언을 중대하게 여겼던 사마천은 몸소 그것에 대하여 막중함을 느꼈다. 게다가 저술에 몰두하여 초고가 아직 완성되지 않았는데, 갑자기 이릉李陵의 사건이 터졌던 것이다. 이 사건이 사마천에게 끼친 영향은 그의 생애에 씻을 수 없는 일이 되고 말았다. 사마천은 「보임안서」에서 "이 때문에 하루에도 내장이 아홉 번이나 꼬인 것 같았다. 머물러서는 문득 모든 것을 다 잃은 것처럼 멍하였고, 밖에 나가면 어디로 가야 할지를 모를 지경이었다.(是以腸一日而九回, 居則忽忽若有所亡, 出則不知其所往.)"고 말할 정도였다. 그러나 사마천이 그 치욕을 견디고 살았던 것은 "개인적인 사정을 다 해소하지 못한 것을 한스럽게 여겨서 비루하게 살다가 죽으면 다음 세상에 문채를 드러내지 못할 것이기 때문이었다.(恨私心有所不盡, 鄙陋沒世而文彩不表于後世也.)"라고 말하였다. 『사기』를 저술하는 것이 사마천 생애에 유일하게 정신적으로 지탱해 주는 보루와도 같은 것이었다. 그리하여 마음속에 가득 차 있는 울분을 인물 하나하나에게 기탁한 것이다. 그가 겪은 인내와 고통이 크기 때문에 그의 성취 또한 큰 것이며, 『사기』에 들어 있는 인물들이 각각 자신을 표준으로 삼아 그려졌던 것이다. 예를 들면, 구천句踐이나 오자서伍子胥 그리고 계포季布 같은 이들이 모두 그러하다. 그들의 자취를 기술하는 데에 있어서 사마천은 이러한 점에 기초한데다가 그들을 찬양하고 긍정적으로 여겼으니, 이는 모두 사마천 자신의 심정과 서로 같았기 때문이다.

사마천은 위대한 역사가이다. 『사기』에 나오는 인물 묘사를 보면 그의 역사의식에 대하여 감탄하게 된다. 인물을 묘사하는 방법 역시 하늘과 인간의 경계를 궁구하고 고금의 변화를 꿰었다고 할 수 있을 정도이다. 이러한 점을 충족시키기 때문에 스스로 일가를 이루었다고 한 것이다. 사마천만큼 역사의식과 역사에 대한 통찰력을 가지고 있는 이는 없다고 해도 지나치지 않다. 그가 창조한 인물 전기의 묘사수법은 누구도 모방하지 못할 정도이다. 반고班固 이후 『사기』를 기본 체제로 계승하는 일이 마쳐졌다고는 하지만, 인물을 선택하여 묘사하는 데에 있어서 처음으로 전기문학의 전통을 열었던 것으로 문학사에 있어서 전범을 세웠다고 할 만하다. 이후로 동한東漢대에 문학의 독립적인 영역을 점점 자각하는 단계에 이르러서 하나의 학문 영역으로까지 발전하게 되었다. 이제 문학이 자신만의 특성을 갖게 되었고, 점차 그러한 점을 사람들이 인식하기 시작하였다. 전기문학의 역할과 가치를 어떻게 인식하고 평가하게 되었는지가 사마천 이후 시대의 역사적인 임무가 되었다.

제3절

한대 사부辭賦와 악부樂府

1. 사辭와 부賦

사부辭賦는 한漢나라의 주요 문학 체재이다. 사辭를 후대 사람들은 흔히 초사체楚辭體라고 부른다. 그러나 『초사』가 사辭인지 혹은 사가 문체 명칭의 하나인지에 대해서는 여전히 분명하지 않다. 한나라 사람들은 『초사』를 부賦라고 불렀다. 『한서漢書』「예문지藝文志」에서는 굴원屈原이나 송옥宋玉 같은 이들의 작품을 모두 부賦의 부류에 두었다. 『사기』와 『한서』에서는 사와 부를 합쳐서 사부辭賦라고 불렀는데, 이것은 편파적인 의미를 가진 용어로서 부賦에 좀 더 무게를 두고 있는 것이다. 『한서』「예문지」에는 양웅揚雄의 말을 인용하여 "시인의 부는 아름다우면서 절도에 맞고, 사인辭人의 부는 아름다운데 도가 지나치다.(詩人之賦麗以則, 辭人之賦麗以淫.)"라고 하였다. 여기에서 시인과 사인을 구별한 것은 여전히 부라고 하는 문체에 어울리는 것을 말하는 것이다. 이로부터 한나라 사람들이 실제로 사와 부를 하나의 문체로 여겼다는 것을 알 수 있다. 한나라 사람이 사와 부를 별개로 여기지 않았다는 것 역시 다음 두 가지 사실을 말하는 것이기도 하다. 하나는 사와 부의 관계가 밀접한 것이며, 부가 사로부터 발전해 온 것이라는 점이다. 다른 하나는 부가 언제 생겨나서 독립적인 문체가 되었는지에 대해서 분명한 증거가 없다는 점이다. 비록 순경荀卿이 부賦라는 이름의 편명을 쓰기도 하였지만, 순경이 말한 5부五賦는 한나라 사람들이 가지고 있던 부의 개념과는 다르다. 『한지』에서 순경의 부는 4가지 가운데 하나일 뿐인데다가 순경의 부는 실제로 해학과 은어隱語가 중심인 '해은류諧隱類'에 들어 있기 때문에 훗날 사람들이 이해하고 있는 부, 즉 사마상여의 부와는 같지 않으며, 이소체離騷體의 부와도 같지 않다. 또 『한지』를 보면, 순경의 부 가운데에는 「이사효경황제송李思孝景皇帝頌」 15편이 있다. 잡부雜賦에는 「성상사成相辭」 11편과 「은서隱書」 18편이 있다. 이것들을 한나라 사람들은 모두 부라고 보았던 것이다. 이것으로 부는 서한西漢 때 그 문체의 경계가 확실하게 구분되어 있지 않았으며, 부라는 문체가 점차 형성되어 갔다는 정도만을 알 수 있다.

부는 본래 『시경詩經』 가운데 6의六義의 하나였다. 정현鄭玄의 『주례周禮』 주注에 따르면 한나라 사람들은 부를 "하고자 하는 말을 풀어 펼친다는 의미로서 오늘날 정치 교화가 잘 되고 못된 점을 직접 서술하는 것"이라고 풀이하였다. 이것은 '풀어 펼친다'는 것이 부의 특징이며, 창작 방법이라고 한 것이다. 『국어國語』「주어周語」에도 "눈동자가 없는 맹인은 부賦를 노래하고, 눈동자가 있는 맹인은 풍간諷諫의 노래를 부른다.(瞍賦, 矇誦.)"라고 했다는 말이 있다. 위소韋昭는 여기에서 부는 공경公卿이나 사인士人들이 '바치는 시(獻詩)'라고 해설하였다. 여기에서 '바치는 시'라고 한 것은 민간에서 수집된 시가로서 아직 악기로 연주되지 않은 것이기 때문에 '부'라고 말한 것이다. 이것에서 부가 시를 읊는 한 방법이었다는 것을 알 수 있다. 그리고 눈동자가 있는 맹인은 풍간諷諫의 노래를 부른다는 뜻의 '몽송矇誦'과 함께 거론한 것을 보면 부賦와 송誦은 본디 같지 않은 것이니, 이 두 가지의 내용 역시 당연히 다른 것이라고 보아야 한다. 위소는 『주례』에 의거하여 "몽矇은 주로 현악기에 맞추어서 읊조리는 것을 위주로 하고, 송誦은 은근히 빗대어서 간언을 하는 말을 이르는 것이다.(矇

主弦歌諷誦, 誦謂箴諫之語也.)"라고 하였다. 다만, 『한지』에서 유향劉向의 말을 인용하여 "노래로 부르지 않고 읊조리는 것을 부라고 한다.(不歌而誦謂之賦.)"고 하였으니, 이때의 부와 송이 후대에 이르러서 실제로는 차이가 점점 없어졌다는 것을 알 수 있다. 어째서 '높은 곳에 올라 부를 지을 수 있어야(登高能賦)' 대부大夫라고 할 수 있다는 것인가? 반고班固는 이것에 대하여 "만물에 느낌을 받아 말의 실마리를 지을 줄 알고 자질과 지혜가 매우 훌륭하니 더불어서 세상일을 함께 도모할 수 있다. 그러므로 대부의 반열에 오를 수 있다고 한 것이다."라고 풀이하였다. 이것은 높은 곳에 올라 부를 지을 수 있다는 것을 통해서 한 사람의 재능을 살필 수 있으며 그래야만 대부가 될 만한 자질이 된다는 것이기도 하다. 그런데 '등고능부登高能賦'에서 '부'는 무엇을 의미하는 것일까? 『시경』을 인용할 줄 안다는 것일까? 아니면 자신의 작품을 지을 수 있다는 것인가? 공영달孔穎達은 『모시정의毛詩正義』에서 "높은 곳에 올라가서 부를 지을 수 있다고 한 것에 대하여 높은 곳에 오르면 보이는 것이 많아서 그것들을 시로 지어 불러서 그때의 상황을 서술할 줄 아는 것이다."라고 풀이하였다. 여기에서는 노래로 불렀다고 한 것이 『시경』의 시가 아니라 자신이 창작하여 부르는 것이라고 보았다고 할 수 있다. 또 『모시』 「정지방중전定之方中傳」에서 언급한 군자가 갖추어야 할 아홉 가지 덕목인 '군자구능君子九能'에 의하면 역시 '등고능부'의 항목이 있는데, 여기에서의 부는 작자 자신의 작품을 지을 줄 안다는 의미로 보았다. 『한시외전韓詩外傳』 권7 제25장에는 공자가 경산景山을 거닐다가 "군자라면 높은 곳에 올라 글을 지을 줄 알아야 하는 것이다. 너희들 가운데 짓기를 바라는 자가 있더라도 어찌 바라는 대로 지을 줄 알겠느냐? 내가 너희들을 일깨워 주겠다.(君子登高必賦, 小子願者, 何言其願, 丘將啓汝.)"라고 하였다. 그러자 자로子路와 자공子貢 그리고 안연顔淵이 각자 글을 지었다. 여기에서 안연이 지은 글을 인용하면 다음과 같다.

원하옵건대, 작은 나라에서라도 재상이 되고 싶다. 군주는 도로써 다스리고, 신하는 덕으로써 교화하니, 군신이 마음을 함께하고 안과 밖이 서로 호응한다. 뭇 나라의 제후들 가운데 정의를 따르고 군주의 교화를 따르지 않는 이가 없다. 어른들은 내달려 나아가고, 노인들은 부축을 받아 다다른다. 백성들에게 교화가 행해지고 덕이 온 사방 오랑캐 땅에도 베풀어지고 병사를 동원하지 않더라도 세상 사람들이 성문으로 모여든다. 세상 사람들이 모두 오래도록 편안해지고, 날아다니는 곤충이나 땅을 기어 다니는 벌레들도 각기 자기의 본성을 즐긴다. 현명한 이를 뽑아 쓰고 능력 있는 이를 부리게 되니 각기 자기의 일에 충실하게 된다. 그리하여 군주는 윗자리에서 여유롭고 신하들은 아래 자리에서 온화하니, 모두들 옷소매를 늘어뜨리고 팔짱을 끼고 하는 일이 없어 보이지만, 하는 일마다 도리에 맞고 느긋하게 절도가 있게 된다. 어짊과 정의를 강구하는 이는 상을 받고, 싸움을 강구하는 이는 죽게 되는 것이다. 그러하니 자로가 두 나라 사이의 전투에 끼어들어서 그들을 어찌 구할 것이며, 자공이 두 나라 사이의 분란을 어찌 해결할 것인가?(願得小國而相之. 主以道制, 臣以德化, 君臣同心, 外內相應. 列國諸侯, 莫不從義向風, 壯者趨而進, 老者扶而至. 教行乎百姓, 德施乎四蠻, 莫不釋兵, 輻輳乎四門. 天下咸獲永寧, 蝖飛蠕動, 各樂其性. 進賢使能, 各任其事. 於是君綏於上, 臣和於下, 垂拱無爲, 動作中道, 從容得禮. 言仁義者賞, 言戰鬥者死. 則由(子路)何進而救, 賜(子貢)何難之解?)

위와 같은 글을 통해서 높은 곳에 올라가서 지을 수 있다고 한 것이 어떤 것이며, 안연이 말하는 '글짓기(賦文)'가 한나라 사람들의 부와 서로 비슷하다는 것을 알 수 있다. 한부漢賦의 근원과 형성을 연구하는 데에 이것이 매우 가치 있는 자료가 된다.

위의 서술에서 알 수 있듯이, 부는 본래 『시경』의 육의에서 나온 것으로서 시를 짓는 방법이었다가 시를 읊는 방법으로 확장되었다가 다시 '시를 짓다(賦詩)'는 뜻으로 확장하였다. 이어서 악과 시가 분리되어서 '부'라는 문체가 점점 나타나게 되었다. 다만 초기에는 문체로서의 특징이 분명하지 않았다. 그리하여 그것이 다른 많은 비슷한 문체들과 서로 섞이면서 혹은 『시경』 이후 산문 이외에 몇몇 압운이 된 작품까지도 모두 부라고 부르게 되었던 것이다. 예를 들면 「성상사成相辭」나 해은문諧隱文, 혹은 송頌 같은 것들을 말한다. 생각건대 한나라 사람들은 종종 부와 송을 같은 것으로 여겼다. 예를 들면 『한서』 「회남왕전淮南王傳」에 "무제武帝가 매번 연회에서 유안劉安을 만날 때마다 세상일이 잘되고 못 됨, 신선술이나 의술, '부송賦頌'을 이야기하였는데, 해가 진 다음에야 자리가 끝났다.(談說得失及方技賦頌, 昏莫然後罷.)"고 하였다. 또 「매고전枚皐傳」에서는 "나는 경술은 잘 모르고 재미있는 이야기나 하는 배우와도 같으며, 송을 지으며, 놀고 즐기는 것을 좋아한다.(皐不通經術, 詼笑類俳倡, 爲賦頌, 好嫚戲.)"고 하였다. 여기에서 부와 송을 함께 거론하고 있는데, '송을 짓는다'는 뜻으로 말한 것이다. 『사기』 「사마상여열전司馬相如列傳」에는 사마상여가 「대인부大人賦」를 지어 바친 일을 말하면서 "사마상여가 「대인부」를 지어 바치니, 천자가 크게 기뻐하셨다. 넘실넘실 구름을 뛰어넘는 기운이 있어서 하늘과 땅을 돌아다니는 것과 같았다.(相如旣奏大人之頌, 天子大說, 飄飄有凌雲之氣, 似遊天地之間意.)"고 하였다. 여기에서는 송을 부라고 직접 일컬었다. 또 『한서』 「왕포전王褒傳」에서는 "선제 태자는 왕포가 지은 「감천甘泉」과 「통소洞簫」의 송頌을 매우 좋아하여 후궁의 귀인과 주변 사람들에게 모두 그것을 읊조리게 하였다.(太子(宣帝太子)喜褒爲甘泉及洞簫頌, 令後宮貴人左右皆誦讀之.)"고 하였다. 왕포는 「통소부洞簫賦」를 지었는데, 『문선文選』에 실려 있다. 뒷날 사람들이 한나라 사람들이 부와 송에 대해서 어떻게 이해했는지 잘 몰라서 「통소부」 이외에 「통소송洞簫頌」이 또 있다고 여겼는데, 실제로는 잘못 알았던 것이다. 여기에서 말한 「감천」도 마땅히 부를 가리키는 것이지 송은 아니다. 이들 문체는 한부와 비교해 보면 서로 어떻게 다른지 구별할 수 없을 정도이다. 다만 가의賈誼 등의 사辭와 비슷한 부가 비록 매승이나 사마상여의 것과는 다른데도 부라고 이름을 붙였을 뿐이다. 그리하여 뒷날 사람들이 '소체騷體의 부'라고 이름을 지었지만, 실제로는 서로 다른 것을 나타낸 것일 뿐이다.

2. 사마상여司馬相如의 창작 방식

한부의 대표 작가는 사마상여이다. 그의 부는 한부의 기본적인 틀을 획정한 것이라고 할 만하다. 예를 들면 주인과 손님이 대화를 하는 형식이나, 전후좌우 사방에다 사물을 늘어놓는 것이나, 운문과 산문을 섞어 쓰는 것 등이 그로부터 시작되었다. 이러한 틀이 획정된 이후 한부의 표준적인 모델이 이루어졌으며, 나중에 나온 작가들 가운데에 그보다 더 뛰어난 이는 없었다. 사마상여의 「자허부子虛賦」는 한 경제漢景帝 시기 양왕梁王 때 지어진 것이다. 경제가 사부辭賦를 좋아하지 않아서 이처럼 과장된 문체가 천자의 주목을 끌지는 못했다. 한 무제가 황제에 오르게 되자, "안으로는 하고자 하는 일이 많았고, 밖으로도 어질고 정의로운 정치를 펴고자 했던(內多欲而外施仁義)"[29] 제왕으로서 즉각 사마상여의 부 작품에 빠져들었다. 사마상여가 궁정에 초빙된 이후 그는 한 무제를 위해서 황실 정원과 궁중의 일들을 새로이 읊은 「천자유렵부天子遊獵賦」를 지었다. 한 무제가 좋아했기 때문에 궁정에는 많은 부 작가들이 모여들게 되었다. 부 역시 전적으로 황실의 일들을 위주로 그려졌다. 사마상여가 성공하게 된 원인은 한 무제 시기 시대적인 요구에 부응하였기 때문에 가능했던 것이다. 한나라 초기에는 진나라의 폭정을 뒤엎은 이래 백성들을 평안히 쉬

29 『史記』「汲黯列傳」, 中華書局 표점본, 3,106쪽.

게 하는 정책을 시행하였는데, 한 무제 때에 와서는 나라와 백성이 강하고 부유해졌다.[30] 그러므로 사마상여의 대부大賦처럼 과장되고 사물을 나열하여 서술하는 기법은 한 무제가 황제에 올라서 추구하였던 것에 부합할 뿐만 아니라 당시 시대의 요구에 부합하는 것이기도 하다. 사마상여의 부에서 묘사하고 있는 사물들은 실제로 황실의 정원에 있던 것은 아니며, 황실의 정원이라는 제목 아래 한 왕조에 있었던 모든 사물을 개괄한 것이다.[31] 「자허상림부子虛上林賦」에서 "해가 동쪽 못에서 떠오르고, 서쪽 못으로 들어간다.(日出東沼, 入乎西陂)"고 한 단락에서 동서남북 사방과 전설의 사물들이 모두 천자의 상림원上林苑에 모여 있다고 묘사하고 있다. 비록 이처럼 과장이 되었더라도 실제로는 한 제국에서 생산되는 물산이 풍부하다는 것과 지역이 넓고 크다는 것을 반영하고 있는 것이다. 천자가 사냥을 나선 대목에서는 "가을이 지나고 겨울에 접어들게 되면 천자께서는 울타리를 치고 사냥을 한다.(背秋涉冬, 天子校獵.)"고 하여서 황제의 웅대한 권위를 극진히 묘사하고 있으니, 이것은 이전 작품에서는 보지 못하던 것들이다. 이러한 것들은 바로 한 무제가 원했던 내용이며 묘사기법이었다. 동시에 한창 흥성하던 한 제국에 문화적으로도 필요했던 것들이다. 제왕은 물론이고 보통의 문인들도 이전까지 없었던 강성한 제국에 대한 자신감과 자랑거리였던 것이다. 그러므로 사마상여의 대부는 어느 정도 풍간하는 말투로 끝맺음을 하였더라도 실제로는 사마상여가 부에서 쓰고자 하는 주제 의식은 아니었다. 학술계에서는 종종 양웅의 부에 대한 의견을 가지고 사마상여 부의 주된 뜻이 풍간에 있다고 하더라도 실제로는 칭찬하는 것에 지나지 않는 것이 대부분일 뿐이라서 결국 "권장하는 것

30 『史記』「平準書」, "漢興七十餘年之間, 國家無事, 非遇水旱之災, 民則人給家足, 都鄙廩庾皆滿, 而府庫餘貨財. 京師之錢累巨萬, 貫朽不可校. 太倉之粟陳陳相因, 充溢露積於外, 至腐敗不可食." 中華書局 표점본, 1,420쪽.

31 曹道衡, 『漢魏六朝辭賦』, 上海古籍出板社, 1989년 참조.

은 백 가지나 되지만 풍간하는 것은 하나였다.(勸百諷一)"고 평가하였다. 이것은 실제로 훗날 사람들이나 양웅의 영향을 받은 이들의 견해를 말하는 것이다. 한 무제 때 사람들은 그에 대하여 비판하지 않았다. 배우고자 하는 태도를 가지고 사마상여의 부를 받아들였다. 사마상여 이후 많은 사부 작가들이 궁정에 들어가서 조정에서 글을 짓는 작가가 되었다. 반고의 「양도부兩都賦」 서문에서 "그러므로 황제의 곁을 모시면서 사부를 짓는 신하로는 사마상여 · 우구수왕 · 동방삭 · 매고 · 왕포 · 유향과 같은 무리들이 있어서 아침저녁으로 의논하고 날마다 혹은 달마다 글을 바쳤다.(故言語侍從之臣, 若司馬相如 · 虞丘壽王 · 東方朔 · 枚皐 · 王褒 · 劉向之屬, 朝夕論思, 日月獻納.)"고 하였다. 또 한 무제 때 글을 바치는 것이 천여 편이나 되었다고 하니, 대부의 문체가 당시 이미 통치자들의 위대한 업적을 찬양하는 주요 양식으로 자리 잡았다는 것을 알 수 있다.

3. 기쁨과 슬픔에 느낌을 받고, 사건에 연유하여 그려내다

부와 마찬가지로 황제의 위대한 업적이라고 찬양할 만한 문화적인 업적의 하나가 바로 무제 때 흥성한 악부樂府이다. 악부는 본래 음악의 가락을 제정하는 기관이었다. 『한서』 「예악지禮樂志」에 "한 무제 때 하늘과 땅에 제사 지내는 예법을 제정하였고, 악부를 세워서 시를 채집하고 밤에 읊조렸다.(至武帝定郊祀之禮, 乃立樂府, 采詩夜誦.)"고 하였다. 예전 사람들은 이것에 의거하여 악부가 무제 때 생긴 것이라고 하였지만, 실제로는 진나라 때 이미 있었다.[32] 그렇지만 반고는 한나라 사람으로서 그가 본

32 『漢書』 「禮樂志」에 "孝惠二年, 使樂府令夏侯寬備其簫管, 更名曰安世樂."라고 실려 있다. 이것은 효혜제 때 이미 樂府令이 있었다는 것을 말하는 것이다. 宋人 王應麟의 『漢書藝文志考證』에서는 이 설에 의거하여 "樂府似非始于武帝."라고 하였다. 1977년 陝西省 서쪽 秦陵 부근에서 출토된 秦代編鐘에는 '樂府'라는 두 글자가 새겨져 있다.

문헌들은 대개 후대 사람들의 것이라서 종종 악부가 한 무제 때에 생긴 것이라고 말한 적이 있다.[33] 이것은 한 무제 이전에는 그 어느 때도 악부가 그만큼 발전하지 않았음을 의미하는 것이다.

악부에서 불리는 노래 가운데 어떤 것은 문인이 지은 것으로 대부분이 우아한 곡조이며, 어떤 것은 민간에서 채집해 온 것이라서 일반 백성들의 삶을 실질적으로 반영하였다. 반고는『한서』「예문지」에서 "슬프고 기쁜 일에 느낌을 받고 사건에 연유하여 글을 쓴다."고 하였다. 이것은 한대 악부민가樂府民歌가 공통적으로 가지고 있는 기능으로서 근거 없는 말은 아니다.

당연히 시대가 오래 지나다 보니 이러한 기능들이 없어져서 뒷날 전해지지 않게 되었다. 다만 가사를 통해서 당시 사회 현실을 볼 수 있다. 예를 들면, 「부병행婦病行」이나 「동문행東門行」 같은 것에서는 일반 백성들의 고된 삶이 잘 나타나 있다. 앞의 것에서는 죽어 가는 아낙네가 죽기 직전에 남편에게 아이를 건네면서 잘 돌봐달라고 하자, 남편은 너무 가난해서 아이를 어찌 잘 돌볼 방법이 없었다가 시장에서 우연히 옛 친구를 만나 자기도 모르게 쓰디쓴 눈물을 흘린다는 내용이다. 뒤의 것은 생활고에 너무나도 살기 어렵게 된 사람이 쌀독에는 한 톨의 쌀도 없고, 집안 옷걸이에는 입을 옷이 한 벌도 없게 되었다. 그러자 주인공은 칼을 빼어들고 도둑질을 하러 문을 나서려고 하고, 아내는 그에게 가지 말라고 한다. 그러자 남편은 아내 말을 듣지 않고, 지금 반드시 나가야 한다고 한다. 지금 나가더라도 이미 늦었으며, 이처럼 곤궁한 삶을 계속 살아갈 수 없다고 하고는 도둑질을 하러 떠나가 버린다는 내용이다. 이러한 시가들은 확실히 민간에서 나온 것이다. 시어들에는 민간에서 쓰던 구어체의 질박한 말

이것은 秦代에 이미 악부라는 관청이 있었다는 것을 설명하는 것이다.

33 『漢書』「藝文志」·「禮樂志」 그리고 班固 「兩都賦序」 참조.

투가 섞여 있다.

한대 악부의 창작 정신에는 『시경』과 같은 사실주의의 우수한 전통을 계승하고 있는 새로운 형식으로 한대 사회 현실과 사회 각 계층 가운데 특히 하층민들의 사상과 감정이 잘 반영되어 있다. 이러한 작품은 기본적으로 민간에서 나온 것이며, 현실 사회 가운데에서 창작되어서 말투나 인물의 형상화가 매우 생생하다. 이러한 창작 태도와 경험은 뒷날 사람들에게 깊은 영향을 끼쳤다. 예를 들면 건안建安 시기 작가로는 조조曹操가 대표적인데, 그는 예전의 시가 제목을 빌려서 당시 시대 사건을 잘 묘사하였다. 당대唐代 시인 백거이白居易가 제창한 신악부운동新樂府運動에는 한대 악부의 창작 정신이 잘 계승되어 나타나 있다.

한대 악부의 최대 성취는 그것이 사회 현실의 모습을 사실처럼 잘 반영하고 있다는 점이다. 이러한 측면에서 말하자면, 한대 악부의 성취는 예술적으로 현실 사회를 잘 묘사하고 있다는 점이다. 그리고 인물의 성격 묘사에서도 언어·동작·심리 상태 등을 잘 활용하고 있다. 그 다음으로는 서사 구조가 뛰어나다. 예를 들어 「공작동남비孔雀東南飛」와 같은 장편 서사시는 물론이거니와 「부병행婦病行」이나 「동문행東門行」 같은 단편의 경우에도 서사 구조가 매우 엄밀하며, 이야기의 주제가 뒤로 갈수록 더욱 선명해지면서 군더더기 표현이 거의 없다. 그밖에도 한대 악부의 서사 구조는 악부로서 노래로 불리고 동작으로도 연기되었던 것이다. 이러한 언어·동작·사서의 구조는 희극적戲劇的인 요소를 포함하고 있는 것으로서 뒷날 사람들에게 시가 그저 읊조리는 것이 되어 버린 것과는 완전히 같지 않다.

한대 악부의 또 다른 성취와 영향은 그것이 사용하고 있는 시가 형식이다. 오늘날까지 남아 있는 한대 악부민가는 주로 잡언雜言과 5언으로서 이것들이 당시 문인들의 창작에 큰 영향을 끼쳤다. 사실상 한나라 말기 이후 건안 시기 여러 작가들은 모두 한대 악부를 참작하여 창작하였던 것이다. 그들의 작품이 처음부터 곡을 붙여서 지었던 것은 아니고 다만 언어를 운용하는 방면에 있어서 특히 형식에 주의를 기울였다. 이것이 잡언시와 5언시가 형성되는 데에 있어서 매우 커다란 영향을 끼쳤다.

제4절

시가 번영의 전야

1. 5언시와 7언시의 기원

중국 고대 사회에서 주로 성정을 읊은 시가 체재는 5언시와 7언시로서 한나라 때 형성되었다. 진대 이전에 이미 7언구의 시가가 있기는 하였지만, 시인들이 주로 자신의 성정을 노래한 시가의 체재는 확실히 5언시보다는 나중에 나왔다. 5언구는 서한대 민요와 악부에 이미 대량으로 나타났고, 예술적으로도 비교적 높은 수준에 도달했다. 그렇지만 이때까지는 문인들에게 문학적인 자각은 없었다.[34] 다만 민간에서 널리 쓰였으며, 5언의 체재로 감정을 표현하고 사건을 묘사하는 경우가 많았다. 4언으로 된 체재에 비해서 표현력이 더욱 뛰어나며, 하고자 하는 말도 훨씬 더 많이 담을 수 있게 되었다. 종영鍾嶸은『시품詩品』의 서문에서 다음과 같이 말하였다.

4언시는 표현이 간결하고 그 뜻은 풍부한데, …… 그 표현이 번다하기만

34 전하는 말에 李陵·蘇武·班婕妤 등의 시들은 학자들의 고증에 의하면 모두 위작이라고 한다.

하고 내용은 빈약한 것을 걱정하여 세상에서 4언시를 배우는 이가 적다. 5언시는 문학에 있어서 중추적인 지위를 차지하고 있으며, 여러 형식의 작품 가운데에서 뜻이 깊게 우러나는 것이다. 그러므로 세상 사람들이 좋아하는 것에 딱 맞는 것이다. 이러한 5언시가 사건과 그 실정을 잘 표현하고, 실제 사정과 사실을 묘사하는 데에 있어서 가장 적절한 것이 아니겠는가!(夫四言文約意廣, …… 每苦文繁而意少, 故世罕習焉. 五言居文詞之要, 是衆作之有滋味者也. 故云會于流俗, 豈不以指事造形, 窮情寫物, 最爲詳切者邪!)

비록 남조 시기 문인의 관점이지만, 확실히 5언시가 탄생하게 된 과정에 대하여 바로 4언구를 대체하였던 것이라는 점을 분명하게 밝히고 있다. 5언은 4언에 비하여 비록 한 글자가 많을 뿐이지만 그 한 글자가 하나의 뜻을 형성하게 되어서 이처럼 사건과 그 실정을 잘 표현하고, 실제 사정과 사실을 묘사하는 데에 있어서 더욱 원활하게 작용할 수 있게 되고, 기교 방면에서도 더욱 자유로워졌다고 볼 수 있다. 종영이 여러 형식의 작품 가운데에서 뜻이 깊이 우러나는 것이라고 말한 것은 5언 시구가 4언에 비해서 더욱 미감을 갖추고 있다고 말한 것이다. 이러한 점이 당시 학자들에 의해서 이미 밝혀진 것으로 5언 시구의 리듬감이 매우 적절하게 사람들에게 심리적으로 큰 쾌감을 준다고 여겼던 것이다.[35] 이러한 연

35 鄭靖時는 "五言詩在吟誦的時候, 分爲三節, 七言分爲四節, 都和節奏美的黃金分割指數一點六一八比一很接近, 黃金分割指數, 就是最能獲得節奏快感的比例, 所以五·七言遠比四·六·八言在通讀時, 純屬二比一的單調節奏來得舒暢."이라고 여겼다. 정씨는 또 楊國樞의 「中國舊詩每句字數與其快感價之關係」라는 글을 인용하여 매 구의 글자 수가 사람들에게 끼치는 '쾌감지수'와 일정한 함수관계를 가지고 있다고 하였다. 실험 결과 5언시가 쾌감지수가 가장 크며, 3·4·6·7언구가 그 다음이고, 8·9·10언구가 그 다음이며, 2언과 그 밖의 것은 모두 쾌감의 차이가 없다고 설명하였다. 『中國詩歌硏究』, 臺灣中央文物供應社, 1985년 참조.

구는 어째서 5언시가 고대로부터 1천여 년 동안 쇠락하지 않고 이어 오게 되었는지 설명해 주는 것이기도 하다.

민간에서 유행한 5언시가 문인들에게 영향을 끼치는 하였지만, 동한 이후에서야 문인들은 5언시를 지었다.[36] 저명한 문학가이자 역사가인 반고班固의 「영사詠史」에 대하여 종영은 "질박하면서 꾸밈이 없다.(質木無文)" 고 평가하였다. 이것은 5언 시구가 이때에는 아직 성숙하지 않았다는 것을 의미한다. 이것으로써 반고 이전 서한의 이릉李陵 등이 그토록 아름다운 5언시를 썼을 리가 없다는 것을 증명하는 것이기도 하다. 동한의 순제順帝 때 이후[37] 민간에서 한꺼번에 우수한 5언시가 쏟아져 나왔다. 그 가운데 대표적인 작품으로서 남조 양나라 소명태자昭明太子 소통蕭統이 편찬한 『문선文選』에 실린 19수의 고시가 있는데, 이를 '고시19수古詩十九首' 라고 부른다. 그렇지만 민간에서 나온 작품들과 마찬가지로 고시의 작자는 서한 시기 민요와는 같지 않다. 그것들은 실제로 이름이 전해지지 않는 문인들이 지은 것들이다. 고시의 예술적 성취는 대대로 학자들과 작가들의 높은 평가를 받았다. 특히 종영은 『시품』에서 "글 형식이 온화하면서도 화려하고, 글 내용이 슬프면서도 심원하다. 마음을 놀라게 하고 혼백을 뒤흔들 정도이니, 거의 글자 하나가 천금이나 나간다고 할 정도이다.(文溫以麗, 意悲而遠, 驚心動魄, 可謂幾乎一字千金.)"라고 하였다. 명나라 때 호응린胡應麟은 『시수詩藪』에서 고시19수가 "질박하면서도 속되지 않고, 가벼운 듯하면서도 깊이가 있고, 가까운 듯하면서도 멀다. 천하의 뛰어난 글이라도 그것을 뛰어넘을 수는 없다.(質而不俚, 淺而能深, 近而能遠, 天下至文, 靡以過之.)"고 하였다. 마치 고시가 나타나자마자 정상에 올라

36 陸侃如 · 馮沅君, 『中國詩史』에는 五言詩를 처음으로 지은 이를 應亨의 「贈四王冠詩」와 班固의 「詠史」라고 하였다.

37 游國恩 주편, 『中國文學史』(人民文學出版社, 1963년)에는 이들 古詩가 順帝 말년에 지어진 것이며, 늦어도 獻帝 이전(B.C.140-190)에 지어진 것이라고 하였다.

선 것과도 같았다. 동한 시기 고시와 관련된 사건들을 보면 이러한 찬사가 결코 과장된 것이 아님을 알 수 있다. 고시의 작자가 누구인지는 모두 모른다. 다만 시의 내용을 통해서 대개는 작자가 처한 현실과 매우 밀접한 관계가 있다는 것을 알 수 있다. 대체로 한나라 말기 관직에 오르지 못한 문인들이 벼슬길에 오르고자 하는 것과 학문을 추구하는 가운데 얻게 된 심정들이 잘 나타나 있다. 그들 시에는 당시 인간과 사회 그리고 인간과 자연의 갈등 관계가 집중적으로 표현되고 있다. 인간과 사회의 갈등은 시인이 이미 변해 버린 사회에서 적절하게 적응하지 못한 것으로서 예전에는 벗이었던 이들이 "높은 자리에 올라 출세하였다고 해서(高擧振六翮)" "자기를 마치 헌신짝처럼 버린다면(棄我如遺蹟)" 스스로도 제대로 살아가지 못할 것이니, 마음속으로부터 슬픔을 느끼게 될 것이라고 한다. 당시 시인들은 열심히 공부하여 관직을 얻기 위해서 멀리 집을 떠나 처자식과 헤어지기 일쑤였다. 그러므로 길을 떠난 선비들이 아내를 그리워하는 내용이 고시에서 많이 나오는 주제이다. 자연과의 갈등은 대개 인생이 덧없이 흘러가는 것에 대한 감상을 읊은 것들이다. 인생이 나약하여 마치 아침 이슬처럼 스러져 가도 시인은 삶에 대한 아쉬움과 열정 그리고 죽음에 대한 두려움을 쏟아냈다. 그들은 자신들의 짧은 인생에 대하여 어떻게 대처하였을까? 시인들은 열심히 수양하여 덕을 세우고 때가 되면 즐거움을 누리는 두 종류의 해탈 방식을 취하였다. 당시 사회 사상사의 발전 정도에서 보자면 이들 두 종류의 방식은 이미 하나의 주제가 되어서 이후 시대에도 꾸준히 반복되었다. 한나라 말기 문인들이 성공적으로 5언시 체재를 운용하여서 정확하고도 포괄적으로 당시 보통 백성들의 생활상과 감정을 가장 적절하게 표현해 내었으니, 5언시의 표현 기능과 기교가 당시 새로운 사회생활을 드러내는 가장 적합한 체재였다는 것을 말하는 것이기도 하다.

한나라 말기 고시는 이름 없는 시인들이 자신의 개인적인 느낌을 쓴 작품이었다. 건안 연간에 조조와 같은 사람들이 나온 이후에는 사회 정치 문제 등의 방면에도 관심을 갖기 시작하면서 5언시 창작의 전형을 수립하였다. 이들 시인들이 주로 3조三曹와 7자七子인데, 이들의 시대를 흔히 '건안문학建安文學'이라고 부르며 그들이 만든 문학 스타일을 '건안풍골建安風骨'이라고 부른다. 조조는 건안문학을 이끈 대표적인 작가로서 악부시의 창작 전통을 계승하여서 이전 악부의 제목을 가지고 자신이 경험한 일들을 묘사하였다. 그의 시 작품 가운데에는 5언시가 3분의 1가량 차지한다. 그 가운데에서 역사 사건을 다룬 것이 있는데, 후세 사람들이 이것을 가리켜서 '한나라 말기의 실록'이라고 불렀다. 그 안에는 자신이 품고 있던, 당시 난리로 어지러워진 세상에 대한 감개를 드러낸 것도 있다. 한나라 말기 세상이 어지러워지자 영웅을 자처하는 이들이 나타났고 세상은 더욱 혼란에 빠졌다. 조조는 세상을 잘 다스려서 평정하고자 하는 마음으로 이리저리 정벌을 벌여서 북방을 평정하여 셋으로 분열된 중국의 태반을 차지했다. 그는 자신이 겪은 중요한 사건과 그때마다의 느낌을 마치 실제 역사를 시가로 쓴 것과 같았다. 그는 탁월한 정치가이자 우수한 시인이기도 하였다. 그의 시가는 한마디로 시대에 대한 비분강개悲憤慷慨를 잘 나타내고 있어서 확실히 마치 "북방의 유와 연 땅의 노련한 장군으로서 기운이 굳센(幽燕老將, 氣韻沈雄)" 것과 같았다.[38] 건안 시기의 시가는 작가의 개성이 선명하며 강건한데, 조조의 작품은 그러한 스타일을 대표한다고 할 수 있다.

2. 고체古體에서 근체近體로의 이동

조비曹丕와 조식曹植 형제는 아버지 조조의 영향을 받아서 어려서부터

38 (宋) 敖陶孫, 『詩評』에 나온다. 商務印書局, 『叢書集成』本.

글 짓는 것을 좋아하였다. 조조의 시에는 5언시가 3분의 1 정도이지만, 조비와 조식의 시는 거의 대부분 5언시 체재로 이루어져 있다. 그들 아비인 조조의 시와 다른 점은 조조가 주로 악부시를 지었다면, 조비와 조식 형제의 경우에는 악부시가 점차 줄어들었다. 조비의 시는 모두 40여 수인데, 악부시가 반 정도이고, 조식의 시는 대략 110여 수인데, 이 가운데 완정하게 5언으로 이루어진 것은 대략 50여 수이며, 악부시는 겨우 3분의 1 정도이다. 조조로부터 조비와 조식에 이르기까지는 악부시의 창작이 줄어들었다는 것은 시가 고체古體로부터 근체近體로 옮겨 가는 과정이었다고 볼 수 있다.[39] 스타일 방면에서도 문인화文人化하는 특성이 두드러졌다. 조조의 시는 예스럽고 표현이 직접적이면서 슬픈 정서가 많으며, 조비는 가벼우면서 완약婉弱한 것이 조조의 비장한 시풍을 바꾼 것이라고 한다면, 조식의 경우에는 그 내용이 굳세며 형식은 화려하다.[40] 더욱이 조식의 시가는 고체로부터 근체로 완정하게 변화시킨 것이라고 할 수 있기 때문에[41] 시가의 역사에서 중요하게 자리매김을 하고 있다. 이들 조씨 부자는 통치자 신분으로서 당시로서는 새로운 시가 형식이라고 할 수 있었던 5언시 창작에 적극적이었을 뿐만 아니라 동시에 그들이 이루어 낸 성취 역시 건안문학의 대표라고 할 수 있다. 이들이 5언시 발전에 중요한 역할을 하였던 것은 분명하다.

---

39 中古詩歌史는 古體로부터 近體로 이어지는 시기이자 발전과 변화의 과정이다. 이 점에 대해서는 傅剛의 『魏晉南北朝詩歌論』을 참조하였다. 吉林教育出版社, 1995년.

40 曹氏 父子의 시가에 대한 평가는 鍾嶸 『詩品』에 나온다. 呂德申, 『鍾嶸詩品校釋』, 北京大學出版社, 1986년.

41 林庚, 『中國文學簡史』, "這是一個時代的事業, 却通過了曹植才獲得完成." 北京大學出版社, 1988년.

3. 시가의 모범–건안풍골建安風骨

조씨 부자의 영향을 받아서 북방문학은 전에 없는 번영을 누렸다. 『위지魏志』「왕찬전王粲傳」의 기록만 보더라도 20여 명의 작가가 있다. 이들 작가는 출신이 각기 다른 지역에서 모였는데, 이것은 조씨 부자가 문학을 부흥시킨 결과라고 할 수 있다. 조조가 정치적으로 세력을 장악해 감에 따라서 그의 정치권력이 더욱 공고해졌다. 204년(건안 9)에는 업성鄴城(지금의 하북성 임장현臨漳縣 안에 있다.)을 공략하여 함락시키고 여기에 근거지를 건설하자 각지의 문인들 역시 업성으로 계속 몰려들었다. 211년(건안 16)부터 조비와 조식 형제가 문학 집단의 핵심이 되어서 문단 활동을 주도하였다.[42] 그 가운데에서 대표적인 작가가 이른바 '7자七子'라고 불리는 왕찬王粲 · 유정劉楨 등이다.[43] 한나라 말기 대혼란을 직접 겪은 업성의 시인들은 상대적으로 안전하게 지내면서 창작의 열정을 돋우었다. 새로운 사물과 생활상을 노래하였으니 이들을 이끈 이는 단연 조씨 부자였다. 그들의 시가에는 당시 사회상에 대한 열정과 미래에 대한 믿음이 가득하였으며, 동시에 세상을 바로잡겠다는 희망을 마음껏 표출하였다. 그들 시가를 "풍월을 애달파하고, 못과 정원을 가까이하며, 주군의 은혜와 영화를 기술하고 취기 오른 연회를 서술하는 것(憐風月, 狎池苑, 述恩榮, 敍酣宴.)"[44]이라고 한 것처럼 태평성대를 지나치게 읊조린 것이라고 할 수는 없다. 업성 문인들의 공헌은 주로 시가의 제재 방면을 개척하였다는 것이다. 그들은 한나라 말기와 건안 연간 전기에 증별贈別 · 공연公宴 · 영물

42 鄴下文學이 개시된 시기는 여러 설이 있다. 여기에서는 건안 16년의 설을 따랐다. 傅剛의 『鄴下文學論略』에 「建安文學新論」이 실려 있다. 中州古籍出版社, 1992년.

43 '七子'라는 명칭이 처음 보이는 곳은 曹丕의 『典論』「論文」이다. 다만 후대 사람들이 孔融은 거기에 들어가지 않아야 한다고 여겼다. 『略論建安七子的分岐和由來』, 『鄭州大學學報』, 1980년, 제1기.

44 『文心雕龍』「明詩」, 范文蘭注本, 人民文學出版社, 1958년, 66쪽.

詠物·종군從軍·영사詠史 등의 방면에까지 범위를 확대하였다. 그것들의 문학사적인 의의는 시인들의 시각을 일상생활에서 볼 수 있는 보통 사물에까지 확대한 것이며, 시가가 현실의 다양한 방면을 반영하는 기능을 강화한 것이다. 그들 시가의 표현 기교 역시 최대한 발휘되어서 시가가 고체로부터 근체로 변화해 가는 전환점에서 중요한 매개 역할을 하였다.[45]

건안풍골建安風骨은 이 시기 문학 스타일의 주요한 특징이다. 건안 시기 작가들은 직접 전란을 겪고 우환을 싫도록 많이 겪어 나라와 백성에 대하여 깊은 관심을 갖고 있었다. 그들은 나라를 위해서 충성을 다하여 공적을 쌓아 세상에 이름을 떨치고자 하였다. 그러므로 그들 시가에는 강개한 느낌이 강하였다. 현실세계를 그리는 것은 물론이고, 세상 사물을 묘사하는 데에 그들은 자신들의 심정을 모두 있는 그대로 펼쳤다. 그들 시가의 언어는 밝고 경쾌하며, 스타일은 강건하여서 독자들을 감동시키는 힘을 갖추고 있었다.[46] 건안풍골이 뒷날 시인들이 창작하고 평가하는 표준이 되어서 중국 문학비평사에 있어서 중요한 개념이 되었다.

4. 도연명陶淵明과 전원시田園詩

건안 시기 작가들은 5언시를 확실하게 정립하였다. 진晉과 송宋나라 이후에 5언시는 시인들이 주로 쓰는 체재가 되었으며, 시가의 표현 기능과 기교도 훨씬 발전하였다. 동시에 제재 방면에서도 더욱 다양하게 확대되었다. 정시正始 시기 완적阮籍은 '영회詠懷'를 제목으로 철리시哲理詩를 처

45 盧照隣, 『樂府雜詩序』에 "鼓吹樂府, 新聲起于鄴中."이라고 하였으니, 이것은 鄴下의 시가가 건안 초기 작품들과 다른 특징을 가진 것이라고 설명하고 있는 것이다.

46 建安風骨에 대한 다른 해석도 있다. 여기에서는 袁行霈主編, 『中國文學史』(高等敎育出版社 1999년판) 제2권 제1장 제4절, "建安詩歌的時代特徵"과 王運熙, 「文心雕龍風骨談到建安風骨」(『文史』 제9집, 1980년) 참조.

음으로 지었다. 서진西晉 시기 좌사左思의 '영사詠史'는 역사 사실을 가지고서 개인의 느낌을 읊은 것이다. 5언시가 비로소 자리 잡던 이 시기에 시인들에게 폭넓은 창작의 공간이 주어진 것이라고 할 수 있다. 시인들은 창작 구상을 하고 시를 한 글자 쓸 때마다 창작욕이 왕성하게 솟아났다. 당시의 뛰어난 작품들 가운데 가장 우수한 것은 당연히 동진東晉 말기의 도연명陶淵明과 송宋나라 초기의 사령운謝靈運의 것을 들 수 있다.

도연명은 중국 시가사에서 보석과도 같은 존재이다. 그의 사람됨과 시 품격은 어느 시대에나 독자들에게 감동을 주었다. 도연명은 진晉과 송宋이 교체되는 때에 살았다. 당시는 남북이 분열되어 정치적인 갈등이 심했다. 도연명은 자신의 고결한 인품을 지켜서 도덕적으로 나무랄 데가 없었기 때문에 위진魏晉 시기 문단의 대표적인 인물이 되었다고 할 만하다.[47] 도연명은 주로 전원田園을 제재로 시가를 창작하였다. 도연명은 관직을 버리고 고향에 돌아간 이후 농사를 지으면서 느끼는 시골 생활을 기꺼운 마음으로 자신의 시가에 그려냈다. 한적한 전원의 아름다움을 도연명은 독자들에게 전달하였다. 전원의 아름다운 경치뿐만 아니라 도연명은 진실한 태도로 직접 농사를 지었다. 그는 농사를 지으면서 진솔한 전원생활의 의미를 느꼈던 것이며, 어렵지 않은 언어를 가지고 자신의 심정을 적절하게 그려내서 전원을 제재로 하는 시가를 중국문학의 한 영역으로 성공적으로 개척하였다.

도연명 시의 평담자연平淡自然한 스타일은 시가에서 지극히 아름다운 경계라고 평가할 수 있다. 이런 시를 쓸 수 있었던 것은 그의 순박한 심리적인 이상, 진솔한 인격과 전원생활이 서로 어우러져서 완성될 수 있었다. 그저 산수자연의 아름다움만을 읊은 것이 아니라 전원의 평담한 경치, 농사짓는 풍경, 두세 칸짜리 초가집, 모락모락 피어오르는 연기와 흐

47 袁行霈, 『陶淵明與魏晉風流』, 『陶淵明研究』, 北京大學出版社, 1997년.

르는 물, 한가로이 피어 있는 꽃과 들판의 풀, 봄에 씨앗 뿌리고 가을에 거두고, 쑥·삼·콩·보리가 우거지고, 닭 울고 개 짖고, 소와 양이 저녁에 집으로 돌아오는 것과 같은 아름다움을 평담한 마음으로 세세하게 풀어냈다. 도연명은 바로 이러한 시인으로서 전원의 아름다움을 세밀하게 그려냈고, 이러한 아름다움을 마치 진짜인 것처럼 그의 시 속에 그려 넣었다. 그는 상상력이 풍부한 언어를 가지고 꾸미지 않는 묘사법으로 전원의 풍물을 잘 그려내었다. "멀리 어슴프레한 마을에 모락모락 저녁연기 피어오른다.(暧暧遠人村, 依依墟里煙.)"[48]라고 한 것과 같은 자연스럽고도 담긴 뜻이 풍부한 시구는 확실히 정교하면서도 아름다운 산수 시구와는 같지 않다. 뒷날 사람이 "소박한 듯하지만 실로 아름답고, 내용이 없어 보이지만 실로 넉넉하다.(質而實綺, 癯而實腴.)"[49]라고 평한 것은 매우 적절하다.

도연명은 중국 사대부 정신의 전형이라고 할 만하다. 그는 유가적으로는 엄정한 생활태도를 지키고, 도가적으로는 무위자연의 세상 원리에 스스로를 맡겨서 자신을 지키고자 하였다.[50] 그가 봉급으로 다섯 말의 쌀을 받아먹자고 상사에게 굽신거리지 않는 성격을 가지고 있었던 것은 일찍부터 중국 사대부 정신의 보루가 되어서 선비들에게 정치 일선에 자신이 나아가고 물러서는 것을 스스로 결정하게끔 해주었다. 평담자연 역시 중국 사대부들의 마음에 고상한 예술 경계로 자리 잡았다.[51] 도연명은 그러한 인품으로 인해서 3개의 역사서에 자신의 전기를 올렸으니, 이것은 역사가들이 도연명을 은자의 신분으로 획정해 준 것이기도 하다. 이것은 분

48 「歸園田居」其一, 逯欽立, 『先秦漢魏晉南北朝詩』 권17, 中華書局, 1983년, 991쪽.

49 蘇武, 「與蘇轍書」, 「東坡續集」 권3, 『四部備要』本.

50 胡國瑞 『魏晉南北朝文學史』에는 陶淵明에 대하여 "以儒家嚴正的生活態度來處理自己并反抗現實, 他也以道家泯絕一切事物相對限界的哲理來否定現實, 并安頓自己."라고 하였다. 上海文藝出版社, 1980년.

51 袁行霈主編, 『中國文學史』 제2권 제3장 「陶淵明」, 高等教育出版社, 1999년, 84쪽.

명 도연명 자신의 문학적 지위를 깎아 내린 것이라고도 볼 수 있다. 다만 후세의 영향이라는 점에서 볼 때, 도연명은 확실히 인간적으로 도덕과 수양 방면에서 후세 사람들에게 모범을 보인 인물이다. 사회 현실은 종종 복잡하고도 잔혹하기도 하다. 사대부는 비록 지위가 낮더라도 나라를 걱정하는 마음을 잊을 수는 없는 것이다. 다만 세상에 나아가 나랏일을 하기 위해서는 벼슬에 올라야 하는 조건이 필요했다. 결벽증이 지나친 지식인들은 종종 당시 사회가 혼탁하다는 것을 용인하지 못하고 산림에 은거해 버렸다. 이들 역시 분명 중국 사대부들의 독특한 개성으로서 그들이 취할 수 있는 선택의 하나이다. 제 몸 하나 잘 수양하여서 자신의 인격을 잘 보존하고 다른 하찮은 무리들과 어울려서 함께 혼탁해지지 않으려 한 것은 중국의 문화 전통에 공헌을 하였다. 역사서 가운데에 「은일전隱逸傳」을 넣은 목적 역시 여기에 있는 것이다. 도연명은 당시는 물론 후세 사람들로부터 존중을 받아서 예나 지금이나 은일한 시인들 가운데 으뜸이라고 불렸다. 그는 중국 은사隱士 문화의 핵심적인 인사가 되었다. 그리하여 중국 문학사에서뿐만 아니라 사상사와 문화사 방면에서 후세에 커다란 영향을 끼쳤다.

5. 사령운謝靈運과 산수시山水詩

사령운은 산수시 창작의 기틀을 제정한 사람이다. 일찍이 산수를 제재로 한 것은 『시경』과 『초사』에도 많이 있다. 그런데 비흥比興의 수법 가운데 하나로서 시가 창작의 제재였을 뿐이다. 중요한 것은 산수가 언제부터 시인들의 독립적인 심미대상의 하나가 되었느냐이다. 그것은 바로 동진東晉 시기라고 할 수 있다. 동진 시기에는 장원莊園경제가 발달하여 사람들이 산수를 가깝게 여기게 되었다. 동시에 동진 시기 명사들이 현학玄學과 청담淸談을 가까이하게 되어서 아름다운 산수를 찾아다니는 활동도 잦아지고 산수를 심미대상으로 여기는 의식이 점차 형성되었다. 산수가 처음에는 신묘한 자연 사물이라는 의식에서부터 사람들에게 심미대상으로서 자리잡게 되었던 것이다.[52] 산수를 제재로 시를 짓기 시작한 것이 시는 시인의 마음을 읊조리는 것이라고 한 것이나 시인의 정감을 묘사하는 것이라고 하는 전통적인 의식을 바꿔 놓았다. 이러한 관념이 바뀌게 되자, 남조 사람들의 사유도 크게 달라졌다. 구체적인 시가 창작에 대한 영향은 심미체험의 심도가 깊어지게 되고 세밀해진데다가 예술적인 탐구도 가능해졌다.[53] 동진 시기는 이미 진정한 의미에서 산수시가 발생하였다. 예를 들어서 양방楊方 · 이옹李顒 · 사곤謝鯤 등을 산수시 작가라고 할 수 있다.[54] 그렇지만 전적으로 산수시를 짓고 산수시의 창작 전통과 방법을 세운 이는 바로 사령운이다.

사령운은 산수에 대하여 특별한 심미적 감각을 가지고 있었다.[55] 그는 산수가 다른 시간과 다른 장소에서는 각각 다른 형태로 존재한다는 것을 정확하게 파악하였고, 정교하고도 아름다운 언어로 그것들을 예술적으로 그려냈다. 사령운 시 가운데 산수는 밝고 활기찬 개성을 갖추고서 사령운과 자취를 함께했다. 당시 중국의 남방은 사람들에게 그다지 많이 알려져

---

52 孫綽의 「庾亮碑文」에는 庾亮에 대하여 "固以玄對山水"라고 하였다. 이것은 東晉 시기 명사들이 玄에 대하여 어떤 태도를 가지고 있었느냐를 설명하는 것이다. 晉簡文帝는 "會心處不必在遠, 翳然山水, 便自有濠濮間想也."라고 하였으니, 이것은 마음이 이미 산수로 옮겨 갔음을 말하는 것이다.

53 傅剛, 『魏晉南北朝詩歌史論』 제7장 제1절에 자세히 나온다. 吉林教育出版社, 1995년, 285쪽.

54 남조 시기 비평가들은 비교적 일찍이 산수시를 쓴 이는 殷仲文과 謝混이라고 여겼다. 근래 范文蘭은 庾闡이라고 여겼다. 실제로는 그들 이전에 楊方이나 李顒이 전형적인 산수시를 지었다고 보아야 한다. 傅剛, 『魏晉南北朝詩歌史論』 제7장 제2절, 274-278쪽.

55 謝靈運의 「遊名山志」에 "山水成分之所適"(『全宋文』 권33)이라고 하였다. 「山賦居」에 스스로 일컫기를 "性情各有所便, 山居是其宜也."(『宋書』 「謝靈運傳」)라고 했다. 또 淸人 吳淇, 『六朝選詩定論』에는 "而詩中康樂, 尤是慧業文人, 故其留心山水, 而所悟最深也."라고 했다.

있지 않았다. 사령운의 시가에 그려진 대로 세상 사람들에게 드러났던 것이다. 사령운의 산수시는 마치 연꽃이 막 피어서 있는 그대로 어여쁜 것이라고 할 수 있다.[56] 이것은 그가 이룩한 산수시 창작 전통의 핵심적인 내용이다. 산수를 주요 대상으로 시가 창작을 처음 시도한 시인으로서 사령운은 풍부하고도 신선한 창작 경험을 두루 쌓고 산수시 창작의 모델을 제시하여서 뒷날 시인들에게 모범이 되었다.[57]

6. 사조謝朓와 영명체永明體

남조 시기 사령운에 이르러 더욱 발전하여서 새로운 체재의 시가 특징이 나타났다. 예를 들면 음률이나 화려한 수사 기법 등이 더욱 발전하였다. 청淸대 심덕잠沈德潛은 "시가 송나라 때에 이르러서 작가의 성정을 묘사하는 것은 점점 숨어들고, 성조나 수식과 같은 형식 방면이 크게 발전하였다.(詩至于宋, 性情漸隱, 聲色大開.)"[58]고 하였다. 위진 시기에는 작가의 성정을 묘사하는 것을 특징으로 삼았던 것이 남조 시기에 들어서는 예로부터 시인이 정감을 묘사하는 것은 천박한 것이고 화려한 수사적 표현이 존중받게 되었다.[59] 제齊 영명永明 연간에 심약沈約과 사조謝朓를 대표로 하는 시인들은 새로운 변화를 추구하여 '4성8병四聲八病'을 제창하여 새로운 시체를 지을 것을 주장하였다. 새로운 시체는 5언구에 4성이 어우러진 것으로서 리듬감 있는 예술적인 요소가 가미된 것이다. 비록 당시에는 평

56 『南史』「顏延之傳」, "延之嘗問鮑照已與謝靈運優劣, 照曰: '謝五言如初發芙蓉, 自然可愛. 君詩若鋪錦列綉, 亦雕繢滿眼.'"

57 宋緖連, 「謝靈運山水詩結構初探」, 『遙寧大學學報』, 1986년, 제5기; 周勛初, 『論謝靈運山水文學的創作經驗』, 『魏晉南北朝文學論叢』, 江蘇古籍出版社, 1999년 참조.

58 『說詩晬語』, 人民文學出版社, 1979년, 203쪽.

59 沈約, 「報王筠書」, "古情拙目, 每佇新奇"(『梁書』「王筠傳」) 또 「報劉杳書」, "辭采研富, 事義畢擧, 句韻之間, 光影相照."(『梁書』「劉杳傳」).

측平仄이라는 명칭조차도 없었지만, 실제로는 평平과 측仄이 비교적 철저하게 지켜지던 때였다. 영명 시기 성률의 이론을 보면 대개는 대구對句의 규정일 뿐이고 시 한 수 전체에 주의를 하였던 것은 아니다. 다만 실제 창작에 있어서는 작품의 전형이 세워졌다고 할 수 있었다. 심약·사조·왕융王融 등을 대표로 하는 시인들 작품을 예로 보면, 그들의 시가는 고체시와 근체시의 중간 형태로서 4·6·8·10구 내지는 12·14구 등으로 이루어져 있는 것이 전체 시가 가운데 반 이상 차지한다.[60] 5언시는 영명 연간에 이르러서 이미 근체시로 확립되어 발전해 가는 과정에 진입하였다. 사조는 이 시기 새로운 시체 창작에 있어서 대표적인 시인으로서 그의 시체는 당시唐詩의 발전에도 크게 기여하였다고 평가할 수 있다.[61] 사조의 시가는 당시 시인들에게 두루 호응을 받아서 "200년 동안 이런 시는 없을 것이다.(二百年來無此詩.)"[62]라는 찬사를 받았다. 제재의 선택 면에서도 사조는 사령운 이래 가장 영향력을 크게 끼친 산수시인이었다. 사령운이 세운 산수시가의 전통은 마치 막 피어난 연꽃처럼 있는 그대로의 사랑스러움을 지녔고, 사조는 그것을 그대로 계승하는 데에 그친 것이 아니라 더욱 발전시켰다고 할 수 있다. 그의 시는 밝고 새로우며 고와서 아름다운 풍경을 매우 정교하게 그린 것이 생동적이다. 한편 사령운의 시가 자신의 성정과 경치가 어지러이 어우러져 있어서 좀 번다한 결점을 극복하였다는 점이 돋보인다고 할 수 있다. 그는 비교적 새로운 시체의 기법을 잘 운용하여서 정교한 자연경물을 묘사하는 가운데 자신의 정감을 잘 융합하여서 정경교융情景交融의 경계를 획득하였다고 할 만하다. 그의 시 스

60 淸王闓運, 『八代詩選』의 '新體詩' 항목 중에 14수의 시가 선별되어 있다.

61 南宋 시인 趙士秀는 「秋夜偶成」에서 "玄暉詩變有唐風."라고 하였다. 『歲寒堂詩話』, "詩至齊·梁, 原漢·魏·三唐一大轉關處, 謝詩上攀魏晉, 下開陳·隋, 至淸新諸什, 又盛唐之嚆矢也."

62 沈約의 말이다. 『南齊書』「謝朓傳」에 나온다. 또 梁武帝蕭衍에는 "不讀謝詩三日, 覺口臭."라고 하였다. 『太平御覽』 권367에서 『談藪』를 인용하였다.

타일은 한마디로 맑고 아름다우면서 간략하다. 이전에는 그의 시를 마치 "꽃이 막 피어난 듯, 달이 막 차오른 듯, 느긋하면서 원만한 기운이 사람들의 영혼을 취하게 하는 것 같다.(花之初放, 月之初盈, 駘蕩之情, 圓滿之輝, 令人魂醉.)"[63]고 평가하였다. 그의 시에 묘사되어 있는 경물이 서로 떨어져 있지 않고 시인의 정감과 하나로 어우러져 있었으니, 이것이 사조 시가가 우량한 전통을 세웠다고 평가하는 것이다. 산수시가 사혼謝混으로부터 기원하여서 사령운에 이르러 흥성하고, 사조에게서 한층 더 발전하는 전개 과정을 거쳤다고 할 수 있다. 이러한 과정의 3단계는 그야말로 사謝씨 집안 사람들에 의해서 산수시가 발전하게 되었다는 점을 설명하는 것이기도 한다.

7. 유신庾信과 남북조南北朝 문풍의 융합

위진남북조 문학의 성과는 주로 남조에서 이루어졌다. 북조는 단지 위魏 효문제孝文帝가 한족漢族의 문화를 적극적으로 받아들이는 것을 추진한 이후에야 미개함을 깨치고 문화도 점차 자신들만의 특색을 갖추기 시작하였다. 북제北齊와 북주北周 시기에 이르러서 문학 창작 역시 비교적 양호한 성과를 이루게 되었다. 남조와 북조 문학의 발전을 비교해 보면, 북조는 효문제 이후 점차 상승하는 추세를 보였다.[64] 남조와 북조가 정치적으로는 오랜 기간 동안 대립하는 상황이었지만, 문화적인 교류는 빈번하게 이어졌다. 북조 문학의 전반기는 남조 문학의 영향 아래에서 발전할 수 있었으며, 남조 문학 역시 북조로부터 일정 정도 영양분을 공급받았다. 역도원酈道元의 『수경주水經注』에 많은 남조의 저작들이 인용되어

63 方東樹, 『昭昧詹言』, 人民文學出版社, 1961년.
64 曹道衡, 『南朝文學與北朝文學研究』, 江蘇古籍出版社, 1998년.

있는 것으로 보아 당시 남북 간 문화의 전파는 정상적으로 이루어지고 있었다는 것을 알 수 있다. 남조와 북조의 문학은 각각 특색을 가지고 있다. 남방 문학은 음악성이 뛰어나 맑고 아름다운 스타일을 중시하였고, 북방 문학은 글귀가 강직하여 소박한 기질을 중시하였다.[65] 만약에 남방과 북방 두 지역의 문화가 합류하였다면 그 성과는 매우 훌륭한 결과를 낳았을 것이다. 유신庾信은 이러한 문화적인 배경 아래에서 나타난 것이다.

유신은 남방에서 태어났다. 일찍이 부친인 유견오庾肩吾와 서리徐摛·서릉徐陵 부자와 함께 '서유徐庾'라고 불렸다. 양梁나라 태자 소망蕭綱의 휘하에 있으면서 염체시艶體詩를 지어 한 시대를 풍미하였다. 그런데 유신이 554년(승성承聖 3)에 사신으로 북방의 서위西魏에 갔는데, 갑자기 강릉江陵 땅이 함락당하고 장안長安에 사로잡히게 되었다. 이후 나라가 망하자 나그네가 되어 버린 원한과 고향에 대한 그리움이 그의 시가에 주요 주제가 되어 시의 스타일도 크게 변하였다. 유신은 남조 시기 이미 시인으로서 명성을 떨치고 문학 창작 경험도 풍부하여 자기 나름의 뛰어난 창작 기법도 가지고 있었다. 그런데 그가 북방에 들어간 이후 글 쓰는 태도를 바꿔서 사물을 묘사하고 자신의 감정을 그리는 것이 모두 남방과 북방의 서로 다른 스타일이 함께 나타나게 되었던 것이다. 오늘날 섬서성陝西省과 감숙성甘肅省 같은 북방의 광막한 들판은 남방에서 풀이 우거지고 새들이 날고 꽃과 나무가 무성하게 자라는 것과 달라서 시인들은 웅건한 필치로 북방의 사물들을 묘사하였다. 유신은 처음부터 끝까지 북방의 문화와 사물들에 대하여 부정적이었기 때문에 그가 북방에 대하여 그린 것 역시 처음부터 끝까지 슬프고도 생경한 느낌으로 일관하고 있다. 이러한 슬프고도 생경한 느낌이 그의 시가에 강하게 풍기고 있다. 그의 시 스타일은 굳센 가운데 아름다움이 어우러져 있으니, 남방과 북방

65 『北史』「文苑傳序」, 中華書局, 1974년 표점본, 2,781-2,782쪽.

어디에도 그와 같은 스타일의 작품은 없다. 그러므로 그의 시가를 읽어 보면 맑고 신선하면서도 노련한 성취를 느낄 수 있다.[66] 남방 출신으로서 북방에 들어가 몸이 억류되어 북방에서 벼슬에 올랐으니, 유신의 후반부 인생은 치욕스러워 매번 부끄럽게 여겼기 때문에 "하는 말마다 위험하고도 고통스럽지 않은 것이 없었으며, 오로지 늘 슬프다고 하였다.(不無危苦之辭, 惟以悲哀爲主.)"[67] 이것은 유신의 후반부 인생을 일컫는 사상과 감정이었다. 유신 시가의 언어는 매우 잘 다듬어져서 전고 사용에 능란하고 사물 하나하나가 어느 때 어느 장소에 있든지 간에 그의 시가에 녹아들어서 마치 그가 고향을 떠나 헤매는 느낌을 잘 그려내고 있는 것과도 같다. 유신의 시가는 남방과 북방의 문화 교류가 낳은 결과물이다. 그가 북방에 들어간 다음 수십 년 동안은 북조 문학이 남조의 문학 스타일을 탈피하고 자신만의 독특한 특징을 갖추고 제재나 스타일 방면에서 이미 남조 문학을 뛰어넘는 성취를 이룬 때였다. 북조 문학의 발전을 추동하고 당대唐代 문학을 열게끔 한 것이 유신의 탁월한 공적이라고 할 수 있다.

8. 좌사左思와 포조鮑照: 한사寒士 시가 전통의 건립

위진남북조는 문벌 귀족사회로서 대대로 이어진 귀족 세력이 정치와 경제적인 특권을 농단하였을 뿐만 아니라 문화적으로도 사정이 다르지 않았다. 이 시기 문학 발전의 주요한 맥락은 기본적으로 세족 집안 출신의 문인들이 주도권을 장악하였다. 그러나 이들 주류에서 벗어나서 좌사左思와 포조鮑照 같은 이들의 시가에는 문벌 귀족 세력에 막혀서 벼슬에 오르지 못한 선비(寒士) 계층의 문학 전통이 잘 나타나 있다. 이것이 위진

66 杜甫, 「春日憶李白」, "淸新庾開府." 「戲爲六絕句」, "庾信文章老更成, 凌雲健筆意縱橫."

67 庾信, 「哀江南賦序」, (淸)倪璠, 『庾子山集注』에 나온다. 許逸民校點, 中華書局, 1980년.

남북조 문학이 발전하는 가운데에서 담고 있는 사상 내용과 강인한 스타일 부분이다.

좌사는 제齊나라 임치臨淄(지금의 산동 치박淄博) 사람으로 대대로 유학을 익힌 집안 출신이다. 272년(진무제晉武帝 태시泰始 8)에 그의 누이동생 좌분左棻이 궁궐에 들어가 귀빈貴嬪이 되었다. 그래서 집을 낙양으로 옮겼다. 낙양은 서진西晉의 도성이었다. 더욱이 280년(태강太康 원년)에 무제武帝가 오吳나라를 쳐서 항복을 받은 다음 한나라 말기 이후의 영토가 더욱 분열되어 나누어지게 되자, 낙양은 명실상부하게 중국 전체의 정치·경제·문화의 중심이 되었다. 세상 사람들이 모두 낙양에 몰려들었고, 각지에서 몰려온 문인들은 시를 짓고 술을 마셨다. 그들이 어울려 교류하면서 문장이 부흥하였던 태강의 문학이 성황을 이루게 되었다. 좌사는 낙양에서 지내는 10년 동안 구상하였던 「삼도부三都賦」를 완성하였다. 이것을 본 당시의 문학 영수 장화張華가 "반고班固와 장형張衡의 작품에 버금간다.(班張之流)"[68]고 찬탄할 정도였다. 이로부터 이름이 도성에 알려지게 되어서 그의 글을 베끼느라 낙양의 종잇값이 올랐다는 말이 생기게 되었다. 그 역시 당시의 문단활동에 참여할 수는 있었다.[69] 그렇지만 그는 낮은 신분 출신이었기 때문에 끝내 상류 귀족 집단에 진입하지는 못하여 정치적으로 높은 자리에는 기용되지 못했다. 그러한 자신의 신분으로 인해서 불합리한 정치 제도에 대한 강력한 비판의식이 생겼다. 그의 「영사시詠史詩」 8수가 바로 당시 사회를 비판한 대표적인 작품이다.

역사적인 사실을 골라서 현실 사회를 비판한 태도 자체가 창작 유형의 하나라고 할 수 있다. 시가에서 역사 사실을 다룬 것은 반고班固가 일찍이 시도한 것이었다. 한위漢魏 시기 조조·왕찬·조식 등에게도 그러한

---

68 『晉書』 本傳, 中華書局, 1974년 표점본.

69 그가 만약에 賈謐에게 『漢書』를 말했다면, 또 가밀의 二十四友 중 한 사람이 되었을 것이다. 『晉書』 「左思傳」 참조.

시가가 있다. 다만 역사 사실을 위주로 한 것이지 좌사처럼 역사 사실을 빌어서 자신의 심정을 읊은 것은 아니었다. 좌사의 경우, 역사 사실과 자신이 긴밀하게 연계되어서 옛 사람의 재능과 감정 그리고 처지를 모두 자신의 느낌과 의론 대상의 착안점으로 삼았던 것이다. 「영사시」 8수는 다른 시기와 다른 장소에서 쓰인 것으로서 역시 다른 느낌을 갖게 하는 시가 작품이라고 할 수 있다. 다만 좌사가 사건을 끌어다가 이야기를 이끌어 가는 중심에는 매우 집중적이며 선명한 주제의식이 있다. 제1수는 실제로 역사를 읊지는 않고 자신의 재능과 공을 세우고자 하는 포부를 묘사하고 있어서 자신이 공을 세워도 작위를 받지 않을 것이라는 고매한 의지를 나타내고 있다. 그러나 이러한 포부는 현실 가운데에서 실현할 수 있는 기회조차 얻지 못한다. 그리하여 제2수에서는 산꼭대기에 자란 풀의 싹이 계곡 바닥에서 무성하게 자란 소나무를 압도한다는 비유를 통해서 귀족 집안의 자제는 높은 자리에 오르고 뛰어난 재주가 있는 이는 낮은 벼슬에 머물러야 한다는 결론을 지었다. 역사 사실로는, 한나라 때 김일제金日磾나 장탕張湯 같은 이들은 높은 가문이라는 이유로 거듭 번성하였고, 풍당馮唐 같은 이는 늙을 때까지 낭관郎官이라는 낮은 벼슬에 머물러야만 했던 사례를 들었다. 그 다음 시도 대개 비슷하다. 좌사가 과거 역사를 가지고 지금을 빗대어 노래한 것은 실로 영회시詠懷詩와 다르지 않다. 옛날과 지금을 비교하여 옛 사람의 일들을 현실에 빗대어서 문벌 제도가 공고했던 서진西晉 시대를 좌사는 강력하게 비판하였으며, 이로부터 한미한 집안 출신의 시인이 기존 세력을 비판하는 '한사문학寒士文學'으로서 시가 전통이 세워졌다고 할 수 있다. 재미있는 것은 좌사의 작품이 귀족 집안 출신이거나 한미한 집안 출신의 문인들 모두에게 높은 평가를 받았다는 것이다.[70] 좌사로부터 시작된 한사문학 전통은 남조의 포조鮑照가

70 鍾嶸 『詩品』에는 謝靈運을 인용하여 "左太冲詩, 古今難比."라고 하였다. 謝靈運은 높

계승하였다. 좌사와 마찬가지로 포조 역시 비범한 문학 재주를 가지고 원대한 포부를 품고 있었다. 그러나 한미한 출신이라는 이유 때문에 상류 귀족사회에 받아들여지지 못했다. 그는 시·문·부賦에 모두 뛰어나 세상에 이름을 떨쳤으며, 당시뿐만 아니라 후세 문학사에도 큰 영향을 끼쳤다. 두보杜甫 역시 그를 칭찬하여 '뛰어난 포조(俊逸鮑參軍)'라고 평할 정도였다. 그런데 그는 평생토록 낮은 벼슬에 머물면서 통치계급 내부의 갈등에 말려들어 있었고 끝내 전란의 와중에서 죽음을 맞았다. 포조가 평범하지 않은 의지와 굳센 기질을 가지고 불합리한 문벌 제도에 대하여 비판을 가하였던 점은 좌사를 뛰어넘었다고 할 수 있다. 그의 작품 가운데 귀족 문벌 제도에 대한 비판이 곳곳에 보인다. 「대백두음代白頭吟」에서는 "곧기는 붉은 실로 된 끈과 같고, 맑기는 옥주전자의 얼음과 같네. …… 곡식의 싹을 먹어 대는 것은 큰 쥐와도 같고, 흰 옥에 흠집을 내는 것은 참으로 파리 떼와도 같네.(直如朱絲繩, 淸如玉壺冰 …… 食苗實碩鼠, 玷白信蒼蠅.)"라고 하였다. 붉은 실로 된 끈은 자신의 정직함을 비유한 것이고, 옥주전자의 얼음은 자신의 곧은 인품을 비유한 것으로 당시 파리나 개와 같이 이들을 감싸는 소인배들은 쥐나 파리 같다고 통렬하게 비판한 것이다. 「과보산갈문瓜步山楬文」에서 포조는 과보산瓜步山을 비유로 들어서 "과보산은 역시 강중 땅의 작은 산이다. 다만 형세 때문에 높아 보일 뿐이다. 빼어나게 웅거하여 맑고 높게 멀리 있는 것처럼 보이는 것이며, 기이하게 수려해 보인 것 역시 그것이 처해 있는 형세가 그렇게 보이도록 한 것이다. 그러므로 본디 재주가 많고 적은 것은 형세가 갖추어졌는지 그렇지 않은지보다도 훨씬 못한 것이다.(瓜步山者, 亦江中眇小山也. 徒以因迥爲高, 據絕作雄, 而凌淸瞰遠, 擅奇含秀, 是亦居勢使之然也. 故才之多少, 不如勢之多少遠矣!)"라고 하였다. 그는 마음속으로 느끼고 있던 울분을 시가로 표출하

은 귀족 집안 출신인데, 左思의 시에 대하여 매우 칭찬하였다.

였다. 또 「의행로난擬行路難」 제4수와 제6수에서는 문벌 제도로부터 압박을 받아야 하는 한미한 집안 출신의 지식인의 형상을 잘 그려냈다. 그들 시에는 문벌사회에 대한 불만과 투쟁 의식이 그득하다.

남조 시기 한사문학은 좌사와 포조의 시 작품을 통해서 귀족 출신뿐만 아니라 한미한 집안 출신의 시인들 목소리를 들을 수 있다. 당시 사회 속에 묻혀 버린 그들의 재능은 극도로 불합리한 제도의 모순을 보여 주는 것이었다. 그들의 창작은 역시 후세에 불우한 시인들을 새로운 길로 이끌어 주었다. 따라서 중국 문학사에 한사문학이라는 귀중한 전통을 세웠다고 평가할 수 있다.

中華文明史
제2권 下

제9장

예술의 전면적인 번영

진한 위진남북조 시기에는 조각, 회화 그리고 서법書法을 대표로 하는 예술이 전면적으로 번영하는 단계에 접어들었다. 양적으로 번성하였을 뿐만 아니라 내용적으로도 풍부하였으며, 기예의 수준도 모두 놀라울 정도로 발전하였다. 이러한 국면에 진입하게 된 것은 수천 년 동안 중화문명이 누적된 결과이다. 동시에 사회가 변화 발전하고 사상적으로 자유스러워지면서 가능했던 것이다. 이 시기에는 인도로부터 불교가 유입되어 중화예술의 형식과 내용을 더욱 풍부하게 하였고, 인문정신을 각성케 하였다. 최종적으로 예술이 실용의 단계에서부터 자각의 단계로 나아가는 역사적인 발전 단계를 거쳐서 이후 시대의 예술 발전에 커다란 영향을 끼쳤다.

제1절

예술의 새로운 국면이 열리다

1. 인간을 중심으로 하는 예술의 스타일이 형성되다

신석기 시대의 채색 토기는 질박하고도 자연스러운 아름다운 예술미를 품고 있다. 그런데 그것의 제재나 내용은 매우 제한적이다. 하상주夏商周 3대에는 문화예술을 통치자만이 향유하였던 것으로 종법제도와 종교적이면서 무속적인 영향이 강하였다. 이 시기 청동기는 대체로 사냥을 하거나 신비한 점술에 쓰였다.[1] 전국戰國 시대에 이르러서 사회적으로 크게 변혁을 맞았다. 인간 가치에 대한 인식이 증대되었고, 인간 활동을 묘사하는 그림도 점차 증가하였다. 스타일 역시 매우 생동적으로 변모해 갔다. 발전을 거듭하여 진한 위진남북조 시기에 이르자 중국 고대 예술, 특히 회화와 조각 그리고 서법에서도 마침내 휘황찬란한 발전을 이루어 중국 고대 문명사에 있어서 빛나는 한 시기를 맞이하였다.

진한 위진남북조 시기의 예술품들이 실제로 지금까지 남아 있는 것이 매우 적어서 아무리 그때의 자취를 이모저모 직접 살필 수 없다고 하더라도 그들의 웅대함이나 아름다움은 우리들을 놀라게 하기에 충분하다. 그

1 李澤厚,『美的歷程』修訂插圖本, 天津社會科學院出版社, 2001년, 제2장, 47-64쪽 참조.

가운데에서 웅장한 기세의 진시황릉의 병마용兵馬俑, 곽거병霍去病 묘소 앞에 있는 자연스럽고 생동적인 동물 석상, 마왕퇴馬王堆 한묘漢墓에서 관을 장식하고 있던 기괴한 모양의 비단 그림, 운강雲崗이나 용문龍門 석굴 같은 곳의 신묘한 불타의 석상, 돈황 막고굴의 광채가 날 정도로 화려한 동굴벽화, 글씨 잘 쓰기로 유명한 왕희지王羲之와 왕헌지王獻之 부자의 호탕하고도 세속의 먼지를 쓸어버릴 듯한 신비한 글씨 등. 이뿐만 아니라 수량도 많고 내용도 풍부한 그림이 그려진 석상이나 벽돌, 무덤의 벽화, 무덤에 부장된 그릇이나 석상 등 많이 있다. 이밖에도 사람들이 살던 건축물과 화려한 장식의 그림도 있고 일상생활에서 쓰던 여러 종류의 그릇이나 구리 그릇·도자기·칠기 그리고 직물 위에 새겨진 꽃 모양의 도안 등과 중국 서법 예술이 얼마나 발전하였는지 짐작할 수 있는 비단·비각碑刻·도장 등도 있다. 이들은 모두 가지각색의 형태로서 다양한 색채를 띠고 있다. 이들 예술품들의 형상은 그 당시 사람들의 세계관과 환상적으로 펼쳐진 무한의 상상이나 느낌을 잘 그려내고 있을 뿐만 아니라 동시에 당시 인간들의 심미적인 취향을 알 수 있게 해 준다.

진한 위진남북조 시기, 중국 고대 예술의 내용과 형식은 위로는 선진先秦 시기를 계승하고 아래로는 수당隋唐 시기로 이어지는 발전의 맥락 안에서 중대한 변화의 양상을 띠고 있다. 이러한 변화를 대략 개괄해 보자면, 다음과 같은 특징을 들 수 있다. 첫 번째는 조형 예술에 있어서 인간을 근본으로 하는 예술 스타일이 형성되었다는 것이다. 두 번째로는 외국의 예술 양식이 중국 본토로 들어왔다는 것이다. 세 번째는 실용적인 방면의 예술로부터 순수 예술의 방향으로 전환해 갔다는 것이다.

2. 신神을 기리던 제단에서 내려온 민간예술

앞서 말했던 것처럼, 청동기는 하상주 3대에 일반적으로 보급되고 그 특성을 발휘한 예술 매체였다. 다만 대체로 그것은 조상과 하늘에게 제사를 올리기 위해서 만든 예기禮器로 쓰였다. 그 표면의 무늬는 상상 속의 동물인 도철饕餮을 그린 것이 주류로서 신비하고도 공포스러운 분위기를 드러내고 있다. 확실히 이것은 종법제도와 종교적인 무속을 주재하는 신비주의 예술의 한 형태라고 할 수 있다. 대략 춘추전국 시기에 시작되어서 종법제도의 세습이 점차 와해됨에 따라 인간 자아의 가치를 인식하기 시작하면서 현저한 변화가 나타났고, 인간의 형상과 인물을 묘사한 그림이 점차 많아지기 시작했다. 이러한 현상이 진한 위진남북조 시기에 이르면 예술 작품의 주류를 이루었다. 예를 들면 묘지의 부장품으로 가장 많이 쓰이던 인형으로는 무사 · 문인 · 의장대 · 시중드는 사람 · 노동자 · 노래하고 춤추는 이 등이 많아졌고, 벽에는 현실 생활에서 볼 수 있는 여러 종류의 사람들이 주로 그려졌다. 지상의 궁궐이나 지하 묘지에 함께 묻었던 벽화들에도 사람들의 일상 생활 장면이 주로 그려져 있다. 신령스러운 장면이 있다고는 하지만, 역시 대부분은 사람들을 대상으로 한 것이다. 예를 들면, 한漢과 진晉나라 때 유행하던 서왕모西王母는 이미 선진 시기 옛 책 가운데에서는 호랑이 이빨과 표범의 꼬리를 하고 있었던 것에서 자애로운 어머니의 형상으로 변하였다. 화하華夏민족의 시조로 여겨지는 복희伏羲와 여와女媧는 뱀처럼 꼬리를 길게 늘어뜨리고 있는 점을 제외하면 사람과 똑같이 그려졌다. 불교 조각상의 경우에도 불타나 보살 역시 사람의 모습으로 묘사되었다. 사람들이 인간의 형상을 신령에게 부여한 것으로서 인간의 가치와 존귀함을 그렇게 표현했던 것이다.

3. 불교 예술의 유입과 중국화

두 번째 특징으로, 외국으로부터 예술의 형식과 제재가 널리 유입되었다는 것이다. 전한에서 후한으로 교체되는 시기, 불교가 중국에 들어오기

전에 중국의 고대 예술은 기본적으로 독립적으로 발전해 왔다고 할 수 있다. 불교가 중국에 들어온 이후, 불교 석상이나 석굴벽화 같은 예술 형식과 내용이 점차 일반인들에게 받아들여지게 되었을 뿐만 아니라 서서히 일반인들의 생활 방면에 스며들었다. 이밖에 마니교摩尼敎나 천교祆敎 등도 예술품을 남겼다. 불교의 내용과 예술 형식은 외국으로부터 들어온 것이지만, 유가儒家를 주류로 삼았던 문화 전통 아래에서 점차 중국식으로 변화해 갔다. 따라서 중국식의 불교 예술이 점차 자리를 잡아 갔다.

4. 인문주의의 각성과 예술의 자각

세 번째 특징은 예술에 대한 자각이다. 대략 동한 후기에서 시작되어서 위진남북조 시기에 이르러서 본격적으로 시작되었다고 할 수 있다. 전통적인 유가의 경학이 쇠락하고 현학玄學이 일어나면서 문학과 예술에 대한 자각이 나타나게 되었다. 선진 양한 시기의 예술품들은 그 가운데에 인간의 미적 추구가 포함되어 있다고는 하지만, 예술을 위한 예술로서 감상하고 창작된 예술품은 그다지 많지 않았다. 동한 후기로부터 위진남북조 시기가 되면 오로지 감상을 위하여 창작되는 서예 작품과 서법 이론이 나타났고, 왕희지와 같은 서예의 대가도 탄생하였다. 이런 식의 예술에 대한 자각이 나타나자 이후 시대의 예술 발전과 번영에도 커다란 영향을 끼치는 획기적인 시대적 의의를 띠게 되었다.[2]

2 李澤厚 · 劉剛紀 主編, 『中國美學史』 제1 · 2권, 中國社會科學出版社, 1984 · 1987년, 葉朗, 『中國美學史大綱』, 上海人民出版社, 1995년 참조.

제2절

건축 예술의 웅장한 아름다움과 매력

1. 웅장하지 않으면 위엄이 없는 것이다

항우項羽와 유방劉邦이 쟁패를 겨룬 다음 얼마 지나지 않아서 B.C.199년(고조高祖 8)에 소하蕭何가 중심이 되어서 장안성長安城 미앙궁未央宮의 북궐北闕·동궐東闕·전전前殿·무고武庫 등을 세웠다. 전전前殿은 미앙궁의 '대조정전大朝正殿'으로서 크고 웅대하게 지어졌다. 유방이 이것을 보고 꾸짖자, 소하가 이유를 설명하여 "장엄하고 화려하지 않으면 위엄이 있을 수 없으며, 또 후세에 남길 만한 것이 없게 됩니다.(非壯麗無以重威, 且無令後世有以加也.)"(『사기』「고조본기高祖本紀」)라고 하였다. 여기에서 후세에 남길 만한 것이 없게 된다고 한 것은 일종의 핑계로 말한 것이다. 유방의 자손인 한 무제의 경우 대대적으로 궁전을 건설하고 대규모 정원을 갖추는 일이 일찍이 있었다. 실제로 역대 제왕들은 사치스럽고 웅장한 건축물을 지으려고 하지 않은 이가 없었다. 더욱이 진한秦漢 시대는 통일제국이라는 명분을 내세워서 도성·궁전·정원·능묘를 건축하는 데에 있어서 웅대한 것을 최고로 여겼다. 그래서 이 시기 건축물의 스타일은 큰 것을 으뜸으로 여겼던 것이다.[3]

2. 진한 건축의 웅대한 기상

진秦나라 도성인 함양咸陽에서는 처음으로 위수渭水 북쪽 들판에 건축물을 지었다. 진나라가 통일을 이룬 다음에는 도성을 위하渭河의 남쪽 지역까지 규모를 넓혔다. 그리고 "하늘을 본받고 땅을 형상한다.(法天象地)"는 관념에 따라 건설 계획을 세워서 위수는 수도를 관통하여 은하수를 형상하며, 가로지른 다리는 남쪽으로 건너가는 견우를 본떠서 만든 것으로 고대 동양의 대도회지의 모범이 되었다. 진나라 수도 함양과 부근에 건설된 건축물의 규모에 관하여 사마천은『사기』「진시황본기」에서 "함양 부근 200리 안의 궁관 270리를 복층의 길인 복도複道와 담을 양쪽에 쌓아 만든 용도甬道를 서로 연이어 건설하고, 휘장, 종이나 북, 미인들을 그 안에 두었다.(咸陽之旁二百里內, 宮觀二百七十, 複道甬道相連, 帷帳鐘鼓美人充之.)"고 하였다.『삼보황도三輔黃圖』권1에는 다음과 같이 기술하였다.

> 북으로는 구준과 감천에 이르고, 남쪽으로는 장양과 오작에 이르고, 동쪽으로는 황하에 이르고, 서쪽으로는 견수와 위수가 교차하는 데까지 다다랐다. 동서로 800리이고 이궁과 별관이 줄곧 연이어 있을 정도이다. 나무는 비단으로 둘려 있고, 땅은 붉은 자줏빛 색으로 덮여 있다. 궁녀들은 옮겨 다니지 않고 한 곳에 있으니 1년이 다 지나도록 돌아갈 줄 모르며 두루 돌고자 할 수도 없다.(北至九峻·甘泉, 南至長楊·五柞, 東至河, 西至汧渭之交, 東西八百里, 離宮別館相望屬也. 木衣綈綉, 土被朱紫, 宮人不徙, 窮年忘歸, 猶不能遍也.)[4]

---

3 儀平策,『中國審美文化史 · 秦漢魏晉南北朝卷』, 山東畵報出版社, 2000년 참조.

4 秦末漢初 佚名撰, 何淸谷 校注,『三輔黃圖校注』, 三秦出版社, 1994년.

오랜 고고학적인 조사와 연구에 의하면, 진나라 도읍 함양은 확고한 성곽이 없었으며, 규모가 거대한 조궁朝宮 · 침궁寢宮 · 후궁後宮 · 관서官署 등으로 그 중심 구역이 구성되어 있고, 근교와 멀리 있는 현縣에 이궁과 별관이 포진해 있었다. 조궁과 후궁의 건축물로는 함양궁 · 6국궁전六國宮殿 · 아방궁 등이 유명하다. 함양궁은 조회를 거행하는 정전으로서 "북쪽 능에 연이어서 궁전을 짓고, 궁전 남쪽의 정문인 단문端門이 사방으로 뻗어 있는데, 자궁紫宮에 준하여 지은 것으로 천제天帝가 주거하는 제거帝居를 모방한 것이다.(因北陵營殿, 端門四達, 以則紫宮, 象帝居.)"(『삼보황도三輔黃圖』 권1) 당시 여러 중대한 정치적인 사건 가운데 형가荊軻가 진왕을 죽이려고 했던 것이나, 분서갱유焚書坑儒와 같은 일이 여기에서 벌어졌다. 진나라 함양궁의 유적지는 이미 발견되었다. 발굴된 3곳은 흙으로 좀 높이 쌓은 대에 웅장한 규모였다. 주된 건축물은 둘레가 3층 회랑으로 된 누대식이다. 남아 있는 벽에는 벽화가 그려져 있어서 당시의 화려하고 사치스러웠던 정황을 상상할 수 있다. 6국궁전은 후궁의 하나이다.

> 진나라는 매번 제후들을 멸망시킬 때마다 그들의 궁실을 모사하여 함양의 북쪽 언덕에 두었다. 남쪽으로는 위수에 임하고 옹문에서부터 동쪽으로 경수와 위수에 다다르기까지 전실殿室의 복도가 전각의 둘레에 이어 있다. 제후들에게서 차지한 미인들과 악기를 그곳에 두었다.(秦每破諸侯, 寫放其宮室, 作之咸陽北阪上, 南臨渭, 自雍門以東至涇 · 渭, 殿屋複道, 周閣相屬. 所得諸侯美人 · 鍾鼓以充之.)(『사기』「진시황본기」)

아방궁은 위수 남쪽 상림원上林苑에 있었다. 살펴보니, 진 제국의 새로운 정치 중심으로서 "너비가 300여 리이고 이궁과 별관이 산에까지 닿아 계곡을 뛰어넘었다. 황제 전용도로는 줄곧 이어져 있고, 각도閣道가 여산廬山까지 이어져 있는 것이 80여 리이다. 종남산終南山 꼭대기에 표시하고 번천까지 이어지는 못을 만든다.(恢弘三百餘里, 離宮別館, 彌山跨谷, 輦道相續, 閣道通驪山八十餘里, 表南山之巓以爲闕, 絡樊川以爲池.)"(『삼보황도』 권1)고 할 정도였다. 나중에 진나라가 멸망하자, 이 청사진은 실현되지 못했다. 다만 아방궁의 궁전 건축 가운데 전전前殿 같은 것은 이미 일정한 규모를 갖추고 있었다. 『사기』「진시황본기」에는 다음과 같이 기술하였다.

> 우선 전전을 아방궁에 지었다. 동서로 500보, 남북으로 50장丈, 위에는 1만 명이 앉을 수 있고, 아래에는 5장丈 크기의 깃발을 세웠다. 둘레에 각도閣道를 만들어 전殿 아래부터 곧장 남산에까지 다다르게 했다. 남산 꼭대기에 궐루闕樓를 세워 표지로 삼았다. 복도를 지어서 아방궁에서 위수를 건너 함양까지 이르게 하였으니, 북극성과 각도성이 은하를 건너서 영실성營室星까지 이르는 것을 상징하였다.(先作前殿阿房, 東西五百步, 南北五十丈, 上可以坐萬人, 下可以建五丈旗. 周馳爲閣道, 自殿下直抵南山. 表南山之巓以爲闕. 爲複道, 自阿房渡渭, 屬之咸陽, 以象天極閣道絶漢抵營室也.)

고고학 조사에 의하면 아방궁 유적은 대략 15km²에 달하며, 현재까지 보존되어 있는 지상의 판축版築 기층 부분은 20개이다. 그 안에 아방궁 전전 유적의 규모가 가장 크다. 전전 유적은 장방형의 너른 판축에 세워진 높은 대이다. 동서의 길이가 대략 1,320m이고, 남북의 폭은 대략 420m로서 가장 높은 부분은 지표면에서 7~10m 이상 높이로 돋아져 있다. 이것은 역사서에서 기록하고 있는 것보다 큰 규모이다.[5] 진나라 궁전이 웅대하고 아름다운 것은 후세의 문인들이 줄곧 노래해 오던 것이다. 아방궁은 진시황릉이나 만리장성과 함께 진나라 건축에 있어서 3대 기적과도 같다.

진나라 수도 함양은 진나라 말기 크게 불이 나서 없어졌다. 만리장성도

5 王學里, 『咸陽帝都記』, 三秦出版社, 1999년.

세월이 많이 흘러 무너져 버렸다. 그런데 진시황릉의 높은 봉분은 지금까지도 우뚝 솟아 있다. 특히 병마용갱과 능원陵園 등 건축물들에 대한 고고학적인 발견은 2천 년이 지난 오늘날에도 세상을 깜짝 놀라게 할 만큼 대단한 기상을 보여 주고 있다. 사마천은『사기』「진시황본기」에서 다음과 같이 기술하였다.

> 진시황은 즉위하자마자 여산에 공사를 벌였다. 천하를 평정한 다음에는 천하에서 이송되어 온 70여만 명의 사람들을 시켜서 땅 깊이 샘이 나오는 데까지 파서 구리를 붓고 외관을 설치하였다. 모형으로 만든 궁관宮觀, 백관百官, 기이한 그릇, 진귀한 물건들을 잔뜩 채웠다. 장인들에게 자동으로 발사되는 활을 만들게 하여서 다가오는 자는 쏘아 버리게 하였다. 수은으로 온갖 내와 강 그리고 바다를 만들고, 기계로 수은을 넣어 흐르게 하였다. 위는 하늘의 문양을 갖추고, 아래로는 땅의 지리를 그려 넣었다. 인어의 기름으로 양초를 만들어 오래도록 꺼지지 않게 하였다.(始皇初即位, 穿治驪山, 及並天下, 天下徒送詣七十萬人, 穿三泉, 下銅而致槨, 宮觀百官奇器珍怪徙臧滿之. 令匠作機弩矢, 有所穿近者輒射之. 以水銀爲百川江河大海, 機相灌輸, 上具天文, 下具地理. 以人魚膏爲燭, 度不滅者久之.)

진시황의 지하 궁전은 아직 발굴되지 않았다. 고고학 조사와 발굴에 의하면 진시황릉의 규모와 매장 유물은 역사서에 기재되어 있는 것보다 훨씬 양이 많을 것이라고 한다. 진시황릉 지역은 56km^{2}로서 거대한 능의 언덕을 중심으로 이중의 성벽을 쌓아 남북으로는 길고 동서로는 넓게 하였으며, 면적은 212만여m^{2}에 달하는 '회回' 자 모양을 하고 있는 능원이다. 능원 안팎에는 높다랗고 웅장한 침전寢殿·편전便殿·관서官署와 같은 건축물이 있고, 땅 아래에는 100여 개의 매장된 항아리와 부장품을 넣은 묘가 있다. 그 가운데에서 이미 발굴된 병마용갱兵馬俑坑·동거마갱銅車馬

坑 · 마구갱馬廏坑 · 돌로 만든 갑주갱甲冑坑 · 진금이수갱珍禽異獸坑 · 문관용갱文官俑坑 · 백희용갱百戲俑坑 · 동학갱銅鶴坑 등이 거대한 규모로 풍부하게 매장되어 있다. 그 가운데에서 삼좌병마용三座兵馬俑은 전체 면적이 20,780m^{2}에 달하고 거의 1만 명 정도의 사람 토용과 실제 말 크기의 병마용이 매장되어 있다. 진나라의 병마용이나 도성 · 궁전 · 능묘 건축은 웅대하고 아름다워서 황제가 드러내야 할 위용을 상징하기에 알맞으니 제국 통치자의 정신적인 지주라고 할 만하다.[6]

서한西漢 건국 초기는 진나라가 망한 교훈을 잘 받아들여서 백성들을 여유롭게 쉴 수 있도록 하는 정책을 실시하여 도성 · 궁실 · 능묘 · 원림園林 등을 건축하는 일을 자제하였다. 이것은 상대적으로 그렇다는 것일 뿐이다. 한나라의 장안성長安城은 크기가 36km^{2}에 이르며 그 가운데에서 미앙궁의 면적은 명청 시대 북경에 있는 자금성의 5배가 넘었다. 궁전의 전전前殿 역시 웅장하다. 장안성을 대규모로 증축한 것은 한 무제 때이다. 한 무제는 크고 내세울 만한 사업 일으키기를 좋아했다. 그래서 『삼보황도』 원서原序에서 "토목 공사는 진나라 때보다 2배나 크게 하여 도끼질 소리와 삼태기와 가래질하는 일들이 끊이지 않았다. 대개 자신의 개인적인 욕심을 부려서 세상에 자랑하고자 하였다.(土木之役, 倍秦越舊, 斤斧之聲, 畚鍤之勞, 歲月不息, 蓋騁其邪心以夸示天下也.)"고 하였다. 한나라 장안성의 궁실 건축은 미앙궁 이외에도 태후太后가 거처하던 장락궁, 비빈妃嬪들이 거처하던 북궁北宮 · 계궁桂宮 · 명광궁明光宮 등도 있다. 이들 궁전을 합하면 전체 성의 3분의 2 정도를 차지하는 것이다.[7] 그때를 회상해 보자면, 장안 도성은 높고도 으리으리한 성곽으로 둘러싸여 있고, 궁전은 마치 용의 비늘처럼 겹겹이 줄지어 있고, 거리에는 온갖 문양으로 화려하

6 陝西省考古研究所等, 『秦始皇帝陵園考古報告(1999)』, 科學出版社, 2000년.
7 中國社會科學院考古研究所編著, 『漢長安城未央宮』, 中國社會科學出版社, 1996년.

게 채색된 수레가 지나다니고, 시장은 활기차 떠들썩하니 참으로 활력이 넘치고 번화하였을 것이다. 이뿐만 아니라 한 무제는 장안성 서남쪽에 상림원上林苑을 지었다. 상림원 둘레는 수백 리나 되고, 그 안에는 전지滇池를 모방한 곤명지昆明池를 파고, 방장方丈 · 영주瀛洲 · 봉래蓬萊라는 세 섬을 만들어서 마치 신선이 사는 곳처럼 꾸몄다. 또 그 안 누대의 관각館閣은 수를 헤아리지 못할 만큼 많았는데, 그 가운데에서 건장궁建章宮은 전전前殿 아래에서 미앙궁을 바라보면, 그 부귀하고도 당당한 아름다움이 미앙궁을 압도할 정도이다.

서한 시대 황제는 살아서 이와 같았는데, 죽어서도 그의 능묘는 여전히 호화스러웠다. 위수 북쪽 황토 지대에 자리 잡은 서한 시대 황제의 능묘는 동서로 50여km 이어져 있다. 모든 황제의 능이 다 높다란 언덕과 같은데, 능 아래는 대규모의 지하 궁전이 조성되어 있고 그 안에는 진귀한 부장품이 묻혀 있다. 모든 황제 능의 지상에는 능궐陵闕 · 침전 · 편전 등이 세워져 있다. 능원 안팎에는 부장품이 묻힌 수백 개나 되는 갱이 있다. 거기에는 수레 · 사람 토용 · 짐승 토용 등이 묻혀 있고, 군대 · 관청 · 창고 등을 상징하는 표시가 있다. 황제 능 부근에는 수많은 황족들과 공신 혹은 장군과 재상들이 함께 묻혀 있다. 결론지어서 말하자면, 제왕들이 생전에 누렸던 영화로움과 부귀를 지하 세계에까지 가지고 가서 죽어서도 똑같이 누리고자 하는 것이었다. 서한 황제의 능원 규모나 모습은 이후 시대 황릉의 모범이 되었지만, 진시황릉의 규모만은 못하였다. 그렇지만 매우 호화로웠던 것은 마찬가지였다. 요사이 많은 조사와 발굴이 이루어진 한 경제漢景帝의 능을 예로 보자면, 능원의 규모가 10여km^2이고, 지하에 부장품 갱도 수백 개나 되어서 대량의 사람이나 동물 모양의 토용과 수레들이 발굴되었다.[8]

---

8 陝西省考古研究所編,『漢陽陵』, 重慶出版社, 2001년.

3. 건축 예술의 장식미

동한과 위진남북조 시기에 황제들은 하나같이 웅장하고 아름다운 건축물 짓는 일에 몰두하였다. 국력이 지난 황제 때에 비하여 못할 경우에는 좀 작게 짓기도 하였다. 이때부터 중국 고대 건축에서 온갖 사치를 다한다고 할 정도로 장식미를 추구하는 일이 비롯되었다고 할 수 있다. 중국 고대 건축에서 예술미를 중시하는 경향은 일찍이 상주商周 시대부터 있었다. 진한 위진남북조 시기에 이르러서는 문헌 기록이 많이 남아 있을 뿐만 아니라 지금까지도 남아 있는 지상 또는 지하 유물들을 많이 볼 수 있다. 앞에서 『삼보황도』에 진나라 때 궁전 건축에 대하여 "나무는 비단으로 둘려 있고, 땅은 붉은 자줏빛 색으로 덮여 있다."고 기술할 정도였다. 한 무제는 미앙궁을 더욱 화려하게 꾸몄다. 『삼보황도』 권2에 다음과 같이 기술되어 있다.

> 목란으로 마룻대와 서까래를 삼고, 은행나무로 기둥을 썼다. 금을 두른 휘장에 옥으로 된 문짝, 화려하게 조각된 서까래와 옥으로 된 주춧돌, 겹겹이 늘어서 화려하게 장식된 여러 추녀, 푸른 창과 붉은 벽, 왼쪽은 단풍나무이고 오른쪽은 평평하다. 구슬로 된 띠에는 황금 장식이 있고, 사이사이에 화씨和氏의 진귀한 구슬이 있다. 바람이 불면 그 소리가 영롱하다.(以木蘭爲棼橑, 文杏爲梁柱, 金鋪玉戶, 華榱璧璫. 雕楹玉碣, 重軒鏤欖. 靑鎖丹墀, 左槭右平. 黃金爲壁帶, 間以和氏珍玉. 風至, 其聲玲瓏然也.)

여기에서 알 수 있듯이, 그때의 건축 장식은 매우 화려했을 뿐만 아니라 비단 같은 것을 두르기도 하고, 아름다운 옥이나 금장식을 걸어 두어 화려함의 극치를 이루었다. 이러한 묘사가 후대 문인들의 작품에 잘 나타나 있는데 다소 과장되게 묘사하였다고 볼 수 있다. 다만 고고학적인 발굴을 통해서 보자면, 그럴 가능성은 충분히 있다. 광주廣州 남월왕南越王 묘 앞의 전실前室에는 비단에 도안된 그림이 가득하다. 장사長沙 마왕퇴馬王堆의 한나라 때 묘의 관곽棺槨(거실을 상징한다.)에는 커다란 크기의 채색 그림이 걸려 있었다. 동한 위진남북조 이후 오늘날까지 남아 있는 돌로 된 사당祠堂과 석궐石闕 그리고 수많은 지하 화상 석묘와 벽화묘壁畵墓, 상이 그려진 전묘磚墓 등이 있는데, 그 화려하고 아름다운 장식은 그가 살아서 지내던 저택을 그대로 옮겨 놓은 것과 마찬가지였다. 이밖에 앞서 말했던 진나라 함양궁이나 한나라 장락궁에서는 모두 채색된 큰 폭의 벽화가 발견되었다. 그 바닥은 딱딱하면서 고르고 매끄러우며 붉은 색으로 칠해져 있다. 이것이야말로 나무는 비단으로 둘려 있고, 땅에는 붉은 자줏빛 색으로 덮여 있다고 한 것이 반영된 것이다. 진한 위진남북조 건축물의 터에서는 정교하고 아름답게 장식된 와당瓦當과 꽃무늬 벽돌이 발견된다. 중국 고대 건축 가운데에서 두공斗拱 · 비첨飛檐 · 교각翘角 · 척수脊獸의 초기 형태도 나타났다. 이로부터 그때 건축 장식의 화려함을 알 수 있다.

4. 천인합일天人合一과 중국 고대 건축 예술

중국 철학은 천인합일天人合一을 중시한다. 중국 고대 건축에서는 늦어도 진한 위진남북조 시기에 이르러서 이렇듯 자연과 서로 어우러지는 화해미和諧美를 이룩하였다고 할 수 있다. 여기에서는 황궁의 원림 안에 정대누각亭臺樓閣과 산수의 경치가 하나로 융합됨은 물론이고, 조정 궁궐 건축 역시 정식의 원림園林으로 만들기 위해 건축물을 배치하였다. 예를 들면 미앙궁은 본래 궁궐의 정궁正宮이지만, 궁궐 내에 "대전臺殿 43곳 외에도 못 13곳과 산 여섯 군데를 조성했다."(유흠劉歆 『서경잡기西京雜記』) 그 가운데에서 '창지滄池'는 면적이 클 뿐만 아니라 종남산에서 끌어와 곤명지昆明池를 지나는 물줄기를 수원지로 삼았다. 진한 위진남북조 시기 건축가들은 자연과의 화해미를 중시하면서도 인간이 위주가 되는 건축 이론을 가지고 있었다. 앞에서도 말했던 궁전이나 원림들은 모두 사람이 거주하거나 활동하는 장소였고, 능묘는 사람이 죽은 다음에 생활하는 거주 지역이라고 여긴 것이다. 이것은 서양 고전 건축에서 신묘神廟나 제단 같은 건축이 발달했던 것과는 다르다. 이 시기에는 하늘과 땅에 제례를 올리거나 조상신에게 제사를 지내는 것 역시 예법을 중시하는 건축들이 지어졌다. 그렇지만 총체적으로 볼 때 궁전 건축의 규모와 비교해 보면 매우 뒤떨어졌다. 꼭 거론해야 할 것은 일찍이 주周나라 때에는 예법을 중시한 중요한 건축물들로서 예를 들면 명당明堂 · 벽옹辟雍 · 종묘宗廟 등과 같은 곳은 제사를 지내기도 하면서 동시에 정치적인 업무는 물론 민생의 일도 살피는 곳이었다. 이렇듯 사람과 신을 함께 모시는 건축 기능은 진한 위진남북조 시기에 이미 변화해 버렸다. 다만 그 가운데에서 인간을 근본으로 삼는 건축이념은 여전히 계승되어서 중국 고대 건축 예술의 특징 가운데 하나가 되었다.

제3절

찬란한 한漢나라 벽화 예술

1. 환상적이면서 기괴한 한漢나라 마왕퇴馬王堆의 비단 그림

이른바 한漢나라 회화繪畵에는 벽화나 비단 그림 등과 같은 것을 제외하고 평면에 새겨진 화상석畵像石(선각綫刻 또는 천부조淺浮雕 등)이나 화상전畵像磚(각화刻畵 또는 모인模印)이 그 안에 포함된다. 이밖에도 칠기화漆器畵 · 동기화銅器畵 · 도기화陶器畵 · 면직물의 도안 등도 모두 한나라 회화의 범주에 속한다. 양한兩漢 시기는 회화와 평면조각 예술이 찬란하게 발전하였다. 그 수량이 많은 것은 물론이거니와 내용도 풍부하고, 예술적인 수준도 사람들을 깜짝 놀라게 할 만한 수준에 올라 있었다. 그런데 한나라 회화는 불교가 중국에 들어오기 전 중국만의 고유한 예술 성취이기도 하며, 아주 오래전부터 내려오던 새로운 형식의 많은 신화와 신선들의 이야기 등이 그 속에 다채롭고도 풍부하게 표현되어 있다. 오늘날 일상생활에서도 흔히 그들 자취가 여전히 남아 있다. 한나라 회화예술은 중국에서뿐만 아니라 세계 예술사에 있어서도 매우 독특한 예술적 가치를 인정받고 있다.

한나라 회화 형식은 종류가 매우 다채롭다. 그 가운데에서 가장 독특한 것은 비단에 그려진 백화帛畵, 묘지에 함께 묻혀 있는 벽화, 화상석 그리고 화상전이다. 이른바 비단 그림은 견직물에 여러 가지 색깔로 사물을 그린 것이다. 이것은 흔히 견직물에 직접 그린 그림과 달리 직물을 짤 때 혹은 염색하여 꽃무늬를 찍은 것으로서 비슷한 도안이 여러 곳에서 찍혀 있는 것을 보면 알 수 있다. 견직물의 꽃무늬도 예술품의 범주에 들어갈 수 있는 것이긴 하지만, 엄밀히 말해서 이것은 일종의 공예미술工藝美術이라고 할 수 있어서 창조성과 독창성을 가지고 있다고 할 수 있는 비단 그림과는 다르다. 지금까지 발견된 전국 시기와 한나라 때의 백화는 20여 폭인데, 그것들이 유기물有機物이다 보니 보존하는 데에 어려움이 있어서 그들 대부분은 여러 조각으로 나누어져 훼손된 상태이다. 장사長沙의 한나라 묘인 마왕퇴 1호와 3호에는 길이 2m가량의 백화가 내관內棺의 상판에 덮여 있었는데, 비교적 상태가 좋아 매우 아름답다.(그림 9-1) 두 폭의 백화에는 서로 비슷한 그림이 그려져 있다. 하늘, 인간 세상, 죽음의 세상으로 나누어서 여러 모습이 펼쳐져 있는데, 무덤 주인이 신선이 되어 하늘나라로 날아 들어가고 싶은 심경을 그린 것이다. 이 백화를 보고 있으면 신비하고도 괴이하기까지 한 분위기가 느껴져서 마치 영혼이 춤추고 있는 듯한 예술적인 수법으로 무한의 상상력을 불러일으키는 듯하다. 마치 오늘날 감상하고 있는 이들까지도 초楚나라와 한나라 때 지은 사부辭賦에서 불가사의하고 신비로운 신화의 세계를 그리고 있는 것처럼, 당시의 낭만적인 예술의 경지를 떠도는 듯한 느낌을 준다.

이제껏 발견된 백화의 수량이 얼마 되지 않는 것에 비하면, 벽화나 화상석 그리고 화상전은 마치 넓은 예술의 바다라고 할 수 있을 만큼 수량이 많다. 정확한 통계는 아니지만, 이미 발굴된 벽화가 있는 한나라 때 묘는 40여 곳이라고 한다. 묘마다 각각 벽화의 크기가 작은 것은 수 m^2이고, 큰 것은 수십 m^2짜리도 있다. 벽화가 있는 묘는 서한 중후반기에 나타나서 동한 때에 성행했다. 이로부터 한나라 이후 묘에 묻은 벽화와 불교 동굴의 벽화가 번영하게 된 계기가 되었다고 할 수 있다.

그림 9-1 장사長沙 마왕퇴馬王堆 1호 묘지에서 출토된 비단 그림.

2. 회화와 조각이 결합된 화상석畫像石 예술

화상석 역시 일종의 회화와 평면조각이 결합된 예술이다. 도상圖像을 조각하기 전에 먼저 붉거나 검은 색 혹은 황색 선으로 도상의 윤곽을 대강 그린 다음 조각하여 형태를 완성하고 나서 그 위에 채색을 한다. 이렇게 한 채색은 오래되면 떨어지기가 쉬워서 지금까지 남아 있는 것이 많지 않다. 최근에 섬서성陝西省 북부 신목현神木縣 대보당진大保當鎭 등에서 새로이 화상석이 발견되었는데, 채색된 상태가 상당히 양호하다. 화상의 세밀한 부분이 조각되지 않았지만, 채색으로 윤곽을 그린 것이 마치 화룡점정이라고 할 만큼 볼 만하다.[9] 한나라 화상석의 그림과 조각은 민간의 전문적인 화가와 석공에 의해서 완성된 것이다. 산동성 동아현東阿縣의 향타군사당薌他君祠堂의 화상 제기題記에는 조각한 장인을 간략하게 '사師'(즉, 석사石師)라고 일컬은 것 이외에 '화사畵師'라는 호칭도 있다. 이것으로 보아 화상석을 제작하는 데에 참여한 예술가로 '석사'와 '화사' 등이 일을 나누어서 했다는 것을 알 수 있다. 요컨대 이러한 예술은 형체를 구상하여 가공하는 기술적인 차원에서 말하자면, 조각에 속한다고 할 수 있으며, 전체적인 예술 스타일로 말하자면 회화에 가깝다고 할 수 있다. 그러므로 일반적으로 화상석이라고 일컫는다.[10] 한나라 화상석은 지하 묘실이나 돌로 된 관곽棺槨에 많이 널려 있고 지상에는 석사당石祠堂 · 석궐石闕 · 석비石碑 등의 건축물에 남아 있다. 이것들은 서한 중후반기에 만들어진 것이며, 대체로 동한 시기에 성행하였다. 지금까지 발견된 한나라 화상석이 있는 묘가 수백 곳이며, 돌로 된 사당이 20여 곳이며, 석궐은

9 陝西省考古研究所 · 榆林市文物管理委員會辦公室編著, 『神木大保當』(漢代城址與墓葬考古報告), 科學出版社, 2001년.

10 俞偉超, 『中國畫像石概論』『中國美術分類全集 · 中國畫像全集』, 山東美術出版社, 2000년, 제1권, 3-27쪽.

30여 곳이다. 화상석은 모두 수천 개에 달한다. 화상석은 한나라 때 흥성하였으며, 위진남북조 시기와 그 이후에는 비교적 적게 나타나는데, 그 스타일과 내용은 크게 다르다.

한나라 화상전에는 속이 빈 큰 벽돌과 속이 찬 작은 벽돌 두 종류가 있다. 앞의 것은 서한 시기 중원 지구에서 유행한 것이고, 뒤의 것은 사천성四川省 동한 시기 묘에서 흔히 보인다. 속이 빈 큰 벽돌은 일반적으로 너비가 약 50cm이고, 길이가 대개 1m 이상으로서 그 표면을 조각하거나 사물의 모양을 눌러서 찍었다. 속이 찬 작은 벽돌은 보통 40cm의 정방형으로 묘실의 벽에 쓰이는데 상감 기법으로 새겨져 있다.

3. 화려하고도 사치스러운 한나라 무덤 벽화

한나라 묘에 있는 벽화·화상석·화상전의 제재와 내용은 대체로 비슷하다. 묘실이나 사당에 있는 벽화와 화상석은 그 내용과 배치가 하나의 이야기 구조가 완정하게 갖추고 있어서 마치 쭉 이어진 시리즈 그림처럼 묘 주인과 가족들의 관계를 체계적으로 표현하고 있는 것 같다. 동한 시기 왕연수가 지은 「노령광전부魯靈光殿賦」에는 노魯나라 영광전靈光殿 벽화의 모습이 매우 생동적으로 다음과 같이 상세하게 묘사되어 있다.

> 하늘과 땅을 묘사하고 세상 여러 사물들을 분류하였는데, 기괴한 여러 물건들, 산이나 들의 신비하고 영험함 등 이것들의 형상을 묘사하여 그림으로 그렸네. 온갖 것들이 변화하는 가운데 사물들이 각기 엉켜 있네. 각기 색깔에 따라서 모습을 그려내어 그 실제 모습을 두루 묘사하였다네. 위로는 세상이 열리어 마침내 아주 먼 옛날에 다섯 마리 용이 날개를 나란히 하고 날며, 여러 신들은 머리가 아홉 개 달려 있고, 복희는 물고기의 몸을 하고 있고, 여와는 뱀의 몸을 하고 있었네. 세상이 열리기

전부터 참으로 질박한 그 모습이 하나도 꾸밈이 없지만 휘황찬란하게 볼 만한 이가 황제黃帝와 요순임금이 되시었네. 훌륭한 수레와 옷을 차려 입으시니 모습이 훌륭하네. 다음으로 하은주 시기 세 왕에 이르니, 못된 왕후들이 군주를 어지럽혔네. 충신과 효자, 열사와 정숙한 여자, 어진 자와 어리석은 자가 각각 성공과 실패를 하였던 것들이 모두 기록되어 있네. 악한 것으로서 세상을 경계하고 선한 것으로 후세에 모범을 보이네.(圖面天地, 品類群生, 雜物奇怪, 山神海靈, 寫載其狀, 托之丹青. 千變萬化, 事各繆形, 隨色象類, 曲得其情. 上紀開辟, 遂古之初, 五龍比翼, 人皇九頭, 伏羲鱗身, 女娲蛇軀. 鴻荒朴略, 闕狀睢盱, 焕炳可觀. 黃帝唐虞, 軒冕以庸, 衣裳有殊, 下及三后, 淫妃亂主, 忠臣孝子, 烈士貞女. 賢愚成敗, 靡不載叙. 惡以誡世, 善以示後.)

노국 영광전은 서한 시기 노국의 종묘일 가능성이 크다. 그 벽화 내용과 한나라 묘에 있는 벽화·화상석묘·화상석 사당은 상당히 비슷하다. 동한 시기의 것은 서한 시기와 어느 정도 차별이 있다. 서한 시기는 대다수 하늘의 형상과 신화를 그린 것이 많다. 예를 들면 태양의 삼족오三足烏, 달의 두꺼비, 별들의 구름, 복희, 여와, 여러 종류의 신성한 동물 등이나 묘의 주인이 귀신을 몰아내고 신선을 부리며 하늘로 올라가는 모습 등이다. 그림의 구도는 속세에서 벗어나 훨훨 나는 것으로 매우 낭만적인 색채가 가득하다. 예를 들면, 유명한 낙양洛陽의 복천추卜天秋 묘의 벽화가 있는데, 묘실 꼭대기에 태양·달·구름·복희·여와 등이 어우러져서 마치 하늘나라를 그려 놓은 듯하다. 묘의 여자 주인이 손에 삼족오를 잡고 머리 셋 달린 봉황을 타고 있고, 남자 주인은 활을 잡고 낙타를 타고 있는데, 모두 눈을 감은 채 날고 있다. 묘실 주인의 앞에는 서왕모西王母가 시녀를 데리고 나와 맞이하고 방사들을 이끌며 구미호·주작·비룡·효양梟羊 등 신비한 짐승들이 묘실 주인을 따라 함께 뜨며 날고 있다. 이밖에 또 묘실 문 액자에는 사람 얼굴에 새의 몸을 하고서 사람의 목숨을 관장하는 신인 구망句芒의 형상이 그려져 있다. 뒷벽과 가로 벽의 정면에는 귀신과 싸우는 방상씨方相氏와 사악함을 물리치는 청룡과 백호 등이 그려져 있다. 벽면 전체가 동쪽에서 서쪽까지 묘실의 주인이 죽은 다음 신선의 세계를 거쳐서 하늘나라로 들어가려는 바람이 매우 신묘하고도 정밀하게 그려져 있다.

4. 천지를 그림으로 그리고 뭇 생명을 분류하여 나누다

대략 서한 후기부터 한나라 그림의 제재는 변화하기 시작하였다. 동한 시기에 접어들어서부터는 유가 사상의 역사적인 인물과 이야기를 드높이는 내용이 많아지기 시작하였다. 예를 들면 충신과 의사, 효자와 열녀 등에 관한 것들이다. 묘 주인의 경력과 평생 누려온 생활 모습으로서 수레 타고 외출하는 모습, 장원의 관청, 집에서 술 마시고 노는 모습, 춤추고 놀이하는 모습 등을 그려 넣었다. 또 태평성대의 상서로운 삶으로서 풍성한 벼이삭 · 비목어比目魚 · 연리지連理枝 등이 크게 그려져 있어서 사람들에게 현실 세계로 다시 돌아가고 싶어 하는 생각을 보여 주고 있다. 하북성河北省 안평현安平縣 녹가장逯家莊에 있는 벽화의 규모는 매우 크다. 80여 대의 수레가 대오를 갖추고 거리를 나서는 모습이 그려져 있는데, 이것은 묘의 주인이 생전에 매우 높은 지위에 있었다는 것을 의미한다. 한 폭의 장원莊園 건축도에서는 묘 주인이 생전의 재산을 죽은 다음의 세상으로 가지고 가려는 것을 묘사한 것도 있다. 그러나 동한 묘의 벽화, 화상석묘, 화상이 있는 사당에는 신화를 제재로 한 것과 서왕모의 신선세계와 묘 주인이 신선의 세계로 올라가는 장면도 흔하다. 여기에서 현실과 환상세계가 하나로 융합되어 인간과 하늘나라가 완전하게 결합되고, 이어서 하늘과 인간 세상이 하나로 되는 우주 모습을 그린 것이다.

한나라 그림은 하늘나라의 신묘한 경치를 그렸을 뿐만 아니라 인간 세계도 그리고 있는데, 둘 다 용이 뛰어오르고 봉황이 춤추며 새가 날아오르고 물고기가 펄쩍 뛰어오르며, 수레를 끄는 말이 울어대고, 사슴이 뛰어놀고 개가 돌아다니는 등 활기 넘치는 생동감으로 인간과 신이 서로 융합하는 조화로움이 가득하다. 이것으로부터 한나라 회화 예술에는 현실주의와 낭만주의가 서로 잘 어우러져 있다는 것을 알 수 있다.[11]

11 李澤厚,『美的歷程』修訂插圖本, 제4장 楚漢浪漫主義 참조. 112-133쪽, 天津社會科學出版社, 2001년.

제4절

위진남북조 회화와 화론

1. 서법書法을 골격으로 삼고, 시경詩境을 영혼으로 삼아

회화는 중국 예술의 중심이다. 종백화宗白華 선생은 그것을 한마디로 “서법書法을 골격으로 삼고, 시경詩境을 영혼으로 삼는다.”[12]고 하였으니, 참으로 적절한 지적이다. 그러므로 자연의 생명과 인간 사회 생활 속에서 아름다움을 추구한다고 여기는 중국 회화의 탄생에는 이러한 탄탄한 기초가 있을 뿐만 아니라 상대적으로 기나긴 생성 과정을 담고 있다. 이제껏 중국 회화의 역사를 연구한 학자들은 복희가 8괘를 그린 것이나 고고학 발굴로 알려진 앙소仰韶의 채색 도기로부터 기원한다고 여겼다. 비록 그것들이 견강부회나 편견에 빠진 것이라 하더라도 이러한 견해가 중국 회화의 깊이를 두터이 하는 작용을 한다는 점은 분명하다. 요사이 몇몇 학자들은 장엄하면서도 신비하며 아름답고도 화려한 상주商周 시기 청동기 문양이나 정밀하고 신묘한 회화기술과 제재가 풍부한 동주東周의 비단 그림과 선으로 조각된 청동기 무늬, 그리고 서한 시기 비단 그림 · 벽화 · 화상석 · 화상전, 그리고 문헌기록으로는 「운대이십팔공신명장도雲臺

12 宗白華, 「論中國畵法的淵源與基礎」, 『美學散步』, 上海人民出版社, 1981년, 102쪽.

二十八功臣名將圖」, 감천궁甘泉宮의 천지天地와 「태일제신도太一諸神圖」 등 궁정 벽화 같은 것에 이르기까지 한층 심도 깊은 인식을 갖고 있다. 그러나 이러한 것들은 모두 엄밀한 의미에서 보자면 회화라고 할 수 없다. 왜냐하면 이들 그림의 가치와 의의는 도화圖畵 형식 자체에 있는 것이 아니라 기본적으로 실용적인 방면에 두고 있기 때문이다. 예를 들면, 한나라 왕연수王延壽의 「노령광전부魯靈光殿賦」에서 "나쁜 것을 들어서 후세에 교훈을 삼으며, 좋은 것을 들어서 후세에 모범을 삼는다.(惡以誡世, 善以示後.)"고 한 것이나, 위魏나라 조식曹植이 「화찬서畵贊序」에서 그림의 가치가 "교훈으로 삼는 데에 있다.(存乎鑒戒)"고 한 것이나, 당나라 장언원張彦遠의 『역대명화기歷代名畵記』에서 그림이 "교화를 이루게 하고 인륜에 도움을 준다(成敎化, 助人倫.)"고 한 것이 있다. 중국 그림의 기본적인 특징은 간략함, 작가의 생각과 의도를 선으로 묘사하고자 한다는 점이다. 앞에서 말한 것처럼, 그림을 통해서 사회적인 교훈으로 삼고자 하였다. 이것이 중국 그림의 부차적인 특징이며 이후 시대까지 꾸준하게 이어져 내려오면서 중국 그림의 전통이 되었다. 이 시기의 특성을 일컬어 정오창鄭午昌이 『중국화학전사中國畵學全史』에서 '실용'과 '예교'의 시기라 하고, 부포석傅抱石이 『중국회화변천사강中國繪畵變遷史綱』에서 '문자화文字畵'와 '초기 회화初期繪畵'이 시기라 하며, 서복관徐復觀이 『중국예술정신中國藝術精神』에서 '추상화와 사실정신의 시기(抽象畵和寫實精神時期)'라고 말한 것은 바로 이러한 기본적인 인식을 바탕으로 구분 지은 의미 있는 회화사 구분이라고 할 수 있다.

2. 사물을 읊는 것은 말만한 것이 없고, 형상을 남기는 것은 그림만 한 것이 없다

중국의 회화가 기능에서 예술로 역사적인 도약을 할 수 있었던 것에는 당시 시대의 특정한 인문적 환경이 있었기 때문이다. 그것을 결정한 것은 창작자의 개방적인 정신과 상상의 자유 그리고 인문정신에 대하여 상당히 각성하고 있어서 가능했던 것이다.

위진남북조 시기는 중국 역사에 있어서 이렇듯 예술 자각의 시대로 접어드는 위대한 시대였다. 이 시기는 "지혜가 풍부하고 열정이 가득한 시기였으며,(最富于智慧, 崔濃于熱情)"[13] 현학玄學·도교道敎·불교佛敎가 융합하던 때로서 서로 깊은 영향을 끼치던 때였다. 이때야말로 인문정신이 한층 더 유행하게 되어 사람들이 이전에 없었던 마음으로부터의 자유를 누릴 수 있게 되었다. 그리하여 "한漢나라 때 유가에서 말하는 집안을 가지런히 하고 나라를 다스린다는 제가齊家와 치국治國의 이념으로부터 세상이 태평해진다는 단계까지 기대하게 되었으며, 위진 시기 도가에서 말하는 소요逍遙와 여유로움에서부터 마음껏 자유롭게 풍류를 즐기는 단계에까지 다다르게 되었다. 그러므로 그때의 사상의 중심은 사회에 있었던 것이 아니라 개인에게 있었고, 주변에 있었던 것이 아니라 개인의 마음에 있었으며, 겉모습에 있었던 것이 아니라 각자의 정신에 있었다. …… 당시 사람들은 속세를 벗어난 이상에 희망을 삼고 있었으며, 정신적인 경계로 나아가고자 하여서 그들이 추구하는 것은 속세를 벗어난 까마득히 먼 곳으로 떠나서 자신의 생명을 보살피며 살고자 하는 것이었다."[14] 이로부터 사회적인 분위기가 한층 새로워졌으며, 사람들이 현실 생활에서 예술미를 탐구하게끔 이끌어서 "사물을 읊는 것은 말만한 것이 없고, 형상을 남기는 것은 그림만한 것이 없다."고 평가하게 된 것이다. 그리하여 회화는 위진 시기 인사들이 현실을 미화하거나 생명과 생활을 심미화하는 주요한 수단이 되어 심리적인 가치를 추구하고 열정적인 요소를 북돋우는

13 宗白華,「論世說新語和晉人的美」,『美學散步』, 177쪽.

14 湯用彤,「魏晉玄學與文學理論」,『理學·佛學·玄學』, 北京大學出版社, 1991년, 317쪽.

형이상학적인 예술 활동이며, 활발한 생활의 표현이며, 독립적인 자아 표현이라고 할 수 있다.[15] 종합해 보면, 우리들은 다음과 같은 결론을 내릴 수 있겠다. "회화는 비록 아주 오랜 역사를 가지고 있지만, 회화에 대한 자각 의식이 생기고 회화 예술의 자율성이 완성된 것은 위진 시기부터 시작된 것이라고 말하지 않을 수 없다."[16]

위진 시기 중국 회화는 마침내 전면적으로 새로운 면모를 갖추고 중국 문화예술의 무대에 올라서서 중국 회화사가 새로이 열리게 되었다. 당시 생겨난 여러 현상들은 다음과 같이 다섯 가지로 정리할 수 있다.

첫 번째, 많은 화가들이 나타나 스승과 제자의 관계를 형성하였다. 이때 화가로서 이름을 날린 이는 셀 수 없이 많다. 예를 들면 위魏나라 당시 독보적인 존재인 조모曹髦, 「사자격상도獅子擊象圖」를 그린 혜강嵇康, 불상을 잘 그린 진 명제晉明帝 사마소司馬昭, 장언원의 『역대명화기』에서 동진東晉 최고의 화가라고 평가를 받은 왕이王廙(271-322), 그리고 위대한 서예가 고개지顧愷之가 있다.

두 번째로, 인물화에서 중시하는 것은 사람을 정묘하게 그리거나 정신까지도 그려내는 것이다. 비록 교훈적인 내용이 그때까지는 많이 남아 있었지만, 인물을 품평하는 일이 유행하게 되었기 때문에 특히 그 인물의 품성을 그려낼 수 있는 것을 중시하게 되었고 그 인물의 정신까지도 그려낼 수 있으면 매우 가치 있는 것으로 인정받았다. 등이칩鄧以蟄은 『화리탐미畵理探微』에서 이 시기에는 인물을 생동적이면서 정신까지도 묘사하는데, 인물의 속마음까지도 그려냈다고 하였다. 동시에 불교 인물화 역시 단순하게 불교의 교리를 전달하는 것에서 그친 것이 아니라 각 개인의 정신의 초탈한 의미까지도 담으려고 하였다. 또한 세속화하기도 하여 일반

15 宗白華, 「中國美學史重要問題的初步探索」, 『美學散步』, 29쪽.
16 徐復觀, 「釋氣韻生動」, 『中國藝術精神』, 華東師範大學出版社, 2001년, 94쪽.

적인 인물화도 그렸으니, 고개지가 사안謝安이나 환현桓玄의 초상화를 그려준 것이 있다.

세 번째로, 회화의 제재가 매우 확대되었다. 꽃이나 새를 그린 화조도가 이미 나타났고, 더욱 중요한 것은 산수화가 이전에는 인물화의 배경이었던 것에서 지위가 상승하여 점차 독립적인 영역으로 자리 잡았다. 예를 들면 조모의 「황하유세도黃河流勢圖」, 사마소의 「경주신매도輕舟迅邁圖」, 대규戴逵의 「오중계산읍거도吳中溪山邑居圖」, 대발戴勃의 「구주명산도九州名山圖」, 고개지의 「여산도廬山圖」 등이 있다. 동시에 산수화에 대하여 전문적으로 논의를 한 서론도 이때 나왔다. 예를 들면 종병宗炳의 「화산수서畵山水序」나 왕미王微의 「서화敍畵」 그리고 양 원제梁元帝의 「산수송석격山水松石格」 등이 있다. 이것은 분명 불교에서 말하는 것처럼 세속에서 나고 없어지는 사이에 존재한다는 뜻의 기멸진식寄滅塵食의 교리와 노장사상의 스스로 그러한 이치를 숭상하고 청정무위淸淨無爲한 사상의 영향을 받은 것이다. 이것은 산수시가 흥기함에 따라서 나타난 특수한 현상이라고 할 수 있다.

네 번째, 회화 기술이 발전하였다. 이 시기 예술가들은 특히 "붓은 신묘하고 먹은 정밀하며(筆妙墨精)" "먹물을 만들어 붓을 적셔서 그림을 그리려는 본래 뜻은 정밀하고 꾸준히 하는 데에 있으며(調墨染翰, 志存精謹)"(요최姚最 『회화품록繪畵品錄』) "그림에 격이 있으며 붓 가는 것에 망령됨이 없게 한다.(格體精微, 筆無妄下.)"(사혁謝赫 『고화품록古畵品錄』)라는 점을 중시하였다. 이것은 중국의 그림이 소략하고도 간단하였던 양한兩漢 시기의 그림 스타일이 정밀한 데까지 접어들었다는 것을 말하는 것이다. 기운氣韻을 중시하는 것과 함께 골법骨法에도 치중하여 형식미도 매우 중시하였다. 이것은 중국 미술의 기술이 점차 성숙해 갔다는 점을 말하는 것이기도 하다. 사혁은 『고화품록』에서 위협衛協을 평가하기를 "옛 그림들은 모두 소략했는데, 위협 때에 이르러서 비로소 정밀해졌다. …… 여섯 가지 법 가운데에서 선善함을 겸비하는 것까지 있다. 비록 겉모습을 정확하게 묘사하는 데까지는 다다르지 못했지만, 기운이 묘하게 갖추어져 있었다.(古畵皆略, 至協始精, …… 六法之中, 迨爲兼善. 雖不該備形似, 而妙有氣韻.)"고 하였다. 기법이 소략한 것에서 정밀한 것까지 다다르게 되었다는 것은 스타일이 간략하면서 예스러운 데에서 기운氣韻이나 느낌까지 추구하게 되었다는 것이며, 위진 시기 회화가 양한 시기의 그림에 기초하여서 발전한 것이라는 말이다.

다섯 번째, 회화 이론 저작이 정식으로 탄생하였다. 회화 이론은 회화 예술이 일정한 단계에 이르면 생성되는 것으로 예술에 대한 자각의 성과가 드러난 결과물이다. 위진남북조 회화 이론의 저작으로서 주요한 것은 왕이王廙의 『여왕희지론화與王羲之論畵』, 고개지의 『논화論畵』와 『화운대산기畵雲臺山記』, 종병宗炳의 「산수화서山水畵序」, 왕미王微의 『서화敍畵』, 사혁謝赫의 『고화품록古畵品錄』 그리고 요최姚最의 『속화품록續畵品錄』 등이 있다.

위진 시기에 새로운 화풍을 세워 확립시키고 위진남북조 회화 스타일을 가장 대표할 만한 이들이 이때 돌연 나타났는데, 이들은 그 이전까지의 화공들과는 확실히 다른 스타일을 보이고 있다. 그 가운데에서 한 시대를 풍미했다고 할 만한 이로는 조불흥曹不興 · 위협衛協 · 고개지 · 육탐미陸探微 그리고 장승요張僧繇이다.

조불흥은 불흥弗興이라고도 불리는 삼국 시기 오吳 땅 오흥吳興 사람으로서 그림으로 한 시대를 풍미했으며 특히 인물화를 잘 그렸다. 그는 불교 인물화 양식을 처음 시도하였기 때문에 역사에서는 그 방식을 '조가양曹家樣'이라고 일컬으며, '불화의 으뜸(佛畵之祖)'이라고도 할 정도이다. 그는 일찍이 50척의 비단 그림 한 폭을 그렸는데, 손끝이 닿자마자 단숨에 그림을 완성하였으니, 얼굴 · 손과 발 · 가슴이나 어깨까지도 치수에 빠지는 것이 없었다.(장언원 『역대명화기』 권5) 이것을 통해서 조불흥의 그림에 양한 시기의 간략한 스타일이 남아 있었다는 것을 알 수 있다. 『역대명화기』 권4에는 "손권孫權이 조불흥에게 병풍에 그림을 그리게 하였는데 실수로 흰 바탕에 붓으로 점을 잘못 찍어서 마치 파리가 묻은 것처럼 되어버렸다. 손권은 그것이 진짜인가 싶어서 손으로 툭 털었다.(誤落筆點素, 因就成蠅狀. 權疑其眞, 以手彈之.)"고 하였다. 이것을 보아서도 조불흥의 화법이 이미 간소한 것에서 세밀한 데까지 진입해 있었다는 것을 알 수 있다. 그의 제자 위협을 갈홍葛洪은 화성畵聖이라고까지 칭찬하였고, 사혁의 『역대명화기』에서도 그에 대하여 극찬을 아끼지 않았다. 이것으로 위협이 스승의 뒤를 이어 한층 더 발전하여서 중국 회화의 스타일을 간략함에서 정밀함으로 옮겨가게 하는 데에 중요한 역할을 하였다는 것을 알 수 있다.

3. 기능에서 예술로

이처럼 조불흥이 위진 시기 새로운 스타일을 개창한 사람이라면 고개지는 이러한 새로운 스타일을 확립하여 더욱 발전하게 한 이정표를 남긴 위대한 화가라고 할 수 있다. 고개지는 자字가 장강長康이고 진릉晉陵 무석無錫 사람이다. 『진서晉書』 권92에 그의 전기가 있다. 강동江東의 세족 출신으로서 참군參軍과 산기상시散騎常侍 등을 지냈다. 『진서』의 본전에는 "세상에서 고개지는 세 가지가 뛰어나다고 한다. 그것은 재주와 그림 그리고 세상에 어리석게 보이는 것이다.(俗傳愷之有三絕: 才絕 · 畵絕 · 痴絕.)"라고 하였다. 이것은 고개지의 그림이 이미 완전히 그 이전의 기법과는 같지 않았으며, 그의 그림이 박학다식하여 예술적 향취가 그득하면서 집요하고도 감수성이 뛰어나며 재치 넘치는 예술가였다는 것을 말한다. 그의 재능과 어리석어 보이는 듯한 기질이 그의 그림에 잘 반영되었다. 그러므로 진晉나라 세족의 영수인 사안謝安은 "고장강(長康, 고개지의 자)

의 그림은 인류 역사상 이제껏 없던 것이다.(顧長康畫, 有蒼生來所無.)"(장언원『역대명화기』)라고 할 정도였다. 역사 기록에는 고개지가 위협에게 배웠지만 "과감하게도 독보적으로 새로운 스타일을 개척하였다.(矯然獨步, 別開生面.)"고 하였다. 그가 그린 것은 비록 불화나 인물화 위주였지만, 그 스타일이 매우 정밀하여서 선 하나하나가 마치 봄날 누에가 실을 토하여 팽팽하게 이어져 있는 것과 같다. 탕후湯垕는 『화감畫鑑』에서 "붓 끝에서 펼쳐진 봄 구름이 허공에 떠 있으며 땅에는 물이 흐르는 것들이 모두 자연스럽기만 하다.(筆意如春雲浮空, 流水行地, 皆出自然.)"라고 하였다. 이처럼 그의 그림은 예전에는 볼 수 없었던 경지에 다다랐으며, 단지 그림 그리는 기예에서 벗어나 화가의 심정까지 그려내었기 때문에 중국 회화를 전면적으로 한 단계 상승시켰다고 할 수 있다. 동시에 고개지는 독자적인 자기만의 스타일을 연출하여 자기만의 예술 세계를 아울러서 재창조하여 중국 화론을 처음으로 개척하였다는 평가를 받는다.

중국 회화사에 있어서 고개지의 가장 큰 공헌은 이른바 '전신傳神'이라고 할 수 있는데, 이것은 인물 형체의 정신 상태까지 그려냈다는 뜻이다. 역사 기록에는 그가 인물을 그리는 동안은 아무리 시간이 오래 걸려도 눈동자를 움직이지 않았다고 한다. 사람들이 그 이유를 묻자, 그는 "형체의 아름답고 추함을 그리는 것에는 본래 그림을 교묘하게 잘 그리는 것과는 관계가 없다. 정신을 전달하고 있는 그대로 묘사하는 것이 바로 그 가운데에 달려 있는 것이다.(四體妍蚩, 本無關于妙處. 傳神寫照, 正在阿堵中.)"(『세설신어』「교예巧藝」)라고 대답하였다. 누군가의 부채에 혜강嵇康이나 완적阮籍을 그리면서 눈동자를 그리지 않고는 그 이유가 눈동자를 그려 넣으면 바로 말을 할 것 같아서라고 말하기도 하였다. 배해裴楷의 초상화를 그릴 때에는 그의 뺨에 털 세 가닥을 보태고는 "세 가닥의 털을 그려 넣으니 인물의 정신 상태까지 분명해졌으니, 그 전에 편안하지 않았던 때보다 낫다.(益三毛如有神明, 殊勝未安時.)"(『세설신어』「교예」)고 하였다. 이것으로

그림 9-2 동진 고개지顧愷之의 「낙신부도洛神賦圖」 일부.

고개지는 인물의 특징을 잡아서 그 사람의 정신 상태와 성격까지도 표현해 내는 것을 잘했다는 것을 알 수 있다. 그래서 이른바 정신 상태를 표현하는 데에 도달하기 위해서는 당연히 정확하게 형상을 묘사해야 했다. 대대로 전래되어 내려오고 있는 당송唐宋 시기의 모사본模寫本인 「여사잠도女史箴圖」, 「낙신부도洛神賦圖」(그림 9-2) 그리고 「열녀인지도列女仁智圖」를 보면 묘사가 정밀하고도 숙달된 기법을 알아볼 수 있다. 따라서 고개지의 인물화가 중국 회화기술이 성숙한 단계로 향해 간 표지라고 말할 수 있는 것이다.

육탐미陸探微는 송宋과 제齊나라가 교체되던 시기의 화가로서 인물화에 뛰어났다. 『당조명화록唐朝名畫錄』에서는 그의 인물화가 최고로 절묘한 수준에 다다랐다고까지 칭찬하였다. 사혁은 그의 그림이 "이치를 궁구하고, 본성을 북돋우며, 말과 같은 자취가 찾아볼 수 없다.(窮理養性, 事

絕言象.)"고 평가하였다. 장회관은 그의 그림을 평가하기를 "영묘한 곳에 들어가 신묘함을 헤아리고, 곳곳에서 그의 정신과 만나니, 붓끝이 강하고 예리하기가 송곳이나 칼과 같다. 갸름한 얼굴의 수려한 모습이 마치 살아 움직이는 것 같다. …… 마치 영혼을 마주하고 있는 것 같다.(參靈酌妙, 動與神會, 筆迹勁利如錐刀焉. 秀骨淸像, 似覺生動 …… 若對神明.)"(장언원 『역대명화기』)고 하였다. 이것으로 육탐미는 고개지의 팽팽하게 이어지는 필법의 기초 위에다가 굳셈을 보태어서 인물의 묘사에 있어서 파리한 몸매에다가 밝고 굳센 톤으로 그렸다. 이렇게 하는 것은 당시 사회의 심미적 취향과도 들어맞는 것이었다. 그러므로 장회관은 「화단畵斷」(장회관은 그림을 육肉 · 골骨 · 신神의 세 가지 층위에서 논했다.-역자 주)에서 "사람의 아름다움을 그리는 데 있어서 육탐미가 그 골을 얻었다.(象人之美, …… 陸得其骨.)"고 하였으니, 참으로 적절하게 평가한 것이다. 그런데 장언원의 『역대명화기』에서 육탐미와 고개지는 지향하는 것이 같았다고 하면서 "이른바 붓끝의 자취가 두루 미치지 않는 데가 없다.(所謂筆迹周密也.)"고 하였다. 이것으로 육탐미는 고개지와 함께 조불흥과 위협 이래 정밀하고 세심한 화풍을 계승하였고, 한층 더 새롭게 창조적으로 회화사에서 탁월한 지위를 확립하였다는 것을 알 수 있다.

장승요張僧繇는 고개지 · 육탐미와 더불어서 '남조南朝의 3걸三傑'이라고 불린다. 장승요는 양梁나라 때 오吳 땅 사람으로서 무릉왕국시랑武陵王國侍郎 · 직비각지화사直秘閣知畵事 그리고 우군장군右軍將軍과 오흥태수吳興太守 등을 지냈다. 그의 불교 인물화는 매우 독특하여 '장씨 스타일(張家樣)'이라고 불리면서 한 시대를 풍미하였다. 장승요가 중국 회화사에 뛰어나게 기여한 것은 인도 불교 회화의 색채가 스며 있다는 점이다. 이른바 '요철화凹凸畵' 화법을 창조해서 사물의 입체감을 잘 살려냈다. 뒷날 전해지는 몰골법沒骨法도 그가 창안한 것으로 뒷날 회화에 매우 깊은 영향을 끼쳤다. 장회관은 장승요를 일컬어서 "사람의 아름다움을 그리는

데 있어서(象人之美)" 그리하여 "그 육을 얻었다.(得其肉)"고 하였으니, 아마도 이 화법과 관련이 있는 것이겠다. 다음으로, 장승요는 이른바 고개지와 육탐미의 '밀체密體' 화풍을 고쳐서 밝고 힘이 있는 화풍을 세웠다. 장언원의 『역대명화기』에서는 "붓을 겨우 한두 번 놀리자마자 형상이 이미 완성되었다. 붓의 지점을 이리저리 놀리니 때때로 빠트린 곳이 보이지만, 이것은 비록 붓이 고르게 미치지 않더라도 뜻은 고루 미쳤다.(筆才一二, 象已應焉. 離披點畫, 時見缺落, 此雖筆不周而意周也.)"고 하였다. 그 필법은 한 점이나 한 획을 매우 교묘하게 두고, 붓을 갈고리처럼 돌리니 날카로운 곳은 마치 솜씨 좋은 칼 맛이 어린 것 같다고 하였다. 이것은 마치 초당初唐 때 구양순歐陽詢의 필법을 보는 것 같았다. 이것으로 장승요가 본받은 서법이 어떠한지를 알 수 있다. 따라서 필묵의 선이나 가닥의 질감이 높아졌으며, 그만의 독특한 가볍고도 밝은 화풍을 이을 수 있었다. 이것은 양한 대의 간소한 화풍이 다시 살아나 다시 유행하게 된 것이 아니며, 기본적으로 고개지나 육탐미를 근본으로 삼으면서 중국 회화 발전에 변혁을 이룬 것이라고 할 수 있다. 그리하여 장승요 역시 서법을 화법에 끌어들여서 중국의 그림을 발전시킨 중요한 한 사람이라고 말할 수 있다.

위진남북조 시기는 매우 오래전이기 때문에 그림이 거의 남아 있지 않다. 몇 개 남아 있다고 알려진 것들도 모두 당송 시기에 모사한 작품들이기는 하지만 그 가치를 낮게 평가할 수는 없다. 그러므로 예전부터 매우 진귀하게 여겨서 그에 관하여 충분히 논의하였기 때문에 여기에서 다시 거론하지는 않을 것이다. 고고학적인 발견을 통해서 당시 회화에 쓰인 재료가 주목할 만한 가치가 있다는 것이 거듭 밝혀졌다. 이들 그림들이 비록 당시 사회의 주류 화가들이 그린 것은 아니지만, 한편으로는 위진남북조 시기 회화의 스타일과 시대 특징이 잘 나타나 있다. 당송 시기의 모사품에 비해서도 좀 더 사실적이고 중국 회화사에 빠져 있는 내용을 보완할 수도 있다.

고고학에서 발견한 위진남북조 시기의 회화는 크게 두 가지로 나뉘어진다. 하나는 묘지 안의 벽화이고, 다른 하나는 불교 석굴 벽화와 석상이다. 뒤의 것은 나중에 논하기로 한다. 묘지 안 벽화는 주요한 것이 두 종류인데, 하나는 회화로서 벽돌이나 돌에 새긴 것이고, 다른 하나는 탁본을 하거나 판각으로 인쇄한 것으로 묘지 벽면에 붙여 장식한 벽돌의 그림이다. 뒤의 것은 발견된 것이 비교적 적어서 남경南京 만수림萬壽林과 서선교西善橋, 단양丹陽 호교胡橋와 건산建山, 상주常州 전사촌田舍村, 한강邗江 주전酒甸 등이 동진에서 남조에 이르기까지 묘지 안의 벽화이다.[17] 그들의 제재는 청룡青龍 · 백호白虎 · 선인仙人 · 선초仙草 그리고 이른바 죽림칠현과 춘추 시대 은자인 영계기榮啟期의 팔준도八駿圖, 그리고 의식이나 행사 혹은 북 치고 피리 부는 의식을 묘사한 것들이다.

묘지 안 벽화 가운데 비교적 중요한 것으로는 요동성遼東省 요양遼陽 봉자둔棒子屯 2호묘, 남설매촌南雪梅村 1호묘와 감숙성甘肅省 가욕관嘉峪關 신성新城 그리고 주천酒泉 등지 일대에 위진 시기 묘지의 벽화들이다.[18] 요녕성遼寧省 북표서관영자北票西官營子의 풍소불묘馮素弗墓, 조선 황해북도黃海北道 동수묘冬壽墓, 신강성新疆省 투루판시 합라화탁哈喇和卓 그리고 숙주천肅酒泉 · 돈황敦煌 등지에 16국 시기의 벽화묘가 있다. 하남성 맹진孟津 북진촌北津村 왕온王溫의 묘, 하북성 자현磁縣 대총영촌大塚營村의 여질지련묘閭叱地連墓와 만장대묘灣張大墓, 산서성 태원왕곽촌太原王郭村 누예묘婁睿墓와 대동석가채大同石家寨 사마금룡묘司馬金龍墓, 영하

17 「南京六朝墓清理簡報」, 『考古』, 1959년, 5기; 「西善橋南朝墓及其磚刻壁畫」, 『文物』, 1960년, 8 · 9기 합간; 「江蘇丹陽縣胡橋, 建山兩座南朝墓葬」, 『文物』, 1980년, 제2기; 「江蘇常州南郊畫像 · 花紋磚墓」, 『考古』, 1994년, 제12기; 「江蘇邗江發現兩座南朝畫像磚墓」, 『考古』, 1984년, 제3기.

18 俞偉超, 「跋朝鮮平安南道順川郡鳳翔里遼東塚調查報告」, 『考古』, 1960년, 제1기; 「河南出土的漢晉繪畫簡述」, 『文物』, 1978년, 제6기.

성寧夏省 고원심구촌固原深溝村의 이현李賢의 묘 등 북조北朝 벽화묘, 강소성江蘇省 진강鎭江의 지남산池南山, 남경시南京市 철심교鐵心橋, 하남성 등현학장鄧縣學莊, 복건성 민후남閔侯南 서관산嶼官山, 운남성 소통현昭通縣 후해자後海子 등 동진에서 남조에 이르기까지 벽화가 있는 묘 등이다.[19] 묘에 들어 있는 벽화의 제재는 주로 사령四靈, 비선飛仙, 상서로운 짐승, 신성한 풀 그리고 묘 주인과 살아 있을 때 관련이 있던 수레와 말, 무사, 악대 그리고 신선·효자 그림 등이다.

위진남북조 시기 묘지에 있는 벽화에는 조각하여 찍은 것이나 그린 것은 물론이고, 전체적인 특징은 조형물이 상대적으로 간략하여 세심하게 새겨서 그리지 않았다는 점이다. 구도가 활발하며, 선명하고, 생활상을 묘사한 것이 많으며 색채는 밝고 경쾌하고 질박하면서 솔직하다. 비록 기법이 유치해 보이는 측면도 있지만, 예술성에는 의문의 여지가 없다. 그러나 유치한 기법이 여전히 간소한 화풍에 남아 있지만, 모두 지난 세대의 작품들과는 분명히 다르다. 그 원인을 살펴보면, 묘에 넣기 위한 것이라는 점과 그 회화의 체재 그리고 그려진 장소에 의해서 결정되는 것이라는 점은 분명하다.

4. 회화예술의 자각

당시 화론은 오늘날 우리들이 위진남북조 시기 회화를 이해하는 데에 중요한 의의를 갖는다. 왜냐하면 화론은 당시 회화 예술의 실천과 이론의 결합으로서 이성적으로 승화한 것이다. 당시 예술가들의 지혜가 어우러진 것이며 지금까지 남아 있는 작품들도 비교적 완정한 상태이다.

고개지는 한 시대를 누비던 독보적인 화가였을 뿐만 아니라 동시에 탁

19 楊弘, 『美術考古半世紀·魏晉南北朝美術考古』, 文物出版社, 1987년.

월한 이론을 겸비한 예술이론가였다. 앞에서 말한 것처럼, 세상에 전하는 고개지의 화론은 두 가지가 있다. 「논화論畵」과 「화운대산기畵雲臺山記」가 그의 대표작이다. 고개지의 가장 중요한 공헌을 한 이론은 "형체로써 정신까지 그린다.(以形寫神)"고 한 것과 "상상을 통해서 예술적 정취를 얻는다.(遷想妙得)"고 한 것이다. 이것은 사실상 중국 그림이 실용 방면에서 예술의 경지에까지 비약하였다는 점을 상징적으로 밝혀 주는 이론이다. 이것으로부터 중국 그림은 이미 "모범이나 교훈을 주는 것에 머무는(存乎鑑戒)" 수준에 머물러 있지 않았으며, 어떤 사실에 대하여 옳거나 그른 것을 판단하는 도구에 지나지 않는 단계를 벗어나 진정으로 심령과 정신을 다루는 예술적 표현을 이루었다. 다음으로 고개지는 특히 화가는 반드시 풍부한 학식을 갖추어야 "화가로서 뛰어난 안목(人心之達)"과 "명철한 안목으로 사물을 관찰하는 것을 소중히 여길 수 있게 된다(貴觀于明識)"고 강조하였다. 이로부터 화가畵家, 화공畵工 혹은 화장畵匠으로 분명히 구분할 수 있는 것이며, 학식과 소양이 바로 중국 그림의 기본적인 요소라고도 강조하였다.

종병宗炳의 「화산수서畵山水序」는 중국 회화사상 첫 산수화 이론으로서 그 가치는 주로 '이형사신'의 예술 명제를 더욱 심화시키고, 회화의 투시법을 창조적으로 제기하였다는 점이다. 특히 그는 "산수라는 실체는 있으되 정취가 심오해야 하며(山水質有而趣靈)" "산수는 형체를 그림으로써 원리에 들어맞게 한다.(山水以形媚道)"고 하였다. 그러므로 "눈으로 보자마자 마음에 와 닿아야 하며(應目會心)" "마음속에 품은 것을 맑게 하여 대상을 음미해야(澄懷味象)" 한다고 했다. 이처럼 해야 비로소 "정신은 초월적이며, 이치는 획득할 수(神超理得)" 있으며, 산수의 내적 세계와 본질적인 특성을 잘 파악할 수 있어서 최종적으로 산수를 그려낼 수 있다는 것이다. 산수화의 근본적인 작용은 그 내면 세계를 그려내는 데에 있다. 이것만 봐도 종병의 산수화 이론이 후세에 매우 깊은 영향을 끼쳤다는 것을 알 수 있다.

왕미王微의 「서화敍畵」는 주로 두 가지 문제로서 그림의 정서情緖와 목표를 논증하고자 하였다. 앞의 것은 실제로 산수화의 근본적인 속성과 특징을 말한 것이다. "붓 하나로 세상만사 이치의 본체를 그리며 눈으로 본 모든 것을 밝힐 수 있게 된다.(一管之筆, 可以擬太虛之體, 可盡寸眸之明.)"고 하였고, "가을 구름을 바라보면, 마음이 흔들린다. 봄바람을 맞으니, 생각이 호탕해지네. 비록 쇠나 돌로 된 악기나 옥으로 된 규장이 있더라도 어찌 비교할 수 있겠는가?(望秋雲, 神飛揚, 臨春風, 思浩蕩. 雖有金石之質, 珪璋之琛, 豈能彿仿之哉?)"라고도 하였다. 이것은 산수화의 독특한 미감 효과를 강조한 것이다. 뒤의 것은 주로 산수화의 구체적인 창작을 말한 것으로 "영험한 기운을 도구로 삼아(靈動爲用器)" "형체에 의지하는 것을 바탕으로 삼을 뿐만 아니라 그것의 변화에 마음이 잘 따라야 한다.(非獨依形爲本, 尤須心運其變.)"고도 하였다. 이처럼 형체로써 정신을 묘사한다고 한 것은 예술적인 주제를 거듭 밝힌 것이다.

사혁謝赫의 『고화품록古畵品錄』은 중국 회화사상 최초로 품평을 시도한 저작이다. 이것의 가장 중요한 공헌은 이른바 기운생동氣韻生動(대상의 풍모가 살아 있는 것처럼 그리는 것－역자 주), 골법용필骨法用筆(대상의 윤곽을 붓으로 힘 있게 묘사한다－역자 주), 응물상형應物象形(대상의 변화에 응하여 모습을 그린다－역자 주), 수류부채隨類賦彩(대상에 따라서 색채를 잘 안배한다－역자 주), 경영위치經營位置(대상을 화면에 적절히 자리 잡는다－역자 주) 그리고 전이모사傳移模寫(모사하는 데 있어서 원래 그림을 충실히 재현한다－역자 주) 등 6법六法을 제기하였다는 점이다. 6법은 회화를 창작하는 주요 이론 법칙이면서 회화 품평의 기본적인 표준이다. 특히 기운생동을 가장 먼저 두었으니, 이것은 회화의 영혼이 그 안에 담긴다는 것으로서 이것은 이후 중국 회화사에 매우 큰 영향을 끼친 것이다. 요최姚最의 『속화품록續畵品錄』은 사혁이 세운 토대를 보완한 것 이외에도 중요한 공헌은 마음이 자연을 본받는다는 심사조화설心師造化說을 제기한 것이다. 심사조화란 바로 중국 그림 내지 중국 예술이 기본적으로 추구하는 최고의 경계를 말한다.

제5절

전통적인 조각과 소조塑造 예술의 매력

1. 기세가 충만한 진秦나라 병마용兵馬俑

진시황릉에서 병마용이 발견되기 전까지 중국의 고대 조각과 소조에 대한 인식은 운강雲崗이나 용문龍門 같은 대형 불교 석상 정도만 있다고 여겨 왔고, 불교가 유입되기 전 중국의 전통 조각과 소조 예술에 대해서는 그다지 관심을 가지지 않았다. 진나라 병마용의 발견으로 이러한 세상 사람들의 인식이 바뀌게 된 것은 2천 년 전 진나라 때 이미 이처럼 규모가 크고 생동적으로 빚어진 도기 공예 작품이 무더기로 발견되었기 때문이다.

실제로, 진나라 병마용의 발견은 우연이 아니었다. 중국에는 조각과 소조 예술이 예로부터 유구한 역사를 가지고 있다. 요녕성遼寧省 우하량牛河梁에 신석기 시대 홍산문화紅山文化의 대형 여신女神의 조각상, 절강성浙江省 양저문화良渚文化에는 정교하고 아름다운 짐승 얼굴을 한 옥조각, 상주商周 시기 꽃무늬가 화려하게 수놓아진 청동기, 삼성퇴三星堆 고촉문명古蜀文明의 구리 가면상, 전국戰國 시기 중산왕묘中山王墓에서 나온 금으로 된 호랑이와 사슴 등이 있는데 이렇듯 정교하고도 아름다운 조소 예술품들은 중화민족의 예지를 빛내고 예술 전통을 계승하였다고 할 수 있다. 종합하자면, 오랜 시간과 경험이 쌓이고 역사적인 의미가 누적되어 진나라 병사처럼 이렇게 큰 규모의 도용 무리가 생산될 수 있었다.

진시황은 진나라의 풍요한 경제와 군사력을 바탕으로 중앙집권제의 통일 제국을 건설하여 역사상 처음으로 황제의 위엄을 보였다. 때문에 죽은 다음에도 전무후무한 그의 권력을 계속 누리기 위해서 강대한 군대를 지하 능 안에 넣었던 것은 어쩌면 당연한 것이었다. 이밖에도 사람을 순장하는 것이 역사에서는 이미 없어졌기 때문에 당시 사람들은 병마용들이 살아 있는 사람을 대신해서 묻는 것과 똑같은 효과가 있을 것이라고 믿었다. 그리고 제작 기술이 점점 발전하여 더욱 진짜 사람처럼 보여서 마치 살아 있는 것과 같은 생명력이 느껴졌다. 진시황릉의 병마용 숫자가 그렇게나 많고 모습 역시 사람과 말을 꼭 닮은 것은, 매우 생동적으로 흙을 빚었기 때문이니 그다지 이상할 것은 없다.

병마용갱의 총면적은 2만여m^2이다. 이미 발표된 자료에 따르면 3개 갱에는 전차 130여 대, 수레를 끄는 말 500여 필, 안장이 있는 기마병의 말이 116필, 전차병과 기마병 그리고 보병 도용이 7천여 기가 매장되어 있었다.(그림 9-3) 이들 병마용들은 진짜 말이나 사람 같은 모습을 하고 있고 그들의 대열이 엄정하고 정연하여 매우 큰 규모로 웅장하게 진용을 갖추고 있어서 이른바 진나라의 '백만 병사, 전차 1천 대, 1만 필의 기마병'이라고 일컬을 만하다. 병사들 도용은 제각기 손에 무기를 쥐고 있고, 어떤 것은 서 있고, 어떤 것은 무릎을 꿇어 활을 쏘고, 어떤 것은 수레를 몰고, 어떤 것은 말을 끌고, 어떤 것은 아무것도 하지 않는 것 같으나 명령을 받으면 곧 뛰쳐나갈 것 같은 모습을 하고 있다. 진시황릉의 병마용은 진나라 군대의 상징과도 같다. 무엇보다 군대의 위용과 웅장함, 그리고 정연한 대열을 표현했기 때문에 하나같이 정연하고 웅장하며 힘이 있는 아름다움을 한껏 잘 표현했다고 할 수 있다. 이처럼 여럿이 무리를 짓고, 군대의 진용을 갖춘 천군만마가 산과 바다를 떨칠 만큼의 위용을 갖추고

그림 9-3 진시황릉 1호 병마용갱 전경.

있어서 사람들 마음에 강렬한 진동을 준다. 다만 병마용들은 보통의 예술가 여럿이 한 사람 한 사람을 빚어낸 것이다. 원래는 진나라 장군과 병사들의 모습을 본뜬 것으로서 마치 살아 움직이는 듯한 형상이다. 그러므로 군대의 대열을 묘사하는 가운데 개성미가 도드라지며, 각기 다른 신분, 나이, 자태, 성격 특징을 가진 다양한 종류의 사람들을 형상화한 것이다. 병마용은 세밀한 부분도 매우 성공적으로 묘사하고 있다. 도용의 머리털 모양, 모자 장식, 눈썹, 수염에서부터 입고 있는 갑옷, 투구에 이르기까지 매우 세밀하게 묘사하지 않은 것이 없다. 말들도 머리, 꼬리, 몸체, 피부, 골격, 근육이 생생하게 드러난 네 발 등 모두 기막히게 예술적으로 묘사하였다. 진나라 병마용은 매우 사실적이기는 한데, 과장하거나 뭉뚱그려 표현하는 예술기법을 운영하기도 하였다. 둥글게 조각한 것, 부조浮彫한 것, 실처럼 가느다랗게 조각한 것, 채색으로 칠하는 것을 잘 조화시켜서 조소미와 회화미를 서로 상승시키는 예술적인 매력을 가지고 있다. 진나라의 대규모 도용은 예술적인 풍격과 기술적인 기교면에서 모두 새로운 경계를 열어서 조소 예술 방면에서 중국적인 스타일을 창조한 것이라고 할 수 있다.[20] 진시황릉에서 병마용을 발견하기 전에 사람들은 고대 그리스와 로마의 조각만이 매우 독특한 아름다움을 가지고 있다고 여겼었는데, 진시황릉의 병마용이 발견되자 사람들에게 매우 신선하고도 중국적인 아름다운 색채미가 가득한 예술적 아름다움을 느낄 수 있게 해 주었다.

진시황릉의 병마용은 조소 예술의 보물창고와도 같다. 이러한 형식의 조소 작품이 진시황릉 부근 지하에 아직도 여러 곳에 묻혀 있다. 예를 들면 이미 세계적으로도 잘 알려진 구리로 된 동마차銅馬車가 있고, 얼마 전 발견된 문관文官 도용과 백희百戲 도용 같은 것도 있다. 그 가운데에서 백희 도용은 모두 웃통을 벗고, 아랫도리에는 짧은 치마를 입고 있는데, 어떤 것은 세발솥을 두드리고, 어떤 것은 씨름을 하고, 어떤 것은 입담을 자랑하고 있어서 각기 모습이 다르다. 조형된 모습이 각기 달라서 웅장한 맛이 나는 병마용과 달리 가볍고 산뜻한 일상생활의 느낌을 준다.

2. 자태가 다양한 백희百戲 한용漢俑의 예술

진나라 이후, 양한과 위진남북조 시기 그리고 그 이후 역대 왕조에서는 매 시기마다 대대로 도용을 무덤에 함께 묻는 것이 매우 유행하였다. 재질로 분류하자면 진흙, 나무, 돌, 구리, 아연, 여러 가지 색으로 채색된 용俑들이 있었다. 종류로 분류해 보자면 병마용, 곁에서 지키거나 모시는 도용, 백희 도용, 노복 도용, 신선 도용, 귀신 쫓는 짐승 도용 그리고 온갖 모양의 동물 도용 등이 있다. 이들 도용은 크기가 제각각이어서 진시황릉의 도용과 단순하게 비교할 수는 없지만, 내용적으로 매우 광범위하

20 袁仲一, 『秦始皇陵兵馬俑研究』, 文物出版社, 1990년.

면서 풍부한 예술미를 표현하고 있다. 그 가운데에서 예술적 아름다움을 갖추고 있는 것이 적지 않다.

진시황릉처럼 도용을 매장하는 관습을 이어 받은 서한西漢의 황제와 제후왕 내지는 여러 대신들의 능묘 안에도 대량의 병마용 또는 곁에서 지키는 병사 도용이나 모시는 자들의 도용을 함께 묻혀 있다. 한 경제漢景帝 양릉陽陵은 곁에 순장한 갱이 수백 기에 달하고, 그 안에 매장된 병마용과 곁에서 지키는 병사 도용의 수량이 심지어 진시황릉보다 더 많기도 하다. 다만 각 병마용의 크기가 78cm에 지나지 않는다. 이들 도용은 본래 비단옷을 입고 갑옷 같은 것을 두르고 있었지만, 지금은 이미 썩어서 출토할 때에는 모두 맨몸이었다. 양릉에서 나온 도용의 크기는 비교적 인체의 비례에 맞게 만들어졌고, 얼굴 모습도 상세하면서 조화로워 보인다. 이밖에도 양릉 곁에 있는 순장 무덤 안에는 수만 개에 달하는 돼지 · 소 · 양 등 가축 도용들도 있다. 이 외에 강소江蘇의 서주徐州 사자산獅子山 초왕楚王의 능 곁에 있는 순장 무덤에서도 역시 수천 개나 되는 작은 병마용이 발견되었다. 서주 북쪽 동산洞山 초왕楚王의 묘 곁에는 채색된 수백 개의 능을 지키는 도용이 안장되어 있다. 함양咸陽 양가만대묘楊家灣大墓의 순장 무덤에는 3천여 개의 도용이 있는데, 크기가 70~80cm의 채색된 기병과 보병으로 이루어져 있다. 이들 병마용은 비록 진시황릉의 도용만큼 키가 큰 것은 아니지만, 기세가 대단하여 특별한 운치를 풍긴다. 그러나 이들 묘지에서 나온 수천이나 되는 명기名器들은 대개 일정한 틀을 이용해서 만든 것이다. 비록 여기에다가 손으로 직접 조각을 하고 채색을 하기는 하였지만, 대개는 서로 비슷하다는 느낌을 지울 수 없다. 그런데 일반적인 한나라 무덤에서는 도용의 수량이 비교적 적기 때문에 흔히 손으로 직접 조각을 하거나 빚어 만든 것이라서 예술성은 한결 더 뛰어난 것처럼 보인다. 한나라의 벽화와 마찬가지로 진정한 예술은 민간에서 나온다고 할 수 있다. 이러한 민간에서 빚은 도용 가운데에 가장 뛰어난 것으로는 형상이 매우 다양한 백희용百戲俑을 들 수 있다. 이른바 백희는 무용, 악기 연주, 잡기, 씨름, 설창說唱(노래하고 이야기를 하는 기예의 일종-역자 주) 등 여러 종류의 공연 양식을 말한다. 예를 들면 제남시齊南市 무영산無影山의 한나라 시기 묘에서 출토된 백희 도용은 채색되어 있는데, 널따란 흙판 위에 악기 연주, 잡기, 무용 그리고 곁에서 구경하는 사람 등이 모두 10여 명이 있다. 연기자들이 아주 생동적이며, 그것을 감상하는 이들도 매우 흥미롭게 지켜보고 있다. 게다가 아름다운 채색까지 되어 있어서 매우 보기 드문 예술작품이다. 동한 때 사천四川과 운남雲南 일대 묘지에서는 설창하는 배우들의 도용을 볼 수 있다. 이러한 도용은 흔히 과장된 수법으로 만들어져 있어서 민간에서 설창하는 예능인들의 형상을 매우 절묘하게 빚은 것이다. 예를 들면 성도成都의 한나라 묘지에는 북을 치며 설창하는 것이 있는데, 웃통은 벗은 채 손을 젓고 발을 구르면서 입은 크게 벌려 소리를 하고 있으며 눈썹을 치켜뜨고 눈을 휘둥그레 뜨고 있는 것이 매우 재미있고도 사랑스럽다.(그림 9-4)

위진남북조 시대는 전란이 극심한 시대로서 남조와 북조가 오래도록 분열되어 있었고, 문화 수준도 격차가 심했다. 북방 지역에서는 무사·기병·호위하는 도용이 많이 나온다. 그들 가운데 어떤 것은 견고하고 날카로운 무기를 잡고 있기도 하고, 어떤 것은 쇠로 만든 갑옷을 입기도 하여 사람들에게 늠름한 전사의 이미지를 느끼게 해준다. 남방 지역의 것은 준수한 형상을 하고 있어서 당시 유행하던 현학玄學의 영향을 받은 것이 틀림없다. 결론적으로 말하자면, 이 시대의 도용은 매우 정교하고 아름다우면서 기법도 매우 섬세하여서 매우 독특한 경지에 이르렀다고 할 만하다.

3. 자연스럽고 살아 있는 듯한 곽거병霍去病 묘의 석조石彫

진나라와 한나라 그리고 위진남북조 시기에는 지하에 도용 묻는 것이

그림 9-4 사천성 성도시 천회산天回山에서 출토된 동한 시기 북을 치며 노래하는 도용.

매우 성행하였고, 지상에는 커다랗고 둥근 모양의 돌에 조각을 하여 세워 두는 것이 유행하였는데, 이것은 거칠면서도 위엄이 있는 아름다움을 나타내고 있다. 곽거병霍去病은 한 무제漢武帝 시기 전공이 뛰어난 젊은 장군이었는데, 죽은 다음 한 무제의 무릉茂陵 곁에 묻혔다. 그의 봉분은 기련산祁連山의 형상을 닮게 만들어서 봉분의 위와 아래에 수십 개의 커다란 동물 석상을 세워 놓았다. 예를 들면, 뛰어오르는 말, 엎드려 있는 호랑이, 누운 소, 웅크리고 있는 코끼리, 달리는 돼지, 서 있는 곰 등이 있는데, 그 가운데에서 말이 흉노족을 밟고 있는 형상이 가장 유명하다.(그림 9-5) 이들 조소는 대개 돌을 가지고 만든 것으로 우선 간략한 기법으로 윤곽을 잡는다. 제작 상에서 특기할 만한 점은 각 부분마다 포인트를 잘 살리고 인공적인 흔적을 드러나지 않게 하여서 매우 심혈을 기울인 예술적인 조형미가 잘 나타나 있다. 곽거병 묘에 있는 동물 석상은 북방 초원문화의 영향을 직접 받았다. 그 스타일이 질박하면서 간략한 것이 매우 자연스러운 예술미를 느끼게 해 준다. 곽거병 묘의 동물석상이 비록 중국 조소사에 있어서 매우 중요한 지위를 차지하고 있기는 하지만, 당시에는 봉분 앞에 석상을 두는 것이 유행하지 않던 시기라서 곽거병 묘에서 시작되었다고 할 수 있는 조소의 예술적 스타일이 제대로 후세에 전해지지는 않았다. 곽거병 묘보다 대략 2세기 뒤인 동한 중후기에 이르러서야 커다란 봉분의 앞에 놓인 신도神道 양쪽에 석궐石闕을 세우고 석상을 줄지어 세우는 것이 유행하기 시작했다. 단 제재의 스타일은 이미 크게 달라졌다. 6조, 수당隋唐, 송원宋元, 명청明清 대에 이르기까지 묘 앞에 석상 무리를 세우는 것이 점차 관습처럼 되어서 제왕 귀족의 묘지 앞에는 반드시 석상을 세웠다. 동한 시기 커다란 묘 앞의 돌에는 대개 전설에 나오는 신성한 동물인 천록天祿과 벽사辟邪를 짝으로 세우거나 때로는 돌사자나 돌호랑이 그리고 사람 석상 등을 세워 두었다. 천록과 벽사의 원형은 중앙아시아로 사자의 겨드랑이에다가 날개를 달아서 신성한 짐승으로 만든

그림 9-5 서한 시기 곽거병霍去病 묘지 앞, 말이 흉노를 짓밟고 있는 모습의 석조.

것이다. 그 모습은 마치 한漢나라 그림에 나오는 것과 같아서 매우 격동적이다. 위진남북조 시대의 대형 능원의 묘 앞에 석상을 둔 것은 남조 시대에 유행한 것으로 천록, 벽사, 기린麒麟, 사자 등이 있다. 이들 짐승들은 모두 돌로 이루어져 있으며, 크고 위엄이 있으며 용맹스러운 것이 기세가 대단하다. 다만 온화하고 역동적이지 못한 느낌이 나는 것이 한나라 때의 매우 생동적인 조소와는 다른 스타일이 느껴진다.(그림 9-6)

그림 9-6 남조 양梁나라 소경蕭景의 묘지 앞, 사악함을 물린다는 의미의 벽사辟邪.

4. 화려하고 웅장한 청동 조형예술

조소 같은 조형예술 가운데 청동기는 매우 독특한 부류에 속한다. 고대 중국에서 청동기문명이 한창 번성한 것은 하상주夏商周 3대이다. 다만 진한 시기에도 여전히 빛나는 성취를 이루었다. 특히 청동기로 만든 장식 예술 방면은 세계적으로 단연 최고의 수준이라고 할 수 있다.[21] 진한

21 俞偉超, 「秦漢青銅器概論」, 『中國美術分類全集 · 中國青銅器全集』, 文物出版社, 1998년.

시기 이후 자기瓷器 등이 생활 용기의 주류를 이루게 되었지만, 청동기는 이때부터 지난날의 영광을 잃고 쓰이지 않게 되는 운명을 맞았다.

앞에서 서술한 것처럼, 3대의 청동기는 대개 조상이나 신령에게 제사를 올리는 제례의 도구였다. 그 장식 문양은 도철饕餮 무늬가 가장 많았기 때문에 신비하면서도 공포스러운 분위기가 강했다. 이러한 사정은 춘추 시기 말년부터 변화하기 시작하였다. 진한 시기에 이르러서 실제 사람이나 동물 형태와 문양이 많이 쓰였다. 청동기의 종류와 조형물들이 더욱 실제 생활에서 쓰이는 것에 가까워졌다. 더욱이 금이나 은을 장식으로 끼워 넣거나 도금하거나 상감 처리하거나 무늬를 새기거나 옻칠 등을 한 청동기의 새로운 공예기법이 유행하였으니, 이런 공정을 거친 청동기는 부귀하고 당당한 아름다움을 발산하였다.

진한 시기 청동기 예술 가운데 인물과 관련된 조형물이 많이 남아 있지는 않다. 『사기』「진시황본기」에는 진나라가 천하를 통일하고 나서 "천하의 병기를 수집하여 함양에 모아 두었다. 그것들을 녹여서 종과 악기 걸이를 만들고 청동상 12개를 만들었는데, 각각 무게가 1천 근이 되었고, 궁중 마당에 두었다.(收天下兵, 聚之咸陽, 銷以爲鐘鐻, 金人十二, 各重千斤, 置宫廷中.)"고 하였다. 이들 청동상은 일찍이 없어진 것 같다. 다만 진시황릉에 있는 동마차를 모는 이도 청동으로 만들어진 것이 남아 있을 뿐이다. 비록 실제 사람의 반 정도 크기로 만들어진 것이지만, 이것을 통해서 진나라 시기 청동상의 모습을 대략 짐작할 수 있다. 한나라 때에는 신화에 나오는 신선인 우인羽人 동상이 자주 나오는데, 그의 긴 눈썹과 귀가 아래로 처질 정도로 크고 몸에는 털이 난 것이 그때의 신선 사상을 반영한 것이라고 할 수 있다.

진한 시기 청동 공예 가운데 말을 만든 것은 매우 특이하다. 진시황릉의 동마차는 실제 수레와 말의 절반 크기로 축소하여 만든 것이다. 수레의 세밀한 부분까지도 모두 묘사하였고 많은 금은 장식과 채색의 기교가 참으로 뛰어나다. 구리로 된 마차는 마치 흙으로 빚은 말 도용과 비슷하다. 물론 형체는 세세한 부분까지 새겨 넣은 것이 참으로 기묘할 정도로 실제와 똑같이 만들었다. 이밖에도 섬서성陝西省 흥평興平에 있는 무릉茂陵에서 발견된 수은으로 도금한 것, 광서성廣西省 귀현貴縣 봉류령鳳流嶺에서 나온 서한 시기 구리로 만든 커다란 말, 사천성四川省 면양綿陽 하가산何家山에서 나온 동한 시기 애묘崖墓의 커다란 구리말은 각기 특유한 색채를 가지고 있다. 그러나 한나라 때 가장 표준적인 구리말은 감숙성甘肅省 무위武威의 뇌대雷臺에서 나온 동한대 묘를 사람들은 흔히 말이 날아가는 제비를 밟고 있다는 뜻으로 '마답비연馬踏飛燕'이라고 부른다. 작품의 전체적인 형상은 허공을 날아 달리는 준마와 같다. 한쪽 발은 제비를 밟고 있고, 나머지 발 셋은 허공을 뛰어 오르는 모습이다. 이것은 빨리 날아다니는 제비의 속성을 빌려다가 신비롭게 내닫는 준마의 형상을 돋보이게 하기 위한 것으로 전체적으로 생동적이면서 강건한 느낌이 난다.

생활 용기를 진한 시기에는 주로 청동기로 만들었다. 대개 구리 그릇, 구리거울, 구리 등잔, 구리 난로 등이 있다. 그릇 종류로는 세발솥, 단지, 네모난 술그릇, 동이, 술잔 등이 있다. 당시는 겉면에 아무런 장식이 없는 구리 그릇이 대량 생산되었는데, 장식이 화려한 것 가운데 금이나 은이 상감 처리된 구리 그릇이나 금이나 은이 섞인 구리 용기, 세세한 문양이 그려진 구리 그릇 등 고급스러운 청동기 가운데에는 미적인 가치가 뛰어난 청동 예술품이 적지 않다. 예를 들면 하북성河北省 만성滿城의 서한 시기 중산왕中山王 유승劉勝의 묘에서 금과 은을 도금한 것으로 용이 감싸고 있는 문양의 동이, 섬서성 우옥현右玉縣에서 금을 도금한 것으로 동물이 부조된 문양의 구리 술잔, 광서성 귀현貴縣 나박만羅泊灣의 한나라 묘에서 옻칠로 인물과 꽃무늬가 그려진 대야 등이 출토되었는데, 이것들은 모두 매우 정교한 작품들이다. 진한 시기 청동기 가운데에는 등잔의 종류가 가장 많고 조형미도 뛰어나고 장식미도 화려하다. 구리 등잔 가운데에는 인물이 새겨진 것, 기러기 발 모양인 것, 물에 사는 짐승 모양인 것, 나뭇가지가 이어진 모양인 것, 나무 모양인 것, 상자 모양인 것 등 매우 다양하다. 하북성 만성에서 나온 서한 시기 중산왕의 후비인 두관竇綰의 묘에서 나온 금으로 도금된 장신궁長信宮의 등燈은 궁녀 하나가 받들고 있는 모습이다. 등의 빛이 방향을 조절할 수 있으며, 궁녀의 소매가 연기를 빼는 통로로 만들어질 만큼 정교하면서도 실용적이다. 전체가 금으로 도금되었으며 화려하기가 비할 데가 없을 정도이다.(그림 9-7) 같은 묘에서 나온 주작등朱雀燈은 등의 몸체가 날개를 펴고 막 날려는 듯한 주작朱雀의 모습이다. 발은 용이 새겨진 것을 밟고 있으며, 부리는 등 받침을 물고 있는 것이 매우 약동적이다. 강소성 한강邗江 묘에서 출토된 은이 섞인 소 모양 등도 매우 정교하게 만들어졌다. 진한 시기 구리 그릇 가운데에는 일반 가정집에서 향을 피우던 박산로博山爐에 대한 연구가 많이 되었다. 화로의 뚜껑은 주조하여 만든 것으로 표면이 거칠고, 여러 겹으로 들쭉날쭉하다. 그 중에는 진귀하고 이상한 짐승, 신선, 구름 문양이 새겨져 있는 것도 있다. 섬서성 흥평興平 무릉茂陵 부근에서 출토된 금으로 도금되고 대나무 마디가 새겨진 박산로博山爐, 만성滿城의 서한 중산왕 유승의 묘에서 나온 금과 은이 이리저리 섞인 박산로가 있다. 이것들은 형태가 독특한 느낌을 자아내는데 전체가 금으로 도금되고 은이 섞여 있어서 매우 고급스럽고 화려해 보인다.

여기에서 말한 진한 시기 청동기들은 모두 중원中原에서 출토된 것들이고 진한 시기 변방의 이민족들이 만든 것 역시 그들만이 발달시킨 독특한 문화가 녹아 있다. 그 가운데에서 운남성雲南省 전지滇池 구역에서 나온 청동 문화가 대표적이라고 할 수 있다. 전지 주변은 청동기 문화가 매우 발달하였다. 그 가운데에서 조개를 저장하기 위한 여러 형식의 저패기貯貝器, 투명하게 새겨 장식한 명패, 생산 도구, 병기 같은 것들이 매우 독특하다. 저패기의 뚜껑 위에는 사람이나 동물이 무더기로 새겨져 있고,

그림 9-7 하북성 만성현滿城縣 서한 중산정왕中山靖王의 처 두관竇綰의 묘지에서 출토된 장신궁長信宮의 등燈.

제사, 공물, 전쟁, 생산 등의 활동을 하는 것을 묘사하였다. 거기에 새겨진 것들이 잡다하여 어지럽게 배치되어 있지만, 그 나름의 운치가 있다.

제6절

불교 조소彫塑와 동굴 벽화 예술

1. 외래 종교와 중국 고유 사상의 융합

양한 교체 시기에 불교가 중국에 들어오자 통치자들은 그것을 백성들을 다스리는 수단으로 삼았고, 이로부터 불교는 크게 번창하여 빠르게 널리 전파되었다. 불교 신앙이 깊게 뿌리 내려 널리 퍼지고 따르게 되면서 예배를 위한 사원이나 석굴 같은 것들도 생기고, 이로부터 중국만의 독특한 조소와 벽화 등 불교 예술이 생겨났다. 이것들은 모두 불교를 전파하는 기능을 담당하게 되어서 사회적으로 더욱 폭넓게 확대돼 나아갔다. 당시 사회의 보편적으로 퍼져 있던 심미적 가치, 사회생활 그리고 예술적 취향을 구현하였다. 남북조 시기에 정치적으로는 남조와 북조로 나뉘어졌지만, 문화적으로는 여전히 서로 영향을 주고받았다. 이렇듯 공동으로 발전하는 추세 속에서 불교 예술은 또 각 지역마다의 특색과 예술가마다 그들의 독특한 개성을 표현해 내었다. 지금까지도 여전히 각지에 석굴이 남아 있으니, 이것들은 당시의 예술적인 취향이 직접적으로 반영된 것들이다.

신강新疆의 탑리목塔里木 분지 북쪽에는 많은 석굴군이 연이어 있다. 옛 구자龜茲 지역 안의 키지르(克孜爾, Kèzīěr) 석굴이 대표적으로 지역적 특색을 강하고도 선명하게 잘 나타내고 있다. 이들 석굴은 가파른 석벽에 분포되어 있는데, 대개는 높은 곳에 구멍을 뚫은 것이다. 관현악과 기악이 여러 나라 가운데 뛰어났던 구자국의 문화가 벽화에 잘 나타나 있다. 구자에서 유행하던 소승불교小乘佛敎에는 이야기를 제재로 한 것이 매우 풍부하다. 제17굴에는 마름모 형태로 부처가 아직 성불하기 전의 이야기인 본생담本生譚이 43폭으로 그려져 있다. 선으로 윤곽을 잡고 사물의 명암을 두드러지게 표현하였는데, 색채가 짙고 벽화의 바탕은 좀 냉랭하여 확연히 대비가 된다. 예술 형식의 방면에서 선과 색채를 대비시키는 수법을 쓴 것은 중국 전통회화에서는 그때까지 나타나지 않은 것이다. 확실히 중앙아시아 쪽에서 영향을 받은 것이다.

돈황敦煌 막고굴莫高窟은 중국 석굴 가운데 제1호로 불리는데, 366년(전진前秦 건원建元 2년)에 세워진 것이다. 이후 시대에 굴을 계속 파서 명사산鳴沙山 동쪽 기슭에 여러 겹으로 분포해 있다. 현재 번호가 부여된 493개의 동굴 가운데 북조 시기에 만들어진 동굴이 30여 개나 된다. 그 가운데 하나가 '중심주굴中心柱窟'인데, 석굴 안에는 인도에서 온 것을 상징하는 불탑이 중심 기둥이다. 석굴의 천장은 전후 양면이 비스듬하고, 돌출되어 나온 서까래와 처마가 있으니, 완전히 중국 전통 가옥의 꼭대기와 같다. 이런 것이 이른바 불전굴佛殿窟이다. 정면 벽에는 불상과 부처의 사리가 모셔져 있고, 석굴 꼭대기 부분 4면 둑은 국자를 뒤집은 것과 같은 모양이다. 높고 큰 공간으로서 마치 휘장을 드리운 것 같다.[22] 외래 종교와 중국 전통 사상이 만나서 최종적으로는 교묘하게 융합되어 나타난 것이다. 이것이 돈황석굴의 예술품 가운데에서 가장 뛰어난 것이다.

---

22 馬世長,「敦煌莫高窟」,『中國佛敎石窟考古文集』, 覺風佛敎藝術文化基金會, 2001년, 215-225쪽.

2. 수골청상秀骨清像[23]

북조의 불상 주존主尊으로는 교각불交脚佛, 좌불坐佛, 석가다보불釋迦多寶佛, 교각보살交脚菩薩, 사유보살思惟菩薩이 있는데, 부처 하나에 보살들을 조합한 것이다. 북위北魏 불상은 얼굴형이 길고 둥글며 표정은 엄숙하고, 인도에서 건너온 대로 오른쪽 어깨를 드러낸 채 가사袈裟를 몸에 걸치고 있다. 옷의 무늬는 겉에 점토粘土를 붙이고 그 위에 실선으로 새겼다. 이후에는 고르고 평평한 계단식 장식이 유행하였다. 서위西魏의 불상 본체는 매끈하고 길며 얼굴은 좀 맑고 여위었다. 인도식의 가사는 중국식으로 품이 넓게 변하였다. 이러한 변화가 불교미술의 심미관을 달라지게 했던 것은 아니지만, 현실생활에서는 매우 크게 작용하였다. 남조의 진晉과 송宋나라 때 고개지와 육탐미는 중고 시기 화가 가운데 대표적인 인물로서 인물의 형상을 빚어냄에 있어서 "육탐미가 그 골骨을 얻었다면 고개지는 그 신神을 얻었다.(陸得其骨, 顧得其神.)"[24]고 하였다. 인물을 그릴 때 골격과 정신을 중시하는 '수골청상'은 당시 예술 방면에서 추구하는 심미관이 되었는데, 이러한 경향은 남쪽 지방에서 시작되어 북쪽 지방까지 이어졌고, 서쪽으로는 돈황敦煌까지 다다랐다.

돈황 벽화의 내용은 매우 다양하다. 비교적 이른 시기의 불전佛傳 · 본생담 · 인연 고사 등에서 취한 이야기가 대표적이다. 한두 폭의 그림으로 따로 표현하기도 하고, 나중에는 인물이나 이야기 줄거리가 늘어나고 이야기가 복잡해져서 중국의 전통적인 긴 두루마리 형식의 그림이나 서로 대칭이 되게 그려 넣기도 했다. 이야기를 담은 커다란 크기의 그림 가운

23 秀骨清像: 육탐미陸探微의 회화 스타일. 불교인물화에서 인물을 맑고 빼어나게 그리기 위해서 모서리를 분명하게 처리하는 예술 특징.

24 張彦遠,『歷代名畵記』권6에서 唐 開元年間 張懷瓘의 평론을 인용, 人民美術出版社, 1983년.

데 “자신의 몸을 바쳐서 호랑이에게 먹인다.(舍身飼虎)”거나, “수달노 태자 본생에 아내와 자식까지도 보시한 이야기(須達拏太子本生)” 등은 불교에서 흔히 은혜를 베푸는 것을 제재로 한 이야기들이다. “미묘 비구니의 인연(微妙比丘尼因緣)”은 주로 윤회와 인과응보, 효도를 중시하는 것을 주제로 삼은 것으로 기구하고도 괴이한 이야기 구조이면서 이야기를 통해서 불교 교리를 일깨우고 있다. 어떤 것은 동굴 꼭대기에 복희伏羲, 여와女媧, 동왕공東王公, 서왕모西王母, 비렴飛廉, 개명開明, 현무玄武, 아수라阿修羅 등이 그려져 있다. 이것들은 본래 중국 전설에서 전해지는 신선과 상서로운 짐승 등에 관한 것이 대부분이다. 중국 전통의 충효 사상이나 신선 신앙 등이 불교와 유기적으로 결합되어서 중국 불교 미술의 독특한 스타일을 형성하였고, 또 중국의 전통적인 형식을 빌려다가 표현한 것으로서 이것을 통해서 외국에서 온 종교가 중국인의 취향이 맞도록 적응해 갔다는 것을 보여 준다.

3. 선염법渲染法의 출현

불교 회화는 정신적인 믿음을 표현하려는 것이며, 시주하는 이들의 기도나 복을 기원하는 내용이 반복적으로 나타나 있다. 다만 시주들이 그려주기를 원하는 제재 가운데에서도 예술가들은 언제나 예전 것을 그대로 다시 그리는 것만 아니라 그들 나름의 창조성을 발휘하여서 표현된 그림 가운데에서 가장 중요한 순간을 포착하여 세세하게 그림으로 표현하여 감동을 주고자 하였다. 따라서 돈황 벽화에는 다양하고 풍부한 형식의 벽화가 많이 남아 있게 된 것이다. 키지르 석굴과 같이 돈황 벽화에서 인물을 묘사한 것 역시 선염법渲染法을 사용하였다. 중국의 전통 회화에서 실선으로 생동감 있게 대상의 형태를 대강 그리는 것을 기초로 한 것에다가 외국에서 들여온 기법으로 대상의 형체가 무게감 있게 나타내기 위해서 둘레를 둥글게 그려서 강조하는 방법을 썼다. 그 숙련된 정도를 보면 이미 전통적인 방법에다가 외국의 회화 기법이 잘 어우러졌다고 할 만하다.

돈황에서는 소상塑像뿐만 아니라 벽화들도 그때까지 불교미술의 형식과 내용 방면에서 한계를 뛰어넘어 상세하게 현실 생활을 반영하고 있다. 여러 색으로 채색된 보살이 띠고 있는 아름다움과 마음을 감동시키는 미소는 여성 특유의 장중함까지도 표현하고 있다. 부처의 얼굴 모습 역시 초연한 예지를 품고 있으며, 눈가에 띠고 있는 움직이는 듯한 미묘함은 편안하면서 자상한 심경을 잘 나타내고 있다. 인물의 형상, 옷매무새, 경치는 당시 사회 풍토와 사람들의 삶을 잘 묘사한 것으로서 형세를 그리되 정신까지 나타낸다는 '이형사신以形寫神'과 느낌이 살아 있는 것 같은 '기운생동氣韻生動'의 예술 경지를 잘 나타낸 것이다.

막고굴 동쪽에 있는 주요 석굴군이 운강석굴雲岡石窟이다. 기원전 398년 북위北魏는 평성平城(지금의 대동大同)에 도읍을 정하면서 중원 지역의 불교와 접하게 되었다. 양주凉州와 구자龜玆 등 서역의 불교가 중국으로 전해지는 통로도 열리게 되었다. 그래서 평성平城이 최대의 불교 중심지가 되었다. 게다가 처음으로 국가가 주도적으로 대규모의 석굴을 만들게 되었다. 운강석굴은 대개 인도의 불교도들이 수련하는 초암 건축 양식으로 만들어졌다. 바닥은 말발굽 모양으로 드러나 있거나 타원형 또는 둥근활 모양으로 되어 있다. 사람들을 경탄하게 만드는 것은 거대한 불상들이 조성되었다. 북위 불교의 영수였던 담요曇曜는 황실의 명을 받아서 5개의 석굴을 팠고 그 안에 과거와 현재 그리고 미래를 상징하는 삼세불三世佛을 세웠다. 불상의 몸체는 크며, 얼굴 모습은 넉넉하면서 둥근 형태로서 코는 높고, 눈썹과 눈은 가늘고 길다. 가운데 있는 석가모니는 팔자수염을 하고 있는데, 이것은 인도 불상의 특징이기도 하다. 몸에 걸친 복장은 오른쪽 어깨를 드러내고 있으며, 한쪽은 어깨를 덮고 있다. 오른쪽 어깨를 드러낸 복장 안에는 속옷을 입고 있고 겉에는 가사를 걸치고 있다. 속옷은 일반적으로 네모 격자 무늬가 있고, 가사의 가장자리는 염주 무늬와 꺾인 띠 무늬가 있다. 보살상은 얼굴이 둥글고, 작은 키에 머리에는 보관寶冠을 쓰고, 상반신은 벗고, 가슴에는 머리 장식이나 짧은 구슬 목걸이를 하고 있고, 뱀 모양의 장신구를 하고 있는 것이 일반적이다. 아랫도리는 품이 넓은 치마를 입고 손목이나 팔에는 팔찌를 하고 있다. 이러한 보살의 옷차림 역시 당시 인도 귀족의 장식이다. 『위서魏書』「석로지釋老志」에는 아시아와 서역 몇몇 나라의 스님들이 보살의 화상을 가져온 것이라고 기록되어 있다.[25] 북위가 북량北涼을 멸망시켰을 때, 북량의 고승과 기술자들을 잡아갔다. 이 때문에 초기 운강석굴에서 불상을 만들게 된 과정이 복잡하게 되었다. 옷은 중후하게 입고, 옷의 무늬는 돌출하였으며, 몸체는 큰 불상을 만들었으니, 이것은 간다라(Gandhara, 犍陁羅)와 중앙아시아 지역의 복장과 체격의 특징이기도 하다. 다만 키가 크고, 체격이 준수하고, 인상이 넉넉한 튼실한 스타일이었던 것은 양주涼州의 불상과는 다르며, 간다라의 것과도 다르다. 여러 지역에 세워진 불상의 특징을 결합하여 새로운 양식으로 만든 것이다.

이보다 조금 늦게 만든 것은 효문제孝文帝 때 판 석굴이다. 여기의 불상 모습은 맑고 너그러운 귀족의 형상으로 조각된 장식이 매우 화려한 스타일이다. 운강석굴과 다른 북쪽 지역의 석굴들이 중국식으로 변한 것 역시 이 시기에 시작된 것이다. 이후 동굴의 건축 형식이 인도의 방식으로 만들어지지는 않았다. 대신에 대나무나 나무로 엮은 형식의 한나라 식의 누각이나 전당殿堂 등이 만들어졌다. 불상의 제재도 다양하게 변화하였다. 부처나 보살 또는 제자들 이외에도 공양을 올리는 사람들의 행렬도 나타

25 『魏書』「釋老志」, “太元 初(455), 有師子國胡沙門邪奢遺多 · 浮陀難提等五人, 奉佛像三, 到京都. 皆云, 各歷西域諸國, 見佛影迹及肉髻, 外國諸王相承, 咸遣工匠, 摹寫其容, 莫能及難提所造者.”

났다. 부처와 보살의 얼굴 모습은 일반적으로 적당한 크기이며 표정은 온화하고 고요하다. 몇몇 석가상이나 다보여래多寶如來는 품이 넓고 넉넉한 띠를 두르고 있다. 보살은 보관寶冠을 쓰고 있을 뿐만 아니라 일종의 화만관華鬘冠을 쓰고 있으며, 옷에는 비단을 두른 것도 있다. 이 시기에는 중국 문화적인 요소가 급격히 증가하였으니, 이것은 북위에서 한화漢化하기 위한 개혁정책이 반영된 것이었다. 효문제가 추진한 일련의 한화 개혁 정책 가운데에서 복장을 개혁한 것이 중요한 사항이었다. 한인 사대부들이 품이 넓고 넉넉한 띠를 두른 복장을 입었던 것은 황제가 직접 입었던 것이며 대신들에게도 명령을 내려 추진하였던 것이다. 현실 생활과 사람들의 취향이 반드시 예술가들의 창작에 영향을 주기 마련이어서 운강석굴의 불상 복식들도 변하게 된 것이다. 이와 같을 뿐만 아니라 효 문제가 평성平城에 도읍을 정한 후반기에 불교는 의리義理를 중시하게 되었고, 불교의 의리 관념이 비교적 발달한 동쪽과 남방 지역으로부터 영향을 받아서 북위 불교를 내용적으로 충실하게 하였고, 석굴의 불상에도 새로운 변화를 주게 되었다. 이후로 점점 아름답게 만드는 경향이 생기면서 아름답고 품위가 있는 형상을 좋아하게 되었다. 옷의 무늬를 새긴 것에도 비교적 고르고 평평한 계단식으로 꾸미는 기법이 채택되어서 불상의 입체감과 현실감을 돋보이게 하였다. 화려한 꽃무늬 형식이 더욱 섬세해지고, 인동忍冬 덩굴 잎의 모양을 본떠 만든 인동문忍冬紋의 경우에도 가지가 휘감겨 붙은 인동문, 상투 모양의 인동문, 물결 모양의 인동문 등 여러 가지 종류가 있었다. 효 문제가 낙양으로 천도한 이후 운강에서 큰 규모의 석굴을 파는 것이 줄어들었다. 새로이 보통 혹은 작은 규모로 동굴을 동쪽에서 서쪽으로 석벽에 가득 조성하였다. 한문화의 요소가 점차 증가하고 서역적인 요소가 점차 줄어들게 되자 참신한 양상이 두드러지게 되었다. 동굴 안의 불상과 보살상의 얼굴 모습이 좀 가냘파져서 '수골청상'하게 보이게 되고 북위 후반부 석상의 전형적인 특징이 자리 잡게 되었다.

4. 불교 예술의 중국화 완성

중원 지역 북위의 불교 예술 가운데 용문석굴이 가장 성대하다. 운강석굴에서 북위 후반부의 '수골청상'한 스타일이 싹트고, 부드럽고 우아하며 굳건한 방식의 석상은 용문석굴에서 빛을 발했다고 할 수 있다. 크고 작은 석굴의 불상들은 뛰어난 기교로 가냘픈 형상으로 새겨졌다. 『위서』「석로지」의 기록에 의하면 용문의 빈양동賓陽洞에서는 "대경의 영엄사 석굴에 준한다.(準代京靈巖寺)"고 하였다. 즉, 운강석굴의 양식에 따라 석상을 만들었으며, 동굴 앞 벽은 회화 색채가 풍부한 부조가 새겨져 있다. 『유마힐경維摩詰經』에서 유마힐 거사가 문인의 기질을 가지고 있던 것도 현실 생활에서 볼 수 있던 귀족문인의 정신적인 면모를 반영한 것이었다. 그리고 잘 알려진 「제후예불도帝侯禮佛圖」[26]에서는 복잡하게 얽혀 있는 인물들의 관계도를 교묘하게 잘 처리했는데, 여기에서는 인물의 경건함이나 엄숙함 또는 고요하게 움직이는 모습과 심경을 잘 포착해서 고요하면서도 나아가는 움직임을 잘 표현하였다. 이것은 당시 회화예술이 상당히 발전하였다는 것을 보여 주는 것이다.

빈양동과 연화동蓮花洞 석굴 꼭대기에 아름다운 문양이나 조각 그림으로 장식한 천장에는 꽃잎이 여러 겹으로 된 큰 연꽃이 있는데, 그 주변을 악대가 둘러싸고 있다. 이것은 북위 예술 작품 가운데에서도 아름다운 것인데, 연꽃은 조소 예술에서 그 특징이 잘 드러나는 제재로서 매우 실감나게 묘사되었다. 하늘을 나는 자태가 가뿐하고, 옷이 휘날리는데, 간결하게 대상의 윤곽을 잘 포착하는 수법으로 아름답게 움직이는 자취가 잘 나타나 있다. 마치 옷과 채색된 구름이 선녀를 따라 부드럽게 날아가는

26 이 두 예술품은 '皇帝禮佛圖'로서 미국 뉴욕시립예술박물관에 있다. '皇后禮佛圖'는 미국 캔자스시티 예술관에 있다.

듯하다. 빈양동 석굴 바깥 문 양쪽에는 건장한 체격의 역사가 있는데, 화가 난 듯 눈을 부라리며 팔을 치켜들고는 주먹을 움켜쥐고 있다. 입고 있는 옷 안쪽으로 육중한 근육질이 비쳐 보이게 하여서 건장한 체격을 가지고 있다는 것을 나타내었다.

남조 시기에는 사찰을 세우고 불상을 만드는 일이 많았다. 다만 석굴의 수량은 많지 않았다. 남경 서하산棲霞山의 석상 가운데에는 남제南齊 시대에 만들어진 것이 있고, 양梁나라 때에는 불상과 보살을 많이 조성하였다. 절강성 신창新昌의 보상사寶相寺 석굴 앞에는 나무로 된 전각이 지어져 있고 석실 안의 대불大佛은 본래 남조 시기에 만들어진 것이다. 이 두 곳의 석굴 석상은 역대로 새로 중수한 것이지만, 원래의 기본적인 모습은 그대로 가지고 있다. 이후 양梁대에도 일찍이 50년 동안 강동江東 지역에 별다른 전쟁이 없었으며,[27] 사회 분위기도 달라져서, 조형예술 방면에서도 장승요張僧繇 화파畵派가 유행하였으니, 그 풍격은 바로 "사람의 신묘함을 형상화함에 있어, 장승요는 그 육肉을 얻었다.(像人之妙, 張得其肉.)"[28]고 한 것이었다. 즉 가냘프고 파리한 것에서 풍만하고 웅장한 모습으로 변화한 것이다. 사천성 성도成都의 만불사萬佛寺에는 양梁나라 기년명紀年銘을 돌에 새긴 석조물이 있는데, 거기에는 장승요를 대표로 하는 남조의 새로운 스타일이 잘 나타나 있다. 이것 역시 중국 조형 예술에 큰 영향을 끼쳤다.

남북조 시기 중국 불교 예술은 중국화를 완성하는 첫 과정에 진입한 것이라고 할 수 있다. 이 과정 가운데에서 중국 전통 예술과 외국에서 들어온 예술이 크게 융합하여 개조된 것이라고 할 수 있다. 한나라 때 거칠게 그려졌던 벽화와 조소에 비하면 위진남북조 시기에는 청신淸新하고 우아

---

27 『周書』 권41 「庾信傳」, 中華書局, 1971년 표점본, 736쪽.
28 張彦遠, 『歷代名畵記』 권7, 150쪽.

그림 9-8 산동성 청주시青州市 용흥사龍興寺에서 출토된 북조北朝 시기 금으로 채색된 보살상菩薩像.

한 아름다움에다가 낭만적인 스타일까지 잘 표현하고 있다. 운강석굴의 초기 불상은 북위가 한화하는 과정에서 품이 넓고 넉넉한 띠를 두르게 되었고, 얼굴 모양이나 형체 역시 웅장한 것에서 점차 가냘픈 모습으로 변화해 갔다. 가냘픈 형상은 남조 문화가 북방식으로 점차 변화하는 과정에서 형성된 것이다. 위진남북조 시기에는 이상적인 인격은 지혜로운 품성과 세속을 벗어난 풍모였다. 사대부 계층은 몸이 좀 가냘프고 옷은 풍성하게 입어야 멋이 있다고 여겼다. "가냘프고 맑은 이미지가 생동적인 것처럼 느껴졌으며, 사람의 여윈 모습이 마치 정신적으로는 신묘하고 밝은 기분을 느끼게 하였다.(秀骨淸像, 似覺生動, 令人懍懍若對神明)"[29] 정신 상태가 생생하고 활기차며 우아한 모습을 이상적인 경계로 여겼다. 이리하여 각지마다 추구하는 스타일과 소조塑造 예술의 특징이 각기 형상되었다. 장승요 파가 나타나고 영향을 끼침에 따라서 조형예술에 한 차례 새로운 바람이 불었다. 간결하면서 풍만하고 건장하며 기골이 늠름한 스타일이 유행하기 시작하여 수당 예술이 흥성하게 된 기초를 마련했다.

석굴 내부의 석상과 벽화 이외에도 작은 석상들이 많이 있다. 산동성 청주青州의 용흥사龍興寺에서 발견된 것이 가장 중요하다.[30](그림 9-8) 청주에서 발굴된 여러 석상들은 주로 북조의 작품으로서 북제北齊 시기의 가장 정교하고 아름다운 것들이다. 불상으로는 미륵과 석가모니상이 가장 많다. 몸에는 얇고 투명한 가사를 두르고 있는데 옷 무늬는 간결하고, 원만하게 윤기가 나며 활력이 넘치는 신체를 가진 것으로 표현되었다. 보살상의 옷은 가벼운 비단으로 속이 비치는 것 같고 장식이 정밀하면서 화려하고 얼굴이 풍만하며 자세가 유연하고 여유롭다. 청주는 남조와 북조에 번갈아 가며 예속되었고 남쪽과 북쪽으로 다니는 교통의 중심지였으

29 張彦遠, 『歷代名畵記』 권6에 張懷瓘의 말을 인용하였다. 127-128쪽.

30 杜在忠 · 韓崗, 「山東諸城佛敎石造像」, 『考古學報』, 1994년 제5기. 中華世紀壇藝術館 · 青州市博物館, 『青州北朝佛敎造像』, 北京出版社, 2002년.

므로 각지의 풍부하고도 다채로운 조형예술들이 여기저기 남아 있다. 불상 전체에 조각이 되지 않았거나 옷 무늬를 간결하게 조각하는 기법을 사용하였다. 이런 것은 인도 굽타 왕조의 예술에서 자주 보이는 것으로 그 영향을 받은 것으로 여겨진다. 도금하거나 채색한 것은 남조 예술과 관련이 있는 것 같다.

북제 불교 석상의 제작으로 세상에 알려진 인물은 조중달曹仲達이다. 당나라 장언원은 "조중달은 본디 조나라 사람으로 북제에서 가장 공교하게 부처를 잘 그린다고 알려져 있었다.(曹仲達本曹國人也, 北齊最稱功, 能畵梵像.)"[31]고 하였다. 그의 예술 스타일을 후대 세상에서는 '조의출수曹衣出水'라고 하였는데, 이것은 그가 그린 인물의 신체는 강건剛健하며 입은 옷은 주름이 빽빽하게 접혀 있는 것이 마치 물이 솟아나는 것 같다는 의미에서 그렇게 말하는 것이다. 조중달의 그림에는 다른 나라 색채와 중원 지역의 전통적인 미술 양식이 서로 융합되어 있어서 '조씨 스타일(曹家樣)'이라 하였는데, 이것이 당시 사람들에게 환영을 받았고 당시 사람들의 심미의식과 조형예술에 커다란 영향을 끼쳤다. 청주의 북제 조각예술도 그들 나름의 독특한 스타일이 있었다. 옷은 가볍고 몸에 달라붙어서 마치 '조의출수'와도 같은 느낌이 나는데, 그 모습이 자연스럽고도 사실적이다. 비록 커다란 움직임은 없더라도 인물의 활력을 잘 관찰하여서 간략하고도 담담하게 인물마다 내재해 있는 기질을 잘 드러냈다. 보살은 비록 눈을 가늘게 뜨고 있고, 얼굴에는 미소를 띠고 온화한 이미지를 풍기지만, 귀부인처럼 보이지는 않는다. 실제로 아름답고도 신성해 보이기까지 하여서 사람들을 우러르게 할 만하였다.

---

31 張彦遠, 『歷代名畵記』 권8, 157쪽.

제7절

서법書法 예술과 서론書論

1. 가장 높은 의경意境과 정서를 표현하는 민족 예술

서법은 중국의 문화적 산물이면서 일종의 "최고의 의경과 정서를 표현하는 민족 예술"[32]로서 중화민족이 세계 예술사에 끼친 위대한 공헌의 하나라고 할 수 있다.

서법은 표현예술의 하나에 속한다. 그것은 한자漢字가 가지고 있는 아름다운 구조미에 기초를 한데다가 최소한의 재료를 도구로 하여 추상적인 선과 상대적으로 간단한 기술과 형식을 가지고 일정한 생명을 불어넣어 글 쓰는 이의 감성을 표현하는 것으로서 최종적으로는 그것만의 특수한 심미적 가치를 표현하는 것이다. 서법은 일상에 있는 특정한 물체를 그대로 옮기고 모사하거나 상징적으로 표현하는 것이 아니라 일종의 순수한 형이상학적 표현으로서 형식미와 정감적인 요소를 직접적으로 결합하는 것이다. 그러므로 중국인들에게 존중과 애호를 받을 뿐만 아니라 동시에 세계적인 예술로 인식되는 것이다.

서법은 스스로 깨우쳐 완성하는 심오하고도 독특한 예술이다. 그러므

32 宗白華, 「中國書法所表現的空間意識」, 『美學散步』, 116쪽.

로 서법은 한자가 탄생하지 않았다면 있을 수 없었던 것이지만, 한자의 탄생이 곧 서법의 탄생을 의미하는 것은 아니다. 서법은 한자가 일정하게 발전하는 과정에서 특정한 인문 환경과 사회적인 수요에 따라서 탄생한 것이다. 여기에서 말하는 특정한 발전 단계와 인문 환경은 무엇인가? 그것은 흔히 "두 현玄이 서로 어우러진 것(兩玄相應)"[33]이라고 할 수 있다. 첫 번째 '현'은 현학玄學의 맹아와 발전으로서 나날이 혼탁해지는 관료 전제 통치로부터 양한兩漢 시기 유학儒學, 즉 경학經學이 쇠미해지고 점차로 위진현학魏晋玄學의 시대로 변화해 간 것이다. 두 번째 '현'은 한자의 글자 구조가 현화玄化한 것으로 한자의 형상성이 근본적으로 없어지고 획이 고도로 단순하게 변화하면서 한자 형태의 구조가 근본적으로 완성되어 갔고, 최종적으로 완정한 체계를 갖춘 해서楷書가 탄생하게 되었다. 그러므로 마침내 서법은 일상에서 실용적으로 쓰는 글쓰기로부터 벗어나 일종의 예술로 승화하게 되었다. 이러한 승화는 일상에서 쓰는 글자체인 행서行書와 금초今草로부터 발생한 것이다. 이것은 동한 시기 조일趙壹의 「비초서非草書」에 나온 글을 통해서 밝혀진 것이다. 당연히 종이의 보급과 죽간에 글씨를 쓰던 것이 대체되면서 글을 쓰는 도구로서 붓이나 그 밖의 글을 쓰는 기교 등도 성숙하고 발전하게 되었다. 이러한 정황 역시 서법이 탄생하게 된 중요한 토대가 되었다는 점은 분명하다.

그런데 서법은 고도로 깊이 있고 독특하여 스스로 깨우치는 예술이기 때문에 하루아침에 완성할 수 있는 것이 아니다. 서도의 완성을 위해서는 오랜 기간의 준비와 잉태 과정을 겪어야만 한다. 동한 시기가 중국 서법의 남상 혹은 출발 시기라고 한다면, 동한 이전의 시기를 서법의 준비와 잉태기라고 할 수 있다. 아마도 어떤 이는 그 이전부터 흔히 말해 왔던 이

33 張辛, 「中庸精神與中國書法」, 『魏維賢先生70華誕紀念文集』, 北京大學出版社, 2000년, 157쪽.

사李斯, 진각석秦刻石, 진서팔체秦書八體, 왕망王莽의 6서六書 등은 어떻게 이해해야 할지에 대하여 의문을 가질지 모르겠다. 실제로 이 모든 것은 한자의 형체가 변화 발전하거나 문자가 개혁되어서 한자가 여러 다른 도구에 쓰여서 글자체의 스타일을 표현하고자 하는 것에 관한 문제이지 예술 방면과는 직접적으로 관련이 없다. 다만 그 가운데 포함되어 있는 예술적 특성이 후대에 진귀하게 여겨져서 배우려고 하는 서법이 되었기 때문에 서법 창작의 영역으로까지 진입하게 되어서 글자체로부터 서법의 하나로 자리 잡게 되었던 것이다.

2. 한위漢魏의 정신과 서예書藝의 자각

서법 예술이 언제 생겼는지 추정해 보자면, 동한 중엽 이후부터라고 할 것이다. 동한 중엽 이래로 서법이 정식으로 중국 문화의 역사 무대에 오르게 되었다고 여길 만한 증거가 두 가지 있다. 하나는 진정한 의미에서 글씨를 잘 쓰는 서법가書法家들이 나타났다는 것이고, 다른 하나는 서법에 관한 주장으로서 서론書論이 나타났다는 것이다. 당시 서법이 정식으로 역사서에 나타나기 시작하였다. 『후한서』 등에 처음으로 몇몇 글씨를 잘 쓰는 이들에 대하여 "글씨를 잘쓴다(善書)" "글씨를 고교하게 쓴다(工書)" "서예를 잘한다(善書藝)" "글씨에 능하다(能書)" "역사서를 잘 쓴다(善史書)" 그리고 "초서를 잘 쓴다(善于草書)" 등과 같은 기록이 있다. 예를 들면 「화제본기和帝本紀」에는 "황후가 총명하여서 서예를 잘한다.(帝后聰慧, 善書藝.)"고 하였고, 「종실사왕삼후열전宗室四王三侯列傳」에는 "(북해의 왕 유목이) 역사서를 잘 지어서 당시 사람들에게 모범이 되었다. 그가 병들어서 눕게 되자, 명제가 파발마를 보내서 그에게 초서 편지 10장을 쓰게 하였다.((北海王劉睦)善史書, 當世以爲楷則. 及寢病, 明帝驛馬令作草書尺牘十章.)"고 하였다. 문헌의 기록에는 동한 시기 서법가로 두도杜度, 최원崔瑗,

채옹蔡邕, 장지張芝 · 장창張昶, 사의관師宜官 등이 나온다.

이때 나타난 서법학에 관한 논설로는 주로 최원의 「초세草勢」와 조일趙壹의 「비초서非草書」 그리고 채옹의 「전세篆勢」, 「구세九勢」, 「필론筆論」 등이 있었다. 「초세」에서는 서법에 대하여 다음과 같이 기술하였다.

> 네모진 것은 자에 맞지 않고 둥근 것은 컴퍼스에 맞지 않아 왼쪽은 집어넣고 오른쪽은 돋게 한다. …… 서법가의 뜻이 날아 옮기며 깃든다. …… 모양은 구슬이 이어진 것과 같은데 끊어져도 흐트러지지 않는다. …… 기교가 매우 정교하고 그때마다 이치에 딱 맞는다.(方不中矩, 圓不副規, 抑左揚右, …… 志意飛移 …… 狀似連珠, 絕而不離 …… 機要微妙, 臨時從宜.)

이것은 한자의 서법이 단순하게 정지해 있는 추상적인 필획만이 아니라 마치 움직이는 것처럼 감정이 실려 있어야 한다는 것을 강조한 것이다. 「비초서」는 엄격히 말해서 서법론은 아니며 다만 당시 문인들이 가리켜서 "다만 두도와 최원의 서법(直以爲杜 · 崔之法)"이라 하거나 초서의 서법을 경쟁적으로 익히는 것이 이미 크게 유행하였다. 이때 사회적으로는 서법에서 심미적인 스타일을 추구하였다는 역사적인 사실 이외에도 매우 의미 있는 서법학의 관점들이 있었다. 예를 들면 "글씨를 잘 쓰고 못 쓰는 것이 마음과 손에 달려 있다.(書之好醜, 在心與手.)"고 한 것이나 "널리 공부하는 가운데에도 여가가 나면 서법에서 마음을 노닌다.(博學餘暇, 遊心於斯.)"고 한 것 등이다.

「전세」 이외에도 채옹이 쓴 몇 편의 글에서는 비교적 늦은 시기의 논의가 보이는데, 어떤 것은 채용이 직접 쓴 것이 아니고 후대 사람이 자신의 관점을 보탠 것도 있다고 여겨진다. 그렇지만 그가 주장한 이론들이 후대에 끼친 영향이 매우 크다는 것은 부정할 수 없다. 예를 들면 「구세」에는 다음과 같이 기술되어 있다.

> 무릇 서법은 스스로 그러한 자연의 이치로부터 비롯되는 것이다. 스스로 그러한 이치가 생기고 나서 음양이 생겨나고 그에 맞는 형세가 나타났다. 머리를 감추고 꼬리를 지키니 힘이 글씨 가운데에 있게 된다. 붓을 돌리는 데에 힘을 쓰니 그 형체가 아름답게 된다. 그러므로 글씨를 쓰고자 하는 기운에 닥치면 멈출 수가 없고 그 기운이 사라지더라도 막을 수 없다. 오로지 붓끝이 부드러워야 그 안에서 기이함 생기게 되는 것이다.(夫書肇于自然, 自然旣立, 陰陽旣生, 形勢出矣. 藏頭護尾, 力在其中, 下筆用力, 肌膚之麗. 故曰: 勢來不可止, 勢去不可遏. 惟筆軟則奇怪生焉.)

서법의 형세와 힘을 강조한데다가 아름답고 굳건한 힘을 숭상하면서 전체적인 모습을 중시한 것이다. 그리고 동시에 형태를 중시한 것이다. 또 여기에서 머리를 감추고 꼬리를 지켰다거나 "위는 모두 아래를 덮고 아래는 위를 잇는다.(上皆覆下, 下以承上.)"고 한 것이나, "좌우를 돌아 살핀다.(左右回顧)"고 한 논점들은 중요한 법칙으로 자리 잡았다. 또 「필론筆論」에서는 "글을 쓰는 것은 흐트러뜨리는 것이 중요하다. 글을 쓰고자 하면 먼저 자신이 품고 있는 감정을 흐트러뜨리고 감정에 따라 내맡긴 다음에야 쓰는 것이다.(書者, 散也, 欲書先散懷抱, 任情恣性, 然後書也.)"라고 하였다. 이것은 처음으로 서법 예술의 기능 문제에 대해서 언급한 것으로 서법예술사에 있어서 기초를 세운 의의가 있다고 할 수 있다.

이밖에 동한 중엽 이래 발생한 중요한 사회 현상으로 비석을 세우는 것이 크게 성행했다는 점도 무시해서는 안 된다. 이른바 어느 학파의 무리들이나 관리들도 서로 경쟁하듯이 공적을 찬양하는 비문을 세웠다. 이것은 당시 부패하여 혼미해진 왕조에 대하여 지식인 계층이 현실에 불만을 느껴서 자신의 생각을 써놓게 된 것이기도 하다. 그렇지만 대다수의 비문은 지식 소양과 서법에 조예가 깊은 문인들에 의해서 쓰였다. 비록 후대에 당나라 비석처럼 서법 예술이라고 단정할 수 없지만, 그 가운데에는 예술적인 심미 가치가 분명히 함축되어 있다. 그러므로 이것으로부터 서법예술이 진정 시작되었다고 여길 수 있다. 오늘날에는 동한 시기의 서법 작품이 하나도 남아 있지 못한 상황에서 한나라 비문은 그때 간책과 함께 당시 서법의 특징을 살필 수 있는 중요한 자료이다.

옛 사람들이 "진나라에서는 운치를 숭상하고, 당나라에서는 필법을 숭상하고, 송나라에서는 의지를 중시한다.(晉尙韻, 唐尙法, 宋尙意.)"고 하였다. 이것은 서법이 생겨난 이후 역대의 서법 스타일 특징을 잘 개괄한 것이다. 그렇다면 동한 시기 즉, 서법 예술이 처음 생긴 남상기로서의 시대적인 특징은 무엇인가? 우리들은 "질박하고 굳세며 곧고, 간략하면서 독실하다.(質朴剛正, 簡練厚實.)"라는 말로 대략 규정할 수 있다. 만약에 한 글자로 압축하여 말한다면, 그것은 질박이라는 뜻의 '질質'이라고 할 수 있다.

"한나라 말기와 위진 6조 시기는 중국 정치사상 가장 혼란스러웠고 사회적으로도 가장 고통스러웠던 시기였지만, 정신적으로는 매우 자유롭고 해방되어서 가장 지혜롭고 가장 열정적인 시대였다."[34] 이것은 미학가인 종백화宗白華가 삼국三國 · 양진兩晉 · 남북조 사회의 인문적 배경에 대해 정밀히 분석한 것이다. 이 시기는 약 400년에 가까웠는데, 정치는 암울했고, 황제의 권한은 추락하여 기본적으로 분열의 나락으로 떨어졌으니, 중국 역사상 가장 많은 국가와 군주가 횡행한 시기였다. 동시에 사회가 어지럽고 전쟁이 빈번하고 남북 사이에 민족이 대이동을 하여 여러 가지 사회 제도와 생산 방식이 크게 융합되었다. 정치가 다원화하고, 권력이 분산되고 사상적인 억압이 없어졌기 때문에 문인과 지식인들의 사상이 전

34 주13과 같음.

에 없이 자유로울 수 있었다. 그리고 나날이 발전해 간 지주장원 제도도 물질적으로 풍요로운 사회 환경을 제공해 주었다. 그리하여 위진 시기 문인과 지식인들은 마침내 양한 시기 경학의 속박을 탈피하여 일종의 새로운 사유와 세계관 그리고 인생관을 가지고서 사회를 관찰하고 인생철학을 탐구하였다. 인문정신이 한층 더 발전하였고, 사상과 학술이 크게 개방되었고, 유학儒學, 현학玄學, 도교道敎, 불교 등이 서로 융합되어 영향을 미치고, 마침내 춘추전국 시기에 온갖 학파가 나서서 주의주장을 펼치던 때와 비교해도 더욱 광범위하고 심도 깊은 사상의 해방 시기를 일구었다. 그리하여 사변적인 성격이 강한 현학玄學이 탄생하였고, 건안建安문학과 서정시抒情詩도 출현하였다. 사령운謝靈運의 산수시, 도연명陶淵明의 전원문학田園文學, 고개지의 인물화 등이 모두 이 시기에 다채롭게 나타났다. 이에 서법예술이 동한 중엽에 태동한 이래 크게 발전하였고, 마침내 그 가운데에서 중국 문화라는 무대에서 그의 독특한 지위를 확보하여 휘황찬란한 시기에 접어들 수 있었다.

위진 시기 문인과 지식인들이 이처럼 자유로운 정신과 예술 자각의 시대에서 정력적으로 서법의 예술적 아름다움을 발휘하여 그 안에 자신의 감성, 도량 그리고 스타일을 잘 나타냈던 것이다. 짙은 먹에 붓을 충분히 적셔서 가로 세로로 흩뿌리는 것이 마치 뜻하지 않는 사이에 깊이 마음을 울리고 눈을 기쁘게 하는 운치를 자아내게 하는 것과 같다. 이로부터 중국 서법이 극치에 다다르게 된 것이다. 그 기본적인 시대 스타일의 특징은 운치를 나타내는 '운韻' 자 한 글자로서 이것으로부터 천연스럽고도 뛰어난 자연미를 전개할 수 있는 것이다.

이 시기 서법의 상황을 연구할 수 있는 문헌 기록은 매우 많다. 오늘날까지 세상에 전해지거나 출토된 비문의 판본이나 죽간 등 실물은 이전 시대보다 훨씬 많다. 우선 비석 종류가 매우 많다. 예를 들면 삼국 시대 위魏나라 종요鍾繇 또는 양곡梁鵠이 썼다고 알려진 「수선표受禪表」, 「공경상

존호주公卿上尊號奏」 그리고 「공선비孔羨碑」가 있고, 오吳나라의 「봉선국산비封禪國山碑」, 「천발신참비天發神讖碑」, 서진西晉의 「황제삼림벽옹비皇帝三臨辟雍碑」, 동진東晉의 「찬보자비爨寶子碑」 그리고 20세기에 출토된 왕흥지王興之 등의 묘지墓誌, 남조 송宋나라의 「찬용안비爨龍顔碑」, 양梁나라의 「예학명瘞鶴銘」 등이 있고, 북조의 「숭고령묘비崇高靈廟碑」, 「석문명石門銘」, 「정문공비鄭文公碑」, 「장현묘지張玄墓志」 그리고 용문이십품龍文二十品」 등이 있다.

그 다음으로 최근에 죽간과 목간 그리고 종이 문서들이 누란樓欄과 돈황敦煌 등지에서 무더기로 발견되었다. 예를 들면 '경원4년간景元四年簡', '위세주爲世主' 쪼가리 종이, 「급취장急就章」 쪼가리 종이, '제정누란백서濟逞樓欄白書', 노자 『도덕경』 초록본 등이 있다. 이것들은 위진 시기 서법을 고찰하는 데에 귀중한 1차 자료이다.

진정으로 서법 작품이라고 불릴 만한 것으로 후세에 깊은 영향을 끼친 것으로는 위진 시기 선비들의 작품과 그 복제한 서첩들이 있다. 예를 들면 삼국 시대 위魏나라 종요의 「묘전병사첩墓田丙舍帖」, 「선시표宣示表」, 「하첩표賀捷表」가 있고, 오吳나라 황상皇象의 「급취장急就章」이 있고, 서진 색정索靖의 「월의첩月儀帖」과 육기陸機의 「평복첩平復帖」 등이 있다. 왕희지王羲之와 왕헌지王獻之를 대표로 하는 동진의 서법은 그 가운데에서 가장 모범적이며 아름다운 글로 이루어져 있다고 알려져 있다. 예를 들면 왕희지의 해서楷書 「악의론樂毅論」과 「황정경黃庭經」, 그리고 왕헌지의 해서인 「낙신부洛神賦」, 왕희지의 행서인 「난정서蘭亭序」와 3희첩三希帖으로 불리는 왕희지의 「쾌설시청첩快雪時晴帖」 · 왕헌지의 「중추첩中秋帖」 · 왕순王珣의 「백원첩伯遠帖」과 지영智永의 「천자문千字文」 등이 있다. 이들 서찰들은 비록 대개 후세에 판각된 것이지만, 서법 창작에 있어서 영원한 모범이면서 불후의 글씨라고 할 만하다.

3. 서법의 융성과 대가의 출현

위진남북조 시기는 서법이 흥성한 시기이다. 이 시기에는 수없이 많은 작품들이 나왔으며, 후세에 모범으로 삼거나 심지어는 추숭하는 서법가들도 있었다. 가장 저명한 이로는 삼국 시기 위나라의 종요 · 호소胡昭 · 양곡 · 위탄衛誕이 있고, 오吳나라의 황상皇象, 서진의 위의衛顗 · 위항衛恒 · 색정索靖이 있고, 동진의 왕이王廙 · 위삭衛鑠 · 왕희지 · 사안謝安 · 왕헌지 · 왕순이 있고, 남조에서는 양흔羊欣 · 왕승건王僧虔 · 지영 등이 있다. 이 가운데에서 후세 사람들에게 가장 존숭을 받은 이는 역시 종요와 왕희지 그리고 왕헌지이다.

종요(151-230)는 자가 원상元常이고 영주潁州 장사長社(지금의 하남성 장갈) 사람이다. 『삼국지』 권13에 전기가 있다. 위魏나라 명제明帝 때 정릉후定陵侯에 봉해졌고, 태부太傅로 제수되었다. 당나라 때 장회관張懷瓘의 『서단書斷』에서는 그를 다음과 같이 일컬었다.

> 그의 해서는 세상에서 으뜸이며, 강건하고 온유함을 두루 갖추었다. 점과 획 사이에도 온갖 다채로움을 띠고 있어서 깊고도 깊어 끝이 없으며, 고풍스럽고 우아함도 넉넉히 품고 있어서 진한 이래로 오로지 그만한 이가 없었다.(眞書絕世, 剛柔備焉. 點劃之間多有異趣, 可謂幽深無際, 古雅有餘, 秦漢以來一人而已.)

종요가 서법사상 크게 공헌한 것은 해서에 기본적인 정형을 제시하였다는 점이다. 그가 쓴 해서는 이미 예서의 틀을 타파하면서 형체는 기본적으로 정사각형이며 필획은 물결무늬 같은 것을 고르게 하고 처음은 누에 대가리처럼 하고 끄트머리는 걷어 올리는 방식으로 버리고 획을 네모지고 둥글게 하며 글자 사이가 멀고 행간이 좁은 예서의 특징을 바꿨다.

이렇게 해서 이후 서법가들에게 전서篆書나 예서에 비해서 좀 더 자유롭게 창작할 수 있는 공간을 만들어 주었다고 할 수 있다. 그러므로 『선화서보宣化書譜』에서는 그가 "법도를 다 갖추어 정서의 종조가 되었다.(備盡法度, 爲正書之祖.)"고 평하였다.

왕희지(321-379)는 자가 일소逸少이고 낭야琅琊 임기臨沂 사람이다. 『진서晉書』 권80에 그의 전기가 있다. 관직은 동진에서 우군장군右軍將軍과 회계내사會稽內史를 지냈다. 왕희지는 서법사에 있어서 가장 위대한 서법가로서 흔히 그를 '서성書聖'이라 일컫는다. 장회관의 『서단』에서는 그를 다음과 같이 평하였다.

> 초서, 예서, 팔분八分, 비백飛白, 장초章草, 행서 등에서 모두 뛰어나 각 분야에서 일가를 이루었다고 할 만하다. 글자마다 온갖 변화를 다하니, 신비로운 재주를 터득한 것이로다. 스스로는 조화로이 영험한 것까지는 아니라고 하지만, 어찌 최고봉에 오른 것이 아니라고 하겠는가?(草·隸·八分·飛白·章·行, 備精諸體, 自成 一家. 千變萬化, 得之神功. 自非造化發靈, 豈能等峰造極.)

또 장회관은 그의 서법이 "하늘이 낳은 재주로 자연스러우며(天資自然)" "원리가 그윽하여 그 맛은 널리 퍼지며(道微微薄)" "이치는 숨어 있는 듯하면서 뜻은 두터워서(理隱而意厚)" "글씨를 쓰고 거두는 데 법도가 있으며, 겉은 휘황하면서 안으로는 질박함을 머금고 있다. 그 법도를 널리 펼치는 데 글자마다 중용의 이치를 띠고 있다. 진실된 기운이 넘치고, 마디마디 묘한 힘이 솟구친다.(進退憲章, 輝文含質, 推廣履度, 動必中庸, 眞氣絕倫, 妙節孤峙.)"고 하였으니, 이보다 더 칭찬할 수는 없을 정도이다.

왕희지가 중국 서법에 끼친 공헌은 주로 다음과 같은 세 가지이다. 하나는 해서의 서체를 완성하였다는 점이다. 종요 등의 서체를 기초로 하여 한층 더 그 형세를 변화시켜서 필법을 개선하였다. 장회관은 이것을 두고 하나의 형체를 가지고 뭇 변화의 모습을 지어 냈고, 글자 하나하나마다 모두 그 모양이 다르다.(一形而衆相, 萬字皆別.)"고 평가하였다. 두 번째는 행서의 서체를 확립하였다는 점이다. 그는 그때 현학玄學에서 간략簡略함을 추구하던 관념에서 출발하여 행서의 필법을 한층 혁신적으로 변화시켰다. 예서의 유풍을 버리고, 네모나거나 둥글게 하고, 굽거나 곧게 하고, 감추거나 드러나게 하고, 두드러지거나 숨게 하고, 느리거나 급하게 하는 것 등을 잘 이용하여서 서법가의 감성적인 요소를 가장 잘 발현하였다. 그리하여 아름다우면서 경쾌하고 매우 운치가 있는 행서의 서체를 완성하였다.(그림 9-9) 세 번째는 초서의 서체를 발전시켰다는 점이다. 장지張芝의 금초今草 서법을 계승하여 장초章草의 여운을 제거하여 더욱 매끄럽게 하고 변화도 다양하게 주었다. 또 장초보다 읽기 쉽고 알아보기도 쉽게 하였다. 소연蕭衍은 「초서장草書狀」에서 "세상의 정서를 군자들에게 전하고 상세한 심정을 세상에 알렸다.(傳志意于君子, 報款曲于人間.)"고 평하였다.

왕헌지(344-386)는 자가 자경子卿이고 관직은 중서령中書令까지 이르렀기 때문에 역사서에서는 '대령大令'이라고 불렀다. 장회관은 『서의書議』에서 그를 일컬어서 다음과 같이 기술하였다.

> 옛것에 따르지 않고, …… 우뚝 뛰어난데, 간략하고 평이한 것에 힘써서 마음과 정신이 이리저리 내달아 참으로 훌륭하다. 하는 일마다 올바르며, 하고자 하는 대로 따라도 늘 적절하다. 마치 바람이 불고 비가 흩어지며, 촉촉한 기운이 꽃을 피우는 것처럼 그의 필법의 형세에는 최고의 풍류가 담겨 있다.(無藉因循, …… 挺然秀出, 務于簡易, 情馳神縱, 超逸優遊, 臨事制宜, 從意適便, 有若風行雨散, 潤氣開花, 筆法體勢之中, 最爲風流者也.)

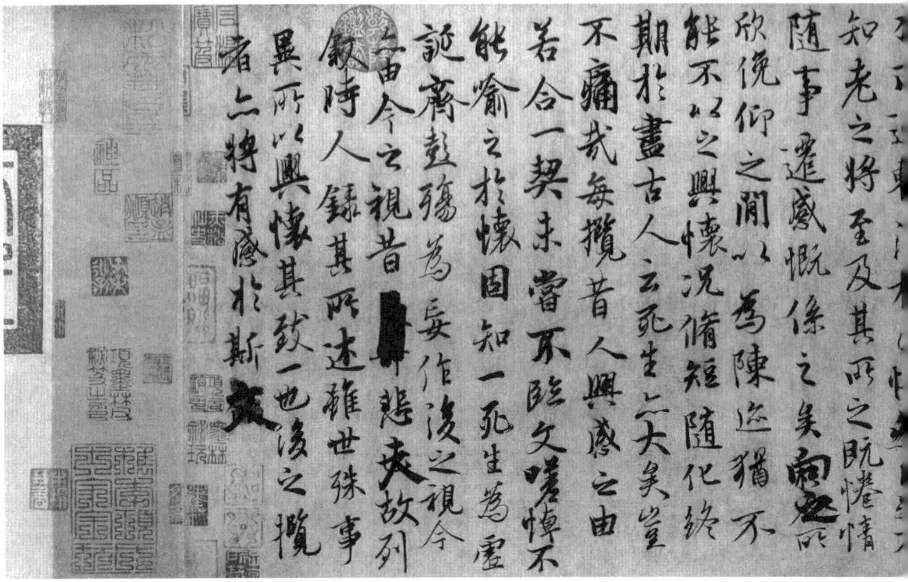

그림 9-9 동진東晉 왕희지王羲之의 「난정서蘭亭序」 신룡본神龍本. 고궁박물원 소장.

송宋대 이후에 그에 대한 평가는 더욱 높아졌다. 아버지인 왕희지 글씨의 스타일이 자연스러움이 잘 녹아 있어서 맑은 바람과 밝은 달과 같다고 한다면, 아들인 왕헌지 글씨 스타일은 한층 외향적이며 개방적이며 타고난 재주가 뛰어나 남들을 놀라게 할 만한 재주를 가지고 있어서 장회관은 『서고書估』에서 마치 신비할 정도로 뛰어나다는 의미에서 그를 '신준神駿'이라고 일컬었다. 왕헌지가 서법의 역사에서 공헌한 것은 주로 "행서도 아니며 초서도 아닌데, 글씨 흐름은 초서보다 편안하고 행서보다는 열어 펼쳐진 것 같은(非草非行, 流便于草, 開張于行)" 그의 행서와 초서는 다채롭게 변용한 서체(즉 파체破體)를 처음으로 열었다는 것이다. 동시에 왕헌지는 행서의 필법으로 해서를 써서 더욱 역동적인 기세를 나타냈으며 뒷날 사람들에게 존중을 받았다.

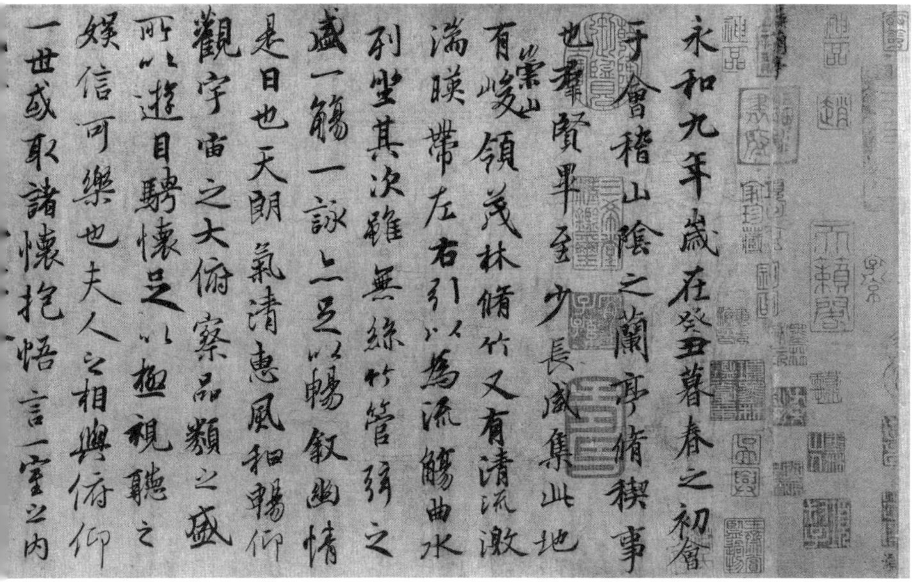

4. 타고난 자연스러움과 세속을 뛰어넘는 뛰어남

위진남북조는 서법의 흥성기이며, 서학 이론서들이 대량으로 나타났다. 연대가 분명한 것으로 오늘날까지 전해지는 것만 해도 대략 20여 종이나 된다. 예를 들면 서진西晉 시기 양천楊泉의 「초서부草書賦」, 성공수成公綏의 「고필부古筆賦」, 위항衛恒의 「사체서세四體書勢」, 색정索靖의 「초서장草書狀」, 유소劉昭의 「비백서세飛白書勢」, 동진 위삭衛鑠의 「필진도筆陣圖」, 왕희지의 「논서論書」·「제위부인필진도후題衛夫人筆陣圖後」·「서론書論」·「용필부用筆賦」, 남조에서는 우화虞龢의 「논서표論書表」, 양흔羊欣의 「채고래능서인명采古來能書人名」, 왕승건王僧虔의 「논서論書」·「서부書賦」·「답제태조논서계答齊太祖論書啓」·「필의찬筆意贊」, 소연蕭衍의 「고금서인우열평古今書人優劣評」·「관종요서법십이의觀鍾繇書法十二意」·「초서장草書狀」·「답도은거논서答陶隱居論書」, 원앙袁昂의 「고금서평古今書評」, 유견오

庾肩吾의 「서품書品」, 소자운蕭子雲의 「논서계論書啓」, 유원위庾元威의 「논서論書」 그리고 지영智永의 「제왕우군악의론題王右軍樂毅論」, 북조北朝 강식江式의 「논서표論書表」, 왕음王愔의 「고금문자지목古今文字志目」, 안지추顔之推의 『안씨가훈顔氏家訓』「잡예雜藝」 등이 있다. 대체로 서부書賦, 서론書論 그리고 사전품평史傳品評의 세 부류이다. 그 가운데에서 가장 중요한 것은 위부인의 「필진도」, 왕희지의 「논서」 같은 글, 양흔의 「채고래능서인명」과 소연의 「서평」 같은 글, 왕승건의 「논서」·「필의찬」 그리고 유견오의 「서품」이다. 여러 종류의 서론이 대량으로 나타난 것은 당시가 예술의 자각기이며 중국 서법이 확실히 성숙한 단계로 나아갔다는 표지라고 할 수 있다.

위에서 말한 서론들은 당시 사회의 기본적인 심미의식을 체현한 것이면서 대표하는 것들이다. 그 주된 요점은 자연스러움을 숭상하면서 정감과 이성을 합치시키는 것을 강조하였다는 것이다. 다음으로는 붓의 힘을 부드럽게 하고 전체를 균일하게 하는 중화中和의 아름다움을 주장하면서 맑고 고원한 맛을 추구하였다. 겉모습이 운치가 있어야 함을 중시하면서 기교를 잘 닦을 것을 주장하고, 형식미를 추숭하였다. 필력이 남을 놀라게 할 정도로 높아야 한다는 점을 추구하면서 마치 뼈대를 감추고 근육을 속에 감추고도 내용미와 형식미를 머금으면서 내재적인 힘을 강구하였다. 당연히 이러한 것들은 모두 위진남북조 선비들의 예술적인 심미 본질이면서 그 규율과 인식이 크게 발전한 기초 위에 건립된 것들이다. 그들은 이미 보다 많은 서법과 서법가들을 연계하였던 것이다. 사람의 형상, 기질, 정신 등 각 방면에서 서법과 서법가들의 심미적 관계를 탐구하였다. 예를 들면 종요는 "아름다움이 넘치는 이는 사람이다.(流美者人也.)"라는 저명한 논단(원元대 유유정劉有定의 「연극어衍極語」에서 인용함)을 제기하였으며, 유견오는 '서품書品'이라는 개념을 처음 썼다.

앞에서 말한 목적과 수준에 도달하기 위해서는 위진 시기 많은 서론 가운데에서도 붓을 긋고 글자를 엮고 배열하는 기본 원칙이나 규정을 제정하기도 하였다. 예를 들면 종요는 "붓을 놀리는 이는 하늘이다.(用筆者天也.)"라는 것을 제기하였다.(진사陳思의 「진한위사조용필법秦漢魏四朝用筆法」) 위부인은 "3단端의 묘함 가운데 붓보다 앞서는 것은 없다.(三端之妙, 莫先乎用筆.)"고 하였으니, 여기에서 3단은 문인의 붓끝, 무사의 칼끝, 변론가의 혀끝을 말하는데, 그 가운데 붓끝이 가장 중요하다고 하였으며, 여기에서 뜻을 앞세우고 붓은 뒤로 하는 것이 뛰어난 것이라는 주장을 제기하였다.(「필진도」) 왕희지가 제기한 "뜻을 내세우는 것은 으뜸이고, 기교를 내세우는 것은 그 다음이다.(心意者將軍也, 本領者副將軍也.)"(「제위부인필진도후」), "매번 글을 쓸 때 10은 느리고 5는 급한 듯하고, 10은 굽고 5는 곧게 하고, 10은 감추고 5는 드러나는 듯하고, 10은 두드러지고 5는 숨는 듯한다.(每書欲十遲五急, 十曲五直, 十藏五出, 十起五伏.)", "마치 힘줄은 남기고 날카로움은 감추어서 자취는 없애고 붓끝은 숨긴다.(存筋藏鋒, 滅迹隱端)"(「서론」)라고 한 것을 주장하였고, "형체 그림자를 외로이 드러낸다.(孤露形影)", "뾰족하게 두드러지게 한다.(出其牙鋒)"(「필세론」)라는 것은 반대하였다. 글자 획을 구성하는 것으로는 "엎드린 듯, 솟은 듯, 기운 듯, 비스듬한 듯, 비낀 듯하게 한다.(有偃, 有仰, 有攲, 有側, 有斜.)"(「서론」)고 하였고, 자구의 구성에 있어서는 변화를 주어서 "글자마다 뜻을 달리하여 서로 같지 않게 한다.(字字意別, 毋使相同.)"(「서론」)고 하여서 마치 주판의 알이 나란히 있는 것처럼 모두 똑같게 해서는 안 된다고 하였다.(「제위부인필진도후」) 이러한 이론들은 확실히 당唐나라 때 서법을 중시하게 되는 계기를 열었다고 할 수 있다.

제10장

과학기술 체계의 형성과 발전

진한秦漢 시기 통일제국이 건립됨에 따라서 중국 고대 자연과학의 주요 분야가 대략 각기 체계를 갖추게 되었다. 여러 생산 기술 역시 성숙의 단계로 접어들고 후세 과학기술 발전의 기본 방향이 잡혀 갔다. 위진남북조 시기는 여전히 전란이 거듭되었지만, 과학기술의 영역이 진한 시기의 기초에다가 한층 발전된 성취를 이루었다.

제1절

천문天文 역산曆算

1. 하늘에 관하여 말한 세 가지 학설: 개천설蓋天說, 선야설宣夜說, 혼천설渾天說

대다수 인류 문명의 역사에서 천문학은 가장 일찍 발달한 자연과학 가운데 하나이다. 중국 고대 천문학은 오랜 기간 동안 맹아기와 발전의 과정을 거친 다음 한漢나라 때에 이르러서는 완정한 형태의 체계를 형성하게 되었다. 서양의 천문학에 비하여 중국의 전통 천문학은 실용 방면 기술을 중시하는 특징을 가지고 있다.

천체 이론 방면에서도 일찍부터 발전의 과정을 모색해 왔다. 동한 시대에 이르러서 "하늘에 대해서 논의를 한 것은 세 학파가 있는데, 개천설 · 선야설 · 혼천설이다.(言天者有三家, 一曰蓋天, 二曰宣夜, 三曰渾天.)"(『진서晉書』「천문지天文志」) 이 분류는 우주가 어떻게 생성되었느냐에 관한 문제에 대하여 각기 해설한 것이다.

개천설의 체계가 기록되어 있는 것은 기원전 1세기에 나온 『주비周髀』(후세에는 『주비산경周髀算經』이라 칭한다.)이다. 상고 시대에 이미 "하늘은 둥글고 땅은 네모나다."고 하여 하늘은 위에 있고, 땅은 아래에 있다는 초기 개천설蓋天說이 있었는데, 『주비』에는 여기서 더 나아가 "하늘은 삿

갓을 덮어 놓은 것처럼 둥근 형상을 하고 있고, 땅은 쟁반을 엎어 놓은 것처럼 평평한 것을 본받았다.(天象盖笠, 地法覆盤.)"라는 새로운 이론이 기재되어 있다. 비록 하늘은 위이고 땅은 아래라고 하였지만, 하늘과 땅은 결코 평면이 아니고 둘이 서로 받들고 있는 모양이라고 하였다. 하늘은 마치 삿갓 모양이고, 땅은 엎어 놓은 쟁반 같은 모양인데, 하늘이 땅보다 8만 리 정도 높다고 했다. 북극北極은 하늘의 가장 높은 지점이며, 해·달·별들은 하늘에 붙어서 북극을 중심으로 고르게 돈다고 여겼다. 『주비』의 이론은 초기의 개천설에 비하여 발전된 면이 있었다. 다만 이후 시대 더욱 정밀해진 관측 기록에는 맞지 않는 내용이라서 동한 시기 이후 점차 사라지게 되었다.

선야설의 대표적인 인물은 동한 전기에 비서랑秘書郎을 지낸 극맹郄萌이다. 『진서晉書』「천문지」에는 극맹이 주장한 선야설 이론이 실려 있다. 선야설에서는 "하늘은 본디 물질이 아니라고(天了無質)"하여 어떤 존재가 아니며 형질도 크기도 없는 것이라고 여겼다. 사람들이 바라보는 파란 하늘은 다만 시각적으로 그렇게 보이는 것일 뿐이라서 멀리 떨어져 있는 황산黃山을 바라보면 모두 파랗게 보이고, 천 길이나 되는 깊은 계곡을 굽어보면 검게 보이지만, 실제로는 파란 것이 본래 색깔이 아니며 검게 보이는 것도 그 본래 색이 아닌 것과 같은 이치라고 하였다. 해·달·별들도 빈 하늘에 떠 있고, 기氣가 그것들을 받쳐 들고 움직이게 하는 것이지 어떤 딱딱한 물체로서 하늘 또는 둥근 땅덩이 같은 것이 그것들을 붙잡고 있다는 것은 아니라고 하였다. 선야설은 하늘의 한계를 타파하였으니, 우주가 무궁하다고 주장하였다. 마치 한 폭의 천체가 무한한 공간 가운데에 자연스레 퍼져 있으면서 운동하고 있는 것이라고 추정하였다. 이것은 인류의 인식 체계에 있어서 매우 중대한 의미를 띤다고 할 수 있다. 다만 이것이 주로 일종의 사변적인 논술로서 천체의 운동 규칙에 대하여 구체적인 설명을 하지는 못했기에 응용할 만한 가치는 없었다. 그러므로 이후

천문학 발전에 큰 영향을 끼쳤다고 할 수는 없다.[1]

혼천설은 하늘에 대하여 논의를 편 세 이론 가운데 영향력이 가장 큰 학파이다. 선진先秦 명가名家 학자인 혜시惠施는 일찍이 땅이 공처럼 둥근 모양일지 모른다는 모호한 추측을 내놓았다.[2] 서한 학자 낙하굉落下閎, 선우망인鮮于妄人, 경수창耿壽昌, 양웅揚雄 같은 사람들이 모두 혼천설을 주장하였고, 개천설을 반대하였다. 동한 시기 장형은 「혼천의도주渾天儀圖注」를 만들어서 체계적으로 혼천설의 사상을 내세웠다. 그는 예를 들어서 하늘과 땅의 구조가 마치 달걀과 같다고 설명하였다. 하늘은 마치 탄환같이 둥그렇고, 땅은 달걀노른자처럼 누런데 그 가운데에 홀로 있어서 하늘은 크고 땅은 작다고 하였다. 하늘의 겉과 속에는 물이 들어 있고, 하늘이 땅을 둘러싸고 있는 것은 마치 껍질이 누런 땅을 감싸고 있는 것과 같다고 하였다. 혼천설에서는 지구의 둘레를 천구天球라고 묘사하고 있고, 이것이 지구를 둘러싸고 동쪽에서 서쪽으로 돌고 있으며, 해와 달 그리고 별들은 천구에 붙어 있으면서 각각 스스로 궤도를 따라 움직이는데, 하루의 반은 지평선 위에 있다가 다시 하루의 반은 지평선의 아래

1 宣夜說은 동한 이후 일정 기간 동안 역시 발전하였다고 한다. 삼국 시기 吳나라 사람인 楊泉이 『物理論』을 지었다. 거기에는 "夫天, 元氣也, 皓然而已, 無他物也.""夫地有形而天無體, 譬如灰焉, 煙在上, 灰在下也."라고 하였다. 楊泉은 한층 더 발전시켜서 銀河와 恒星 역시 모두 기체로 형성된 것이라고 여겼다. 또 그는 "氣發而升, 精華上浮, 宛轉隨流, 名之曰天河, 一曰雲漢, 衆星出焉." 宋 말기 元 초기의 무신론 사상가인 鄧牧 역시 우주의 무한사상에 대하여 비교적 정교한 논술을 펼쳤다.

그밖에도 宣夜說에 가까운 것이 있었는데, 그것은 동한 시기에 일찍이 선진적이기는 하였지만, 논술이 사변적이기 때문에 후세 사람들에게 충분히 인정을 받지 못한 사상이 나타났으니, 그것은 바로 地動說이다. 그 자료는 주로 緯書에 주로 보인다. 「春秋元命苞」에는 "天左旋, 地右動"이라 하였고, 『尙書考靈曜』에는 "地常動不止, 譬如人在舟中而坐, 舟行而人不覺."이라고 하였다.

2 『莊子』「天下」 편에 惠施의 말이 인용되었다. "南方無窮而有窮." 또 말하였다. "我知天下之中央, 燕之北 · 越之南是也." "天與地卑." 이들 말들은 대지가 둥근 모양이라는 각도에서 이해해야만 말할 수 있는 것이다.

에서 돈다고 하였다. 혼천설은 우주의 구조를 설명하는 것이 지구중심론에 속한다고 할 수 있다. 이론적으로 보면 선야설보다 정확하지 않다고 할 수 있다. 다만 당시 정황에서 볼 때, 천체 운행의 정황을 비교적 완벽하게 설명하고 있고 천문을 충분히 관측하고 내놓은 학설이라고 할 수 있다. 그러므로 개천설이나 선야설을 제치고 중국 고대에서 천문 관측 연구에 주도적인 역할을 하였다.

장형張衡(78-139)은 자가 평자平子이고, 남양南陽 사람이다. 그는 혼천설의 이론을 총결한 동시에 혼천설을 기초로 하는 고대의 천문을 표시하는 계기인 혼천의渾天儀(혼상渾象이라고도 부른다.)를 더욱 개량하였다. 장형이 제작한 혼천의는 현대 천문학 강의에서 사용하는 천구의天球儀와 매우 닮았다. 그것은 해·달·별, 적도赤道(지구의 적도 밖 천구까지 뻗은 궤도), 황도黃道(태양이 천구 위에서 운행하는 것이 보이는 궤도)를 하나의 상징적인 천구의 둥근 모형에 설치하였고, 이것으로 해·달·별들의 운동 궤도와 방위를 표시하여 사람들이 직관적이고도 형상적으로 천체 운동의 규칙을 쉽게 이해할 수 있게 하였다. 장형은 시간을 재는 누호漏壺의 물을 동력으로 이용하고, 기계장치를 통해서 혼천의와 천체의 운동 주기를 같게 하였다. 이렇게 하니까 관측자가 시간의 제한을 받지 않고 아무 때나 천문을 관측할 수 있었다. 낮에도 달과 별의 운행 위치를 볼 수 있었으며, 흐린 날이나 저녁에도 태양이 지나가는 자취를 확인할 수 있었다. 장형의 저서 가운데 천문학에 관한 전문서적인 『영헌靈憲』이 있는데, 여기에서는 천구 이외에 아직 알려지지 않은 다른 공간이 있을 것이라고 하였다. 아직 알려지지 않았다고 한 곳이 바로 우주宇宙를 말하는 것이다. 우宇는 공간적으로 끝이 없다는 것이고, 주宙는 시간적으로 끝이 없다는 것이다. 선야설에서 말하는 우주가 무한하다는 생각과 통한다. 그는 또 달 자체는 빛을 내지 못하며, 태양 빛을 반사한다는 이치를 설명하였고, 나아가서 일식日蝕이 생기는 원인에 대하여 정확하게 이해하고 있었다. 장형은 중국 고대에서 박학하기로 유명한 학자였다. 천문학의 성취 이외에도 그는 또 지진을 알려주는 지동의地動儀를 제작하기도 하였다. 이미 없어진 수학 전문서적인『산망론算網論』도 지었으며, 그가 지은 시詩와 부賦는 문학사상 최고의 지위에 오르기도 하였다.

중국 고대 천문학 발전의 주요 동력은 천문을 살피고 역법을 제작해야 할 필요가 있었기 때문이다. 역대 왕조에서 대대로 역법을 제정하려고 한 데에는 두 가지 중요한 의의가 있다. 하나는 농업 생산을 장려하여 농사일을 합리적으로 수행하기 위한 것이다. 다른 하나는 하늘에서 일어난 일을 잘 살피는 것은 자신의 정치권력이 천명으로부터 주어진 것임을 보이기 위한 것이다. 그러므로 중국 고대에서 역법을 제정하는 일을 왕조에서 특별히 중시하였을 뿐만 아니라 그 구체적인 연구의 내용 역시 서양의 것보다 훨씬 복잡하다. 예를 들면 진준규陳遵嬀 선생은 "서양에서 역법을 개량한 것은 다만 연월일을 조합하는 것을 고친 것에 지나지 않을 뿐이며, 그 밖의 세세한 부분에 대해서는 다루지 않았다. 중국 고대에 역법을 개량한 것은 그렇지 않다. 연월일을 추산할 때 필요한 천문 현상의 규칙적인 변화 이외에도 동시에 일식과 월식 그리고 행성의 운행 등과 같은 문제도 깊이 있게 다루고 있다. 그러므로 중국 고대에 반포하였던 역서曆書들은 기운의 흐름이나 매월 초하루를 명기하였을 뿐만 아니라 일상적으로 해와 달 그리고 오행과 관련된 여러 문제들을 두루 망라하고 있다."[3] 이러한 내용은 비교적 광범위한 역법을 포괄하고 있는 것으로 한나라 때 체계를 세우고 위진남북조 시기에 한층 발전하였다.

---

3 陳遵嬀,『中國古代天文學簡史』, 上海人民出版社, 1955년, 제23쪽. 陳遵嬀 선생은 여기에서 한층 더 나아가 다음과 같이 설명하였다. "中國古代天文學史, 實際上可以說就是曆學史. 中國古代在天文學上的貢獻, 可以說以歷史方面最多, 換一句話來說, 在曆學方面, 世界上當以中國爲最有研究的國家, 而貢獻也最大." 위와 같은 책 19쪽.

2. 역법의 제정과 천문 관측

중국 전통 역법을 제정하기 위해서는 지구가 태양의 주위를 도는 공전 주기(1회귀년, 춘하추동 4계의 윤회를 나타낸다.)와 달이 보름이 되었다가 이지러지는 변화의 주기(1삭망월)를 고려해야 한다. 그러므로 음력과 양력을 배합한 것이라고 할 수 있다. 춘추 후기와 전국 시기에 각국의 제후들이 이용한 역법은 6종으로 황제력黃帝曆, 전욱력顓頊曆, 하력夏曆, 은력殷曆, 주력周曆, 노력魯曆이다. 이 6종의 역법은 모두 음력과 양력을 아우른 것으로 공전 주기가 365일과 1/4일로 확정하였기 때문에 '고사분력古四分曆'이라고 부른다. 이것들은 지구의 공전과 삭망월朔望月의 관계를 조절하기 위해서 19년에 일곱 번의 윤달을 끼워 넣었다. 1삭망월의 평균치는 29.53086일이다. 역법의 기산년분起算年份(역원曆元이라고도 부른다.)과 매년 시작되는 월분月份(세수歲首라고도 부른다.) 상에서 이것을 규정하는 것은 각각 다르다. 진秦나라가 천하를 통일하면서 전욱력을 사용하도록 하여서 10월을 세수歲首로 삼았다. 한 무제 때에는 전욱력을 오래 사용하다 보니까 오차가 점점 누적되어서 마침내 민간의 천문학자 20여 명을 불러 모아 토론하고 비교하여 실측 경험을 거친 다음에 새로이 '태초력太初曆'을 만들었다. 태초력은 여러 방면에서 이후 시대의 역법 제작에 큰 영향을 끼쳤다. 하나는 정월正月을 그 해의 시작으로 삼는 것이고, 하나는 중기中氣가 없는 달을 전 달의 윤달로 하는 원칙을 세웠다.[4] 세 번째는 일식과 월식의 주기와 금성, 수성, 화성, 목성, 토성 등 5성이 각각 합치하

4 이른바 中氣는 24절기 가운데 제2, 4, 6 ……등 12개의 짝수 절기이다. 고대 역법에서 윤달을 두는 원칙은 일정하지 않았다. 종종 간단하게 윤달을 그 해의 가장 마지막에 두어서 월과 절기의 변화가 있을 때 서로 대응하지 못하게 되기도 했다. 『太初曆』을 따르면서부터 매 中氣는 모두 고정되게 대응하는 달이 있다. 예를 들면 雨水가 正月에 있고 춘분이 2월에 있는 것 등등의 경우에는 中氣가 없는 달을 閏月로 삼는다. 이것은 계절과 월의 배치를 더욱 합리적으로 하기 위한 것이다.

는 주기 등 중요한 천문수치를 두루 아우른 천문 역법을 썼다. 당시의 「태초력」은 없어졌다. 다만 기본적인 내용은 서한 말기 유흠劉歆이 「삼통력三統曆」으로 개편한 것이 『한서』「율력지」 안에 남아 있게 되어 지금 가장 오래되고 잘 갖춰진 역법으로 남아 있다.

동한 전기 몇몇 학자들은 천문 관측을 통해서 달의 운행에 느리고 빠름이 있다는 것과 달의 궤도가 멀고 가까움이 있다는 것을 발견하였다.(『후한서』「율력지」) 이것은 달의 시운동視運動(태양을 초점으로 태양계 내의 천체가 포물선의 궤도를 그리면서 돌고 있는 현상 따위를 말함-역자 주)이 고르지 않다는 것을 의미한다. 달의 운행이 지구와 가장 가까운 지점(近地點)에 도착하였을 때, 운행 속도가 가장 빠르다. 이것은 가까운 지점이 달의 운행 궤도인 백도白道 상에서 위치가 변화하는 가운데 있다는 것이며, 매번 지구를 한 번 돌 때마다 가까운 지점은 3도씩 가까워진다. 9년이 지나면 이 가까운 지점이 백도 상에서 한 바퀴를 돌게 되어 다시 원래의 자리에 돌아온다. 동한 후기의 천문학자인 유홍劉洪은 이것을 역법 편찬에 활용하여 『건상력乾象曆』을 제정하였다. 『건상력』은 달이 가까운 지점에서 돌아서 다음 번 가까운 지점(근점월近點月이라고 부른다.)까지의 시간이 27.553359일이라는 것을 계산하였고, 달의 운동이 고르지 않은 정도에 대하여 계산한 수치표(월리표月離表라고 부른다.)를 처음으로 만들었다. 유홍은 더 나아가서 해와 달의 운행 궤도인 황도黃道와 백도는 하나의 평면에 있지 않으며, 중간에 6도의 빗긴 각도가 있기 때문에 지구에서 볼 때마다 달이 태양과 거의 같은 위치에 있는 때와 달과 태양의 시황경視黃經이 같게 될 때 일식과 월식이 일어난다는 사실도 발견하였다. 또 그는 관측을 통해서 이때 달이 황도와 백도가 지나가는 지점으로부터 15.5도가 넘지 않을 때에만 일식이 발생하며, 월식이 일어나는 정황 역시 그러하다는 것을 처음으로 알아냈다. 위와 같은 연구가 일식과 월식의 정확도를 계산하는 데에 크게 기여했다. 유홍은 또 그 이전까지 365.25일이라고 알려졌던 지구의 공전 주기가 365.2462일이라고 수정했다. 다만 이처럼 이전에 비하여 『건상력』이 한층 정밀해졌지만, 동한 후기의 사회가 혼란했기 때문에 실제로 활용되지는 못했다.

위진남북조 시기에 천문 역법의 연구에는 두 가지 중요한 성취가 있었다. 하나는 세차歲差의 발견이고 다른 하나는 태양과 5성의 시운동이 고르지 않다는 것을 발견한 것이다.

지구는 타원형의 공 모양으로서 적도 부근이 약간 돌출되어 있으며, 두 극한 지역은 거의 평평하다. 이것은 태양, 달 그리고 다른 별들의 중력에 의해서 적도 부분이 돌출된 것이며, 지구가 공전과 자전을 동시에 하기 때문에 생기게 된 것이다. 자전축 자체도 완만하게 기울어서 대략 25,800년이 지난 후에 한 번 회전하게 되어 있다. 이처럼 완만하게 변화하는 것을 천문 관측에 반영하게 되면, 태양이 회귀년回歸年을 경과한 이후 즉, 동지冬至에서 다음 해 동지 이후 때까지 결코 원점에 돌아오지 못하고 약간 서쪽 방향으로 기울게 된다. 이것과 서로 대응하여 다른 항성의 위치도 모두 동쪽으로 움직인다. 이렇듯 미세하게 이동하는 값을 바로 세차歲差라고 한다. 고대 사람들도 이미 이러한 것을 알고 있었다. 다만 대략 기원 330년에 이르러서야 동진東晉의 천문학자 우희虞喜가 이것에 대하여 명확하게 밝혔다. 우희는 『신당서』「역지曆志」에서 "하늘은 하늘이고, 한 해는 한 해이다.(天爲天, 歲爲歲.)"라고 하여 태양이 항성 사이에서 한 번 하늘을 도는 것이 동지가 1년 만에 돌아오는 것과 일치하지 않으며, 50년마다 동지의 지점이 1도씩 서쪽으로 옮겨지는 세차표를 만들었다. 이후 학자들이 계속 세차에 대한 연구를 계속하여 남조 송宋나라 때 과학자 조충지祖冲之는 정식으로 이것을 자기가 만든 『대명력大明曆』에 인용하였다. 『대명력』에서 밝힌 회귀년 수치는 365.2428일이므로 유홍의 『건상력』보다 정확도가 더 높다.

태양과 5성의 시운동이 고르지 않다는 것은 북위北魏와 북제北齊 때의 천문학자인 장자신張子信도 발견하였다. 장자신은 북위 말기에 전란을 피해 섬에 들어가 숨어 살면서 30여 년 동안 천문을 관측하는 데 정력을 다 쏟았다. 그리하여 황도와 백도의 교차점이 겉과 속에서 서로 느리거나 빠르기도 하고, 5성이 나타나고 숨을 때 서로 호응하는 것이 어긋나며, 태양은 춘분 다음에는 느려지고 추분 다음에는 빨라진다는 것을 발견했다.(『수서隋書』「천문지天文志」 중) 그는 24절기 때 태양의 실제 속도와 평균 운행 속도의 차이 값을 추산하여 그 오차를 조정하고 5성의 위치를 정확하게 계산하는 입기가감법入氣加減法을 제시하여 후대의 역법 제정과 연구에 커다란 영향을 끼쳤다. 그밖에도 장자신은 유홍이 일식과 월식의 차이가 생긴다고 한 연구에 기초하여 한층 더 나아가서 달의 시차 문제가 일식에 대하여 영향을 끼친다고 하였고, 그것의 계산 방법도 제시하였다.

3. 『구장산술九章算術』과 유휘劉徽의 주석

중국 고대 수학의 기원 역시 매우 이르며, 천문학과 어느 정도 서로 연관이 있다. 서한 시기 개천설의 대표 저작인 『주비』에서는 상당부분을 할애해서 수학에 대하여 논술하였다. 책에서 태양의 높이와 거리를 토론하고 측량하면서 피타고라스 정리의 일반 형식을 제시하기도 하였다. 그밖에도 상당히 복잡한 분수의 운산運算, 거듭제곱의 방정식 중 미지수의 답, 서로 이웃하는 항의 차가 일정한 급수인 등차급수等差級數 등 매우 복잡한 방법을 사용하여 사분력四分曆(1년을 365와 4분의 1일로 하고, 19년에 일곱 개의 윤달을 두는 계산법-역자 주)을 계산하였다. 삼국 시기에는 조상趙爽이 『주비』에 주를 달았고, "모양을 빌려서 숫자를 논했다.(借形論數)" 즉, 도형을 나누고 더하는 것을 빌려다가 수량관계를 도출해 내는 방법을 새로이 추론해 내어 피타고라스 정리를 엄밀하게 증명해 냈다. 당唐대에 이르러서 『주비』가 수학 교과서인 『산경십서算經十書』의 하나에 들어갔기 때문에『주비산경周髀算經』이라고 불렀다.

진정으로 중국 고전 수학의 체계를 형성한 저작은『구장산술九章算術』이다. 이것은 중국 고대 서적 가운데 완정하게 지금까지 이어져 내려오는 수학 저서이다.『구장산술』이 지어진 연대에 대하여 오랫동안 논쟁이 벌어졌다. 오늘날 보기에 이 책은 한 시대 한 사람에 의해서 지어진 것이 아니라 많은 사람의 손을 거쳐서 이루어진 것이라고 할 수 있다.[5] 그 기본 내용은 아무리 늦어도 기원전 1세기 서한 중기에 틀이 잡힌 것으로 볼 수 있다.[6]『구장산술』은 246개 수학 응용문제와 그 풀이법을 9장으로 나누어 놓은 것이다. 제1장 '방전方田'은 농지의 측량에 관해 면적과 분수의 문제를 다룬 것이다. 제2장 '속미粟米'는 곡물 교환을 예로 들어서 여러 가지 비례比例의 문제를 다루고 있다. 제3장 '쇠분衰分'에서는 비례 분배와 등차수열數列의 문제를 다루고 있다. 제4장 '소광少廣'에서는 제곱미터와 입방미터의 문제를 다루고 있다. 제5장 '상공商功'에서는 토목공사에 관한 체적을 계산하는 문제를 다루고 있다. 제6장 '균수均輸'에서는 노역과 세금을 합리적으로 거두는 것에 있어서 가중치를 부과하는 문제를 다루고 있다. 제7장 '영부족盈不足'에서는 두 번의 가정을 거쳐서 그 해답을 이원론二元論적으로 푸는 특수한 계산법에 대하여 다루고 있다. 제8장 '방정方程'에서는 1차방정식의 계산 방법에 관한 문제를 다루고 있다. 제9장 '구고勾股'에서는 피타고라스 정리와 유관한 측량의 응용문제를 다루고 있다.『구장산술』은 초보적인 수학을 다루고 있지만, 분수의 사칙연산四則

---

5 『周禮』「大司徒」에는 고대 귀족 자제들의 학과 가운데에 '九數'라는 항목이 있다고 한다. 東漢 초기 鄭衆의 말에 의하면 九數의 명목 대부분은『九章算術』의 편목과 일치한다고 하였다. 1983년 胡北省 江陵 張家山에서 출토된 西漢 시기 죽간에는 西漢 초기의『算術書』를 베낀 것이 있었다. 그 내용은『九章算術』과 상당히 비슷한 것이 많아서 어떤 표제는 완전히 일치하는 것도 있다.

6 杜石然 등의『中國科學技術史稿』上册, 科學出版社, 1982년, 183쪽: 劉鈍,『大哉言數』, 遼寧教育出版社, 1993년, 14-15쪽을 참조.

演算, 비례계산, 제곱미터, 방정식, 양수陽數와 음수陰數의 계산 등 여러 방면에서 당시 세계에서 최고 수준의 수학을 다루고 있다. 이로부터 중국 고전 수학이 응용 계산을 중시하는 전통이 열린 것이며, '산경算經'의 으뜸으로 존중받은 만큼 중국 수학사에 있어서 영향도 가장 컸다고 할 수 있다.

그러나 다른 방면에서 『구장산술』이 문제집 방식으로 구성되어 있기 때문에 그 서술 체제는 기본적으로 문제를 내고 답안을 제시한 다음 계산하는 방법을 소개하였다. 문자로 된 서술은 상대적으로 비교적 간략하고 그에 관련된 계산 방법이나 체계적이며 이론적인 설명은 빠져 있다. 이처럼 아쉬운 부분은 삼국 시기 위魏나라 말기 유휘劉徽가 『구장산술』에 주석을 단 것을 통해서 비교적 해소되었다. 유희의 생애에 대해서는 사적에 거의 나타나 있지 않다. 다만 그가 대략 치향淄鄉(지금의 산동성 추평鄒平) 사람으로서 3세기 때 인물이라는 점 정도만 알려져 있다. 유휘는 『구장산술주九章算術注』의 서문에서 "유사한 일을 가지고 유추해 보면 각기 귀의해 가는 것이 있다. 그러므로 가지는 여러 가닥으로 나뉘어져 있지만, 그 뿌리로 모여 드는 것이니, 그 발단이 하나라는 것을 알 수 있게 된다.(事類相推, 各有攸歸. 故枝條雖分而同本幹者, 知發其一端而已.)"고 하였다. 이러한 사상에 바탕하여 그는 『구장산술』 가운데 연산하는 방법에 대하여 체계적으로 정리하고 논증하였다. 그 논증이 엄밀하게 정의한 수학 개념으로 시작해서 마치 가지에서 뿌리까지 다다르는 연역법을 이용해서 거기에 내재해 있는 논리적인 근거를 해설하고 그것과 관련된 다른 문제들까지 미루어 나아갔다. 따라서 중국 고전 수학의 이론을 세우는 데에 중대한 공헌을 하였다. 『구장산술주』에서 유휘는 자신의 많은 창조적인 견해를 제기하여 『구장산술』에서 다루고 있지 않은 복잡한 문제를 해결하였고, 몇몇 오류도 바로잡았다.

4. 조충지祖沖之 부자에 의한 수학의 발전

남조 시기의 조충지와 조환祖暅 부자는 유휘의 뒤를 이어서 수학 연구에 있어서 새로운 성과를 이룩하였다. 조충지(429-500)는 범양范陽 주현遒縣(지금의 하북성 내수淶水) 사람으로서 건강建康(지금의 강소성 남경)에서 태어났다. 송과 제나라에서 관직에 나아가 장수교위長水校尉까지 이르렀고 일찍이 '대명력大明曆'을 제정하였다. 그가 이룬 저명한 업적은 원주율 값을 계산한 것이다. 옛날 사람들도 일찍이 원주율 값을 계산하는 방법을 연구하였다. 유휘는 『구장산술주』에서 할원술割圓術을 처음으로 고안하였는데, 이것은 원 안에서 정다각형을 안에 근접하여 정다각형 면적에 의거하여서 원주율의 부족근사치不足近似値(구하는 값보다 작은 근삿값-역자 주)를 추정하고 그 다음으로 원주율의 과잉근사치過剩近似値를 계산하는 것이다. 그는 정다각형의 변의 수를 많이 할수록 그 면적과 원의 면적의 값이 비슷해지는 것이니, 변의 수를 무한대로 늘리면 거의 원의 면적과 같아질 것이라고 여겼다. 이것이 이른바 자르기를 미세하게 하면 할수록 빠뜨리는 부분이 적게 되어서 자르는 것을 할 수 없을 정도까지 자름으로써 원둘레와 일체가 되어 빠뜨리는 부분이 없게 된다고 여긴 것이다. 이 방법을 가지고 유휘는 원주율을 3.14(또는 157/50)까지 추산하였다. 조충지는 이것을 기초로 삼아서 많은 복잡한 연산을 할 수 있었고, 정확도가 크게 높아진 원주율의 부족근사치와 과잉근사치를 추산한 값이 3.1415926 〈 π 〈 3.1415927이다. 그는 또 원주율의 2개 근사분수값도 내어서 약률約率과 밀률密率이라 하고 각각 22/7과 355/113이라고 하였다. 위에서 말한 소수小數 근사치와 밀률 근사치는 1천여 년이 지난 다음에야 비로소 서양의 수학자가 더 정확하게 풀 수 있었다.

조충지와 그의 아들 조환은 또 공의 표면적을 계산하는 방법을 해결하려고 하였다. 유휘가 일찍이 가정하기를, 입방체立方體의 가로와 세로로 잘라서 내접內接하는 원기둥을 만들고 이 2개의 원기둥이 교차해서 공유하는 부분을 '모합방개牟合方蓋'라고 부르는데, 그 내부에 다시 내접하는 공 모양을 만들면, 모합방개와 그것이 내접하는 공 모양의 체적 비율은 π분의 4가 된다. 다만 그는 모합방개의 체적을 계산하는 방법을 찾아내지는 못했다. 조씨 부자는 공 모양 안의 모합방개를 제외한 남은 부분인 '방개차方蓋差'의 체적을 계산하는 것으로부터 시작해서 정확하게 모합방개의 체적을 계산하였고, 공 모양의 체적을 계산하는 공식을 산출해 냈다. 이런 과정을 통해서 조환은 "멱세冪勢(멱冪은 잘라진 면적을 말하고, 세勢는 입체의 높이를 말하는 것으로 2개의 같은 높이의 입체-역자 주)가 같으면 2개의 입방체의 체적은 같다.(冪勢旣同, 積不容異.)"라는 원리, 즉 두 입방체의 같은 높이를 절단한 면적은 항상 서로 같으므로 두 입방체의 체적도 서로 같다는 것을 밝혀 냈다. 이 원리는 뒷날 사람들에게 '조환의 공식'이라고 일컬어졌는데, 서양에서는 17세기가 되어서야 비로소 나온 개념이다. 『수서隋書』「율력지律曆志」에는 이들 부자가 편찬한 수학 전문서적인 『철술綴術』의 내용이 매우 정밀하고 심도가 있어서 그 깊이와 오묘함을 아무도 이해하지 못하였다고 하였다. 당나라 때에는 관청에서 수학교재로 썼는데, 학습 기간이 4년이나 되었다고 한다. 애석하게도 이 책이 지금 전하지 않기 때문에 조씨 부자가 수학 방면에서 이룬 수준을 지금 우리가 전부 이해할 수는 없다.

제2절

중국 의학 체계의 성립과 발전

1. 『내경內經』의 중의학 이론

중국 고대 과학에 있어서 여러 분야가 이미 서양에서 들어온 근대 과학과 서로 융합되었다. 다만 중의학 분야만큼은 예외이다. 이것 역시 하나의 학문 분야이면서 그 생명력과 지속적인 가치는 이미 2천여 년 동안의 경험을 통해서 증명되었다. 동시에 오늘날까지 여전히 중국적인 전통 특색이 농후하게 남아 있어서 중국 고대 과학 문명 가운데 하나의 기적이라고도 말할 수 있다. 중의학은 음양오행의 학설을 가지고 인체의 생리 현상과 병리 변화를 설명하며, 그들의 관계를 밝힌다. 아울러서 생리·병리·진단·투약·치료·예방 등에 관한 문제를 포괄하여서 종합적이며, 독특한 이론 체계를 세웠다. 이러한 이론 체계는 대체로 전국戰國 시기에 나타나서 한나라 때에 완전히 체계를 잡았으며 위진남북조 시기에는 한층 더 충실하게 발전을 거듭하였다.

구체적으로 말해서 중의학과 중약학은 매우 밀접한 관계를 가지고 있으면서 각각의 발전 노선을 걸어왔던 것이다. 중의학 이론을 표방하면서 체계를 세운 저작이 『내경內經』이다. 『내경』의 전체 이름은 『황제내경黃帝內經』으로서 책 안에서는 황제黃帝가 그의 신하 기백岐伯과 뇌공雷公 등과 문답을 주고받는 형식으로 되어 있어서 그렇게 지어진 것이라고 한다. 이 책은 모두 18권 162편으로 되어 있으며, 「소문素問」과 「영추경靈樞經」(예전에는 「침경針經」이라고 불렸다.) 두 부분으로 구성되어 있다. 『내경』은 결코 한 사람이 한 시대에 지은 것이 아니라 많은 부분이 전국 시기의 내용이며, 위진 시기 사람들에 의해서 만들어진 단락도 있다. 다만 기본적인 형식의 틀은 서한 시대에 맞추어져 편찬되었다.[7] 『내경』은 중국 고대의 초기 의학 이론과 치료 방면에 대하여 체계적으로 종합한 것이라고 할 수 있다.[8] 후대 중의학의 발전에 있어서 매우 중요한 영향을 끼쳤으며, 대대로 중의학의 경전으로 존중받았다. 일본어, 영어, 독일어, 프랑스어 등 많은 외국어로 번역되었다. 이 책의 이론 체계는 다음과 같은 중요한 방면을 포괄하고 있다.

1) 전체적인 의학 관념과 음양오행의 이론

『내경』은 사람의 몸을 하나의 유기적인 물체로 보면서 동시에 사람을 자연계의 온전한 한 부분으로 여긴다. 그러므로 치료할 때 머리가 아프다고 해서 머리만을 치료한다거나 다리가 아프다고 해서 다리만을 치료하는 것이 아니라 몸 전체, 혹은 외부 자연환경에서부터 출발하여 질병

7 『內經』이 지어진 시기에 대하여 역대로 많은 설이 오갔는데, 여기에서는 학계에서 가장 많이 인정하는 의견을 채택하였다. 趙璞珊, 『中國古代醫學』(中華書局, 1983년, 43쪽)에서는 "內經 絕大部分是戰國以至秦漢間人不斷共同創造的."라고 하였고, 賈得道, 『中國醫學史略』(山西人民出版社, 1979년, 48쪽)에도 다음과 같이 말하고 있다. "把本書(持內經)看成是從戰國到西漢的醫學總匯是大致可信的." 劉長林은 더욱 구체적인 분석을 거쳐서 다음과 같이 말하였다. "內經編纂成書的時間可能大體在西漢中期或晚期."(劉長林: 『內經的哲學和中醫學的方法』, 제1장 「內經形成的年代」, 科學出版社, 1985년 참조.)

8 『內經』 이전에 이미 많은 의학 관련 서적이 나왔다. 『內經』 가운데 인용한 『五色診』, 『揆度』, 『奇恒』, 『脈經』, 『脈變』 등 20여 부의 책은 이미 없어진 의학 저서이다. 1973년 長沙 馬王堆 漢墓에서 출토된 비단문서 『五十二病方』, 『足臂十一脈灸經』, 『脈法』 그리고 1983년 江陵 張家山 漢墓에서 출토된 竹簡인 『脈書』는 만들어진 시기가 모두 『內經』보다도 이르고, 많은 내용이 『內經』에서 다루어지고 있다.

의 원인과 본질을 파악하고, 여러 정황을 잘 파악하여 치료를 한다. 그는 또 음양이 대립하고 변화하며 오행이 상생과 상극하는 도리를 가지고 인체의 생리와 병리 문제를 해석하였고, 이어서 음양을 고르게 하며 오행을 조화롭게 하는 상응 치료의 원리를 제시하였다. 이것들이 모두 중의학에서 가장 이론적 기초가 되었다.

2) 장부경락臟腑經絡 학설

『내경』은 사람의 장기가 비록 그 기능이 각기 달라도 안으로는 매우 밀접하게 연계되어 있고, 동시에 그것들은 밖에 있는 기관 조직들과 서로 나뉘어져서 대응하는 관계가 있다고 여겼다. 이러한 관계는 경락이 서로 연계하여 형성한다는 것이다. 경락은 사람의 몸에서 기혈氣血을 운행하는 길과 같아서 간선은 경經이라 하고 지선을 낙絡이라 하는 것이다. 몸에 병이 났을 때에 그것들이 병균을 전달하여 병이 발생하게끔 하는 작용을 한다. 그러므로 병을 치료하기 위해서 『내경』은 특히 침구針灸로 치료하는 것을 중시하였다. 경락에 이어져 있는 피부의 표면 혈 자리에 침구로 시술하면 경락을 통해서 치유되거나 장기의 병을 억제할 수 있다는 것이다.

3) 병인학설病因學說

『내경』에서는 사람이 병에 걸리는 원인을 주로 다음과 같이 꼽고 있다. 첫 번째는 외감육음外感六淫으로 외부의 자연환경에 의한 것이고, 두 번째는 내상칠정內傷七情으로 자기 몸 상태가 잘못 되거나 이상스러운 변화 때문이고, 세 번째로는 음식노상飮食勞傷으로 보건이나 위생상의 문제로부터 생긴 것이라고 한다. 이러한 분석은 상당히 일리가 있다고 할 수 있다. 특히 정신적인 요소가 질병이 발생하는 과정에 영향을 끼치는 것에 주의하여 의학 심리학 방면에서 초보적인 연구를 시행하였다고 할 수 있다.

4) 예방과 진단

『내경』은 병이 나기 전에 치료한다는 의식을 가지고 예방과 조기 치료를 위주로 할 것을 강조한다. 동시에 인체 내부 장기 조직과 저항력의 작용을 중시하였다. 병을 진단하는 방면에서는 바라보기, 들어보기, 묻기, 맥 짚기와 같은 전통적인 진단 방법을 상세히 제시하였다. 그리고 몇 가지의 진단 방법을 종합적으로 사용하라고 하였다.

2. 『신농본초경神農本草經』과 『난경難經』

『내경』 만큼이나 중의학에서 높은 지위를 누리는 것이 『신농본초경』이다. 이것은 중약학 방면에서 가장 오래된 경전이다. 이것은 비록 옛 3황三皇 가운데 신농씨神農氏가 지은 것이라고 이름을 빌어다 썼지만 실질적으로는 역시 한 시대 한 사람에 의해서 지어진 것이 아니다. 전국 시대부터 진한秦漢 시대까지 많은 의사와 약사들이 오랜 기간 동안 자료를 수집하고 정리하여 편찬한 것을 기초로 지은 것이다. 이것이 편찬된 연대는 주로 서한과 동한 전기일 것으로 본다. 원래의 책은 이미 없어졌고, 지금 여러 종류가 남아 있는데, 청淸대 손성연孫星衍과 손풍익孫馮翼의 3권짜리 판본과 일본인 모리리츠시(森立之)가 편찬한 4권짜리 판본이 가장 뛰어나다.[9] 책에는 모두 365종의 약재를 싣고 있는데, 그 가운데에서 식물이 약 250종이고 나머지는 동물 또는 광물 약재이다. 대부분이 식물이기 때문에 이름을 '본초本草'라고 한 것이다. '본초학' 역시 후대 중약학을 대신해서 부르는 명칭이 되었다. 약물의 분류 방면에서 『신농본초경』이 채택

9 薛愚 주편, 『中國藥學史料』, 人民衛生出版社, 1984년, 90-93쪽 참조.

하고 있는 것은 상·중·하 3품의 분류법이다. 그 가운데에서 상품이 120종인데, 일반적으로 독이 없거나 독성이 비교적 적은 보양류補養類 약물이다. 중품도 120종인데, 어떤 것은 독성이 있고 어떤 것은 독성이 없는 것으로 대개는 보양류 또는 병을 치료하는 효과가 있는 것이다. 하품은 125종인데, 독성이 있는 것이며 효용 역시 병을 치료하는 것을 위주로 하였다. 이러한 분류법은 분명히 신선가神仙家 혹은 방사方士의 영향을 받은 것이다. 책 가운데에서 모든 약물의 설명이 비교적 자세하며, 여러 가지 맛, 주된 치료 효과, 성장 환경, 채집 시기, 가공 방법 등도 언급하고 있는데, 그 치료 효과나 적용하는 병의 증상은 모두 170여 종류에 달한다. 책의 서문에서는 약물학의 원리를 집중적으로 서술하고 있으며, 주된 약과 보조 약을 군君, 신臣, 좌佐, 사使로 구분하여 정리하고 그것들 가운데 서로 배합하면 안 되는 것을 원칙과 5미五味, 4기四氣 등 같지 않은 약의 성질을 개괄하였고, 약 먹을 때의 방법과 시간 등 구체적인 복용 방법을 기술하였다. 종합적인 약리藥理와 구체적인 약물藥物을 함께 언급하고 있어서 중약학이 이미 초보적인 체계를 세웠다는 것을 보여 주고 있다.

대략 동한 시기에 전국 시대 명의로 알려진 진월秦越 사람 편작扁鵲이 집필한 중의학 이론서 『난경難經』이 나왔다. 『난경』은 겨우 11,700여 자로 이루어져 있는데, 기본적인 내용이 『내경』과 관련된 논제로서 81개의 문제를 '난難'이라는 제목으로 제시하고 이것에 답변하는 형식으로 풀어 나갔다. 후대 학자들의 정리에 의하면 81난은 맥진脈診, 경락經落, 장부臟腑, 질병, 수혈腧穴, 침법針法 등 6개 방면의 문제로서 중의학의 기초이론과 임상 방면에 이르기까지 독창적인 견해를 많이 제기하여서 『내경』을 상당히 보충한 것이라고 할 수 있다. 예를 들어서 맥을 짚는 경우 양 손목의 안쪽 도드라진 뼈 앞의 맥이 뛰는 부위인 촌구寸口를 잡을 것이며, 오장과 육부 즉 장부를 논한 부분에서는, 신장腎臟을 생명의 문이라는 뜻에서 '명문命門'이라고 한 것 등 모두 후대 중의학에 중대한 영향을 끼친 것이다.

3. 의성醫聖 장중경張仲景과 신의神醫 화타華佗

『내경』이나 『신농본초경』은 물론이고 『난경』 역시 옛 사람의 이름을 빌려서 출간한 것이다. 동한 말기 장중경의 『상한잡병론傷寒雜病論』은 중국 고대에서 저작의 이름이 명확한 첫 저술이다. 중국 의학사에서 이 책의 위치는 이전의 세 저서와 비교해서 전혀 뒤지지 않을 정도로 뛰어나다. 장중경은 이름이 기機인데, 자인 중경으로 더 잘 알려져 있다. 남군 열양涅陽(지금 하남성 남양南陽) 사람으로 어려서부터 의술을 익혔다. 한 헌제漢獻帝 건안(196-220) 초기에 전염병이 돌아서 많은 사람이 죽었다. 장중경 집안 사람들도 10년이 안 되어서 3분의 2나 죽었다. 그 가운데에서 대부분은 상한병傷寒病(발열이 나는 급성 전염병)에 걸렸는데, 치료를 할 수 없었다. 장중경은 이때부터 의학 연구에 전념하여서 고대의 의학 서적을 두루 탐독하고 개인적인 임상 체험을 통해서 알게 된 것을 『상한잡병론』 16권으로 완성하였다. 이 책은 얼마 있다가 없어졌지만, 뒷날 다시 자료가 수집되어서 『상한론傷寒論』과 『금궤요략金櫃要略』 두 권의 책으로 다시 출간되었다. 앞의 것은 상한병에 대하여 논술한 것이고, 뒤의 것은 그 밖의 다른 내과·외과·부인과 등 여러 질병에 대하여 논술하였다.(그림 10-1)

『상한잡병론』은 『내경』을 기초로 한데다가 더욱 체계적으로 중의학에서 '변증시치辨證施治'라는 방법을 제기하였는데, 망진望診·문진聞診·문진問診·절진切診 등의 진단 방법을 운용해서 환자의 복잡한 증상을 종합적으로 분석하고 난 다음에 적절한 치료 원칙에 의거하여 어떻게 치료할지를 결정하라는 것이다. 예를 들면 상한병에 대해서는 태양, 음양, 소양, 태음, 소음, 궐음厥陰 6개 증후군으로 나누고 임상에서 각각 비교적 특이

그림 10-1 하남성 남양시南陽市 장경중張敬中의 묘원墓園에서 출토된 침구도인針灸陶人.

하게 나타나는 증상으로 묶는다. 이렇듯 임상에서 나타난 증상을 구체적으로 음, 양, 표表, 리裏, 한寒, 열熱, 허虛, 실實 8종으로 나누어서 '8강八綱' 혹은 '8증八證(症)'이라 일컬었다. 8강 가운데에는 음과 양을 근간으로 하는데, 리裏·한寒·허虛의 증상은 통상적으로 음병陰病이라 하고 표表·열熱·실實의 증상은 통상적으로 양병陽病이라고 했다. 8강의 작용은 음과 양에 의거해서 질병의 속성을 분석하고, 표와 리에 의거해서 질병의 부위를 확정하며, 허와 실에 의거해서 바르고 사악한 기운이 사라지고 생기는 것을 설명하고, 한과 열에 의거해서 질병의 상태를 나타낸다. 이렇듯 자세한 분석을 통해서 많은 복잡한 질병의 증상을 전면적이면서도 체계적으로 인식하여서 정확한 치료를 실행할 수 있었다. 책 안에서는 많은 중의학 치료 원칙을 종합하였는데, 후대 사람들이 그것들을 정리하여 한汗, 토吐, 하下, 화和, 온溫, 청淸, 보補, 소消의 '8법八法'으로 정리하여 각기 다른 질병에 대하여 정확하게 시술하는 데에 함께 활용하였다. 『상한잡병론』에는 300여 가지의 치료 방법이 수록되어 있는데, 대부분은 장중경이 새로이 연구하여 내놓은 복합 처방이다. 탕제湯劑 이외에도 환丸, 산散, 고膏, 주酒, 초醋, 세洗, 욕浴, 훈熏, 적이滴耳, 관비灌鼻, 관장灌腸 등 여러 종류의 치료 방식이 기술되어 있다. 그러므로 후세의 의학가들은 장중경을 방제학方劑學의 시조로 존중하고 그가 제시한 약 처방을 '경방經方'이라 하였다. 이론적인 저작인 『내경』, 『난경』 그리고 약전藥典인 『신농본초경』과 비교해서 『상한잡병론』은 임상에서 겪는 문제를 좀 더 다양하게 서술하였기 때문에 중의학 치료 방면에서 뛰어난 공헌을 한 것이며, 장중경 역시 후대 사람들로부터 '의성醫聖'으로 존중받았다.

장중경과 같은 시대의 사람으로서 또 한 사람의 저명한 의학가로 화타華陀가 있다. 화타는 이름이 부旉이고 자는 원화元化로서 패국沛國 초譙(지금의 안휘성 박현亳縣) 사람이다. 오랫동안 민간에서 의료 활동을 한 이후 당시 권력자 조조曹操에게 죄를 지어서 벌을 받아 죽음을 당했다. 사료에 따르면 그는 일찍이 성공적으로 복강충류의 절제와 장과 위장을 부분 절제하고 봉합하는 등 매우 위험한 외과수술을 하였다고 한다. 그가 성공적으로 수술을 마칠 수 있었던 것은 마취제인 '마비산麻沸散'을 사용했기 때문이었다.[10] 이것은 세계적으로도 마취제를 처음 사용하였다는 기록이다. 다만 마비산을 어떻게 조제하였는지에 대한 비방은 전하지 않는다. 화타는 체육활동이 의료적인 작용을 한다고 여겼기 때문에 호랑이, 사슴, 곰, 원숭이, 새와 같은 다섯 종류 동물들의 자세를 모방하여 보건체조인 '오금지희五禽之戲'를 고안하였다. 그는 망진望診, 맥진脈診, 침구針灸, 방약方藥 등의 방면에도 매우 조예가 깊어서 일반인들 가운데 난치병 환자들을 치료했다는 이야기들이 전해져 왔기 때문에 그를 '신의神醫'라는 명예스러운 호칭으로 불렀다.

4. 위진남북조 시기의 중의학과 역학

위진남북조 시기에 의학적으로 성과가 비교적 큰 의학자로는 왕숙화王叔和, 황보밀皇甫謐, 갈홍葛洪 그리고 도홍경陶弘景 등이 있다.

왕숙화는 이름이 희熙이고 흔히 자字로 불렸으며, 고평高平(지금의 산동성 제녕濟寧의 동남 지방) 사람이다. 예전에는 서진西晉의 태의령太醫令을 지냈다고 하는데, 후대의 연구에 의하면 그가 삼국 시기 위魏나라 초기에 살았다고 여겨진다. 그가 살았던 시기는 장중경과 서로 비슷한 시기이며, 심지어는 그가 일찍이 장중경으로부터 의학을 배웠을 것이라고 하는 설도 있다.[11] 장중경의 『상한잡병론』이 없어진 이후 주로 그가 수집하고 정

10 『後漢書』「華佗傳」, "若疾發結于內, 針藥所不能及者, 乃令先以酒服麻沸散, 旣醉無所覺, 因刳破腹背, 抽割積聚. 若在腸胃, 則斷截湔洗, 除去疾穢. 旣而縫合, 傅以神膏, 四五日創愈, 一月之間皆平復." 中華書局, 1965년 표점본, 2,736쪽.

11 賈得道, 『中國醫學略史』, 112쪽, 趙璞珊, 『中國古代醫學』, 61-62쪽, 그리고 杜石然

리한 것이 2부로 다시 편찬되어 지금까지 전해진 것이다. 왕숙화 자신의 의학에 대한 공헌은『맥경』을 통해서였다고 할 수 있다.『맥경脈經』10권 97편은 이전의 의학 서적에서 다른 맥진에 대해서 체계적으로 총결하여 발전시킨 것으로서 중의학에서 맥학脈學에 관한 첫 번째 전문 서적이다. 책에서는 임상에서 볼 수 있는 24종류의 맥상脈象을 열거하고 모든 맥상의 구체적인 특징을 서술하면서 그것들을 8종의 기본적인 유형으로 분류하였다. 한층 더 나아가서 그는 맥상과 환자의 신체 정황과 질병 증상이 대응하는 관계를 분석하였는데, 기본적으로 현대 의학에서 인체의 혈액순환 계통과 잘 들어맞는다. 왕숙화의 연구는 맥학脈學의 발전을 촉진시켰으며, 중의학의 진단 영역 가운데에서 상대적으로 독립적인 지위를 차지하고 있다.

황보밀(215-282)은 자가 사안士安으로 안정安定의 조나朝那(지금의 영하寧夏 고원高原) 사람이다. 삼국 시기 위나라에서 서진 초기까지 살았으며, 저서로는 지금 남아 있는 중의침구학에서 최초의 전문 서적인『침구갑을경針灸甲乙經』이 있다.『침구갑을경』의 전체 이름은『황제삼부침구갑을경黃帝三部針灸甲乙經』이다.「소문素問」과「침경針經」(황제내경의 두 구성 부문),『명당공혈침구치요明堂孔血針灸治要』(지금은 전하지 않는다.)와 같은 고대 의학서를 참조하되 중복된 것은 빼고 비슷한 것을 서로 묶어서 모두 12권 128편으로 편찬한 것이다. 앞의 6권은 중의학의 기초이론과 침구학의 기본 지식을 다루고 있고, 뒤의 6권은 임상치료 방면의 내용을 다루고 있다. 책에서는 앞 시대의 성과를 기초로 하여서 많은 독창적인 견해를 제기하였다. 예를 들어 인체의 348개 혈위穴位를 기술한 것은『내경』에서 기술한 것에 비하여 188개나 더 많다. 부위를 나누고 경락에 의거하여 경혈

이 주편한『中國古代科學家傳記』上集(科學出版社, 1992년) 가운데「王叔和」편(鄢良撰) 참조.

을 탐지하는 방법을 처음으로 고안하였고, 인체의 다른 부위에 35개의 선로가 있다는 것을 밝혀 냈다. 이것으로써 혈위穴位의 위치를 확정하게 되었다. 아울러서 침을 찌르는 깊이와 찌르고 머무는 시간 그리고 뜸을 뜨는 시간 등을 상세히 서술하여서 임상치료에 있어서 중요한 정보를 갖추고 있다.

동진과 남조 시기에 도교가 점차 흥성하여 도교의 신도들이 연단술煉丹術에 빠져서 장생불사를 추구하는 일이 많아졌는데, 이것이 중국 고대 화학 분야의 발전에 크게 기여하였다. 그 가운데 의학과 약학에 상당히 조예가 깊은 이들이 있었는데, 갈홍과 도홍경이 이 방면에서 대표적인 인물이었다. 갈홍(약 283-363)은 자가 치천稚川이고 호가 포박자抱朴子로서 단양丹陽 구용句容(지금은 강소성에 속해 있다.) 사람이다. 서진 후기에서 동진 때까지 살았으며, 저술이 매우 많으며 의술에도 통달하였다. 그는 당시 사회에서 전해오던 의약과 약 처방의 서적들이 너무 번다하게 많아서 내용이 중복되고, 실제 치료에 적용하기에도 적절치 않다고 여겼기 때문에 『옥함방玉函方』 100권을 지었고, 이어서 이것을 기초로 하여 좀더 가다듬어서 『주후졸구방肘後卒救方』 3권을 지었다. 책의 이름을 '주후肘後'라고 지은 것은 간편하고 실제 응용에 적절하게 하고자 한다는 것과 필요한 약물藥物을 쉽게 찾고자 하는 의도를 가지고 있다. 약방 이외에도 간편하고도 위험하지 않은 침구법 등 여러 가지 치료법에 대해서도 기술하였다. 병의 원인과 진단에 대해서 논한 것 역시 이전에는 몰랐던 것을 상당히 많이 밝혀 냈다. 보급하기 쉽고 실용적인 가치가 뛰어난 의학서인 『주후졸구방』은 후세에 오랫동안 널리 전파되었다.[12]

---

12 『肘後卒救方』 3권에는 藥方을 모두 86首 모았다. 南朝 陶弘景은 그것들을 합하여 79首라고 하고 새로이 22首를 더하여 모두 101首가 되었다. 이것을 3권으로 편집하여 다시 『肘後百一方』이라고 하였다. 金나라 楊用道는 또 『百一方』을 근간으로 삼아 宋나라 사람 唐愼微의 『證類本草』 가운데 나오는 몇몇 藥方을 「附方」에 두었고, 다시 새

도홍경(456-536)은 자가 통명通明이고 단양丹陽 말릉秣陵(지금의 남경) 사람이다. 남조의 송·제·양 나라 3대를 살았다. 학식이 깊고 넓어서 산중에 은거하였지만, 명성이 세상에 널리 알려졌기 때문에 '산중재상山中宰相'이라고 불렸다. 위진 시기 이래 약물학이 거듭 발전하였고 많은 사람들이 『신농본초경』의 내용을 보충하면서 체례가 복잡해졌고 오류가 많아졌다. 도홍경은 『신농본초경집주神農本草經集注』를 지었는데, 이 방면의 성과를 체계적으로 총괄한 것이다. 『집주』에서는 모두 약물 730종을 실었는데, 원서인 『신농본초경』보다 배 이상 많이 다루었다. 약물 분류 방면에서 『신농본초경』에서 시도한 상중하 3분법을 고쳤다. 약물의 자연적인 속성을 옥석玉石, 초목, 충수蟲獸, 미식米食, 과果, 채菜, 그리고 이름만 있고 쓰임이 없는 것(有名未用)으로 크게 7개 부류로 나누어서 좀 더 합리적이었다. 후대의 본초류 약물 분류법은 기본적으로 이것을 기초로 삼아서 더욱 발전시킨 것이다. 주석의 글 안에는 약물의 성능, 약을 쓰는 방법 등 중요한 내용이 담겨 있다. 책은 모두 7권이었는데, 지금은 서록序錄 1권만 남아 있으며, 기본적인 내용은 당나라 이후 본초학의 저서 여기저기에 남아 있다.

로이 8권으로 만들어서 『廣肘後備急方』이라고 이름을 붙였다. 지금까지 남아 있다.

제3절

농업 과학의 발전

1. 이랑을 세우는 농작법壟作法에서 대전법代田法까지

관료제에 근간하여 통일 제국이 건설되자 농업 생산의 발전이 더욱 촉진되었다. 서한 농업 경제는 전국과 진나라 때의 기초 위에 중국 고대에서 최고조에 달했다. 농업 역사의 전문가들은 서한 시기가 "중국의 작물 생산이 비약적으로 발전한 시대이며, 중국 농학이 최고의 성취를 이룩한 때이기도 하다. 일반적으로 작물 재배의 기본 원리와 기술적인 발전이 대부분 이 시기에 완비되었다. 정교하고도 세심하게 경작하여서 단위면적당 최고의 성과를 올린 과학적인 기초 역시 이 시기에 이룬 성과이다."[13] 라고 하였다. 농업의 생산도구가 발전하고 생산 규모가 확대된 것 이외에 경작 기술을 핵심으로 하는 농업 과학 지식이 이후 점차 확실히 발전을 이룩하였다. 이러한 발전은 다음과 같은 농업 관련 서적에 잘 반영되어 있다.

중국 고대 농경은 매우 일찍부터 토지면보다 높이 이랑을 세워서 작물

13 中國農業科學院·南京農學院中國農業遺産研究室編著, 『中國農學史(草稿)』 上册, 科學出版社, 1959년, 162쪽.

을 경작하는 방법인 농작경종법壟作耕種法을 써 왔다. 경작지에 기다랗게 이랑을 쌓고 도랑을 내는 것을 상롱上壟과 하롱下壟이라고 부른다. 전국 시기에 이미 어떤 사람은 경작할 때 상롱과 하롱의 지형적 특징을 잘 고려해서 높은 지역이나 메마른 땅에는 하롱으로 토양을 보습하여 가뭄에 대비하며 지형이 낮아 습한 농지에는 상롱으로 물을 빼내어 물이 넘쳐 들어오는 것을 막았다.[14] 한 무제 재위 말기에 군대 식량을 조달하는 군관인 수속도위搜粟都尉 조과趙過가 대전법代田法을 널리 알렸다. 대전법은 농작경종법을 획기적으로 발전시킨 것이었다. 『한서漢書』「식화지食貨志」상에는 다음과 같이 기술하였다.

> 하나의 이랑에 세 개의 도랑을 두는 것이고, 해마다 이랑과 도랑을 교체하는 것이다. 그래서 대전代田이라고 하며(一畝三甽, 歲代處, 故曰代田)

> 씨앗을 세 고랑 안에 심고 싹에 잎사귀나 나면, 두둑의 잡초를 제거하고 흙을 걷어 올려서 고랑 안의 싹의 뿌리를 북돋운다. …… 싹이 좀 더 자라면 매번 김맬 때마다 그 뿌리를 북돋아 준다. 더운 때가 다가오면 두둑은 낮아지고 뿌리는 깊게 자리 잡아서 바람과 가뭄을 견딜 수 있게 된다. 그러므로 무성하게 잘 자란다.(播種于甽中, 苗生葉以上, 稍耨隴壟草, 因隤其土以附苗根, …… 苗稍莊, 每耨輒附根, 比盛暑, 隴盡而根深, 能風與旱, 故儗儗而盛也.)

대전법의 핵심적인 기술은 먼저 하롱에 씨앗을 뿌리고 나중에 흙으로 북돋아서 두둑을 높이는 것이다. 이렇게 되면 작물이 깊이 심어져서 바람

14 『呂氏春秋』「任地」, "上田棄畝, 下田棄甽." 『莊子』「讓王」 司馬彪의 疏, "壟上曰畝, 壟中曰甽." 郭文韜 編著, 『中國古代的農業作和耕作法』, 農業出版社, 1981년, 178-179쪽 참조.

그림 10-2 내몽골 허린거얼和林格兒, 동한 묘지의 밭을 가는 벽화. 두 마리 소와 한 사람이 경작하는 방식.

과 가뭄을 잘 견딜 수 있고 무성하게 잘 자랄 수 있게 된다. 그리고 위와 아래의 두둑을 정기적으로 바꿔서 두루 이용할 수 있고 번갈아 가며 쉬게 할 수 있어서 땅의 힘을 충분히 이용할 수 있게 된다. 이렇게 하면, 단위 면적당 생산량이 확실히 늘어나서 일반적인 평지에서 경작하는 것에 비하여 한 이랑마다 1곡(斛, 10말) 이상 증산할 수 있게 된다.(그림 10-2) 이러한 방법은 관중關中과 하동河東 등 서북 지방의 가문 땅에서 더욱 효과적이었다. 그래서 『한서』「식화지」 상에서도 백성들이 모두 대전법으로 바꿔서 농사를 지으니 힘은 덜 들고 곡식의 수확이 많게 되었다고 한다.

2.『범승지서氾勝之書』와 구전법區田法

이후 시대 농학자 범승지氾勝之는 또 좀 더 선진적인 경작 기술인 구전법區田法을 내어 놓았다. 범승지는 한 무제 때 의랑議郎에 임명되어 관중關中에서 백성들에게 농사 기술을 가르쳤다. 『한서』「예문지」에는 제자諸

子 가운데 농가農家의 저작으로 『범승지』 18편이라고 기술하였는데, 후대 사람들은 습관적으로 『범승지서氾勝之書』라고 불렀다. 이 책은 이미 없어져서 몇몇 내용만이 다른 책에 인용되어 전하지만, 오늘날 학자들이 청나라 때 기록을 바탕으로 하여 두 종류의 편집본을 내어서 그 면모를 알 수 있게 되었다.[15] 이것 역시 지금 전하는 중국 고대 농학에 관한 최초의 전문 서적이다. 범승지는 책에서 고대 현명한 신하로 알려진 이윤伊尹이 구전법을 처음 제기한 것이라고 하였다. '구區'는 웅덩이(洼穴)를 가리키므로 구전區田이란 구덩이 안에 씨를 뿌린다는 것이다. 이 방법에는 두 가지 형식이 있는데, 하나는 띠 모양으로 농지를 구획하는 것이다. 길이 18장丈(폭은 4장 8척尺)의 농지를 모두 15구획(町)으로 나누고 매 구획마다 길이 4장 8척으로 하고 구획 사이에는 14조條 1척尺 5촌寸 너비의 다니는 길을 남겼다. 구획 안은 1척마다 1척 너비 1척 깊이의 도랑을 파서 그 도랑 안에 작물을 심는다. 다른 방법은 네모난 형태로 구획하는 것이다. 경작지에 고르게 구덩이를 파서 작물을 그 안에 뿌리는데, 구덩이의 크기, 깊이, 거리는 토질의 성분이나 작물의 품종 등에 따라 다르다. 구전법에서는 농지 사이의 간격을 매우 세밀하게 하여 작은 토지에도 깊이 경작하고 세세히 김을 매고, 같은 간격으로 촘촘히 심고, 씨앗 뿌린 곳을 잘 솎아 주고, 잡초를 제거하고, 비료를 주고, 물을 뿌리는 것 등이 절기가 바뀔 때마다 제때에 해주어야 하는 것이다. 이것은 마치 원예園藝식으로 경작하는 것으로서 대전법에 비하여 경작 규모는 좀 작지만 보다 세심하게 경작하는 것에 적당하다. 이것은 단위면적당 생산량을 더욱 증대할 수 있었을 뿐만 아니라 네모 형태로 구획하는 것 역시 산지나 등마루같이 농사를 짓기 어려운 곳에서도 시행할 수 있어서 토지의 이용 범위가 확대되었

15 石聲漢, 『氾勝之書今釋(初稿)』, 科學出版社, 1956년; 萬國鼎, 『氾勝之書輯釋』, 中華書局, 1957년.

다. 이렇듯 경작 기술이 높아졌기 때문에 많은 인력과 물자를 소비해야 했다. 이 때문에 대규모로 넓은 지역에 보급하기가 비교적 어려웠다. 이후에는 주로 작은 면적에서 풍성한 수확을 얻기 위해서 특별하게 시행되었을 뿐이다. 이것은 사람이 많고 농지는 작은 지역에서 세심하게 경작하거나 적게 씨 뿌리고 많이 수확하는 방식으로 고안되었던 것으로 농학 발전사에 있어서 커다란 의의가 있다고 하겠다.

『범승지서』는 또 다른 중요한 내용을 담고 있다. 경작의 원칙에 대하여 "무릇 경작의 근본은 시기를 딱 맞추고, 흙을 잘 배합하고, 분뇨로 퇴비를 잘 쓰고, 호미로 일찍부터 김을 잘 매는 것에 달려 있다.(凡耕之本, 在于趨時 · 和土 · 務糞澤 · 早鋤獲.)"고 하였다. 여기에서 '추시趨時'라고 한 것은 경작 시기를 잘 파악한다는 의미이며, 땅의 물기를 잘 유지하여 농사의 때를 어그러뜨리지 않게 하는 것이다. '화토和土'는 토지를 잘 정돈하고, 흙덩이를 잘 분쇄하여 토양을 부드럽고 세세하게 유지하는 것을 말한다. '무분택務糞澤'은 비료와 물을 잘 주는 것이다. 비료를 주는 것에 관해서는 기비基肥(밑거름–역자 주), 종비種肥(농작물의 싹을 빨리 돋게 하기 위하여 씨의 둘레에 주는 거름–역자 주), 추비追肥(씨앗을 뿌린 뒤에 또는 모종을 옮겨 심은 다음에 주는 거름– 역자 주)와 같은 방법을 소개하였고, 물을 대는 방법에 대해서는 물의 온도를 조절하거나 땅속에 관을 묻고 물을 통하게 하는 것에 대한 문제도 기술하였다. '조서획早鋤獲'은 때에 맞추어서 김을 매어 잡초를 제거하고 물기가 자연스레 증발하는 것을 미리 막는 것이니, 때에 맞추어서 수확하는 것이 곡식 낟알이 떨어지거나 싹이 나거나 생산량이 줄어드는 등 불리한 날씨 때문에 생기는 손실을 피할 수 있게 한다고 했다. 구체적인 농작물로 식량食糧, 유료油料, 섬유纖維, 채소菜蔬 등을 포함하는 10여 종의 작물 재배의 기술을 열거하였고, 각자의 주요 특징을 분류해서 설명하였다. 예를 들면, 밀(小麥)의 씨앗을 잘 고르는 방법, 뽕나무 싹의 줄기를 잘 자르는 방법과 같은 것들이다. 종자를 처리하는

데 있어서는 '수종법溲種法'을 기술하였다. 이것은 씨를 뿌리기 전에 동물 뼈, 바꽃의 어린뿌리와 누에의 똥을 넣어서 끓인 물에다가 담가 두면 벌레와 가뭄에 강하며, 비료를 잘 흡수하는 작용을 한다는 것 등이다. 총체적으로 말해서 『범승지서』가 서한 시기에 건조한 환경에서 농사를 지어야 하는 북방의 환경에는 잘 맞았기 때문에 후대 사람들이 매우 중시하였다. 책의 체례 역시 이후 각 시대마다 종합적인 농서로서 매우 중요한 영향을 끼쳤다.

3. 월별로 기술한 농서, 『사민월령四民月令』

동한 시기에 절기를 기준으로 삼아 편찬한 농서 『사민월령』이 나왔다. 『범승지서』와 비슷하게 이것은 책 전체가 없어졌지만, 청나라 이후 학자들이 연구해 놓은 것을 기초로 두 종류의 편집본이 출간되어 있다.[16] 『사민월령』의 작자 최식崔寔(103?-170)은 탁군涿郡 안평安平(지금은 하북성에 속해 있다.) 사람이다. 관료 집안 출신으로서 일찍이 태수太守와 상서尙書 등을 지냈고, 저서로는 당시 세태를 비판하는 내용의 『정론政論』이 있다. 유가 경전인 『예기禮記』 가운데 「월령月令」편이 있는데, 월별로 천자와 백관이 이행해야 하는 일들을 서술하고 있다. 최식은 『사민월령』에서 농사를 위주로 하는 일반 백성들이 일상에서 일을 하고 생활하는 정황을 기록하여 중국 고대에 매 달마다 기록한 '월령체 농서月令體農書'라는 체제를 처음으로 시도하였다. 동한 시기는 대지주의 자급자족 경제인 장원제莊園制로부터 발전한 시대로서 『사민월령』은 이런 역사 배경 아래에서 나온 것이다. 대장원의 관점에서 정월에서 12월까지 1년 동안 치르는 농사

16 石聲漢, 『四民月令校注』, 農業出版社, 1965년; 繆啓愉, 『四民月令輯釋』, 農業出版社, 1981년.

일을 예로 들고 있으니, 그것에는 토지를 일구고, 씨앗을 뿌리고, 묘목을 옮겨 심고, 김을 매고, 수확하고, 곡식을 저장하는 등 농사일을 안배하여 비교적 체계적으로 당시의 농업 생산 지식을 종합적으로 서술하고 있다. 비록 다른 분야의 활동도 다루고 있지만, 농사를 가장 중심으로 삼고 있다. 책에서는 여러 곳에서 농업 기술을 언급하고 있다. 예를 들면 모를 심었다가 옮기는 일이나 과일 나무의 가지를 잘라 번식시키는 일 등 매우 앞선 생산 경험을 다루고 있다. 그밖에도 식물의 성별과 생육 관계도 처음으로 기술하고 있다. 책에는 많은 부분에서 장원의 농업 경제 정황을 반영하고 있다. 예를 들면 여러 종류의 작물 재배나 농산품 가공 같은 것들이다. 그러므로 이 책은 단순한 농서가 아니라 농업의 경영 관리에 관한 지침서라고도 할 수 있다.

4. 농촌의 백과전서, 『제민요술齊民要術』

북위北魏 가사협賈思勰의 『제민요술』은 지금까지 전하는 가장 오래되고도 완정한 중국 고대 농서이다. 가사협은 북위 말기에 살았으며, 일찍이 고양高陽 태수를 지냈는데 그 밖의 사적은 자세하지 않다. 『제민요술』은 10권 92편으로 이루어져 있다. 첫 권에는 작자가 「서문」과 「잡설雜說」을 두었다. 책 전체는 대략 11만 자인데, 본문은 대략 7만 자이고 주석이 4만 자이다. 가사협 스스로 서문에서 소개한 것에 의하면 『제민요술』은 고대의 많은 전적들을 참고하고 인용하였다고 하였다. 오늘날 연구 결과에 의하면 거기에서 인용한 책 가운데 잘 알려진 것으로는 『범승지서』와 『사민월령』 등 150여 종류가 있고, 지금은 알 수 없는 책도 수십 종이나 된다. 나머지 자료의 연원은 농사 격언, 실제 조사 자료 그리고 자신의 개인적인 체험과 느낌 등도 담겨 있다. 이른바 경전에서 인용해 오고, 농민들의 가요로부터 참조하고, 노인들로부터 경험을 듣고, 실제로 경험해 보고 편찬한 것이라고 할 수 있다. 책의 내용은 토지를 경작하는 것에서부터 물고기로 조미료를 만드는 것에 이르기까지 살아가면서 필요한 것 등 책에 들어 있지 않은 것이 없을 정도이다. 농업을 위주로 하고 있으면서 부업副業, 임업, 목축업, 어업 등까지 다루고 있는 농촌 생활 백과전서이다. 구체적으로 말해서 권1과 권2에서는 농작물의 경작에 관한 총론을 다루고 있는데, 세세하게 양식, 섬유, 유류油類 작물의 재배도 언급하고 있다. 권3은 채소를 다루고 있다. 권4는 뿌리 식물의 재배법과 과일나무를 다루고 있다. 권5에서는 임목林木과 염료 작물을 다루고 있다. 권6에서는 목축과 물고기 기르기를 다루고 있다. 권7에서 권9까지는 식품의 양조釀造, 가공, 삶기, 저장 그리고 농가 수공업을 다루고 있다. 권10에서는 외국의 농산물을 다루고 있다. 책 전체가 매우 체계가 있고, 기본적으로 매 항목마다 당시 농민이 생산하고 생활하는 데 있어서 중요한 사항에 따라서 배열하여 구성이 엄밀하며 맥락이 분명하다. 전체적으로 기원 6세기 이전 중국 북방의 전통 농학의 성과를 잘 반영하여 총결하였다.

『제민요술』은 황하 유역 농토의 건조한 특징과 가뭄에 견뎌야 하는 문제점을 깊이 연구하여 다루고 있어서 이전 시기 경험에 기초하여서 하나의 체계적인 농사 기술의 원칙으로서 토지를 갈고, 써레질을 하고, 토지를 고르게 두루 정돈하고, 호미로 김을 매고, 보존하는 등의 기술과 농기구 조작 방법을 체계적으로 다루고 있다. 가을 추수와 봄 밭갈이 때 해야 하는 기본적인 조치 사항, 그리고 주요 작물의 파종 분량과 시기, 그리고 서로 다른 토질과 물기의 함량 정도와 같은 서로 상응하는 파종법에 대하여 매우 상세하게 비교하여 서술하고 있다. 토지를 합리적으로 이용하고 토양을 개량하는 방면에는 당시 이미 나와 있던 '윤작법輪作法'에 대하여도 다루고 있다. 즉 작물의 특성에 따라서 같은 토지에 다른 작물을 순서에 따라서 바꿔 심음으로써 농사짓는 시간을 절약하고 지력을 충분히 이용하는 것이다. 윤작 문제에 대하여 토론할 때, 『제민요술』은 특히 녹비

작물綠肥作物과 일반 작물을 번갈아 경작하여 토지의 이용과 양생을 결합하여 농업 생산을 계속하는 새로운 기법을 개척하였다. 여러 작물의 각기 다른 품종에 대하여도『제민요술』은 상세히 기술하고 있다. 예를 들면 곡식의 종류로 86개 품종을 다루고 있다. 작물이 다르고, 각각의 품종의 품질과 특성 그리고 어떻게 토지에 따라서 적절하게 재배하고 관리하느냐 등에 대해서도 비교적 상세하게 분석하고 있다. 종자의 처리에 있어서 종자를 고르고, 종자를 보관하고, 좋은 종자를 증식하는 방법도 비교적 잘 정리하였다. 임업 방면에서도 과일나무와 그 밖의 나무들의 재배, 가지 접붙이기, 가지치기, 접목 등을 다루는 기술적인 요령과 기본 원리를 다루고 있다. 축산과 목축업 방면에서는 품종 고르기, 종자 키우기, 사육하고 관리하기, 병을 예방하고 관리하기, 축산품 가공하기 등 주요한 사항을 다루고 있다.『제민요술』은 중국 전통 농학의 경전으로서 후대 농서 편찬에 중요한 영향을 끼쳤을 뿐만 아니라 일찍이 일본 등 외국으로 전파되었다. 또 영어와 독일어 등 서양 언어로 번역되어서 지금도 세계적으로 농업 과학자들로부터 상당히 주목을 받았다.

제4절

기계 기술의 창조적인 발전

1. 장형張衡의 지동의地動儀 발명

기계는 몇 가지 부품을 조립하여 서로 연동 작용을 통하여 물건을 생산하고 생활에 쓰이는 복잡한 도구를 말한다. 진한 위진남북조 시기, 기계 기술 방면에 많은 중요한 발명이 있었는데, 이것들은 당시 사람들의 지혜가 잘 드러난 것이라고 할 수 있다.

동한 중기 장형은 지동의를 개발하였다. 지진파가 전달되는 원리를 이용해서 지진의 발생과 방향을 측정하는 것이었는데, 이것은 중국 고대 과학기술사상 매우 중요한 발명이다. 이것은 기계 제작 방면에서 수평진자水平振子의 관성慣性과 지레 전동의 원리를 응용한 것으로 구상이 매우 기묘하다. 중국은 지진이 많은 나라로서 예부터 지진 관련 기록이 많이 남아 있다. 다만 지진 발생의 원인에 대해서는 과학적으로 풀지 못하였다. 장형은 동한 황실에서 오랫동안 태사령太史令의 직무를 맡았기 때문에 천체의 모습을 기록하는 것 이외에도 각 지방에서 올라오는 지진의 정보를 기록하는 일을 처리하였다. 오랜 연구를 통해서 그는 132년(한 순제漢順帝 양가陽嘉 원년)에 지진을 측정하는 지동의를 만들었다.[17] 『후한서』「장형전」에는 그것을 만드는 과정을 다음과 같이 상세하게 기술하였다.

정련된 구리로 주조를 하는데, 직경은 8척이고 뚜껑은 솟아 있고, 모양은 술 주전자 같으며, 전문篆文과 산 거북, 새나 짐승의 무늬로 장식되어 있다. 가운데는 기둥(都柱)이 있고, 옆에는 8개 줄이 나 있고, 잠그는 기계를 두고 장치를 발동한다. 바깥에는 여덟 마리 용이 있는데, 머리에는 구리 구슬을 물고 있고 아래에는 두꺼비가 입을 벌리고 그것을 향하고 있다. 마치 치아처럼 가지런히 정교하게 만든 것은 모두 숨어서 술통에 있는 것처럼 하여 뚜껑을 면밀하게 덮어 빈틈이 없게 하였다. 만약에 땅이 움직이면 술 항아리가 용을 흔들고 기계가 작동되면서 구슬을 뱉으면 두꺼비가 그것을 받아 문다. 소리가 요란스럽게 나기 때문에 지켜보는 이가 알게 된다. 아무리 용 한 마리가 장치를 흔들어도 나머지 일곱 마리 용은 움직이지 않으니, 지진의 방향을 알게 되어 어느 방향에서 지진이 일어났다는 것을 알려준다. 일이 일어날 때마다 확인해 보니 들어맞는 것이 신묘할 정도이다. 서전書典의 기록 이후에는 해당 기록이 보이지 않는다.(以精銅鑄成, 圓經八尺, 合蓋隆起, 形似酒尊, 飾以篆文山龜鳥獸之形. 中有都柱, 旁行八道, 施關發機. 外有八龍, 首銜銅丸, 下有蟾蜍, 張口承之. 其牙機巧制, 皆隱在尊中, 覆蓋周密無際. 如有地動, 尊則振龍, 機發吐丸, 而蟾蜍銜之. 振聲激揚, 伺者因此覺知. 雖一龍發機, 而七首不動, 尋其方面, 乃知震之所在. 驗之以事, 合契若神, 自書典所記, 未之有也.)

현대 과학기술 사학가인 왕진탁王振鐸은 오랫동안 연구하여 이 기구를 만들었다.[18](그림 10-3) 지동의의 내부 구조를 살펴보면, 중간에 있는 도주는 실질적으로 거꾸로 서 있는 수평진자로서 그 무게중심은 진자보다

17 『後漢書』「張衡傳」, "陽嘉元年, 復造候風地動儀." 학자들은 이 말에 대하여 두 가지 다른 견해를 가지고 있다. 하나는 '候風地動儀'가 地動儀의 다른 이름이라는 것이고, 다른 하나는 候風儀 · 地動儀는 다른 용도에 쓰이는 儀器라고 여긴다.

18 王振鐸, 『張衡地動儀的復原研究』 참조. 『文物』 1963년 제2 · 4 · 5기에 실려 있다.

그림 10-3 장형張衡의 지동의地動儀 모형.

더 위에 두었다. 방행팔도旁行八道라고 한 것은 진자의 운동 방향을 제어하는 장치이다. 8개의 미끄러지는 길이 있고, 각각 중간 기둥의 동·남·서·북·동북·동남·서남·서북 8개의 방향으로 향해 있다. 아기교제牙機巧制는 지동의 내부의 지렛대 같은 발동 장치이다. 지진이 발생했을 때 기둥은 지진파 관성의 영향을 받아서 옆으로 기울어지고 지진이 발생한 방향으로 미끄러져서 지레의 전동축을 통과하여 바깥에 있는 이쪽 방향의 용의 머리에서 입이 벌어지고 용의 머리에 있는 구리 구슬이 바닥의 두꺼비 입으로 떨어진다. 이것을 관측하는 이는 이 방향에서 지진이 일어났다는 것을 알게 된다. 이 원리는 근대 발명된 지동의와 대체로 일치하니, 지동의의 발명은 서양보다 1700여 년이나 앞선 것이다. 138년(순제 영화永和 9)에 농서隴西 지방에서 지진이 발생했는데, 지동의가 예측을 했지만, 수도인 낙양洛陽에서는 전혀 지진을 느끼지 못했고, 학자들은 모두 아무런 징험이 없는 것을 이상하게 여겼다. 며칠 뒤에 지진이 일어났다는 보고가 들어왔고 그제야 모두들 지동의의 신묘함에 탄복했다. 이것이 세계 최초의 지진을 예상한 기록이다.

2. 물방아(水碓), 수력 송풍장치(水排), 수력 제분기(水磨)

한나라 때 자연의 동력을 이용한 중요한 기계 장치를 발명한 것이 있다. 그 가운데 주요한 것이 수력을 이용한 것으로 물방아와 수력 송풍장치가 있었고, 위진 시기에는 수력 제분기도 등장했다.

1) 물방아(水碓)의 대碓는 쌀을 찧는 기구이다. 물방아는 대략 양한이 교체될 즈음에 나왔다. 동한 초기 환담桓譚의 『신론新論』에 "기관을 다시 설치하여 나귀, 노새, 소, 말 그리고 물의 힘을 이용해서 곡식 낟알을 찧었다.(復設機關, 用驢騾牛馬及役水而舂.)"는 기록이 있다. 환담은 옛날에 사람의 손을 이용하여 조작하던 것이 나중에는 발로 작동하는 것으로 발전하여서 "열 배나 이로웠으며" 가축의 힘이나 물의 힘을 이용하게 되자 그 이로움이 백 배나 되었다고 하였다. 동한 위진 시기 물방아가 널리 보급되었다. 『자치통감資治通鑑』 권78, 위 원제魏元帝 경원景元 4년(263) 10월 기사에 물방아에 관한 내용이 있다. 호삼성胡三省은 다음과 같이 주석을 달아 설명하였다.

> '방아'라고 하는 것은 물 곁에 바퀴를 설치하고, 방아 뒤에는 횡목으로 바퀴를 꿴다. 횡목의 양끝에는 다시 2척가량 되는 나무를 가지고 가로 세로로 걸어 꿰어서 바로 방아 끄트머리에 닿게 한다. 쏟아지는 물이 바퀴를 통과하면 바퀴가 돌아 가로 세로로 걸린 나무가 방아의 끄트머리를 쳐서 낟알을 찧게 된다. 사람이 힘을 쓰는 번거로움이 없게 되었고, 이것

을 물방아라고 한다.(爲碓, 水側置輪, 碓後以橫木貫輪. 橫木之兩頭, 復以木長二尺許交午貫之, 正直碓尾木. 激水貫輪, 輪轉則交午木戛擊碓尾木而自舂, 不煩人力, 謂之水碓.)[19]

방아의 구조는 주로 입식立式 물바퀴 형식이다. 물바퀴의 횡축에 약간 짧은 횡목을 꿰어서 축과 직각을 이루게 한다. 수력이 물바퀴를 회전시키면 동력을 받은 짧은 횡목이 돌면서 방아 끄트머리 나무를 계속 치면 방아가 작동을 하게 되고 이어서 낟알을 찧는 일을 마치게 되는 것이다. 물바퀴의 크기, 바퀴 축의 길이, 짧은 횡목과 방아 끄트머리 나무의 많고 적음이 물이 흐르는 양과 물의 세기가 강하고 작음을 결정한다. 이것은 유체역학流體力學에 대한 지식을 어느 정도 알아야 가능한 것이며, 그런 다음에야 자연 지리적인 환경을 개조할 수 있었다고 할 수 있다.

2) 수력 송풍장치인 수배水排는 쇠를 주조할 때 물의 힘을 이용해서 바람을 일으키는 장치이다. 옛날에 대장간에서 이용하던 풀무는 처음에 사람의 힘으로 조작하는 '바람 상자'로서 사람의 힘이 엄청나게 들었기 때문에 매우 불편했다. 동한 초기에 남양南陽 태수 두시杜詩가 수배를 만들었다. 『후한서』「두시전」에는 다음과 같은 기록이 있다.

일을 잘 따져서 처리하는 것을 잘했는데, 백성들이 힘들여 일하는 것을 잘 살피고 가엾게 여겼기 때문에 수배를 만들어서 쇠를 주조하여 농기구를 만들게 하였다. 이에 힘을 덜 들여도 성과가 좋았기 때문에 백성들이 편리하게 여겼다.(善于計略, 省愛民役, 造作水排, 鑄爲農器, 用力少, 見功多, 百姓便之.)

19 戴念祖의 표점본을 이용하였다. 戴念祖, 『中國力學史』, 河北教育出版社, 1986년, 275-276쪽 참조. 中華書局 표점본 『資治通鑑』 이외의 표점은 정확하지 않다.

이현李賢은 이것에 주석을 달아서 "쇠를 불리는 것에 바람을 몰아서 석탄불에 불어댔었는데, 지금은 물의 힘으로 그것을 작동한다.(冶鑄者爲排以吹炭, 今激水以鼓之也.)"고 하였다. 동한 말기 한기韓曁는 감야알자監冶謁者라는 직책을 맡았다. 원래 사용하던 축력 송풍장치인 마배馬排와 사람이 작동하던 인배人排를 개조하여 물의 흐름을 이용하는 수배를 만들었다. 결과적으로 이전보다 3배의 이익을 볼 수 있게 되었다.(『삼국지』「한기전」) 이것과 두시가 만든 수배는 같은 종류의 기계라고 할 수 있다. 원元나라 때 농학가인 왕정王禎의 연구에 따르면, 고대의 수배는 입륜식立輪式과 와륜식臥輪式 두 종류의 방식이 있었다. 입륜식 수배의 구조는 물방아와 대체로 같았다. 와륜식 수배는 상대적으로 좀 복잡하다. 축을 세운 위와 아래 양단에 각각 큰 바퀴를 얹어서 설치하는 것인데, 아랫면의 것은 주동력 바퀴이고, 윗면의 것은 그것에 부속되어 돌아가는 바퀴이다. 바퀴가 돌아가는 옆에는 동력을 전달하는 가죽 띠가 북 모양의 작은 바퀴에 이어져 있다. 작은 바퀴에는 구부러진 나무 자루가 설치되어 있고, 그것을 연결시키는 막대와 왕복운동을 하는 막대가 이어져 있다. 아래쪽 주동력 바퀴에 물이 떨어지면 부속 바퀴를 돌려서 움직이게 한다. 부속 바퀴는 또 북 모양의 작은 바퀴를 움직이게 하여 빠르게 돌게 한다. 굽은 나무 자루와 연결 막대를 통과해서 왔다갔다 반복하는 회전운동을 막대의 직선 왕복운동으로 변하게 하여 바람을 일으키는 나무 부채를 움직이게 하니 이처럼 "왔다갔다하여 바람을 불게 하여서 쇠를 불리는 것이 매우 빨랐으니, 사람이 힘을 쓰는 것보다 훨씬 나았다.(排隨來去, 扇冶甚速, 過于人力.)"[20]

3) 수력 제분기(水磨)의 마磨는 맷돌(磑)이라고도 부른다. 이것으로 바닥

---

20 王禎, 『農書』 권20 『農器圖譜』「利用門」. 楊寬, 『中國古代鐵鼓風爐和水力冶鐵鐵鼓風爐的發明』 참조. 李光璧·錢君曄 편, 『中國科學技術發明和科學技術人物論集』에 실려 있다. 三聯書店, 1955년.

을 가는 것이니, 방아(碓)와 마찬가지로 중국 고대에 양식을 가공하던 중요한 도구였다. 물의 힘을 이용해서 바닥을 가는 것으로 역사 자료를 보면 삼국 시기 위나라 때부터 비롯된 것을 알 수 있다. 당시 저명한 발명가이면서 기계 제작자였던 마균馬鈞은 일찍이 물의 힘을 이용해서 나무로 만든 인형 장난감을 움직이게 하는 '백희百戲'를 만들었는데, 큰 나무를 깎아 엮어서 그 형태를 바퀴처럼 만들어 평지에서도 움직였고, 물속에서도 작동하였다. 윗면의 나무 인형은 물의 힘으로 움직이게 하여 스스로 동작하게 하였는데 그 안에는 방아와 맷돌이 있었다.(『삼국지』「두기전杜夔傳」의 주에 부현傅玄의 「마균전馬鈞傳」을 인용하였다.) 이것은 비록 장난감이지만, 현실 생활에서는 이미 물방아가 쓰이고 있었을 것이라는 점을 반영하였다고 볼 수 있다. 남조 시기에 조충지祖沖之는 일찍이 물방아를 제작하였다.(『남제서南齊書』「조충지전」) 북위의 최량崔亮은 서진의 두예杜預가 계발하였던 것을 기초로 하여 물방아(水碾)를 만들어 갈아서 그 이익이 열 배나 되었다. 사람들이 그것을 편리하게 이용하였다고 한다.(『위서魏書』「최량전崔亮傳」) 북위 말기 사람 양현지楊衒之는 낙양洛陽 경명사景明寺 일대가 매우 번화하였던 것을 잊지 못하여서 『낙양가람기洛陽伽藍記』 권3 「경명사」편에서 "맷돌로 곡식을 찧고 까불었는데, 모두 물의 힘을 이용하였다.(碾磑舂簸, 皆用水功.)"고 기록하였다. 이것으로 당시 물의 힘을 이용해서 곡식을 가공하는 기계가 이미 널리 보급되었다는 것을 알 수 있다. 후대 사람의 기술에 의하면 물방아를 돌리는 것은 주로 와륜을 이용하였고, 그것을 제작하는 것은 와륜식 물방아를 계량하여 만든 것이다.[21]

21 戴念祖, 『中國力學史』, 河北教育出版社, 1988년, 281-289쪽 참조.

3. 관개灌漑 설비로서의 번차翻車

이 시기 있었던 중요한 기계의 발명은 전동기 또는 전동기 부품에 속하는 것들이다. 그 가운데에서 체인을 동력으로 이용하는 번차翻車가 있었고, 기어로 동력을 전달하는 지남차指南車와 기리고차記里鼓車 같은 것이 있었다.

번차는 답차踏車 또는 용골차龍骨車라고도 불렀는데, 중국 고대에 쓰던 물을 펴 올리는 설비이다. 번차 이전에 쓰던 것은 방아두레박이나 도르래를 이용하여 물을 펴 올리는 것이었다. 앞의 것은 지레와 떨어지는 돌의 힘을 이용해서 작동하는 것이고 뒤의 것은 바퀴 축의 원리를 이용한 것으로 둘 다 물을 펴 올리는 것이 일정하지 못하여 효율성이 떨어졌다. 『후한서』「장양전張讓傳」에는 "필람(동한 시기 환관으로서 10상시十常侍 가운데 한 사람-역자 주)에게 시켜서 …… 발로 저어서 돌리는 번차와 물을 펴 올리는 통인 갈오를 만들어서 다리 서쪽에 설치하라고 했고, 남북으로 이어진 길에 물을 뿌렸다. 그리하여 백성들이 길에 물을 뿌리는 수고를 덜게 되었다.(令畢嵐 …… 作翻車 · 渴烏, 施于橋西, 用灑南北郊路, 以省百姓灑道之費.)"고 하였다. 이것은 동한 후기 영제靈帝의 기록이다. 이현李賢은 이것에 주석을 달기를 '번차'는 물을 끌어올리는 기계이고, '갈오'는 곡통曲筒으로 물을 끌어올리는 것이라고 하였다. 일반적으로 갈오는 사이펀siphon의 원리를 이용해서 물을 끌어올리는 설비라고 볼 수 있다. 이 시기의 번차는 갈오와 함께 사용하던 것으로서 도로에 물을 뿌리던 것이니, 이미 관개시설의 원리를 갖추고 있던 것이다. 삼국 시기 위나라 때, 마균은 관개시설을 위해서 번차를 정식으로 만들었다.(그림 10-4) 『삼국지』「두기전」에는 부현의「마균전」을 인용하여 다음과 같이 주를 달았다.

수도에 사는 사람들 가운데 도성에 땅이 있으면 정원을 만들었는데, 물

그림 10-4 번차翻車(龍骨車)의 모형. 동한 시기에 만들어졌으며, 삼국 시대의 마균馬鈞을 개조한 것으로 당시 널리 쓰이던 것이다.

> 이 부족하여 물을 댈 수 없는 것을 걱정하여서 번차를 만들었다. 아이에게 그것을 작동하라고 해도 물을 대는 일을 혼자 할 수 있어서 들여왔다가 내갔다가 하였으니, 그 정교함이 예전보다 백 배나 뛰어났다.(居京都, 城內有地可以爲園, 患無水以灌之. 乃作翻車, 令童兒轉之, 而灌水自覆, 更入更出, 其巧百倍于常.)

원元나라 사람 왕정王禎의 『농서農書』나 청淸나라 사람 인경麟慶의 『하공기구도설河工器具圖說』에서 말한 것을 보면, 번차의 구조는 주로 네모나게 길쭉한 나무 수조水槽였다고 한다. 수조의 한쪽 끝에는 좀 커다란 기어가 달린 축이 설치되어 있다. 두 기어의 축 사이에는 나무판이 이어져 있는 나무 체인이 있다. 물을 댈 때에는 작은 기어 축의 한쪽은 강 속에 담겨 있고 큰 기어 축의 한쪽은 물가에 걸쳐 있다. 사람이 큰 기어 축의 발판을 밟으면 나무 체인이 순환하면서 왕복운동을 하고 물을 육지로 퍼 올린다. 연속적으로 물을 끌어올리면 물을 대는 효율이 비교적 높을 뿐만 아니라 사용도 매우 편리하다. 그러므로 빠르게 널리 보급될 수 있었다. 이때 번차는 사람의 힘으로 이용하였지만, 당송 대 이래 가축, 바람, 물 등의 힘으로 작동하는 번차도 나왔다.

4. 지남차指南車와 기리고차記里鼓車

지남차와 기리고차는 중국 고대에 발명한 유명한 자동 기계이다. 이것들은 기어로 힘을 전달하는 원리를 이용해서 만든 것이다. 지남차는 진행 방향을 판단하는 것이다. "나무 인형을 수레에 두어서 손을 들어서 남쪽으로 가리킨다. 수레가 회전하더라도 가리키는 곳은 변하지 않았다.(設木人于車上, 擧手指南, 車雖回轉, 所指不移.)"(『송서宋書』「예지오禮志五」) 전해지기로, 이것을 발명한 이는 황제黃帝 아니면 주공周公이라고 하는데, 실제로 이것이 발명된 것은 아무리 이르게 보아도 서한 시대일 것이다.[22] 이후 거듭 제작되어 쓰였지만, 제작 기술이 전하지는 않는다. 『송서』「예지오」에서는 동한 시기의 장형張衡이 일찍이 지남차를 만들었다고 하였다. 삼국 시기 위나라 명제明帝 때의 발명가 마균馬鈞과 대신 고당융高堂隆과 진랑秦朗이 지남차에 관한 것을 두고 논쟁을 벌이기도 하였다. 나중에 두 사람은 옛 서적에 나오는 지남차에 대한 기록이 본디 없던 것이라고 여겼지만, 마균이 직접 지남차를 만들어서 그들이 아무 소리도 못하게 만들어 버렸다. 송 무제宋武帝 유유劉裕가 후진後秦의 지남차를 전쟁에서 전리품으로 얻었지만, 이때는 이미 이것의 형체만 남아 있었고 실제로는 작동하지 않았다고 한다. 남조 송나라 말년 과학자 조충지祖沖之는 이 기계의 내부를 수리하여서 옆으로 돌더라도 멈추지 않고 가리키는 방향이 일정하게 되는 기능을 복원하였다.(『남제서』「조충지전」) 그렇지만 그것의 구체적인 제작 방법에 대해서는 송宋나라 때에 이르러서야 기록되어 전해지게 되었다. 그 구조는 기계 장치 안에 자동으로 합하였다가 떨어지는 기어로 동력이 전달되는 기계 장치가 설치되어 있었다. 출발하기 전에 수레의 나무 인형이 손으로 남쪽을 가리킨다. 도중에 잠시 남쪽 방향으로 가지 않

22 劉仙洲, 『中國器械工程發明史』 제1편, 科學出版社, 1962년, 100쪽 참조.

그림 10-5 지남차指南車의 모형. 삼국 시대의 마균馬鈞을 개조한 것. 나중에 황제의 의장용儀仗用으로 쓰임.

고 왼쪽(동쪽)으로 돌면 수레의 끌채 앞 단이 왼쪽으로 움직이고 뒷단이 오른쪽(서쪽)으로 이동하면서 오른쪽 전동 기어를 떨어뜨려서 수레의 나무 인형 밑에 있는 커다란 기어가 오른쪽으로 움직이더라도 수레가 왼쪽으로 돌려는 것만큼 영향을 받기 때문에 나무 인형이 남쪽을 가리키는 것은 바뀌지 않는다. 수레가 오른쪽으로 돌면 똑같이 기어가 큰 기어를 작동하여서 똑같이 왼쪽으로 돈다. 앞으로 곧장 진행을 할 경우 수레바퀴는 기어와 분리된다. 이처럼 수레의 방향이 어떤 쪽으로 바뀌더라도 나무 인형의 손은 항상 남쪽을 향하고 있게 된다.(그림 10-5)

기리고차는 수레바퀴가 움직이는 거리에 따라서 자동으로 간 만큼의 거리를 알려주는 장치이다. 옛 서적에는 지남차와 함께 거론이 된다. 발명된 연대도 지남차와 비슷하다. 『진서』「여복지輿服志」에 "기리고차는 끄는 말이 넷이다. 형상은 지남차와 같은데, 그 안의 나무 인형이 추를 잡고서 북을 친다. 1리를 운행하면 북을 한 번 친다.(記里鼓車, 駕四, 形制如司南(卽指南車), 其中有木人執搥向鼓, 行一里則打一槌.)"고 하였다. 『송서』「예지오」에도 모양은 지남차와 마찬가지인데, 그 위에 북이 있어서 수레가 1리 운행할 때마다 나무 인형이 그 추를 한 번씩 친다고 되어 있다. 송宋나라 때 제작한 것으로 기리고차의 기술 요점은 감속 기어 시스템에 달려 있다. 수레바퀴가 움직이면서 각각의 기어 이빨이 하나씩 이동하면서 점차 속도가 느려진다. 수레가 1리씩 운행할 때마다 기어 시스템의 마지막 기어가 한 바퀴를 돌고 마침내 나무 인형의 팔이 추를 한 번 치는 것이다, 따라서 교묘하게도 간 거리만큼을 계산할 수 있게 되는 것이다.

제5절

제지술의 발명과 가술의 발전

1. 식물 섬유 종이의 출현

나침반, 제지술, 인쇄술, 화약은 중국에서 고대로부터 전해진 4대 발명품이며, 중화민족이 인류문명 발전에 기여한 위대한 공헌이다. 4대 발명품 가운데 제지술은 매우 이른 시기에 발명된 것이며, 이것에 관한 내용 역시 매우 분명한 기록으로 남아 있다. 『후한서』「채륜전蔡倫傳」에는 다음과 같은 기록이 남아 있다.

> 채륜은 나무껍질과 삼 쪼가리 그리고 낡은 베와 고기 그물로 종이를 만들 것을 구상했다. 105년(원흥元興 원년)에 그것을 바쳤는데, 임금(동한 화제)이 그의 능력이 훌륭하다고 하니, 이로부터 그것을 쓰지 않는 이가 없었다. 그러므로 세상에서 모두 '채후지'라고 불렀다.(倫乃造意, 用樹膚·麻頭及敝布·魚網以爲紙. 元興元年奏上之, 帝善其能, 自是莫不從用焉, 故天下咸稱蔡侯紙.)

이것으로부터 후대 사람들은 제지술이 동한 중기에 채륜이 발명했다는 것을 알게 되었다. 다만 20세기에 들어서 진행된 고고학의 발견을 통해서 제지술의 발명 시기가 서한 때까지로 앞당겨질 수 있다는 것을 알 수 있게 되었다.

『후한서』「채륜전」에는 채륜이 종이를 만들기 이전의 정황에 대하여 "예부터 서계는 대부분 대쪽을 엮었고, 깁으로 된 종이를 만들었다고 했다.(自古書契多編以竹簡, 其用縑帛者謂之爲紙.)"고 하였다. '지紙'라는 개념 역시 좀 더 이른 시기에 나온 것이라는 점을 밝혔다. 옛 사람들이 비단을 글씨 쓰는 도구로 사용하였다는 기록은 매우 많다. 일반적으로 '종이(紙)'라는 표현을 쓰지는 않았는데, 종이란 풀솜(絲綿)을 만들 때 생긴 부산물 솜 쪼가리를 일컫는 것이었다. 종이 '지紙' 자의 편방이 실 사糸 자인 이유가 여기에 있다. 허신許愼의『설문해자說文解字』에는 종이 지紙 자에 대하여 "지紙는 솜을 대자리에 한번 뜬 것이다. 실(糸)이라는 뜻이며, 음은 지氏이다.(紙, 絮, 一苫也. 從糸, 氏聲.)"라고 하였고,『한서』「외척전外戚傳」에는 서한 성제成帝의 비妃인 조소의趙昭儀가 '혁제서赫蹄書'라는 말을 썼다. 여러 학자들의 주석에 의하면, '혁제'는 솜종이(絲絮紙)이다. 이런 솜종이의 성분은 기본적으로 동물 섬유로서 채륜이 만든 식물성 섬유와는 근본적으로 같지 않다. 다만 그것이 식물 섬유 종이였다면, 종이가 서한 시대에 이미 출현했다고 볼 수 있다. 1933년 고고학자들이 신강新疆 뤄부나얼羅布淖爾의 한나라 시대 봉화대 유적지에서 베 종이(麻紙) 한 쪼가리를 발견했다. 함께 출토된 물건으로는 B.C.49년(서한 선제宣帝 황룡黃龍 연간)에 만들어진 목간이다. 1957년에 서안西安 동부 파교灞橋 인근 서한 묘에서 옛날 종이 쪼가리가 몇 개 나왔다. 감정해 본 결과 그것이 베 종이라는 것이 밝혀졌고, 연대는 B.C.118년(서한 무제武帝 원수元狩 5) 이전의 것이라고 밝혀졌다. 이후 1973년과 1974년에 견수금관肩水金關 유적지(지금의 감숙성甘肅省 금탑현金塔縣)에서, 1978년 섬서성陝西省 풍현風縣 중안촌中顔村에서 한나라 때 도요陶窯 유적지에서, 1979년 감숙성 돈황敦煌 마권만馬圈灣 한나라 때 봉화대 유적지에서, 1986년 감숙성 천수시天水市 방마탄放馬灘의 한나라 묘지 유적지에서 모두 서한 시기 식물 섬유로 된 종이 쪼가리가 발굴되었다. 특히 주의할 만한 것으로는 천수에서 나온 종이 쪼가리로서 윗면은 흑색에다가 줄무늬가 있는데, 몇몇 학자들은 그것이 서한의 지도 가운데 일부일 것이라고 하였다.[23] 학계에서는 이 종이 쪼가리들이 정확하게 언제 나왔으며, 어떤 성질이며, 어디에 쓰였는지와 같은 문제들을 가지고 여전히 논쟁 중이다. 다만 서한 때에 이미 식물 섬유 종이가 있었다는 점에는 기본적으로 의견이 일치한다.

2. 채륜이 제지술을 개량하다

채륜은 자가 경중敬仲이고 계양桂陽(지금의 호남성 뇌양耒陽) 사람으로 동한 전기에 환관이 되었다. 황제를 모셨기 때문에 기밀문서들을 볼 수 있었고, 공을 세워서 용정후龍亭侯에 봉해졌다. 그가 비록 제지술을 발명한 유일한 인물은 아니었지만, 제지술을 발전시키고 널리 보급하는 데에 커다란 공을 세웠다는 점은 부정할 수 없다. 채륜은 일찍이 상방령尙方令이라는 직책을 겸하고서 황제가 사용할 도검刀劍이나 궁정에서 쓸 기물을 만드는 일을 주관하였다. 그래서 『후한서』「채륜전」에는 그가 만든 종이가 "정교하고 튼튼하며 촘촘해서 후세에 모범이 되었다.(莫不精工堅密, 爲後世法.)"고 하였다. 제지술의 발전은 그가 상방령의 직책을 수행하면서 가능했던 것이다. 우선 종이 만드는 재료의 범주를 확대하였다. 『후한서』 본전本傳에는 채륜이 종이 만드는 재료가 나무껍질, 삼, 찢어진 천 그리고 어망이었다고 한다. 그 가운데에서 채륜은 나무껍질을 새로운 원료로 쓰기 시작하였던 것이다. 그러므로 종이의 생산량과 품질을 고루 높

---

23 이러한 견해는 완전하게 정확하다고 할 수 없다. 어떤 학자는 종이의 선이 물길의 자취라고 여긴다. 楊巨中, 『中國古代造紙史淵源』, 三秦出版社, 2001년, 68-69쪽 참조.

일 수 있었기 때문에 제지사에 있어서 명예롭게도 이것을 중대한 기술의 혁명이라고 일컫는 것이다.[24] 나무껍질로 만든 종이는 피지皮紙 혹은 저지楮紙라고 부르며 후대에 만들어진 종이의 주류가 되어서 '저楮' 자가 항상 종이와 같은 동의어처럼 쓰이게 되었다. 베, 찢어진 천(破布, 당시의 포布는 흔히 삼베를 말한다.), 어망으로 만든 종이는 곧 버려지는 삼베 종류의 재료들을 이용한 것으로 충분했다. 재료 선택의 폭이 넓어졌으며, 원료의 가격도 많이 내려갔다. 그 다음으로, 원료의 종류가 늘어난 것은 종이 공예품들을 좀 더 정교하게 만드는 것이 가능하게 되었다. 예를 들면 어망을 원료로 하면 그것을 분쇄하고 탈색하는 과정이 필요했다. 그러므로 알칼리 액으로 쪄서 삶아야 했다. 나무껍질로 만들 경우에도 오랫동안 물에 담가서 아교 성분을 뺀 다음에 알칼리 액으로 쪄서 삶아 나무의 리그닌 성분 등을 제거해야 한다. 식물 성분을 분리시키는 데 필요한 액을 만드는 데에는 더 이상 자연 상태로 쪄서 말려서는 안 되며, 인공적으로 찧어서 만들어야 한다. 이처럼 원료를 자르고, 쪄서 삶고, 찧고, 뜨는 것이 전통적인 종이 만드는 공정으로서 대체로 이렇게 하면 가능하다. 이전에 종이는 기본적으로 방적업에서 빨고 베를 찌는 과정에서 나오는 부산품이었는데, 채륜이 개량하고 나서야 제지술이 비로소 방적업으로부터 벗어나서 점차 독립된 수공업의 하나로 자리 잡게 되었다. 동한 말기에 이르자, 종이 만드는 장인이 나타났다. 당唐나라 때 장회관張懷瓘은 『서단書斷』「능품能品」에서 "좌백은 자가 자읍이고, 동래東萊 사람으로서 …… 한나라 말기에 이름이 났으며, 매우 종이를 잘 만들었다. 한나라가 시작되면서 나무쪽 대신 종이를 썼는데, 화제和帝 때 채륜이 종이를 잘 만들었고, 자읍이 더욱 그 기술을 발전시켰다.(左伯, 字子邑, 東萊人, …… 擅名漢末, 尤甚能作紙. 漢興用紙代簡, 至和帝時蔡倫工爲之, 而子邑尤行其妙.)"고 하였

24 潘吉星, 『中國造紙技術史稿』, 文物出版社, 1979년, 44쪽.

다. 또 남제南提의 소자량蕭子良이 「답왕승건서答王僧虔書」에 "좌백의 종이는 곱고 아름다우며 광택이 난다.(左伯之紙, 姸妙輝光.)"고 했다. 이것으로 동한 말기 제지술이 한층 높은 수준으로 발전하였다는 것을 알 수 있다.

3. 종이의 보급과 제지 기술의 전파

선진에서 양한 시기까지 글씨를 쓰는 주요 도구는 죽간과 목간 그리고 비단이었다. 죽간과 목간은 너무 무겁고, 비단은 너무 비싸서 글씨를 쓰는 도구로는 확실히 문제가 있었다. 제지술의 발명은 글씨 쓰는 도구의 새로운 영역을 열었던 것이다. 채륜 이전에 만들어진 종이는 질이 그다지 좋지 않아서 그때그때 만들었지만, 채륜 이후에는 종이에 글씨를 쓰게 되면서부터 기록하는 일이 크게 늘어났다. 종이에 글씨를 쓰는 것이 일상에 보급되기 시작한 것은 위진남북조 시기였다. 서진의 문인인 좌사左思가 「삼도부三都賦」를 짓자 "부잣집에서 서로 다투듯이 베껴써서 전하였고, 낙양에서는 그 때문에 종잇값이 올랐다.(豪貴之家競爭傳寫, 洛陽爲之紙貴.)"고 하였다.(『진서晉書』「좌사전左思傳」) 같은 시대의 부함傅咸은 「지부紙賦」에 다음과 같이 서술하였다.

> 대체로 그 물건은 아름다움이 사랑스럽다. 반듯하고 모진 것이 규정이 있고, 본질은 깨끗하고 성질이 곧으며, 화려한 무늬가 들어 있음은 사실상 글을 좋아하기 때문이다. 저 베 조각 등 못쓰는 것을 갖다가 나의 새로운 것을 만든다. 잡으면 펴지고 놓으면 말아진다. 접기도 하고 펴기도 하여서 숨겨둘 수도 있고 드러낼 수도 있다.(夫其爲物, 厥美可珍, 廉方有則, 體洁性眞. 含章蘊藻, 實將斯文, 取彼之弊, 以爲此新, 攬之則舒, 舍之則卷. 可屈可伸 能幽能顯.)

인편에 보내려고 붓을 들고 글씨를 써서 만 리 밖에 심정을 전하고 방 한 구석에서 마음으로 그리워한다.(鱗鴻附便, 援筆飛書, 寫情於萬里, 精思於一隅.)

『태평어람太平御覽』 권605에는 「환현위사桓玄僞事」를 인용하여 동진 말기 환현이 제위를 찬탈했을 때 정한 규정을 기록하기를, "옛날에는 종이가 없어서 나무쪽이나 대쪽에 썼지만, 정중하게 하기 위한 것은 아니다. 지금은 목간을 쓰던 것을 모두 누런 종이에 대체해서 쓴다.(古無紙, 故用簡, 非主于敬也. 今諸用簡者, 皆以黃紙代之.)"고 했다. 이처럼 제도적으로도 종이가 글씨를 쓰는 도구로서 그 지위를 얻게 되었다는 것을 확인할 수 있다. 20세기 고고학 연구자들이 서북 지역에서 여러 차례 위진 시기의 종이인 불교 경전이나 『삼국지』 「오서吳書」의 잔권殘卷 등을 발견했다. 1964년 신강 투루판에서 이제껏 발견된 가운데 가장 오래된 종이 그림이 발견되었다. 길이가 106.5mm이고 높이는 47mm로서 6장의 종이를 이어서 편집한 것인데 당시 지주장원의 생활 모습을 그렸다. 이 시기 제지술 역시 새로운 발전을 이루었다. 종이 재질은 등나무로 만든 등지藤紙이다. 기술 방면에서 보자면, 움직이는 틀을 이용해서 종이 본을 떴다는 것은 기술이 발전되었다는 것을 의미하며, 뜬 종이가 얇고 고를 뿐만 아니라 일정한 규격을 갖추게 되었다. 벌레를 죽이고 좀이 스는 것을 방지하기 위해서 종이에 황백黃柏나무를 이용해서 황색으로 염색을 하였기 때문에 이것을 '황지黃紙'라고 한다. 북위 가사협賈思勰의 『제민요술齊民要術』에도 '황백의 즙으로 종이를 염색하는 방법'이라는 항목을 두어서 종이를 염색하는 요령에 대해서 서술하였다. 염색을 하지 않은 백지는 매우 높은 수준의 광택을 유지하였다. 양 원제梁元帝 소역蕭繹은 「영지詠紙」에서 백지에 대하여 찬탄하기를 "희디 흰 것이 마치 서릿발 눈과 같고, 반듯한 것이 마치 바둑판과 같네. 마음을 펴고 일을 기록하는 것이 어찌 어망으로 만들던 때와 같겠는가?(皎白猶霜雪, 方正若布棋. 宣情且記事, 寧同魚網時?)" 라고 하였다.

종이와 제지술이 각기 과정을 거쳐서 세계로 전파하게 되었는데, 제지술은 종이에 비하여 좀 더 늦었다. 일본의 역사서인 『일본서기日本書紀』에는 405년(응신應神 천황 16년, 동진 안제安帝 의희義熙 원년)에 백제의 박사 왕인王仁이 종이와 『논어論語』, 『천자문』을 가지고 일본으로 갔다고 한다. 이것은 종이가 일본에 전해졌다는 최초의 기록이다. 이 이전에 종이가 한반도에 이미 전해졌을 것이라고 하는 것은 의심할 것이 없다. 약 4세기 말에도 동진의 승려인 마라난타摩羅難陀가 바다를 건너 백제로 가서 그곳 사람들에게 종이 만드는 기술을 가르쳐 주었다. 일본에는 610년(추고推古 천황 18년, 수 양제隋煬帝 대업大業 6년)에 고구려의 승려 담징曇徵이 종이 만드는 기술을 일본에 전했다고 한다. 한국과 일본의 제지술이 매우 일찍부터 발전하였기 때문에 그들도 유명한 종이를 만들었다. 당송 시기에는 거꾸로 중국으로 종이를 수출하기도 하여서 중국 사대부들의 환영을 받기도 하였다. 당 고종唐高宗과 무후武后 시절 스님 의정義淨이 인도로 불법을 구하러 갔다가 돌아온 이후 편찬한 『남해기귀내법전南海寄歸內法傳』과 『범문천자문梵文千字文』에는 인도의 종이와 산스크리트어의 번역명이 거론되어 있다. 이것은 늦어도 7세기 말에 종이가 이미 인도에 전해졌다는 것을 말하는 것이다.[25]

실크로드를 통한 무역이 활발해지자, 위진남북조 시기 서역과 이란 등지에서는 이미 종이를 사용하기 시작했다. 당나라 때 아랍의 여러 나라들이 성립되어 당나라와 대치하는 상황이었다. 751년(당 현종 천보天寶 10)에 두 나라는 중앙아시아 달라스(지금의 아프카니스탄의 자브르 지역)에서 전

25 李羡林, 『中國紙和造紙法輸入印度的時間和地點問題』 참조. 李羡林, 『中印文化關係史論文集』에 실려 있다. 三聯書店, 1982년.

쟁을 벌였는데, 당나라가 패하였고 2만여 명의 병사가 포로로 잡혀 갔다. 포로 가운데 종이를 만드는 장인이 있어 거기에서 종이를 대량으로 만들었고, 이것이 점차 유럽과 아프리카로 전해졌다. 12세기 이래 유럽 각국에서도 종이를 만들기 시작했다. 종이를 이용하기 이전 유럽에서 글씨 쓰는 수단으로 이용하던 것은 양피지羊皮紙였다. 『성경聖經』 한 부를 인쇄하기 위해서 300여 장의 양피지가 쓰였다. 값이 매우 비쌌기 때문에 일반인들은 이용할 수가 없었다. 종이와 제지술이 전파됨으로써 대대적으로 문화를 전파하는 여건이 조성되었고 서양 문화가 발전하게 되는 데 크게 기여했다. 미국 학자 더크 보드(Derke Bodde, 1909–2003)는 "종이가 이후 서양 문명 발전에 끼친 영향은 헤아릴 수 없을 정도라고 해도 지나치지 않다."고 하였다. 이것으로 미루어 보더라도 "인류가 채륜의 은혜를 받은 것이 그 어떤 저명한 사람의 은혜를 받은 것보다 훨씬 크다고 할 것이다."[26]

26 德克 · 卜德(Derke Bodde, 1909–2003): 『中國物品西傳考』, 『中國文化』 제2집에 실려 있다. 張岱年 · 方克立 주편, 『中國文化概論』, 北京師範大學出版社, 1994년, 176쪽.

제11장

사회생활

진한 위진남북조 시기 한족과 소수민족은 크게 융합하였으며, 정치 상황은 끊임없이 변화하였다. 문화 교류도 나날이 늘어나 당시 사회생활에 반영이 되어 더욱 풍부하고 다채로운 면모가 나타났다.

제1절

다양한 의식주행衣食住行

1. 화려한 복식

의·식·주·행은 사회생활 가운데 중요한 네 가지이다. 이 네 가지는 진한 시기에 모두 중대한 발전을 이루어서 고대 중국인의 생활문명을 새로운 단계에 접어들 수 있게 하였다.

중국은 '의관衣冠의 왕국'이라고 잘 알려져 있다. 복식은 사람의 몸에 걸치는 것으로서 문화적인 요소와 같은 복합적인 기능을 가지고 있다. 아주 먼 옛날 복식은 주로 추위를 견디고, 더위를 막고, 몸을 보호하고 부끄러움을 감추는 등 생리적인 기능이 상대적으로 강했다. 문명의 시대에 접어들어서 복식은 신분의 등급, 직업, 민족, 연령 그리고 성별을 구분하는 것으로 복식의 심미적인 가치가 나날이 높아져 갔다. 이것은 시간이 흐름에 따라서 복식의 문화적인 기능이 더욱 발전하였다는 것은 설명하는 것이다.

진한 위진남북조 시기 사람들의 복식은 이전 시기에 비하여 더욱 화려하고 다채로워졌다. 이 시기 사람들의 복식에 관련된 자료들이 충분히 남아 있을 뿐만 아니라 요사이 고고학자들이 발견한 벽화, 비단 그림, 부처가 그려진 벽돌, 화상석畵像石 그리고 도용陶俑들을 통해서 잘 알 수 있다.

당시 사람들의 복식은 늘 상황과 환경의 차이 때문에 각각 다른 측면이 있었다. 예를 들면 제사를 지낼 때는 제복을 입어야 하고, 궁궐에서 조회를 할 때에는 조복朝服을 입어야 하며, 장례식에 참가할 때에는 상복을 입어야 하고, 결혼식을 할 때에는 결혼복을 입어야 하며, 평상시에는 평상복을 입어야 한다. 동시에 또한 신분과 직업의 차이 때문에 서로 다른 점이 있었다. 일반적으로 말해서 황제와 황후의 복식은 단아하고 화려해야 하고, 무사의 복식은 위엄이 있고 장중해야 하며, 귀족 집안 부인의 복식에는 머리를 높이 올려 묶고 비녀를 꽂으며, 저고리와 마고자, 치마를 입는 것이 주요 특징이었다. 문인 관리의 복장은 띠를 매고, 치마바지(褲裙)를 입고, 관이나 두건을 쓰는 것을 특징으로 삼았다. 농민들의 복식은 묶은 머리에 풀로 만든 신발과 짧은 소매에다가 기장이 긴 저고리를 입는 것을 특징으로 삼았다. 시민들의 평상복은 머리 두건에 장식용 머리띠를 쓰고, 행주치마처럼 늘어뜨린 홑옷(襜褕) 그리고 큰 띠를 매는 것이 특징이었다. 부엌일 하는 복장은 소창옷에 저고리와 바지를 입고 작은 모자 쓰는 것을 특징으로 하였고, 노동일 하는 복장은 머리를 묶고, 적삼과 바지를 입고 소창옷을 덧입는 것을 특징으로 했다.[1] 당연히 사람들은 각기 다른 생각을 하고, 다른 지역이거나 다른 민족일 경우에도 각기 다르다. 같은 사람일지라도 각기 다른 계절이나 상황에 처하면 역시 서로 다르기 마련이었다.

모자를 이때 '두의頭衣'라고 불렀다. 구체적으로 말해서 관冠, 면冕, 고깔(弁), 건巾 그리고 책幘의 구별이 있다. 관·면·고깔은 모두 지배 계층 남자들이 평상시에 쓰던 '두의'이므로 어떤 때는 관이라고 포괄해서 부르기도 한다. 『예기』「곡례曲禮」에 의하면 남자는 20세 때 관례冠禮를 행하여 자신이 성인이 되었다는 것을 나타냈다. 관례는 남자가 인생에서 치르는

1 謝國楨, 『兩漢社會生活概論』, 陝西人民出版社, 1985년.

중요한 절차이기 때문에 일반적으로 비교적 융성하게 치른다. 진한 시기의 관에 대하여 『후한서』「여복지輿服志」에 비교적 상세하게 기록되어 있다. 모두 19가지를 언급하고 있는데, 이른바 면관冕冠, 장관長冠, 피변관皮弁冠, 작변관爵弁冠, 통천관通天冠, 진현관進賢冠 등이다. 위진 시기 이래 약간의 변화가 생겨서 세상에 전해지는 비단 그림이나 벽화 그리고 출토된 도용陶俑 가운데에서 칠사롱관漆紗籠冠이 늘 보였다.

관은 원래 머리 끄트머리의 씌우개(髮罩)로서 머리를 상투처럼 끌어올리는 데에 썼던 것이라서 머리 전체를 덮을 필요가 없이 관 주변에 가느다란 가름대를 앞에서부터 뒤까지 머리에 두르는 것이다. 이밖에도 기능 방면에서 오늘날의 모자와는 달랐다. 즉 관은 실용적인 면보다는 예의를 갖추기 위한 것이었다. 그래서 『예기』「관의冠義」에는 "관은 예의 시작이다.(冠者禮之始也.)"라고 하였다. 관을 쓰는 것은 지배계층 남자들의 특권으로서 피지배계층 남자들은 쓰지 못했고, 다만 두건(巾)이나 머리띠(幘)를 두를 수 있었을 뿐이다. 진秦나라 때 백성들은 항상 3척 길이의 검은 두건으로 머리를 감쌌기 때문에 검수黔首라고 불렀다. 머리띠는 본래 머리를 감싸는 두건이었지만, 나중에는 일상에서 쓰는 모자의 형태로 변모하였다. 다만 머리띠는 관 안에 덧대는 헝겊 같은 역할을 하게 되었는데, 아마도 서한 시대에 비롯된 것 같다. 허신의 『설문해자』에서는 책幘 자를 "아이들과 오랑캐들의 두건이다.(小兒及蠻夷頭衣也.)"라고 해설하였다. 동한 시기에는 이렇듯 머리를 감싸는 머리띠가 고상한 지배층들이 쓰기에는 적절하지 않았다. 그러나 위진 시기에 머리띠는 여러 방면에서 응용되어 두루 쓰였다. 이름난 은사였던 관녕管寧은 집에 있을 때 항상 모자를 쓰고 있었다. 남북조 시기에는 '깁으로 된 모자(紗帽)'를 상류층 사회에서 흔히 썼으며, 황제도 하얀색의 깁으로 된 모자를 썼고, 일반 관리들은 검은색의 모자를 썼다. 깁으로 된 모자가 나타나면서 관이나 모자의 모양과 기능이 점차 뒤섞이게 되었다. 사람들이 이제는 더 이상 그것들을 구별하려고 하지 않았다.

이 시기에는 윗옷의 종류가 매우 많았다. 색깔, 도안 그리고 재질과 긴 옷과 짧은 옷, 속옷과 겉옷, 홑옷과 겹옷뿐만 아니라 지위와 직업에 따라서 입는 옷이 달랐다. 당시 가장 단정하면서 화려한 윗옷은 제왕이나 대신들이 입는 면복冕服이었다. 면복의 모양은 면관冕冠과 마찬가지로 높고 낮은 구별이 있었고, 색깔과 도안도 크게 달랐다. 윗옷 가운데 긴 옷은 긴 속옷(袍服), 홑옷(禪衣) 그리고 행주치마처럼 늘어뜨린 홑옷 등을 포괄한 것이며, 짧은 옷에는 홑옷, 껴입는 옷(襲), 적삼(衫) 그리고 짧은 적삼(襦) 등이 있다. 그 가운데에서 긴 속옷, 홑옷, 그리고 행주치마처럼 늘어뜨린 홑옷은 안감을 대지 않은 홑옷이다. 진나라 수도 함양咸陽의 유적지를 발굴하던 중 발견한 불에 탄 비단옷 한 보따리에는 홑옷과 겹옷 그리고 면옷이 있었다. 다만 그 형체가 온전하지는 못하다. 위진남북조 시기까지는 대체로 위에서 언급한 복식을 그대로 입었다. 그렇지만 시대가 발전함에 따라서 새로운 양식의 옷이 나타났는데, 호복胡服의 요소가 얼마간 들어가게 되었다. 거론할 만한 것은 위진 시기 이래 형성된 옷의 품은 넉넉하고 띠는 넓은 양식이 유행하였다. 이러한 분위기는 직접적으로 위진 시기 명사들이 즐기던 양식에서 비롯된 것으로 그들은 이것으로 자신들이 속세를 벗어났다는 것을 표방하였다.(그림 11-1) 이러한 스타일의 옷은 크게 유행하였다. 오늘날 우리는 진晉나라 때 화가 고개지顧愷之의 작품 가운데 세상에 전해지는 것과 돈황 벽화에서 이러한 스타일의 복식을 많이 볼 수 있다. 이밖에도 윗옷에 덧입는 소매가 없는 배자(裲襠) 역시 이 시기에 새로이 유행한 복장이다. 유희劉熙는 『석명釋名』「석의복釋衣服」에서 "양당은 한쪽은 가슴 쪽에 닿고, 다른 쪽은 등 쪽에 닿는 것이다.(裲襠, 其一當胸, 其一當背也.)"라고 하였으니, 오늘날의 조끼와 비슷한 것이다. 이러한 복식은 대개 북방 소수민족의 영향을 받은 것이다. 남북조 시기 남자나 여자들이 이처럼 배자를 흔히 입었다.

그림 11-1 3단으로 묘사된 황제의 행렬. 하남성 공현鞏縣 석굴 1번 굴(현관 입구). 석회암에 새겨진 것으로 풍성한 관복에 허리띠를 맨 황제와 고위 관리들이 보인다. 북위 시대. 525년경.

이 시기 아래옷을 대체로 치마(裳)라고 불렀으니, 윗옷을 의衣라고 하고, 아래옷은 상裳이라고 불렀다. 구체적으로 말해서 잠방이(褌), 바지(袴), 치마, 무릎덮개(蔽膝) 등의 차이가 있다. 바지, 즉 고자褲子는 주로 짧은 옷에 맞추어서 입는 것이다. 일반적으로 말해서 남자의 바지에는 덧대는 천이 있었고, 여자의 것에는 없었다. 한나라 때 부녀자들 사이에서 덧대는 천이 있던 '궁고窮袴'가 유행한 적이 있었다. 다만 궁중과 관리들 집안에서 그쳤던 것이고 일반 백성 여자들이 일반적으로 입은 것은 치마(裙)였다. 한나라 악부樂府 「맥상상陌上桑」에는 "담황색 수를 놓은 비단으로 치마를 해 입고, 자줏빛 비단으로는 윗저고리를 해 입었다.(緗綺爲下裙, 紫綺爲上襦.)"고 하였다. 잠방이는 속옷으로 입는 것이다. 잠방이의 통은 비교적 짧아서 흔히 종아리까지 닿게 되어 있어서 넓적다리까지 내려오며 허리 부분에서 띠로 묶었다. 잠방이를 겉옷으로 입는 층은 일반 노동자들이었다. 서한 시기 사마상여司馬相如가 술장사를 할 때 간편하게 입었던 것이 '독비곤犢鼻褌'이었다. 저고리와 잠방이를 아래 윗옷으로 입는 것이 위진 시기까지 유행하였다가 점차 당시 성행한 주름진 바지인 '고습袴褶'을 주로 입었다. 고습은 북방 유목민족들이 처음으로 입었던 것으로 그 양식은 본래 옷섶을 왼쪽으로 여민 차림새이다. 소매는 짧으며, 바짓가랑이가 좀 좁다. 그렇지만 중국으로 전해지면서 많은 변화가 일어났다. 오늘날 전해지는 벽화나 그림이 그려진 벽돌, 그리고 도용 등에서 보이는 것은 대개 옷섶을 오른쪽으로 여민 차림새이며, 소매는 넓고, 바짓가랑이 역시 상당히 넓다. 바짓가랑이가 넓기 때문에 움직이기 편리하다. 대개는 무릎 쪽에 새끼줄이나 띠로 묶어서 아랫부분이 나팔 모양이 되게 한 것이 특징적이다. 이것은 남방과 북방의 복식문화가 서로 융합된 것이라고 말할 수 있다.

신발의 양식은 진한 시기에 이미 매우 풍부하고 다양하였다. 그때에는 리履, 답踏, 삽靸, 불차不借, 석舃, 극屐 등이 있었다. 리履는 명주실, 베, 가죽을 재료로 만든 신발을 흔히 일컫던 것으로 공식적인 장소에서 신는다. 『석명釋名』에서 "리는 예라는 뜻이다. 발을 장식하는 것은 예의에 맞게 하려는 것이다.(履, 禮也. 飾足所以爲禮也.)"라고 하였다. 다만 어떤 때는 명주실로 된 신발만을 가리키기도 하는데, 이것은 명주실로 박음질을 하여 만든 신발로서 매우 편하고 아름다워서 주로 귀부인들이 신던 것이다. 한漢나라 때 무덤인 마왕퇴馬王堆 1호에서 나온 대후軑侯 부인의 푸른 신발이 명주실로 된 것이다. 답踏은 가죽으로 만든 신발로서 병사나 북방 지역에서 신던 것이다.(그림 11-2) 가죽으로 된 신발 가운데 머리 쪽은 깊

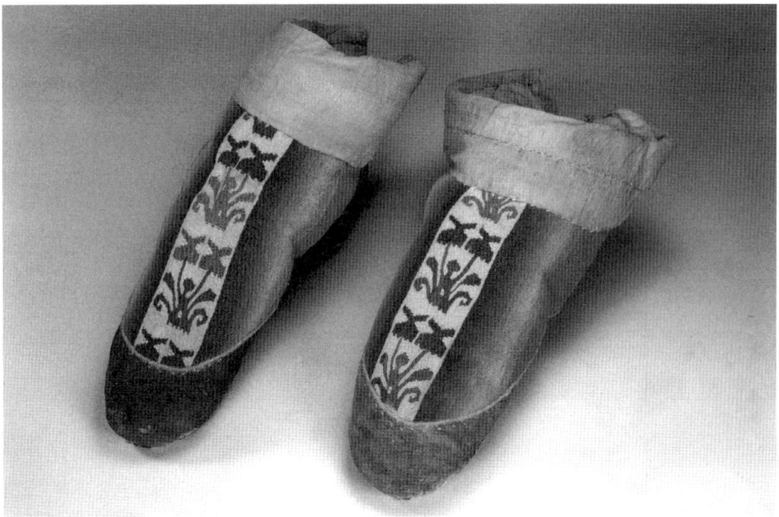

그림 11-2 신강 위그르 니아尼雅 유적지에서 출토된 위진 시기 신발.

고, 아래쪽은 얇고 평평한 것이 삽靸이다. 불차不借는 보통 사람들이 신던 베로 된 신발로서 구하기가 쉽고 누구나 신던 것이라서 남에게 빌릴 필요가 없다고 해서 그렇게 이름 지어진 것이다. 석舄은 조정에서 의례를 거행할 때 신던 것으로 무명이나 비단으로 만든 것인데 신발 바닥에 두꺼운 나무판을 깐 것이 특징이다. 한사군漢四郡의 낙랑樂浪 채협총彩篋塚에서는 보존 상태가 양호한 한 쌍의 석이 출토되었다. 극屐은 나막신으로서 바닥에 두 개의 나무를 덧댄 모양으로 진흙길에서 묻은 흙이 잘 씻긴다.[2] 대개는 이것이 비교적 가볍고 편리하기 때문에 장소에 구애를 받지 않고 아무 곳에서나 신을 수 있고, 멀리 외출 나갈 때에도 적합할 만큼 널리 신던 것이다. 『속한서續漢書』「오행五行」에는 "연희 연간(158-167)에 도성에 사는 부자들은 모두 나막신을 신었다. 여자들이 시집 갈 때에는 칠漆로 화려하게 장식된 실로 꾸몄다.(延熹中, 京都長者皆着木屐; 婦女始嫁, 至作

2 史遊「急就篇」顔師古 注,『叢書集成初編』, 中華書局, 1985년.

漆畫五采爲系.)"라고 하였다. 『후한서』「대량전戴良傳」에는 "대량의 다섯 딸들이 모두 현명하였다. 매번 청혼을 해오는 일이 있으면 그때마다 혼인을 받아들였다. 소박한 옷과 베로 된 이불에 대나무 그릇과 나막신을 혼수로 보냈다.(戴良五女并賢, 每有求姻, 輒便許嫁, 疏裳布被, 竹笥木屐以遣之.)"고 하였다. 위진남북조 시기에 이르러서 귀족들 가운데에서 더욱 나막신 신는 것이 유행하였다. 『송서宋書』「무제본기武帝本紀」에는 무제 유유劉裕의 성격이 매우 간략한 것을 좋아하여 늘 연치連齒라고 하는 나막신을 신고 다녔다고 한다. 『안씨가훈顔氏家訓』에는 당시 귀족 자제들이 대개 고치高齒라는 나막신을 신고 다녔다고 한다. 동진과 남조 시기에도 사람들이 외출을 할 때 신던 신발을 '리履'라고 하였는데, 이것은 베, 풀, 등나무 가지 등으로 만든 것인데, 일반적으로 보통 신분의 사람들과 병사들이 이러한 차림을 하고 다녔다. 북조 시기에는 주로 가죽신(靴)을 주로 신었으니, 오늘날의 가죽 부츠와 매우 닮았다고 할 수 있다. 이것은 주로 북방 유목민족의 풍습에 영향을 받은 것이며, 북제 때 더욱 유행하여 문관이나 무관은 물론 일반인들도 이것을 신고 다녔고 심지어 부녀자들도 이것을 신었다.

옛날에는 양말을 버선(足衣)이라고 불렀다. 당시 사람들이 신던 버선은 대개 비단이나 베 혹은 가죽 등으로 만들었다. 길이는 1척쯤 되고, 버선 입구는 끈으로 재봉질을 하여 묶을 수 있도록 하였다. 옛날 예법에는 문에 들어서면 신발을 벗는다는 규정이 있었으므로 버선은 상류층 사회에서 매우 중시하던 것이었다고 할 수 있다.

2. 날로 풍부해진 음식

중국은 음식 풍습의 연원이 매우 길며, 내용도 다채롭고 풍부하기 때문에 중화문명의 중요한 요소이다. 중국 음식이 형성되어 발전하고 전파되는 과정은 세계 문명사에서도 눈부실 만큼 커다란 공헌을 하였다는 점에서 중국인 스스로도 자부심을 가지고 있을 정도이다. 손문孫文 선생은 『건국방략建國方略』에서 다음과 같이 지적하였다.

> 우리 중국의 근대 문명사는 모든 방면에서 서구보다 뒤졌지만, 유독 음식만큼은 내내 발전을 거듭하였다. 오늘날 세계의 문명국들도 우리 중국에 미치지는 못한다. 중국에서 개발한 음식은 원래 구미 각국에서도 크게 인기가 있는 것으로 중국 요리의 조리법이 뛰어나다는 것 역시 다른 나라에서는 따라올 수 없을 정도이다. 오늘날 구미 각국의 뛰어난 의학 및 위생 방면의 전문가들이 최근 개발한 학술적인 이론에 비교하더라도 중국인들의 음식문화는 매우 뛰어난 것이다.

진한 위진남북조 시기의 음식은 이전 시대의 것을 근간으로 하여 한층 풍부해지고 다양해졌다. 궁중이나 귀족 계층의 음식이 한층 발전하였을 뿐만 아니라 일반 백성들의 음식도 날로 풍부해졌다. 『염철론鹽鐵論』「산부족散不足」에서는 진한과 선진先秦의 음식이 변화하고 발전한 과정을 상세히 비교하여 기술하였다. 그 가운데에서 당시 음식점에서 유행하던 20가지의 음식을 열거하였는데, 그 종류나 모양에 대한 설명이 매우 상세하다. 위진남북조 시기에는 진한 시기에 비하여 더욱 발전하였다. 『식소食疏』, 『최씨식경崔氏食經』, 『식찬차제법食饌次第法』 등과 같은 음식 문화에 관한 서적이 많이 출간되었던 것만 보더라도 그런 정황을 알 수 있다.

중국 고대 음식은 비교적 매우 엄정한 등급으로 구별하며, 예절 규정을 가지고 있다. 임금과 신하, 귀하고 천함 그리고 어른과 아이의 음식 문화에 대한 예절 규정이 각각 달랐다. 예를 들면, 『예기禮記』「예기禮器」에서는 "예법에는 수가 많은 것으로써 귀하게 여기는 것이 있다. 천자가 쓰는 그릇은 26가지이고, 제공은 16가지이고, 제후는 12가지이고, 상대부는 8개이고, 하대부는 6개이다.(禮有以多貴者, 天子之豆二十有六, 諸公十有六, 諸

侯十有二, 上大夫八, 下大夫六.)"라는 규정이 있다. 『예기』「향음주의鄕飮酒義」에서는 "향에서 행하는 음주의 예에는 60세 된 이는 그릇을 3개 쓰고, 70세 된 이는 그릇을 4개 쓰고, 80세 된 이는 그릇을 5개 쓰고, 90세 된 이는 그릇을 6개 써서 노인을 봉양하는 도리를 밝힌다.(鄕飮酒之禮, 六十者三豆, 七十者四豆, 八十者五豆, 九十者六豆, 所以明養老也.)"고 하였다. '향鄕에서 행하는 음주의 예'라고 한 것은 지방 사람들이 때가 되면 모여서 먹고 마시던 예법을 말한다. 이런 종류의 연회에는 가장 존중을 받는 연장자는 여섯 가지 접시에 음식을 받아야 했다. 이것은 하대부가 평소에 받는 수준이며 평민으로서 이러한 접대를 받는다는 것도 실제 생활에서는 누리기 어려운 형편이었다. 고고학 연구자들의 연구에 의하면 탄소13분법으로 한나라 시기 묘지에서 나온 인체의 뼈를 측정한 결과에 의하면 신분이 다른 사람들이 음식도 달리 먹었기 때문에 뼈 속의 성분도 다르다는 것을 발견하였다고 한다. 이 같은 결과를 통해서 당시 귀족들은 육식 위주의 식사를 하였고, 평민들은 채식 위주의 식사를 하였으니, 계층이 서로 다른 이들이 섭취하는 음식이 확연히 달랐다는 것을 분명히 알 수 있다.[3]

귀족들이 연회를 거행할 때 대개는 가무희들을 동원해서 흥을 돋우었다.(그림 11-3) 『한서』「장우전張禹傳」의 기록에 의하면, 장우의 제자인 대숭戴崇이 소부구경小府九卿(황제의 허드렛일을 맡아 보는 관리-역자 주)의 지위에 오르자, 장우가 대숭을 데리고 뒤채에 들어가서 음식을 먹을 때 부녀자들이 그들을 모셨고, 가무희들의 음악과 춤이 곁들여져 매우 즐거웠는데 저녁 늦게에서야 비로소 자리가 그쳤다고 한다. 그리고 산동성山東省 기수沂水에서 출토된 화상석 중간부분에는 음식을 먹고 마시는 주인과 손님이 술잔을 높이 들고 서로 축배를 하는 모습이 그려져 있다. 앞쪽에

3 蔡蓮珍 · 仇士華, 『碳十三定測定和古代食譜研究』, 『考古』 1984년 제10기. 그리고 張雪蓮 · 王金霞 · 洗自强 · 仇士華, 『古人食物結構研究』, 『考古』 2003년 제2기 참조.

그림 11-3 사천성에서 출토된 한나라 시기 화상전, 「연음도宴飮圖」.

는 둥근 식탁이 놓여 있고, 식탁에는 술잔과 쟁반 그리고 젓가락이 있다. 주인 뒤쪽에는 부채를 들고 서 있는 하인이 조심스레 주인을 모시고 있다. 화상석 양쪽에 그려진 것은 가무희들이 노래하고 춤추는 장면이 있는 것으로 보아 연회가 매우 융성하고도 즐거웠던 것을 말해 주는 것이다. 또 성도成都 교외에서 출토된 연회에서 가무하는 것을 감상하는 것이 그려진 벽돌에는 술통, 사발, 술잔, 국자 그리고 여러 그릇들이 그려져 있다. 뒷면에는 남자와 여자 두 사람이 함께 탁자에 앉아서 연회를 벌이며 가무를 감상하고 있다. 오른쪽에서 춤추는 이는 긴 소매를 펄럭이고, 왼쪽에 있는 이는 몸을 굽히고 손바닥을 펼치며 박수를 치며 박자를 맞추고 있다. 왼쪽 뒤에 있는 두 사람 가운데 하나는 비파 반주를 하고 있고, 다른 사람은 춤을 추면서 노래를 따라 부르고 있다.

내몽골 허린거얼和林格爾에서 발견된 한나라 시기 묘의 앞쪽 방 남북양 곁의 방과 가운데 방에는 부뚜막과 먹고 마시기 위해서 음식을 차려 놓은 장면이 그려져 있다. 그리고 음식을 장만하고 제사를 올리는 일을 담당하는 관리들도 그려져 있다. 이를 통해서 죽은 이가 살아 있을 때 연못에서 낚시하기를 좋아하고 개를 풀어서 토끼를 사냥하였으며, 음식을 끓이고 구워서 조리를 하며 온갖 맛을 다 내는 등 매우 사치스러운 생활을 하였다는 것을 알 수 있다. 이 묘지 안에 있는 그림에는 크고 작은 주방이 5개 있는데, 거기에는 모두 먹고 마시는 장면이 나온다. 하나의 묘지에서 이렇게 많은 주방이 나오는 것은 이전에 발견하였던 한나라 시기 묘지에서는 보기 드문 경우이다. 각 주방마다 아궁이와 우물 부근에는 많은 남녀 노비가 물을 긷고 그릇을 씻고 장작을 패고 고기를 썰고 술을 빚고 소와 양 등의 짐승을 잡아 고기를 해체하고 고기를 굽고 삶는 등 바쁘게 움직이고, 남녀 주인은 풍성하고 맛난 음식을 장만하고 있다. 죽은 이는 많은 음식이 차려진 상을 받고 앞에는 그를 모시는 이들이 그득한 것을 보아서 신분이 왕후 못지않다는 것을 알 수 있다. 주방 안에는 짐승의 머리, 물고기, 고기, 닭, 꿩, 토끼는 물론 짐승의 폐, 간, 내장 등 금방 사냥한 먹을거리가 걸려 있고, 여러 기름지고 맛난 고기류들이 골고루 다 있다고 할 만하다. 주방 곁에는 닭이나 오리, 거위 등을 키우는 사육장과 닭들이 높은 나뭇가지에 앉아 있을 수 있도록 큰 나무가 있어서 때때로 그것들을 잡아먹을 수 있도록 하였다. 주방 안에는 솥, 식탁, 그릇, 세발솥, 사발, 술잔, 가마, 쟁반, 항아리, 국자 그리고 손잡이가 있는 술잔이 시렁에 걸려 있다. 식기 안에는 여러 종류의 물고기와 고기를 그득 담아서 주인의 두터운 대접을 받았다. 남녀 노복들은 바삐 주인에게 술과 음식을 바쳤다. 잔치를 할 때에는 춤과 음악 등 온갖 놀이가 곁들여졌으니, 남녀 예능인들과 악대들이 함께 흥을 돋우었다.[4]

4 蓋山林, 『和林格爾漢墓壁畫』, 內蒙古人民出版社, 1978년.

위진남북조 시기 상류층 사회는 갈수록 부패가 심해져서 사치스러웠을 뿐만 아니라 허세를 부리는 풍조가 심해졌다. 진 무제晉武帝 때는 바치는 음식을 모두 유리 그릇에 가득 담았고 맛도 매우 뛰어났다. 한번 물어보기만 해도 누구든지 그것이 사람의 젖을 끓인 것이라는 것을 알 수 있을 정도이다. 북제北齊의 공신 자제인 한진명韓晉明은 "술을 좋아하고 놀기 좋아해서 손님들을 불러 모아 연회를 열 때 들인 비용이 매번 만 전이나 들었는데도 늘 소박하다고 아쉬워했다.(好酒誕縱, 招引賓客, 一席之費, 動至萬錢, 猶恨儉率.)"[5] 당연히 이런 모습들이 당시 문벌귀족들이 자신들의 입맛을 만족시키기 위해서 생긴 것만은 아니며, 음식이 맛나다는 품평을 듣는 것 역시 자기 집안의 수준을 평가 받는 표준의 하나가 되었기 때문이기도 했다. "3대를 이어온 집안의 어른만이 복식을 알고, 5대를 이어온 집안의 어른만이 음식을 안다.(三世長者知被服, 五世長者知飮食.)"는 말이 있는데, 정말 이치에 맞는다.

당시 사람들은 매일 음식을 바치는 횟수가 계층마다 각기 달랐다. 황제가 음식을 받는 횟수는 예법에 의거하면 하루에 네 번이다. 즉 새벽녘, 점심, 오후 4시쯤, 저녁 때 식사를 하였다. 『백호통白虎通』에는 다음과 같이 기재되어 있다.

> 새벽녘 식사는 소양少陽이 시작될 때 먹는 것이고, 점심식사는 태양太陽이 시작될 때 먹는 것이고, 오후 4시 즈음에는 소음少陰이 시작될 때 먹는 것이고, 저녁식사는 태음이 시작될 때 먹는 것이다.(平旦, 食少陽之始也. 晝, 食太陽之始也. 晡, 食少陰之時也. 莫(暮), 食太陰之始也.)

귀족들이 식사하는 횟수는 하루에 세 번이다. 『한서』「회남여왕전淮南

5 『北齊書』 권15 「韓軌傳附子晉明傳」, 中華書局, 1972년 표점본, 200쪽.

厲王傳」에는 한 문제漢文帝 때 회남왕 유장劉長이 모반을 꾀하다가 들통이 나서 촉蜀 땅으로 귀향을 가서 살게 되었다. 조정에서는 그의 집안에게 특별히 하루에 세 번 식사를 하고, 장작, 음식, 소금, 식기, 음식 먹는 자리 등을 내렸으며, 하루에 고기 5근과 술 5되를 하사하였다고 되어 있다. 일반인들의 식사 횟수는 하루에 두 번이다. 『수호지진묘죽간睡虎地秦墓竹簡』에 있는 「전식률傳食律」과 「창률倉律」에 나타나 있기로는 대개 사람들이 모두 아침과 저녁에 한 번씩 식사를 한다고 되어 있다. 거연한간居延漢簡에는 "아침에 3되로 하고, 저녁에 3되로 한다.(朝三升, 莫(暮)三升.)"는 기록이 있고, 『예기』「상대기喪大記」에는 "아침에 쌀 1되로 하고, 저녁에 쌀 1되로 한다(朝一溢米, 夕一溢米.)"고 하였고, 『한서』「조조전晁錯傳」에는 사람이란 하루에 두 번 식사를 하지 않으면 허기를 느낀다고 한 것이 있는 만큼 이런 것들을 미루어 보면 보통 사람들은 하루에 두 번 식사를 하였다는 것을 알 수 있다.[6]

진秦나라 때 남방 사람들의 주식은 벼(稻)를 위주로 하였고, 북방 사람들은 조(粟)를 위주로 하였다. 조는 기장을 통틀어서 일컫는 것이다. 일찍이 춘추전국 시기에 조는 생산량이 가장 많았던 것으로 진나라 사람들이 가장 흔히 먹던 곡식이다. 진 목공秦穆公 시기, 진晉나라에 큰 가뭄이 들어서 진秦나라에게 양식을 빌렸고, 진나라는 곡식을 보내 주기 위해서 배와 수레를 동원하였는데, 진秦의 수도 옹雍에서부터 운반 행렬이 이어졌다고 한다. 그밖에도 『수호지진묘죽간』에 있는 「창률」의 기록에 의하면 그때 역양櫟陽(지금의 섬서성)의 식량창고에 곡식을 "2만 석씩 쌓아 두었고(二萬石一積)" 함양咸陽 창고의 저장량은 "10만 석씩 쌓아 두었다."고 한다. 그 가운데에서 조만큼은 황색, 백색, 청색 세 종류로 나누어서 가공

6 韓養民 등, 『秦漢風俗』, 陝西人民出版社, 1987년; 孫機, 『漢代物質文化資料圖說』, 文物出版社, 1991년.

하였다. 이것으로 진나라의 조 생산량이 얼마나 많았는지를 알 수 있다. 진나라 사람들은 보리를 심고 키우는 데에는 별로 관심이 없었다. 그러므로 보리를 심고 키우는 것이나 운반하는 것은 조만큼 일반적이지 않았다. 서한 중기에 이를 때까지 여전히 관중關中 지방에서는 보리를 심는 것을 중시하지 않았다.

한나라 때 황하의 중하류에서는 크고 작은 보리를 많이 심었고 다음으로는 벼와 조 같은 것을 많이 경작하였다. 북방의 초원지대에서는 보리나 수수를 주로 심었다. 서북 고원지대에서는 조를 주로 심었다. 장강長江 유역과 그 남쪽 지방에서는 벼를 많이 심었다. 이와 같은 이유는 지리와 기후의 차이 때문에 생겨난 것들로서 서한 시기에 와서는 일반적인 현상이 되었다. 여러 종류의 식물들이 각 지역에 사는 사람들의 주식이 되었다.

한나라 때의 병餠은 면으로 된 음식의 통칭으로서 밀가루로 만든 식품이다. 여러 종류의 병이 있는데, 이것은 가공하는 방법과 거기에 첨가되는 재료에 따라서 구별되었다. 쪄서 만드는 찐빵이나 만두 같은 것을 증병蒸餠이라고 한다. 물에 삶는 밀국수와 밀반죽 등을 일컬어서 탕병湯餠이라 한다. 구워서 만드는 것은 소병燒餠 또는 노병爐餠이라 하고, 기름에 튀기는 것은 유병油餠이라 하고, 참깨를 뿌리는 것을 마병麻餠이라고 부른다. 옛날 기록에 병과 관련된 기록이 처음 보이는 것은 『삼보구사三輔舊事』이다. 한나라 때 사람들이 면병麪餠을 먹었다고 하는 것은 흔히 보는 탕병과 증병이다. 탕병은 물로 삶은 밀반죽 덩이와 새알처럼 생긴 것이거나 증병을 잘게 떼어서 다시 삶아 만드는 것으로 현재 섬서성 사람들은 '포막泡饃'이라고 부른다. 그때의 증병은 아직 발효를 하지 않았기 때문에 먹고 난 다음에 소화가 잘 되지 않았다. 한나라 이전에 중국에서는 음식을 쪄서 먹는 조리법이 이미 있었기 때문에 밀가루 음식을 간편하게 용기에 쪄서 먹었다. 찐빵은 북방 사람들이 주로 먹는 것이었다. 특히 남북조 시기 발효하는 기술이 일반화된 이후 더욱 발전하였다. 어떤 사람은 이러한 전통이 지금까지도 여전히 중국과 서양 음식을 구분하는 요소 가운데 하나라고 여긴다. 서양에서는 음식을 찌는 조리법이 비교적 늦게 발달하였지만, 굽는 기술은 일찍이 발달하였다. 밀가루 음식도 마찬가지여서 서양에서는 구워서 만드는 것이 뛰어났기 때문에 빵을 만들었던 것이다. 이처럼 찌거나 굽는 것이 동서양 음식문화의 중요한 차이점이라고도 볼 수 있다.[7](그림 11-4)

위진남북조 시기에 늘 먹던 밥은 보리밥, 조밥, 쌀밥 등이다. 보리밥은 보리쌀로 지어진 밥이다. 『남제서南齊書』「유회위전劉懷慰傳」에는 유회위가 제군齊郡의 태수로 있을 때 군에서 쌀 1석을 그에게 보내 준 이가 있었다. 유회위는 자기가 먹고 있던 보리밥을 그에게 건네주면서 아침에 먹는 식사에 여유가 있으니, 다행스럽게도 이렇게까지 할 것은 없다고 말하였다. 『양서梁書』「무제기武帝紀」에는 양 무제의 아버지인 소연蕭衍이 죽자 상복을 입고 있는 중에는 쌀밥을 먹지 않고 보리밥만 매일 두 되씩 먹었다고 한다. 위진남북조 시기에는 병餠의 종류가 매우 많았다. 『진서晉書』「하증전何曾傳」에는 다음과 같이 기재되어 있다.

> …… 황제가 집무를 마치고 마련한 자리에서는 원래 황제의 식사를 담당하던 태관太官이 준비한 음식을 먹지 않았다. 황제는 문득 하증이 먹는 음식을 가져오라고 했다. 증병에 열 십十 자가 새겨져 있지 않은 것은 먹지 않았다.(…… 每燕見, 不食太官所設, 帝輒命取其食. 蒸餠上不坼作十字不食.)

『형초세시기荊楚歲時記』에는 "6월 복날에는 모두 탕병을 만들어 먹는데,

7 王仁湘, 『民以食爲天-中國飮食文化』 제1책, 台灣中華書局, 1990년.

그림 11-4 산동성 제성시諸城市에서 출토된 한나라 시기 화상전, 「주방도廚房圖」.

나쁜 기운을 물리친다고 해서 벽악병이라고 불렀다.(六月伏日, 并作湯餅, 名爲辟惡餅.)"고 하였고, 『제민요술』에서는 소병燒餅을 만드는 방법을 소개하여서 "밀가루 1되, 양고기 2근, 흰 파 1홉, 된장 즙과 소금을 볶아서 익히고, 불에 데우면 밀가루가 부풀어 오른다.(麵一斗, 羊肉二斤, 蔥白一合, 豉汁及鹽, 熬令熟, 炙之, 麵當令起.)"고 하였다.

이상에서 말한 것은 주로 주식과 관련된 것들이다. 이 시기의 부식 역시 매우 풍부하였다. 예를 들면, 율무, 작은 콩, 마름풀, 조롱박, 오이, 시금치, 옹채蕹菜, 대추, 등자(香橙), 귤, 감, 배, 매실, 양매楊梅, 오얏, 감람橄欖, 모과, 수박 등과 같은 채소와 과일이 묘지에 함께 묻혀 있었다. 육류 식품 역시 매우 많았다. 소와 말은 일을 부려야 하는 가축이었으므로 거의 잡아먹지 않았다. 그밖에 돼지·개·양·닭·오리·거위 같은 것 외에도 사슴, 노루, 토끼, 이리 같은 짐승류나 꿩, 기러기, 고니, 비둘기, 집비둘기, 참새, 메추라기, 자고새, 물오리와 같은 날짐승류나 방어, 잉어, 붕어, 농어, 드렁허리, 전복, 쏘가리, 뱅어, 숭어, 저린 어물, 미꾸라지, 자라, 청개구리, 게, 소라, 각종 조개 등 수산물이 식탁에 올랐다. 진晉나라 때 심형沈瑩이 지은 『임해수토이물지臨海水土異物志』에는 남방 지역에서는 90여 종에 달하는 수산물을 먹는다고 기재하고 있는데, 그 가운데에는 오징어, 넙치, 아귀와 잉어 같은 것들도 포함되어 있다. 조리법의 종류 역시 점차 다양해졌다. 이때 된장은 이미 각 가정에서 반드시 갖추고 있는 식품이었다. 『사기』나 『한서』의 기록이나 거연이나 돈황의 간독簡牘 가운데에도 많은 예가 실려 있다. 장건張騫이 서역을 개척한 이후 호총胡蔥, 마늘, 회향풀 등이 중국으로 들어왔다. 한나라 『식경食經』에는 '대두천세고주大豆千歲苦酒'를 만드는 법이 있다. 이때 이미 술을 빚는 방법을 알고 있었다는 것을 알 수 있다. 그러므로 최식崔寔은 음력 4월과 5월 사이가 술을 빚기 좋은 때라고 말했으며, 북위北魏 때 나온 『제민요술』에는 술 빚는 방법이 18가지가 넘게 소개되어 있다. 한나라 때 영남嶺南 사람들은 이미 사탕수수 즙을 끓여 설탕을 만들었다는 것이 양부楊孚의『이물지異物志』에 나온다. 가사협賈思勰도 당시의 복합조미료라고 할 수 있는 팔화제八和齏 만드는 방법을 알려 주었는데, 지금의 13가지 맛이 나는 '십삼향十三香'과도 비슷하다. 이밖에도 이 시기 조리기술 역시 이미 매우 발달하였다.『제민요술』에는 굽고, 통째로 굽고, 졸이고, 튀기고, 삶고, 모아 끓이고, 찌고, 태우고, 푹 고는 등의 여러 가지 방법이 상세하게 기재되어 있다. 다양한 조리 방법은 더욱 다양하게 요리를 만들 수 있게 하였다. 양무제는 일찍이 박(瓜) 하나를 가지고 수십 종류의 요리를 만들고, 요리 재료 하나를 가지고 수십 가지 맛을 냈다고 한다. 박을 가지고 다양하게 만들지 않으면 역시 다양한 종류의 요리법도 없는 것이니, 다양하게 변화시킴으로써 여러 가지 요리가 생기게 된다고 하였다. 여기에서는 하나의 재료를 가지고 수십 가지의 맛난 요리를 만들 수 있다는 것을 말하는 것이다.

3. 다양한 형태의 주거

거주 문제는 사회생활에서 중요한 요소이면서 형식이다. 문헌 기록에 의하면 이 시기 주택은 춘추전국 시기의 것을 계승하여서 크게 달라진 것은 없었다. 다만 상대적으로 체계를 갖추었기 때문에 한나라 시기 주택은 여전히 주周나라 때와 달라진 것이 없었으며, 후한 말기에도 전과 크게 달라진 것이 없었다. 그러므로 어떤 사람은 이 시기 주택의 양상이 흔히 춘추 시기 주거 상황이 잘 나타나 있는『의례儀禮』에 나오는 기록에 의거해서 설명하기도 한다.(그림 11-5) 다만『의례』에 나타난 정황이 주로 언급하고 있는 것은 사대부 계층의 주택만을 언급하고 있는 한계성을 가지고 있어서 다른 계층의 주거 공간에 대해서는 잘 알 수 없다. 즉『의례』에서 언급하고 있는 것들은 사대부들이 나아가고 물러가면서 인사하고

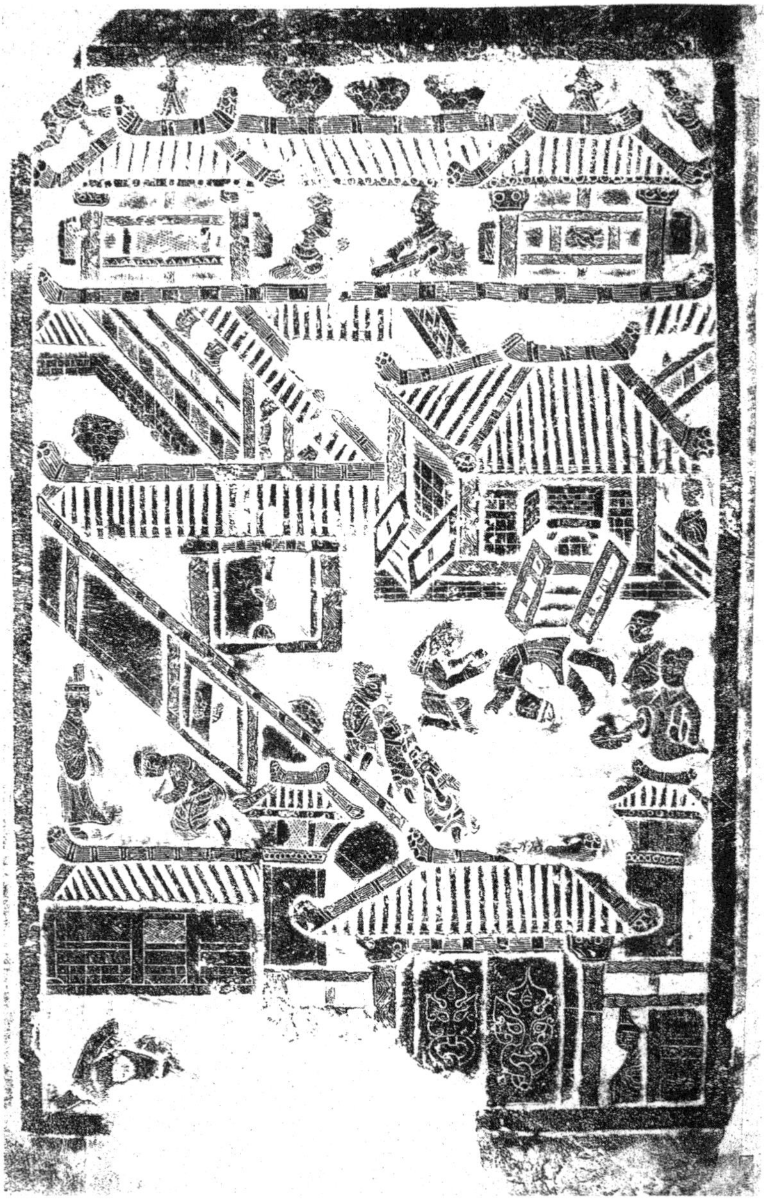

그림 11-5 동한 시기 지주 집안의 정원, 산동성 곡부시 구현촌舊縣村에서 출토.

사양하는 예절을 말한 것이다. 이것들은 사대부 집안 내에서 일어나는 정황에 국한된 것이다. 나중에 유가 경전의 내용을 풀이하여 그림으로 그린 것들도 사대부 계층 저택의 침실이나 대문을 벗어나지 못하였다. 이것 역시 사대부들 주택의 일부만을 묘사하고 있을 뿐이지 전체적인 윤곽은 알 수 없다. 어째서인가? 한 집안에는 아버지와 아들이 있고, 형제가 있으면 그들이 각기 배우자를 두게 되고 자식을 낳겠지만, 동방東房이나 서실西室에서 그들이 모두가 살 수 있는 것은 아니었다. 또, 주방, 화장실, 창고, 마구간, 노비들의 방도 생활하자면 반드시 갖추어야 하지만, 그것들을 제대로 다 갖출 수가 없는 형편이었다. 이들 몇 가지들이 당시 주거에서 어떻게 배열되어 있는지 또는 혼례와 상례喪禮와 관련이 없는 것들은『의례』17편에서는 모두 언급하고 있지 않다. 그러므로 예전의 유가儒家 학자들은 예법에 관한 경전을 가지고 '문門'이나 '침寢'에 대하여 해석을 하였으니, 그들의 노고를 그냥 지나칠 수 없을 정도이지만 오늘날 건축의 역사를 연구해 보자면 문이나 침실만을 거론하여 집안 전체의 형세를 말할 수 없는 것이다. 주택은 인류의 주거양식으로서 위로는 정치, 종교, 학술, 풍속으로부터 아래로는 의복, 수레와 말, 그릇과 같이 사소한 것들에 이르기까지 서로 관련되지 않는 것이 없을 정도이다. 원시시대 주거 모습을 추적하여 근원을 추정해 보면, 양한 시기 주택의 변화까지 살필 수 있으며, 전장典章과 기물들의 양상도 이해할 수 있게 된다. 그러기 위해서는 고고학 발굴을 통한 실물을 가지고 증명을 해야 한다. 이때 스스로 단정하여 눈과 귀를 막거나 한 면만을 보고 전체를 모두 파악한 것처럼 여겨서는 안 된다.[8]

그러므로 이 시기 주거 상황에 대하여 언급할 때 마땅히 문헌의 기록과 고고학적인 자료들을 잘 참조하여야 한다. 요사이 고고학적인 발굴을 통

8 劉敦楨,『大壯室筆記』,『中國營造學社匯刊』제3권 제3기, 1992년 9월.

해서 발견된 많은 유적지, 화상전, 화상석, 도자기, 가옥 그리고 여러 부장품들이 오늘날 우리들이 당시의 주거 형태에 대하여 전면적으로 이해할 수 있도록 풍부한 실증자료를 제공해 주고 있다.

이 시기에는 정원이 있는 주택의 종류가 다양하고 많았다. 크게 방형과 장방형으로 나눌 수 있으며, 일자형一字形, 곡척형曲尺形, 삼합형三合形, 사합형四合形, 일자형日字形 등으로 구분할 수 있다. 다만 기본적인 구조는 대체로 하나의 당堂에 2개의 내실 즉, 3칸으로 된 주택에서 한 칸은 당堂이고 두 칸은 내실로 되어 있는 것이다. 거기에다가 정원이 있는데 다만 면적이 크고 작은 차이가 있을 뿐이다.

이 시기 정원이 있는 주택은 주택의 평면과 입면을 처리하는 방법에 있어서 소형 주택은 비교적 자유로운데, 중형 이상은 주택의 경우에 중축선中軸線을 분명히 두고 있다. 이것은 사합원으로 조성된 건축의 기본 단위이다. 뒤의 것은 주로 둘러친 담장과 주변의 건물에 의해서 둘러쳐진 밀폐된 건축 양식이다. 한나라 때부터 청淸나라 말기 때까지 주택뿐만 아니라 궁궐이나 묘당은 물론 다른 건축물들도 대체로 이런 형식으로 되어 있다. 이런 형식은 건축물의 겉모습을 비교적 단순하게 보이게 하며 내부는 정원을 중심으로 하는 여러 방들이 줄지어 있으며, 어느 정도 정원과 연결되어 어우러져서 자연스레 예술적인 정취가 나게 하는 것이다. 기술적인 측면에서는 전국 시기에 이미 작은 벽돌을 사용하였다. 한나라 때에는 벽돌로 담을 쌓은 것이 많았다. 실내로 광선을 많이 들이기 위해서 처마의 구조는 위를 향하여 거꾸로 굽혔기 때문에 가옥의 모퉁이가 새의 날개처럼 뒤집어진 모양을 하게 되었다. 이것은 대부분의 한족 주택의 특징을 설명하는 것으로서 한나라 때에 이미 이러한 기본적인 형태가 형성되었던 것이다.[9]

---

9 劉敦楨, 『中國住宅概說』, 『建築學報』 1956년 제4기.

당연히 가난한 백성들의 주거 조건은 매우 열악하여서 대체로 정원은 없다. 『동관한기東觀漢記』에는 "이순이 어떤 일에 연루되어 파직당하였다. 경작지도 집도 다른 재산도 없어서 산에서 살면서 풀로 엮어서 초가를 지었다.(李恂坐事免, 無田宅財產, 居山澤, 結草爲廬.)"고 하였다. 또 "하비 땅 재상으로 옮겨 갔는데, 이웃 지방의 가난한 백성들이 그에게로 모여들어서 띠풀집과 초가를 지은 이가 천 호나 되었다.(遷下邳相, 隣國貧民來歸之, 茅屋草廬千戶.)"고 하였다. 『후한서』「일민열전逸民列傳」에는 "대수臺修는 무안산에 숨어 살았는데, 동굴을 파서 지냈다.(臺修隱于武安山, 鑿穴爲居.)"고 하였다. 또 "교신矯愼은 산곡에 숨어 지냈는데, 동굴을 파고 방을 만들었다.(矯愼隱遁山谷, 因穴爲室.)"고 하였다. 『송서』「왕현모전王玄謨傳」에는 왕현모가 활태滑台(지금의 하남성) 지방을 공격할 때 성 안에 띠풀집이 많으니 불로 공력하자는 사람이 있었다는 기록이 있다.

진한 시기에 신선神仙과 방사方士의 설이 성행함에 선인仙人들은 누거樓居에 살기를 좋아한다는 설에 근거하여 당시 통치자들도 신선이 산다는 생활환경에서 살고 싶어 했다. 그래서 누각이 있는 주택이 많이 생겼다. 그때 사람들은 대자연에 대하여 숭배하는 사상이 강하여 높고 먼 곳을 볼 수 있는 곳을 특히 좋아했다. 거기에다가 주거하기에 편리하고 안전하며 군사적으로도 유용하게 이용하기 위해서 높은 누각을 짓는 것이 매우 유행했다.

서한 시기 누각은 일반적으로 정井 자 형식의 기둥을 세운 것으로, 주로 큰 나무로 겹겹이 쌓아 지었다. 동한의 누각은 일반적으로 목재를 네모꼴로 엮어 짜서 받친 두공斗拱을 쓰는 것 역시 비교적 보편적이었다. 높은 층의 목조 누각 위 발코니와 처마는 모두 그것을 지지하는 역할을 하는 두공이 지지하고 있기 때문에 두공은 이미 전체 건축 구조를 지탱하는 기틀을 이루는 부분이라고 할 수 있다. 사천성 삼태처강애三台郪江崖 묘지에서 발견된 두공은 매우 특색이 있다. 그것은 둥근 형태의 주두(栌

斗) 앞뒤와 좌우 네 방향이 튀어나와 있다. (앞과 좌우 3면은 조각하였고, 뒷부분은 보이지 않기 때문에 깍지 않았지만 실제로는 네 면이 서로 같은 것이다.) 위쪽은 네모진 모양으로 쌓아 올리고 그 위에다가 다시 서까래를 받쳐 올린 형태이다. 이런 형태로 네모나게 쌓는 것을 송宋나라 사람은 '두구도斗口跳'라고 불렀다. 이것은 요사이 발견된 한나라 시기 두공 가운데 유일한 실례이다. 주목할 만한 것으로는 이 두공의 받침 위 주두에 둥근 기둥 형태의 모양으로 깎아 놓은 것이다. 이것은 이 묘지에서 모방한 목조 건축이 그 안에 기둥을 세운 여러 층의 누각이고 위층의 기둥은 아래층의 주두 위에 끼워 넣은 것이다. 이런 종류의 누각에서 기둥을 세우는 방식을 송대 사람이 지은 『영조법식營造法式』에서는 '차주조叉柱造'[10]라고 일컬었다. 동한 시기 도루陶樓에 나타나 있듯이 층마다 기둥을 세우고, 위층으로 올라갈수록 층의 높이를 점차 낮추거나 층마다 혹은 한 층 걸러서 처마를 내거나 발코니를 설치하는 수법을 써서 누각의 겉모습이 안정적이면서 변화를 주어 허한 듯 실하게 보이게 했다. 이런 식으로 중국 고대 목조 구조의 누각이 이 시기 이후부터 오랜 기간 동안 이어져 갔다.[11] 북위北魏 영녕사永寧寺 9층 목탑 역시 이런 방식으로 지은 전형적인 대표작이다.

간란干欄은 고고학과 민간학에서는 지면에 세운 기둥 위에 마루를 깐 고상식高床式 건축으로 책거柵居라고 부른다. 일반적으로 세로로 된 나무 기둥을 밑대에 세우는 것으로 바닥면보다 높은 거실을 지을 때 쓰는 것이다. 예전에 출토된 구리로 된 북의 도안에서만 고상식 건축의 도안이 나왔었다. 고상식 건축이 처음 쓰였다는 기록은 『위서魏書』와 『북사北史』에 나온다. 지금은 한나라 시기 화상석과 화상전에서 그것의 전형적인 모습

10 孫華, 『三台郪江崖墓所見漢代建築形象述略』, 『四川文物』 1991년 제5기.
11 孫機, 『漢代物質文化資料圖說』, 文物出版社, 1991년.

을 볼 수 있으니, 시간적으로는 『위서』나 『북사』 때보다 이른 것이며, 형식적으로는 구리로 된 북의 도안보다도 훨씬 실물에 가까워서 문화사적으로도 매우 귀중한 자료이다. 고상식 건축이 처음으로 나타난 연원은 매우 오래되었다. 고고학적인 자료나 신석기 시대 초기에 이미 건축물에 고상식 건축양식이 나타났다. 『북사』「만료전蠻獠傳」에는 "나무를 줄지어 쌓고 그 위에서 지냈으니, 이것을 '간란'이라고 부른다.(依樹積木以居其上, 名曰干欄.)"고 하였다. 이것은 아주 옛날에 나무에서 지내던 방식이 변화 발전해 온 것이라는 점을 설명하는 것이다.

광주廣州의 한나라 시기 묘지에서 출토된 도자기 집을 보면, 당시 고상식 가옥의 구조가 소박하면서 평면 구조에 일정한 형식이 있다는 것을 알 수 있다. 그 구조는 상하 2층으로 나뉘어져 있는데, 아래층 네 주변은 낮은 담장으로 둘러져 있고 1개의 방형 기좌基座로 이루어져 있다. 어떤 것은 받침대가 있으며, 정면에 사다리가 있어서 올라 다니기 쉽게 하였다. 아래층 전체는 가축을 키울 수 있도록 울타리가 쳐져 있고, 뒤쪽 울타리에는 구멍이 몇 개 뚫려 있어서 가축이 드나들 수 있게 하였다. 사천성의 한나라 때 화상석에서는 아래층에는 다만 기둥만 있고 울타리로는 쓰지 않았던 구조만이 보이는 것에 비하여 비교적 쓸모 있게 발전한 것이라고 할 수 있다. 위층의 면적은 대략 아래층의 3분의 2이며, '기좌'의 앞부분에 세운다. 그 평면은 가로로 된 장방형과 곡척형曲尺形 두 종류이다. 지붕은 건물의 모서리에 추녀가 없이 용마루까지 닿아 있으며, 정면으로 문을 열고, 건물 뒤에 작은 창을 냈다. 문의 위치는 가운데 두는 것이 일반적이며, 한쪽으로 치우쳐 있기도 하다. 문 곁에는 직각의 격자창과 마름모 모양의 창구멍을 내었다. 이것이 광주에서 출토된 한나라 시기 도자기 집과 도자기 창고에서 가장 일반적으로 보는 창문의 양식이다.[12]

---

12 廣州市文管會, 『廣州出土漢代陶屋』, 文物出版社, 1958년.

서남 지방에서 나온 것으로 언급할 만한 것은 사천성 내강시內江市에서 발견된 동한 시기 애묘崖墓에서 나온 화상석에 그려진 고상식 주택이 있다. 내강시는 사천성의 남쪽에 위치하고 있어서 진한 시기에는 '서남이西南夷'의 끄트머리에 속해 있었고, 또 파촉巴蜀 두 지역이 서로 인접한 곳에 있어서 소수민족이 특히 많이 사는 지역이다. 이 지역은 날씨가 너무 덥고 비가 많으며 습도가 높아서 바람, 채광이 잘 통하게 하고 짐승이나 도둑을 막기 위하여 그곳에서 많이 나는 대나무 같은 나무를 잘 이용해서 아래층은 비워 두는 고상식 가옥을 지었던 것이다. 예를 들면 오늘날 운남성이나 귀주성 같은 지역의 요족瑤族이나 태족傣族의 대나무 집이나 묘족苗族의 '조제吊梯' 등도 모두 고상식 건축의 특징을 가지고 있어서 고대 고상식 가옥의 표본이 된다. 위층 앞쪽에 널따란 복도를 둔 것은 사용하는 공간을 넓게 하고 채광을 좋게 하고 바람이 잘 통하고 더운 열기를 식히기 위한 것이다. 복도 뒷면에는 제사지내는 제실祭室과 침실을 두었다. 아래층을 비워 둔 것은 습도를 낮추고 짐승과 도둑들을 막는 데에 도움이 되기 때문이다.

고상식 가옥을 짓는 민족의 특징, 건축 형식 및 뛰어난 장점에 대하여 옛날 사람들이 이미 잘 알고 있었다는 기록이 옛날 문헌에 두루 나와 있다. 『구당서』「남만서남만열전南蠻西南蠻列傳 · 남평료전南坪獠傳」에는 남평료가 살던 땅의 토질이 장력瘴癧(말라리아)이 많고, 산에는 독초, 이, 그리고 뱀들이 많아서 사람들이 모두 이층집을 짓고 사다리로 올라 다니며 사는데, 이것을 '간란'이라 한다고 했다.

북방 지역에 속해 있는 강소성江蘇省 동산銅山(지금의 서주徐州) 역시 고상식 건축이 새겨져 있는 석각화가 발견되었다. 이것은 서주에서 발견된 석각화 도상 가운데에서 유일한 고상식 건축이다. 도상을 보면 주택의 아래에는 기둥, 대접받침 그리고 2개씩 묶은 지붕받침을 설치하였다. 이 고상식 건축은 서남 지역 소수민족 지구에서처럼 습기 때문에 생기는 풍토

병과 독사나 독충이 많아서 지은 것과는 다르다. 이 건축물은 물가나 물 위에 지어진 것도 아니다. 결론적으로 말하자면 부잣집에서 놀이용으로 즐기기 위해서 지은 것이라고 할 수 있다.[13]

4. 각지로 퍼져 있는 교통망

진秦이나 한나라 초기에 지어진『산해경山海經』은 어느 면에서는 당시 사람들의 안목이 매우 트여 있었다는 것을 반영하고 있다. 진한 제국이 건국되고 나서 도시를 중심으로 하는 도로 교통 체계가 건립되어 전국에 관리가 파견되고, 여행가와 상인들이 분주하게 돌아다니게 되었다. 3국이 서로 맞서게 된 이래 서로 왕래하는 것이 막혔지만 도로교통은 이 때문에 더욱 번창하였다. 도로가 막히고 교류하는 일이 복잡해졌고 왕조의 흥망성쇠가 거듭되었지만 먼 길을 여행 다니는 일은 더욱 다채롭게 되었다.

진한 시기 수로와 육로 교통의 발달로 인해서 정치적인 통일이 현실적으로 실현될 수 있는 조건이 더욱 성숙하였다. 당시의 수로와 육로 교통은 춘추전국 시기에 비하여 한층 더 발달하였다. 치도馳道는 진한 시기 육로 교통망의 근간으로서 전국의 주요 도시들을 연결하고 있었다. 치도는 B.C.220년(진시황 27)에 건설하기 시작하였다. 초기의 치도는 진나라 수도 함양咸陽을 중심으로 삼아서 전국으로 퍼져 나갔다. 그 분포 지역이 동쪽으로는 연燕과 제齊(즉 지금의 하북성과 산동성 지역)까지이고, 남쪽으로는 오吳와 초楚(즉 지금의 강소성, 안휘성 그리고 호남성)까지이고, 서쪽으로는 조洮와 강중羌中(즉 지금의 감숙성과 청해성 일대)까지이고, 북쪽으로는 황하를 따라서 변방에까지 다다른 것이었다. 음산陰山에서 요동遼東

13 吳曾德,『漢代畵像石』, 文物出版社, 1984년.

그림 11-6 감숙성 가욕관嘉峪關 위진魏晉 5호 묘지에서 출토된 역사驛使가 그려진 벽돌 그림.

(지금의 요녕성 양현陽縣 북쪽)에까지 이어졌다. 이렇듯 전국 시기 제후들의 도성을 치도로 연결해 보면 더욱 완벽하게 중국의 중남부, 서남부 그리고 동부 지역까지 도로가 뚫렸던 것이다. 그리하여 전국의 주요 도시들로 이어지는 간선도로망이 개통되었다.

서한 시기에는 장안長安을 중심으로 하는 주요 역마길로 당시 주요 도시들이 연결되었다. 예를 들면 낙양洛陽, 한단邯鄲, 임치臨淄, 완宛(지금의 하남성 남양南陽), 성도成都 그리고 번우番禺(지금의 광주廣州) 등 주요 5대 도시가 치도로 두루 통하게 되었다.(그림 11-6) 도로를 수레가 달리고, 화물이 유통되어 당시 사회 경제 발전이 한층 촉진되었다. 큰 도시 이외에도 전국 각지의 각 도시 사이에도 큰 도로가 연결되어 장안을 중심으로 하는 서한 시기의 육로 교통망이 갖추어졌다. 1973년 호남성 장사長沙에서 발견된 마왕퇴馬王堆 3호 한나라 시기 묘지에서 도로가 표시된 한 폭의 지도가 나왔다. 이 지도는 한 변이 96cm의 정방형으로 1:180,000의 비례에 상당하는 크기로서 지금의 호남성·광동성·광서성 지역을 경계로 하는 육로 교통과 하천, 성진城鎭 등을 정확하게 그렸다. 이것으로 서한 초기 변방 지역의 교통상황을 한번에 볼 수 있게 되었다.

실크로드가 정식으로 열린 것은 서한 초기인데, 당시에는 중앙아시아를 꿰뚫는 가장 긴 도로로서 세계적으로도 유럽과 아시아를 잇는 가장 긴 국제도로였다고 할 수 있다. 장안을 시작으로 남쪽으로는 적도狄道(지금의 감숙성 임조臨洮), 금성金城(지금의 감숙성 영정永靖 서북), 영거令居(지금의 감숙성 영등永登 서북)를 거치고, 북쪽으로는 평양平襄(지금의 감숙성 통위通渭 서북)을 거쳐서, 조려하祖厲河를 건너서 하서주랑河西走廊으로 들어가 옥문관玉門關과 양관陽關에 다다른 다음 남쪽과 북쪽 두 길로 갈라진다. 남쪽 길은 탑리목 분지塔里木盆地 동쪽 끝의 선선鄯善(옛 누란국樓蘭國)을 거쳐서 곤륜산崑崙山 북쪽 기슭을 따라서 서쪽으로 향하고, 사차국莎車國에 다다른 다음 파미르 고원을 넘고 중앙아시아 대월지국大月氏國을 통과하고 나서 안식국安息國(지금 이란의 하마단성)에 이르는 것이다. 북쪽 길은 차사전국車師前國(지금의 신강 투루판)을 거친 다음에 천산산맥 남쪽 기슭을 따라가다가 서쪽으로 향하여 소륵疏勒(지금의 신강성 카슈가르)에 이르고, 또 소륵국 서쪽으로 가서 파미르 고원으로 나가면 중앙아시아 대완大宛(지금의 우즈베키스탄)의 헤루 강에 다다를 수 있고 사마르칸트 등으로 갈 수 있다.

동한 시기 육로 교통은 서한 시기보다 한층 발전하였다. 한나라 광무제光武帝 때 비호도飛狐道와 교지도交趾道를 건설하였고, 한나라 장제章帝 때에는 영릉零陵과 계양桂陽에 교도嶠道를 놓았다. 이밖에도 한 명제漢明帝 때에는 포사도褒斜道를 대규모로 확장하였다. 「개통포사도석각開通褒斜道石刻」의 기록에 의하면, 길을 닦은 죄수가 2,690명인데, 실제로 공사에 투입된 인원은 7만 6,600여 명이 달했다고 하고, 확장한 도로가 258리里(지금 108km에 해당)나 되었다. 교각橋閣은 633칸을 세우고 큰 다리 5개를 놓았다고 한다. 이밖에 우정郵亭이나 역驛 등의 용도로 지은 건축물이

64개소였다. 공사에 들어간 비용은 149만 9,400가마의 곡식이 들었다고 한다.(왕창王昶『금석췌편金石萃編』 권5) 이로부터 파촉과 관중 지방의 왕래가 훨씬 수월해졌다.

위진남북조 시기의 전란과 분열은 육로 교통을 크게 방해했다. 잔도棧道가 파괴되고 예부터 있었던 도로들이 끊기거나 점점 없어졌다. 원래는 교통의 중추 역할을 하였던 중심도시들은 전란으로 피폐해지고, 각 왕조가 교체될 때마다 알게 모르게 교통이 점점 어려워져 갔다. 그렇지만 새로운 정치국면에는 역시 새로운 교통 상황이 전개되었다. 이 즈음 업성鄴城, 성도成都, 건강建康, 평성平城 등 신흥도시들을 중심으로 하는 교통망이 형성되었다. 또 구역 내에서 두 번째로 중요했던 도로 역시 그 가치가 올라갔다. 예를 들면 건업은 동한 시기에는 단양군丹陽郡의 한 현縣에 지나지 않았는데, 삼국의 오吳나라와 서진西晉 때 개발을 한 이래로 도시로서의 지위가 급속히 상승하였다. 좌사左思는 「오도부吳都賦」에서 다음과 같이 노래하였다.

> 그러므로 즐겁고 유독 기쁘게 먹고 마시는 일이 그침이 없네. 수도는 번화하여 온 천지에서 몰려오네. 수로로 오기도 하고 육로로 오기도 하여 배를 띄우기도 하고 네 마리 수레를 몰기도 하네. 노를 두드리며 노래하기도 하고, 수레바퀴 돌리기를 이른 아침부터 저녁때까지 하네.(於是樂只衎而歡飫無匱, 都輦殷而四奥來暨. 水浮陸行, 方舟結駟. 唱櫂轉轂, 昧旦永日.)

또 북위는 평성平城을 도읍으로 삼았을 때 남쪽으로 진출하려고 정형로井陘路, 사천로沙泉路, 하서렵도河西獵道, 영구도靈丘道 등을 뚫었다. 이밖에 북방에서 나타난 통일 정국이 예전의 교통 요충지에 새로운 활기를 가져다 주어 전처럼 활기를 불어 넣었다. 『진서晉書』「부견재기符堅載記」 상

上에는 전진前秦의 부견이 북방을 통일한 이후 장안이 다시금 북방 지역의 정치 중심지와 교통의 요충지가 되었다는 기록이 있다. 이때 다음과 같은 기록도 있다.

> 관롱 지방(지금의 섬서성과 감숙성 일대)이 평화로우면 백성들은 풍요롭고 즐겁다. 장안에서 여러 주에 이르기까지 모든 길을 따라서 홰나무와 버드나무를 심었다. 20리마다 정亭을 하나 두고, 40리마다 역驛을 하나 두어서 여행자들이 길에서 먹을 것을 해결할 수 있고, 장사하는 사람들은 길에서 물건을 팔 수 있었다.(關隴晏淸, 百姓豐樂, 自長安至于諸州, 皆夾路樹槐柳, 二十里一亭, 四十里一驛, 旅行者取給于途, 工商貿販于道.)

진나라 때 이미 해상 교통도 상당히 발전해 있었다. 『사기』「동월열전東越列傳」에는 B.C.221년(진시황 26) 진나라가 다른 6국을 멸망시키고 얼마 있다가 민월閩越 지방을 평정하였고 민중군閩中郡을 설치하였다고 한다. 같은 책 「주부언전主父偃傳」에는 "도위인 도휴屠睢에게 누선의 병사를 이끌고 남쪽으로 백월 땅을 공격하라고 시켰다.(使尉屠睢將樓船之士南攻百越.)"고 하였다. 이때 전투의 규모가 상당히 컸다. 『회남자淮南子』「인간훈人間訓」의 기록에 의하면 대군을 5개 부대로 나누어서 남쪽으로 공격하였는데, 그 가운데에서 한 부대는 해로로 번우番禺를 직접 함락시켰다고 한다. 『사기』의 「진시황본기」·「봉선서封禪書」 그리고 「회남형산열전淮南衡山列傳」의 기록에도 서복徐福이 동쪽으로 길을 떠났다는 기록이 나온다. 이것 역시 당시 해상 교통로가 매우 발달하였다는 것을 말하는 것이다.

한나라 시기 해상 교통로는 한층 더 발달하였다. B.C.111년(원봉元封 2)에서 다음 해까지 한 무제는 누선장군 양복楊僕에게 함선을 지휘하고 군사 5만 명을 이끌도록 하였다. 발해만을 건너 고조선을 평정하여 낙랑樂浪, 임둔臨屯, 현도玄菟, 진번眞番 4군을 설치하였다. 한나라가 영남 지방

그림 11-7 동한 시기 도기로 된 배. 광동성 광주시廣州市에서 출토.

에 남해南海, 창오蒼梧, 울림郁林, 합포合浦, 교지交趾, 구진九眞, 일남日南 7군郡 등을 설치한 이후 그들로부터 공물은 모두 바다를 통해서 중국으로 들어갔다. 동한 말기 이래로 전란이 끊이지 않았지만, 해상 교통로는 폐지되지 않았다. 당시 명사였던 관녕管寧과 병원邴原 등이 동쪽으로 요동遼東 땅을 건너서 재난을 피했던 것도 해로를 경유했기 때문에 가능하였다. 이 시기 남방의 정권들도 해로와 요동 혹은 고조선을 통해서 연계하거나 교류를 하였다. 이밖에 오吳 지역의 손권孫權은 일찍이 위온衛溫에게 바다를 건너 이주夷洲(지금의 대만臺灣)와 단주亶洲(지금의 다네가시마種子島)를 찾아보도록 하였다. 또 주응朱應 등을 임읍林邑과 부남扶南 등 남해의 여러 곳으로 파견하였다. 양진兩晉 이후 항해하는 일이 적어졌지만 가까운 바다로 가는 해상무역은 중단되지 않았다. 『송서宋書』「만이전蠻夷傳」에는 "배가 다니는 길이 끊겨도 상업 업무는 계속 이어졌다.(舟船斷路, 商使交屬.)"고 한 것으로 보아 그 가운데에서 중국으로 조공을 오지 않은 나라는 없었다.(그림 11-7)

이 시기에 먼 바다로 교류를 나선다는 것은 매우 독특한 사례이다. 페르시아가 서아시아에서 일어난 이래 육로 교통은 매우 어려워졌다. 이때 중국과 로마는 해로를 이용해서 무역을 계속 이어가려고 했다. 예를 들면 97년에 한漢 왕조 서역도호부西域都護府 반초班超는 일찍이 감영甘英을 로마로 파견했는데, 페르시아 만에 막혀서 그냥 돌아왔다. 166년에는 로마 황제 마르쿠스 안토니우스가 사신을 보냈는데, 한나라의 일남군日南郡(지금 베트남 중부)까지 와서는 상아, 코뿔소 뿔, 거북이 등딱지 등을 예물로 바쳤으니, 이것은 동양과 서양의 두 문화대국이 우호관계를 맺은 실제 예이다. 226년에 이르자 자字가 진론秦論인 로마의 상인이 교지交趾를 거쳐서 건업建業까지 올라가서 당시 오吳나라 황제 손권孫權을 만났다. 로마와 교류하였던 것 이외에도 문헌 자료에는 중국의 배가 멀리 페르시아 만과 유프라테스 강까지 갔다는 기록이 있다.[14]

진한 시기 내륙의 하천 교통로도 매우 발달하였다. 『사기』「진승상세가陳丞相世家」, 『한서』「무제기」 그리고 『동관한기東觀漢記』 등의 기록에는 황하, 황수湟水, 전수滇水, 이수漓水 그리고 파촉 지방의 하천에는 모두 배가 다녔다고 한다. 가물거나 많은 비가 내리는 것에 영향을 받지 않고 배가 운행하던 곳으로는 장강 중하류와 연계되어 있는 물길들이다. 예를 들면 『한서』「고제기高帝紀」에는 "모두 관중의 군사를 내어서 하동河東, 하남河南, 하내河內의 병사를 거두고, 남쪽으로 향해 장강과 한수로 떠내려갔다.(悉發關中兵, 收三河士, 南浮江漢二下.)"고 하였다. 『후한서』「제오륜전第五倫傳」에는 "회계 땅 태수에 임명되었다가 …… 법에 걸려들어 소환되었다. 애나 노인네나 수레를 붙잡고 말을 잡아끌었다. …… 앞으로 나아갈 수 없었다. …… 몰래 배를 타고 떠났다.(拜會稽太守 …… 坐法征, 老小

14 張星烺, 『中西交通史料匯編』 제3편 제5장, 『阿拉伯人關于中國之記載』, 中華書局, 1977년.

攀車叩馬 …… 不得前. …… 陰乘船去.)"고 하였다. 원래 있던 하천을 이용하는 것 이외에 당시 인공으로 강을 뚫어서 배가 다니고 물건을 수송하게도 하였다. 『사기』「하거서河渠書」에는 무제 때 운하가 통하여 크게 편리하였다고 한다. 동한 시기 광무제 때에는 "양거를 뚫고 낙수의 물을 끌어대어 조운을 하게 하니 백성들의 삶이 윤택해졌다.(穿陽渠, 引洛水爲漕, 百姓得其利.)"(『후한서』「장순전張純傳」)고 하였고, 한 명제漢明帝 때에는 "종묘나 궁궐의 토목공사 책임자인 왕오를 보내서 변거를 수리하게 하였다. 형양에서 천승(지금의 산동성)에까지 다다른다.(遣將作謁者王吳修汴渠, 自滎陽至于千乘海口.)"(『후한서』「명제기明帝紀」)고 하였다. 위진 시기 이래로 왕조가 분열한 것은 개인의 발전에 기여한 측면이 있었다. 당시 각 지방에서 물길을 파는 것이 매우 뛰어났다. 남방에서는 파강독破崗瀆을 파서 태호太湖 유역 수계와 건업建業까지 연계하였다. 북방에서는 백구白溝, 이조거利漕渠, 평로거平虜渠, 천주거泉州渠 등을 뚫고 나자 중원의 남북을 연결하는 교통로가 개통되었다. 이들을 건설한 것은 각 지방의 물자를 원활하게 운송하게 되었을 뿐만 아니라 각 지방의 경제를 번성하게 하였고, 이후 중국의 운하 체계의 기초를 세우는 데 큰 공헌을 하였다.

교통수단으로 수레와 배를 떼어놓을 수 없다. 이 시기 이용된 교통수단 역시 매우 다양하였다. 춘추전국 시기 전쟁터에서 두루 쓰였던 수레와는 같지 않았다. 진한 시기 이래 수레는 사람을 싣거나 물건을 운송하는 데에 많이 쓰였다. 당시 수레를 끄는 가축으로는 주로 소가 많이 쓰였다. 소가 끄는 수레를 '대거大車'(그림 11-8)라고 불렀고 네 마리 말이 끄는 수레는 '소거小車'라고 불렀다. 이때 수레에 선 채로 타는 일은 많지 않았고 대개는 자리에 앉았는데 이것을 '안거安車'라고 한다. 수레의 형태로 분류해 보자면, 초거軺車, 번거轓車, 헌거軒車, 치거輜車, 병거軿車, 국거輂車 등 여러 종류가 있다. 초거는 주변을 둘러볼 수 있게끔 덮개를 하지 않은 것이 특징이다. 번거는 초거와 비슷한 형태로서 수레 양쪽에 거이車耳를 달

그림 11-8 북제北齊 시기 도기로 만든 소 수레. 산동성 태원시太原市에서 출토.

았으며, 수레 양쪽에 기대는 나무 위쪽에다가 수레바퀴에 흙이 묻는 것을 방지하기 위한 나무판을 달았다. 헌거는 바깥쪽에 장식을 단 초거이다. 치거와 병거는 초거와 달리 수레 덮개를 단 것이다. 치거는 귀중한 물품을 주로 싣고, 병거는 부녀자들이 타는 경우가 많았다. 국거는 소가 끄는 대거와 같은 것으로 수레에 두루마리 형식의 덮개를 달았다. 대개 말이 끌었으며, 이것 역시 부녀자들이 타고 다녔다.

이 시기 수레를 타고 다니는 것에는 엄격한 신분 차별이 있었다. 그러나 몇백 년이 지나면서 제도가 당시 세태에 따라 조금씩 달라졌다. 예를 들면 초거는 한나라 때 상당히 널리 쓰이던 수레로서 중급 이하의 관리들이 주로 타고 다니는 모습이 당시 그림에서 자주 보인다. 위진 시기 이래 더욱 변화가 심했다. 서진 시기 부현傅玄이 편찬한 『부자傅子』에는 "한나라 때에는 초거를 천하게 여겼지만, 지금은 귀하게 여긴다.(漢世賤軺車,

而今貴之.)"[15]고 한 것을 보아 유행이 달라졌다는 것을 알 수 있다. 동진이 남쪽으로 수도를 옮긴 이후에는 3공三公들이 초거를 타고 다녔다. 예를 들면 소가 끄는 대거는 한나라 때 평민들이 흔히 타고 다니던 것이다. 그러므로 지위가 비교적 낮은 상인들이 소가 끄는 수레를 탔다. 그러나 동한 말기에 이르자 상류층 사람들이 점차 소가 끄는 수레를 탔다. 『진서晉書』「여복지輿服志」에는 다음과 같은 기록이 있다.

> 옛날에 귀한 계층 사람들은 소가 끄는 수레를 타지 않았는데 …… 얼마 있다가 점점 귀하게 여기게 되었다. 한나라 영제와 헌제 이래 천자에서부터 사인과 서민에 이르기까지 일상적으로 타고 다니는 것이 되었다.(古之貴者不乘牛車, …… 其後稍見貴之. 自(漢)靈·獻以來, 天子至士庶遂以爲常乘.)

남북조 시기에 이르러서는 높은 관리나 귀인들이 타고 다니는 수레는 장식이 매우 화려해져서 일반인들의 수레와는 완전히 다르게 되었다. 이밖에 진晉나라 시기 상층사회에서는 한때 양羊이 끄는 수레가 유행하기도 하였다. 『진서晉書』「후비전后妃傳」에 따르면, 진 무제晉武帝는 여색을 매우 즐겨서 "후궁이 거의 만 명에 달했으며, 가까이 아끼던 이도 꽤 많았는데, 황제는 아무 데도 걸어 다니지 않고 항상 양이 끄는 수레를 탔다. 가는 곳마다 잔치를 벌이고 그곳을 침소로 삼았다.(掖庭殆將萬人, 而并寵者甚衆. 帝莫之所適, 常乘羊車. 恣其所之, 至便宴寢.)"고 하였다.

소나 말 이외에도 육상의 교통수단으로는 여교輿轎, 연輦, 녹거鹿車 등이 있다. 소와 말은 평지를 달리는 데에 적합하고, 여거는 산지를 다니는 데에 적합하다. 『한서』「엄조전嚴助傳」에 여거를 타고 산을 넘어 다닌다는

15 嚴可均, 『全上古三代秦漢三國六朝文·全晉文』, 中華書局, 1958년 영인본.

말이 있다. 운남성 진녕석채산인晉寧石寨山人인 전인滇人의 귀족 묘지에서 발굴된 저패기貯貝器에서 여거의 실제 모습을 볼 수 있다. 위진남북조 시기에 여교는 산에 오르거나 준령을 넘을 때 쓰였을 뿐만 아니라 상류층 귀족들이 일상적으로 타고 다니던 것이었다. 또 팔강여八扛輿, 판여板輿, 반여襻輿, 남여籃輿 등과 같이 여러 형태로 변화하였다. 연輦은 인력거이다. 녹거 역시 일반적으로 손으로 직접 미는 수레라고 한다. 연구에 따르면 제갈량이 나무로 만들어 운송용으로 썼던 목우유마木牛流馬는 실제로 녹거를 개조하여 만든 것이라고 한다.

배는 수로 교통 수단으로 꽤 오래전부터 이용하였다. 노로 물을 저어서 앞으로 나아가는 것으로 고대 중국 초기에는 배를 타고 육지의 수로를 주로 다녔다. 이 시기 묘지에서 출토된 명기明器의 나무 배나 도자기로 만든 배가 대개 이런 종류에 속한다. 당연히 전쟁에 쓰려고 만든 것으로 규모가 큰 누선은 대개 통치자들이 권력을 과시하기 위한 용도로 쓰였던 것이다. 이러한 사례는 문헌 기록에 자주 보인다. 『한서』「식화지食貨志」 하下에는 한 무제가 곤명지昆明池에서 수군을 훈련시키기 위해서 누선을 만들었는데 높이가 10여 장丈이며 깃발을 그 위에 꼽았는데, 위엄이 대단하였다고 한다. 『수경주水經注』「강수삼江水三」에도 오나라 손권이 배를 만들었다고 하는데, 이름을 장안長安이라 부르는 나무 배로 병사를 3천 명이나 실었으며, 여러 신하들과 함께 강에 띄웠다는 기록이 나온다. 바다로 나가기 위해 만든 배 역시 이 시기에 여러 면에서 모자람이 없었다. 1974년 광주에서 거대한 규모의 한나라 시기 조선소 유적지가 발견되었다. 그 가운데에서 2호 조선대에서는 너비 6-8m, 길이 20-30m짜리의 배를 만들었으니, 중량이 50-60t의 화물을 실을 수 있을 정도였던 것으로 바다를 항해하는 데에 쓰였던 것이 분명하다. 이런 종류의 배에는 돛을 단다. 그러므로 『석명釋名』에서는 바람에 따라서 천막을 펴기 위해서 돛을 거는 데에 쓰는 돛대가 있다고 언급하였다. 위진남북조 시기의 실물은 비록 남아 있지 않지만, 당시 해외 여러 나라와 빈번하게 교류하였다는 것을 미루어 볼 때 배의 건조기술이 한나라 때에 비하여 훨씬 발전하였을 것이다. 총체적으로 말해서 이 시기 남방과 북방의 조선업이 모두 매우 발달하였으므로 북방의 왕조에서도 강력한 수군을 조직하여 남방의 왕조에 대항할 수 있었다. 그러나 남방의 수준이 북방보다는 좀 더 강했다고 할 수 있다. 그러므로 『수서隋書』「고조기高祖紀」에는 수隋나라가 진陳나라를 멸망시킨 이후 바로 다음과 같이 명령을 내렸다는 기록이 있다.

> 오월 지방 사람들은 종종 나쁜 풍습을 가지고 있다. 사는 곳마다 사사로이 큰 배를 만든다. 그리고는 서로 무리를 지어서 다른 이를 노략질하기까지 한다. 강남 여러 지역에서 배의 길이가 3장丈 이상 되는 것들은 모두 거두어서 관에 바치도록 하라.(吳越之人, 往承弊俗, 所在之處, 私造大船. 因相聚結, 致有侵害. 其江南諸州, 人間有船長三丈以上, 悉括入官.)

제2절

가정과 종교

1. 번성하였던 한漢 왕조의 가정 사회

진한 시기 가정의 규모는 일반적으로 다섯 명이 한 가구를 이루었다. 예를 들면, 『한서』「식화지食貨志」에서는 조조晁錯의 말을 인용하여 다음과 같이 말하였다.

> 오늘날 농부의 집안은 다섯 명으로 이루어져 있다. 그 가운데 부역에 나오는 이는 두 명이 되지 않는다. 경작을 할 수 있는 땅도 100무가 넘지 않고, 100무의 땅에서 수확하는 곡식도 100석이 넘지 않는다.(今農夫五口之家, 其服役者不下二人, 其能耕者不過百畝, 百畝之收不過百石.)

관청의 호구 총계 자료에 의하면 역시 진한 시기 가정의 규모는 다섯 명이 한 가구를 이루었다는 것을 알 수 있다. 예를 들면 2년(한 평제漢平帝 원시元始 2)에는 가구마다 평균 4.87명이었고, 57년(한 광제漢光帝 중원中元 2)에는 가구마다 평균 4.91명이었고, 125년(한 안제漢安帝 연광延光 4)에는 가구마다 평균 5.05명이었고, 157년(한 헌제漢獻帝 영수永壽 3)에는 가구마다 평균 5.29명이었다. 이것과 관련한 몇몇 고고학 자료에 의하더라도 진한 시기 가정의 규모는 대략 다섯 명으로 이루어져 있었다. 예를 들면 1974년 호북성 강릉江陵 봉황산鳳凰山 한나라 시기 묘지에서 한 꾸러미의 죽간이 출토되었다. 이것을 통해서 서한 문제文帝와 경제景帝 시기의 정황을 알 수 있다. 구석규裘錫圭의 해석에 따르면, A류의 죽간(「정리름부鄭里廩簿」)에서는 25호戶를 언급하고 있는데 그 가운데 1호는 다만 노동할 수 있는 인원만 기재되어 있고 가족 수가 없으니, 통계에 함께 넣지 않았다. 나머지 24호의 인구가 모두 110명이므로 매 가구마다 평균 4.58명이다.[16]

5인가구는 부부가 핵심이 되는 전형적인 가정이다. 이러한 가족 구성이 한나라 시기 가장 기본적인 조직이라고 할 수 있는 리里에서의 지연地緣을 형성하였다는 것을 알 수 있다. 이것은 바로 한나라 왕조에서 리에 거주하는 백성들을 10명 혹은 5명으로 분리하여 가족을 이루어서 서로 협조하고 감시도 하면서 매우 안정적인 사회질서를 유지할 수 있도록 하였던 것이다.

집안을 고르게 한다는 제가齊家와 나라를 잘 다스린다는 치국治國은 가정과 국가가 밀접한 관계라는 점을 의미한다. 제가와 치국은 '수제치평修齊治平', 즉 수신修身, 제가齊家, 치국治國, 평천하平天下에서 중간에 있는 두 단계이다. '수제치평'은 본디 고대 중국에 있어서 유가儒家 경전에서 매우 중시하는 것이며, 아울러서 사람들 스스로 자신의 몸을 안전하게 유지하고 목숨을 온전하게 지키는 기준으로 여기던 것이다. 예를 들면『예기』「대학大學」에는 다음과 같이 기재되어 있다.

옛날 밝은 덕을 세상에 밝히고자 하는 이는 먼저 그 나라를 다스렸다. 그

16 어떤 학자 다른 번역문을 근거로 해서 24戶는 모두 112명이므로 매호마다 평균 4.67명이다.

나라를 잘 다스리고자 하는 이는 먼저 그 집안을 가지런히 했다. 그 집안을 가지런히 하려는 이는 먼저 그 자신을 잘 닦았다. 그 몸을 잘 닦으려 하는 이는 먼저 그 마음을 바르게 하였다. 그 마음을 바르게 하려는 이는 먼저 그 뜻을 성실히 하였다. 그 뜻을 성실히 하려는 이는 먼저 그 아는 것을 지극히 하였다. 아는 것을 지극히 하는 것은 사물의 이치를 궁구하는 데에 달려 있다. 사물의 이치를 궁구한 다음에 앎에 이르게 된다. 앎에 이르게 된 다음에 뜻이 성실해진다. 뜻이 성실해진 다음에 마음이 바르게 된다. 마음이 바르게 된 다음에 몸을 닦을 수 있다. 몸을 닦은 다음에 집안이 고르게 된다. 집안이 고르게 된 다음에 나라가 잘 다스려진다. 나라가 잘 다스려진 다음에 세상이 태평해진다.(古之欲明明德於天下者, 先治其國; 欲治其國者, 先齊其家; 欲齊其家者, 先修其身; 欲修其身者, 先正其心; 欲正其心者, 先誠其意; 欲誠其意者, 先致其知; 致知在格物. 物格而後知至, 知至而後意誠, 意誠而後心正, 心正而後身修, 身修而後家齊, 家齊而後國治, 國治而後天下平.)

이것으로 보아 수신 · 제가 · 치국 · 평천하 네 가지 항목 가운데 수신이 가장 기초가 되고, 제가 · 치국 · 평천하 세 가지 가운데 제가가 그 다음 기초가 된다는 것을 알 수 있다. 이것은 자신의 몸을 잘 닦아 사회적으로 성공하였는지를 검증할 수 있는 첫 번째 단계이며, 수신하여 치국과 평천하로 확장해 가기 위한 필수적인 과정이기도 하다.

고대 중국인들의 관념 가운데에는 집안을 잘 가지런히 할 줄 아는 이가 나라를 잘 다스리고 세상을 평정하게 할 줄 아는 것이라고 여긴다. 예를 들면 『묵자墨子』 「상동尙同」 하편에는 "세상의 나라를 다스리는 것은 한 집안을 다스리는 것과 같다.(治天下之國若治一家.)"고 하였고, 『예기』 「대학」에서는 "자기 집안사람을 가르칠 수 없으면서 다른 사람을 가르칠 수 있는 이는 없다. 그러므로 군자는 집안을 나서지 않고도 나라에 가르침을 펴는 것이다.(其家不可教, 而能教人者無之, 故君子不出家而成教于國.)"라고 하였다. 한나라 때 광형匡衡은 『논정가소論正家疏』에서 "집안을 다스리는 도리가 잘 갖추어지면 세상을 다스리는 이치도 터득하게 된다.(室家之道修, 則天下之理得.)"고 하였고, 또 "해설에서는 집안을 바르게 하면 세상이 제자리를 얻게 된다고 하였다.(傳曰, 正家而天下定矣.)"고 인용하기도 하였다. 동한 시기 순열荀悅은 『신감申鑑』「정체政體」에서 다음과 같이 말하였다.

> 다스림을 밝게 하려고 한다면 그 가까이 있는 것을 통치하는 것을 묻는다. 만물의 근본은 그 자신에게 달려 있는 것이고, 세상의 근본은 집안에 있는 것이고, 세상이 잘 다스려지는지 어지러운지는 자기 주변에 달려 있는 것이다. 안으로 바르게 세워서 온 사방을 제자리에 둔다.(問明于治者其統正, 萬物之本在身, 天下之本在家, 治亂之本在左右, 內正之而四表定矣.)

집안을 가지런히 하는 것은 나라를 잘 다스리는 기초이다. 집안과 국가는 서로 통하는 것을 가지고 있다. 그러므로 집안을 다스리는 것은 나라를 다스리는 이치와 같은 것이라고 하는 것이다. 예를 들면 한나라 때 이통李通은 집안에 가만히 있는 것이 궁정이 있는 것과 마찬가지라고 말했고, 풍량馮良은 아내를 만나 결혼하는 것은 군신의 관계와 같은 것이라고도 하였다.

한나라 때 효孝로써 천하를 다스린다고 하였던 것은 본디 가정윤리에 속해 있는 효의 관념을 가지고 국가를 다스리는 데에 운용한다는 말이다. 유가의 모든 사상 체계와 수신 · 제가 · 치국 · 평천하의 웅대한 청사진은 효를 바탕으로 하는 것이라고도 할 수 있다. 한나라 제왕은 고조高祖 유방劉邦과 광무제光武帝 유수劉秀를 제외하고 서한 혜제惠帝와 동한 명제明

帝 이래 제왕들의 시호에 '효孝' 자가 붙지 않은 이가 없을 정도이다. 이것에 대하여 안사고顔師古는 "효자는 아비의 뜻을 잘 이었기 때문에 한 왕조 황제의 시호가 혜제 이래로 모두 '효'라고 일컬어진 것이다.(孝子善述父之志, 故漢家之諡, 自惠帝以下皆稱孝也.)"라고 하였다. 안사고가 참조하였던 것은 『예기』「중용」에서 "무릇 효라고 하는 것은 다른 사람의 뜻을 잘 잇고, 다른 사람의 일을 잘 서술한다.(夫孝者善繼人之志, 善述人之事.)"고 하였다. 또 『한서』「곽광전霍光傳」에서는 "한 왕조에서 시호를 계속 효라고 한 것은 그것으로써 오래도록 천하를 보유하고 종묘에 제사를 올리도록 하기 위한 것이었다.(漢之傳諡, 常爲孝者, 以常有天下, 令宗廟血食也.)"고 해설하였다. 그리고 『후한서』「순상전荀爽傳」에서는 "한나라는 불의 덕인데, 불은 나무에서 나고 나무는 불보다 왕성하기 때문에 그 덕이 효인 것이다.(漢爲火德, 火生于木, 木盛于火, 故其德爲孝.)"라고 해설하였다.

효로써 세상을 다스린다는 사상적인 관념 아래에서 한나라는 효제孝悌와 효렴孝廉을 관리 선발 방식의 하나로 삼았다. 관련된 규정과 자료는 문헌에서뿐만 아니라 한나라 비석 등에도 잘 나타나 있다. 황류주黃留珠는 『양한효렴제도고략兩漢孝廉制度考略』에서 한나라 대대로 효렴으로 인재를 등용한 규정을 근거로 하여 B.C.134년(서한 무제 원광元光 원년) 이래로 해마다 효렴으로 등용된 인원이 대략 206명이라고 하였으니, 서한 시기에만 효렴으로 발탁된 인원이 3만2천 명이다. 동한 때는 화제和帝 영원永元 연간에 두 차례에 걸쳐서 관리를 모집하였던 것을 기준으로 삼아서 그 이전에는 해마다 효렴으로 뽑힌 인원이 189명이고, 그 이후에 효렴으로 뽑힌 인원이 해마다 228명이다. 이처럼 따져 보면 동한 시기 효렴으로 선발된 인원은 4만 2천 명이다.

한나라 때 효로 천하를 다스린다고 하였던 중요한 원인 가운데 하나는 효의 확장성과 신축성이 매우 강하고 모든 계층에 두루 적용되는 개방적인 성격이 강한 윤리규범으로서 가정에서부터 확대되어 전체 사회로 확장해 가는 속성을 특성으로 가지고 있기 때문이다. 공자는 "무릇 효는 덕의 근본이며, 가르침이 그것으로 말미암아 나오는 것이다.(夫孝, 德之本也, 敎之所由生也.)"라고 하였고, "집에 들어와서는 효성스럽고, 집을 나가서는 서로 공경하고, 삼가 서로 미덥고 널리 무리를 아낀다.(入則孝, 出則弟, 謹而信, 泛愛衆.)"고 하였으며, "효로써 부모를 섬기고, 순조롭게 명령을 따르고, 그런 이를 세상에 둔다면 행하여지지 않는 일이 없을 것이다.(孝以事親, 順以聽命, 措諸天下, 無所不行.)"라고 하였다. 이것을 보더라도 효가 인간 윤리도덕의 특징으로서 뭇 선한 덕의 시작이 되는 것이며, 안에서부터 밖에까지, 가까운 가족으로부터 잘 모르는 이들에까지, 가까운 곳부터 먼 곳에 이르기까지, 작은 것에서부터 큰 것에 이르기까지 미루어 나아가 곳곳에 언제나 존재하는 것이다. 그리하여 마지막에 이르러서는 거의 관련되지 않는 것이 없으며 존재하지 않는 곳이 없게 되는 것이다. 『예기』「제의祭義」에는 "무릇 효는 하늘과 땅 사이에 가득 차 있는 것이며, 온 사방에 두루 걸쳐 있는 것이다. 훗날까지 그것을 세상에 펴야 할 것이니 아침과 저녁을 따로 구분함이 없어야 한다.(夫孝, 置之而塞乎天地, 溥之而橫乎四海, 施諸後世而無朝夕.)"고 하였다.

2. 평화 · 혼동 · 분열하는 가운데 종족의 세력

고대 중국에서는 얼마간 혈연관계가 비슷한 가정 관계처럼 종족이 조직되었다고 할 수 있다. 반고班固는 『백호통白虎通』 권3에서 다음과 같이 기술하였다.

> 종宗이란 무엇을 말하는가? 종이란 받든다는 뜻이다. 선조 가운데 주인된 이를 같은 종족의 사람들이 받드는 것이다. …… 족族이란 무엇인가? 족은 '몰린다' 혹은 '모인다'는 뜻으로 서로 아끼고 사랑하는 마음이 흘러

모이는 것이다. 위로는 고조에게 모여들고 아래로는 현손들에게 모여드는 것이다. 한 집안에 길함이 있으면 온 집안이 그곳에 모여든다. 살아서는 서로 아껴 주고, 죽어서는 서로 슬퍼해 준다. 모여드는 것에 도리가 있는 것이니, 그것을 족이라고 한다.(宗者何爲謂也? 宗者尊也, 爲先祖主者, 宗人之所尊也. …… 族者何也? 族者湊也, 聚也, 謂恩愛相流湊也. 上湊高祖, 下湊玄孫. 一家有吉, 百家聚之, 合而爲親, 生相親愛, 死相哀痛, 有會聚之道, 故謂之族.)

비록 종족은 똑같이 위로는 고조로부터 아래로는 현손에 이르기까지 각각의 대마다 아버지 혈통으로 구성된 것이기는 하지만, 중요한 것은 모여 살면서 서로 돕는다는 것이다. 진한 시기 이래 형성된 종족과 서주 시기의 종족은 같지 않다. 종족의 후계자는 더 이상 필연적인 정치권력의 대표가 아니며, 다만 종족 안에서 가장 중요한 권위를 가질 뿐이다. 이것은 종족과 정치가 이제는 분리되었다는 것을 의미하는 것이다. 바로 이와 같기 때문에 『백호통』에서 "화목하게 오래간다.(長和睦)"고 하거나 "9족이 화친한다.(親九族)"는 것을 가지고 토론의 주제를 삼았던 것이다. 동한 시기 문헌인 『사민월령四民月令』에는 1년을 12개월의 순서에 따라서 종족 안에서 행해야 하는 전형적인 업무를 차례에 맞게 정리하고 계획적으로 안배한 내용을 기재하였으니 이것은 종족이 수행해야 할 주요 기능을 반영한 것이다.

진한 시기에는 한 종족이 한 곳에 모여 사는 일이 많았다. 『사민월령』 가운데에는 종족이 어떻게 생산하고 있는지에 관한 많은 기록이 있다. 족장은 생산을 관리하고 감독하는 권한을 가진다. 또 예를 들면, 『후한서』 「번굉전樊宏傳」에는 번중樊重의 성격이 온후하고 법도를 지킬 줄 알며, …… 생산 업무를 관리하는 데에 무엇 하나 빠뜨리지 않고, 아이와 노복들에게 일을 시키는 것도 너무 지나치지 않게 하기 때문에 위와 아랫사람들 모두 재물이 넉넉하게 되었으며 경작지를 300여 경이나 넓힐 수 있게 되었다는 기록이 나온다.

족장이 만약에 종족 성원들의 생산 활동에 만족하지 않으면 채찍으로 때릴 수도 있었다. 예를 들면 중장통仲長統은 『창언唱言』에서 다음과 같이 말하였다.

> 농사가 제대로 이루어지지 않거나 뽕나무 과실이 풍성하지 않거나 가축들이 살이 찌지 않았다면 채찍으로 때려도 된다. 낮은 말뚝이 흐트러지거나 담장이 무너지거나 청소가 제대로 되어 있지 않다면 불기를 때려도 된다. 이것이 과업을 독려하는 방법이다.(稼穡不修, 桑果不茂, 畜產不肥, 鞭之可也; 杝落不完, 垣墻不平, 掃除不淨, 笞之可也. 此督課之方也.)

한나라 때 지방 관리의 명칭 역시 당시 한나라 종족과 생산관계를 반영하여 지었다. 한나라 지방 관리에는 삼로三老, 효제孝悌, 역전力田 등이 있는데, 이 가운데 효제는 윤리도덕과 사회 분위기를 담당하였고, 역전은 농업 생산을 담당하였으니, 이 두 가지는 모두 한나라 통치자들이 새로이 지은 이름이다. 본래 종족 윤리에 속하였던 효제와 농업 생산 영역에 속하였던 역전이 한 곳에 배치되었으니, 이것은 일정 정도 종족과 농업 생산이 밀접한 관계라는 점을 반영하고 있는 것이다. 후외려侯外廬 등이 『중국사상통사』 제2권에서 다음과 같이 지적하였다.

> 농가의 종족이나 혈연은 농업과 수공업이 서로 결합하는 자연 경제를 더욱 공고히 하였다. '영객領客', '빈객賓客', '종부宗部' 그리고 '부곡部曲'은 바로 종족의 혈연관계로 맺어진 것이며, 또 토지를 매개로 속박을 받는다. 중국 노동력의 풍부한 원천은 이미 이러한 종족 제도를 기초로 하고 있다. 그렇다면 당시 통치계급은 어째서 효제와 역전이라는 관직을 함께

연계하려고 하였던 것일까?

진한 시기에는 종족의 성원 사이에 서로 도와야 한다는 점을 매우 중시하였다. 특히 경제 활동 방면에서 더욱 서로 협력하라고 하였다. 예를 들면, 『후한서』「임광전任光傳」에는 임외任隗가 거두어들인 봉록을 항상 종족들에게 나누어 주고 고아나 과부들도 거두어서 살펴주었다고 하였다. 『후한서』「장순전張順傳」에는 그의 아들 장분張奮이 늘 자신의 녹봉을 쪼개어서 종친들을 구제해 주었으며, 비록 자신의 재물이 다하더라도 종친들에게 나누어 주는 일을 게을리하지 않았다고 한다.

어떤 전형적인 종족 가운데에는 이처럼 서로 돕는 일을 봄과 가을에 정기적으로 실시하였다고 한다. 예를 들면, 『사민월령』에는 다음과 같은 기록이 있다.

> 3월에 …… 겨우내 먹은 곡식이 혹시라도 떨어지면, 버섯과 보리가 아직 다 익지 않았으니 따스한 볕이 쬐듯이 덕을 베푸네. 가난한 이들에게 나누어 주되 구족에게 먼저 하니, 가까운 이들을 먼저 돌보는 것이라네.(三月 …… 冬穀或盡, 椹麥未熟, 乃順陽布德, 振贍匱乏, 務先九族, 自親者始.)

> 9월에 …… 9족 가운데 고아, 과부, 병이 나서 홀로 살아갈 수 없는 이들이 있는지 위문하네. 넉넉한 것을 나눠 주고 많이 있는 것을 쪼개 주니 추위에 떠는 이들이 구제되네.(九月 …… 存問九族孤·寡·老·病不能自存者. 分厚徹重, 以救其寒.)

만약에 족인들 가운데 초상이 나서 장례와 같은 큰일을 치러야 한다면, 상가를 구제해 주는 일을 더욱 중시했다. 이러한 구제는 항상 족장이 직접 족인들을 모아서 상가를 도와주도록 하였다. 예를 들면 『사민월령』에는 "같은 종족 가운데 너무 가난해서 장례도 치르지 못하는 이에게는 종족 사람들을 불러다가 함께 일을 거들도록 했다.(同宗有貧窶久喪不堪葬者, 卽糾合宗人, 共興擧之.)"고 하였다. 『후한서』「독행열전獨行列傳 · 유익전劉翊傳」에는 "향족 가운데 가난한 이가 죽게 되면 그를 위해서 장례를 치러 주었다.(鄕族貧者, 死亡則爲具殯葬.)"고 하였다.

만약에 재난을 당한 해에는 종족 안에서 경제적인 구제 사업은 더욱 일상적으로 행해졌다. 예를 들면 『후한서』「방술열전方術列傳」에는 "(요부)는 그해 흉년이 될 것을 미리 알고 곡식 수천 곡斛을 모아 두었다. 모두 종족이나 인척들에게 나누어 주었다. 또 병이 들어 죽은 사람 가운데 장례를 치르지 못하는 이들을 거두어 장례를 치러 주었다.((廖扶)逆知歲荒, 乃聚穀數千斛, 悉用給宗族姻親, 又斂葬遭疫死亡不能自收者.)"고 하였다. 『삼국지』「사마랑전司馬朗傳」에는 "이 해에 크게 굶주리게 되어서 서로 잡아먹었다. 사마랑은 종족들을 규휼하고 젊은이들을 가르쳤으니, 세상이 피폐해졌다고 해서 자기의 업무를 소홀히 하지 않았다.(時歲大饑, 人相食, 朗收恤宗族, 敎訓諸弟, 不爲衰世解業.)"고 하였다.

종족 성원이 공동 조상에게 제사를 지내는 것은 종족을 보전하려는 중요한 방식 가운데 하나이다. 예를 들면 『한서』「유협전遊俠傳」에는 서한 시기 제齊 지역 사람인 누호樓護가 간대부諫大夫가 되어서 군국郡國으로 파견을 나갔다. "제 지방을 지나 조상의 묘에 올라 볼 수 있도록 글을 올렸다. 그리하여 종친들과 친구들이 각각 형편에 맞게 비단 묶음을 보내 주었다. 혼자 100금을 썼다.(過齊, 上書求上先人冢, 因會宗親故人, 各以親疏與束帛, 一人散百金之費.)"고 하였다. 묘지에서 제사를 올리는 데에 성이 다른 빈객이나 인친姻親, 친구들이 참가하는 일이 있다. 『사민월령』에는 "3일이 지난 후에 묘에 제사를 올린다. 일을 마치게 되면 종친, 혼인할 집안, 빈객을 모셔서 좋은 말을 하며 예에 화답하여서 은혜로운 정감을 두터이 한다.(後三日, 祠冢, 事畢, 乃請召宗 · 親 · 婚姻 · 賓旅, 講好和禮, 以篤恩

그림 11-9 진晉나라 때 종이에 그려진 묘지 주인의 생활도. 신강 투루판 아스타나(阿斯塔那, Астана) 13호 묘지에서 출토.

紀.)"고 하였다.(그림 11-9)

조상에게 제사를 지낼 때 족장이 제사를 맡고 족인들이 질서 있게 따르게 되니 분위기가 비교적 온화하다. 『사민월령』에는 다음과 같이 기재되어 있다.

> 제사하게 되면, 술을 바쳐서 조상신을 불러 모신다. 일을 마치면 집안에서 높고 낮은 이, 나이가 어리고 많은 것에 상관없이 조상 앞에 줄지어 앉는다. 아들, 며느리, 손자, 증손자들이 각각 초주椒酒를 가장에게 올리면서 건강하게 오래 사시라고 하니, 참으로 화기애애하다.(及祀日, 進酒降神. 畢, 乃家室尊卑, 無小無大, 以次列坐于先祖之前, 子·婦·孫·曾各上椒酒於其家長, 稱觴擧壽, 欣欣如也.)

조상에게 제사를 올리는 중요한 목적은 장례를 신중히 잘 치르고 조상을 추념하여 효행을 실천하기 위한 것이다. 만약에 자손으로서 조상에게 부끄러운 행위를 하게 된다면 조상을 뵐 면목이 없게 되는 것이다. 예를 들면 『한서』「위현성전韋玄成傳」에 열후列侯였던 위현성의 아랫사람이 관청에 그가 죄를 지었다고 고발하는 바람에 "관직을 빼앗기고 관내후關內侯가 되었다. 위현성은 아버지로부터 이어 받은 관직을 삭탈당한 것에 대하여 상심하여 '내 무슨 면목으로 조상 제사를 올리겠나!'라고 탄식하였다.(削爵爲關內侯. 玄成自傷貶黜父爵, 嘆曰, 吾何面目以奉祭祀!)"는 대목이 나온다.

한나라 때 종족에서는 같은 족인들이 모이는 회의가 있다. 『동관한기』「장표전張表傳」에는 "종족 사람들끼리 친목을 다지고 가까이하며 명절 때마다 먹고 마시는 연회를 연다.(宗人親厚節會飮食宴.)"고 하였다. 같은 종족의 족인들은 명절 때에는 함께 연회를 여는데, 이것이 실질적인 종족회의와 같은 의미를 지닌다. 족인들이 회의를 하는 것은 매우 중요한 행사이다. 왜냐하면 족중의 큰일이 일반적으로 이 회의에서 결정되기 때문이다. 『삼국지』「정욱전程昱傳」에는 동한 말기에 정욱의 종족이 소와 술을 베풀어 큰 연회를 열었는데, 여기에서 정욱은 족인들에게 관직을 물러나겠다는 것을 발표하는 대목이 있다. 족장은 종족의 제사를 주재할 뿐만 아니라 종족의 회의를 소집하고, 종족의 규약을 가지고 종족 사람들을 관할한다. 심지어는 종족 사람들의 재산까지도 마음대로 처분할 수 있다.

종족의 기능이 점점 강화된 이후 종족은 한층 더 독립적이며 자급자족하는 기능이 갖추어진 사회 단위가 되었다. 이러한 점은 왕망王莽이 신新을 세웠던 혼란한 시기에 새로운 고비를 맞았다. 이 시기에 많은 종족들이 자신들의 지위를 지켜서 살아남으려고 하였다.

진한 시기에 종족과 조정의 정권은 이미 분리된 상태였지만, 종족이 각 계층마다 결집해 있던 상황은 매우 달랐다. 하층 평민들은 일반적으로 완정한 형태의 종족 집단을 형성하고 있지 못했지만, 상층부의 귀족과 관료들은 대개 매우 전형적이며 공고한 종족 집단을 갖추고 있었다. 뿐만 아니라 중앙 조정이나 지방 관청의 권력자들과 일정 정도 직접 혹은 간접적으로 연계하고 있었다. 동한 시기 조정의 구성 성분 가운데 호족의 성격이 강한 종족들이 크게 세력을 확보하고 있었다. 대대로 높은 직위의 관료집안에서 권력을 잇는다는 뜻인 '4세3공四世三公'과 같은 현상이 빈번하게 나타나서 종족과 조정의 정권이 다시 한 번 결합되는 듯한 분위기가 만들어졌다.

위진 시기 이래 분열과 동란이 거듭되자 지방에 강력한 세력집단이 득세하기 시작하였다. 동시에 이러한 독특한 사회 현상이 그들의 권력을 발산할 장소를 제공해 줄 필요가 생겼다. 따라서 이 시기 종족들도 이전과는 다른 특색을 띠게 되었다.

전란 때문에 이리저리 떠돌게 된 백성들은 늘 죽음에 대한 위협 속에서도 살아남고자 하는 강력한 요구를 가지고 있었다. 백성들도 자기들만의 조직을 가지고 자신들의 역량을 발휘하여서 당면한 재난을 이겨내고자 하였다. 사회 조직으로서 가장 이상적인 유대는 같은 종족으로서 혈연관계라고 할 수 있다. 따라서 이 시기 종족 집단이 비교적 흥성하였던 것이다. 동시에 북방의 소수민족이 통치하던 지역에서 한족들은 계급과 민족차별을 통해 받는 압박에 저항하면서 외지로부터 유입해 들어온 백성들이 새로운 형태의 의식을 가지고 있었기 때문에 현지에 살고 있던 토착 백성들과의 사이에서 일어나는 여러 가지 갈등에 대응해야 했다. 이러한 여러 가지 요인들이 역시 종족 집단의 세력을 발전시키는 작용을 하였다. 위진 왕조가 교체하는 시기에 사족士族 제도가 형성된 이후 사족의 정치적인 특권을 유지하던 구품중정제九品中正制와 사족의 경제적인 특권을 유지하던 점전제占田制(서진 시기 시행한 토지와 세금을 부과하는 제도-역자 주)와 음객제陰客制(관리의 신분에 따라서 친족, 전객佃客, 식객 등에 대한 세금 부과를 면제해 주는 제도-역자 주)는 사족들의 종족 세력을 크게 확대하는 계기가 되었다.[17] 이러한 것들을 통해서 남방으로 쫓겨 간 한족들은 북방에 있었던 방식을 가져다가 남방에서 안정적으로 정착하였다. 북방에서는 종주독호제宗主督護制와 같은 독특한 행정구획 단위가 출현하였다. 종족의 세력은 중앙 조정의 묵인을 받았을 뿐만 아니라 그들과 더불어서 정치와 경제 그리고 법률적인 상황과 사회 관념에 이르기까지 큰 변화를 겪었다. 정치적인 방면에서 말해 보자면, 종족의 성씨는 이미 정치적으로 진출하기 위해서는 필연적으로 갖추어야 할 요소가 되었다. 큰 종족의 자제들은 정치적으로나 군사적으로나 공을 세우지 않고도 높은 관직을 얻을 수 있었다. 동진 시기는 극단적인 문벌정치가 형성되기에 이르렀다. 경제적으로는 산이나 들판을 광범위하게 차지하는 사족들의 장원莊園이 나타났다. 그 규모와 독점적 지위는 이미 동한 시기 호족들과는 비할 수 없을 정도로 커졌다. 원래 존재하였던 종족 성원들 사이에 서로 돕고자 하는 의식은 이미 그들이 공통으로 소유하는 재산으로서 통재通財라는 의식이 더욱 강화되었다. 예를 들면『삼국지』「위서魏書 · 모개전毛玠傳」에는 모개가 상으로 받은 것을 모두 가난한 종족에게 나누어 주어서 자기 집안에는 남은 것이 없었다고 한다. 이와 같은 이유 때문에 종족의 구성원들은 몇 세대 동안 같은 곳에 살면서 재산을 함께 소유하였으니, 당시 사회에서는 이것을 매우 중시하는 의식이 일반적인 현상이 되었다. 법률 방면에서는 어떤 사람이 죄를 저지르면 그 벌이 종족에까지 미치는 것이 일반적이었다. 문화적인 방면에서는 고정적이며 독단적인 가풍과 문벌의 특징을 형성하였다. 그리고 사인과 일반 백성들은 같은 자리에 앉지 않으며 그들 사이에는 결혼도 하지 않는다는 암묵적인 규율도 있었으니, 이런 것들은 정치적인 특권을 가진 자들이 사족의 지위를 존귀하게 유지하고자 하는 강렬한 의지가 반영된 것이라고 할 수 있다.

---

17 朱大渭 등,『魏晉南北朝社會生活史』, 中國社會科學出版社, 1978년, 39쪽.

당연히 이처럼 타고난 신분이 족속 안에 밀접하게 연계되어 있던 사회 주류인 종족 이외에도 많은 객호客戶와 노비 등이 있었다. 그들은 비록 대체로 종족의 신분을 가지고 있지는 못했지만 문벌 세력이 강력하였던 당시 각 종족에 의지하면서 살지 않으면 안 되었다. 남북조 말기에서 수당隋唐 초기 사족들이 쇠락하면서 사족들에게 복속되어 있던 일반 백성들은 균전제均田制 아래에서 빠르게 호적戶籍에 편재되었다. 그리하여 가정과 종족은 다시 정상적인 상태로 돌아갔으니, 이것 역시 수당의 번성기에 사회적으로 양호한 토대를 세우게 한 것이라고 할 수 있다.

제3절

내용이 풍성한 세시 풍습

1. 『회남자』「천문훈天文訓」에 나타난 24절기

24절기는 중국 고대 천문학자와 일반 백성들이 농업 생산을 하면서 발견하여 고안해 낸 것이다. 이것들은 농민들이 경작하고 파종하고 농작물을 수확하는 농사에 도움을 주는 것이다. 따라서 24절기를 추정하고 예보하는 일은 중국의 농력農曆에서는 빠뜨릴 수 없는 중요한 내용이다.

오늘날 통용되는 24절기의 전체 명칭은 『회남자』「천문훈」에 나오는데, 동지冬至, 소한小寒, 대한大寒, 입춘立春, 우수雨水, 경칩驚蟄, 춘분春分, 청명淸明, 곡우穀雨, 입하立夏, 소만小滿, 망종芒種, 하지夏至, 소서小暑, 대서大暑, 입추立秋, 처서處暑, 백로白露, 추분秋分, 한로寒露, 상강霜降, 입동立冬, 소설小雪, 대설大雪이다. 「천문훈」에 나오는 것은 진한 시기에 쓰던 전욱력顓頊曆이다. 그러므로 현재 통용되는 24절기는 전국 시기 관중關中 지역의 농민들이 만들어낸 것을 전욱력의 작자가 종합하여 만든 것으로 역법 가운데 하나로 자리 잡게 되었다.

24절기는 다른 역법에 비교해 보면 여러 가지 우월한 점이 있다.

첫째, 매 계절마다 6개의 절기로 나누고 달마다 2개의 절기로 나누어서 체제가 비교적 정연하다. 제齊나라 지역의 30개 절기는 봄과 가을 두 계절에 8개의 절기를 두었고, 여름과 겨울 두 계절에는 7개의 절기를 두었는데, 매달을 기준으로 보면 여섯 달은 각각 2개의 절기이고 다른 여섯 달은 각각 3개의 절기이기 때문에 가지런하지 않다. 24절기 안에는 2개 절기의 시간이 긴 것은 삭망월朔望月, 즉 태양력의 1개월보다 큰 것이 있어서 어떤 달에는 한 달에 1개의 절기만이 나타날 수도 있다. 다만 이러한 현상에는 태양력과 태음력에서 윤월潤月을 삽입하여서 효율적으로 쓸 필요가 있다.

둘째, 24절기는 비교적 포괄적이면서 세밀하게 1년 가운데 주요한 기후 현상을 반영하였다. 8개의 절기로 나눈 것은 다만 4계절의 변화만을 반영할 수 있을 따름이다. 30개 절기로 나누는 것은 비록 상세하다는 특징은 있지만, 24개 절기가 전면적인 성격을 띠는 것만 못하다. 예를 들어서 24절기에서 하지 이후 소서와 대서가 있고, 입추 이후 또 처서를 두어서 여름날의 더운 날씨가 들쭉날쭉한 현상을 잘 반영하고 있다. 그런데 30개 절기에는 대서大暑, 중서中暑, 소서小暑만이 있어서 더운 기운이 점차 물러가는 것만을 반영하였다. 또 30절기에는 겨울 전체를 시한始寒에서 대한大寒까지 5개의 절기를 가지고 추운 날씨의 변화를 반영하여서 매우 세밀한 면이 있다. 다만 24절기 가운데 동지 앞에 소설과 대설이 있고, 동지 다음에 소한과 대한이 있어서 추운 날씨가 오락가락하는 것을 반영한데다가 겨울에 눈이 내리는 것까지도 반영하였으니, 30개로 절기를 나눈 것에 비하여 훨씬 포괄적이라는 것을 알 수 있다. 24절기 가운데 곡우, 소만, 망종 등은 농사와 관계가 있는 절기로서 이 제도가 농업 생산과 밀접한 관계가 있다는 점을 잘 나타내고 있다.

24절기의 이러한 우월성으로 진秦나라 지역의 농업 과학기술이 다른 6개국에 비해서 매우 발전해 있었다는 사실을 알 수 있다. 이와 같기 때문에 진시황이 6개국을 통일한 다음 전욱력이 전국에 반포되어 통일 역법으로 시행되었으며, 24절기 역시 전국의 백성들이 받아들였던 것이다.

『회남자』는 한나라 초기 이전 지식과 사상을 종합한 포괄적인 저작으로서 그것에 기재된 24절기는 이러한 사실을 잘 반영하고 있다.

2. 동한 때 완성된 12가지 띠

사람의 띠(生肖)는 그 사람의 출생년도가 어디에 속하는지를 일컫는 것이다. 모두 12개로서 12개 속상屬相이라고도 부르며, 12개의 동물을 가지고 각각 대표하는 것이다. 동시에 12개 띠 역시 연도를 기록하는 부호이기도 하다. 생초의 생生은 출생년을 말하며, 초肖는 '닮았다'는 의미이다. 여기에서 닮았다거나 속한다고 한 12개의 동물들은 쥐, 소, 호랑이, 토끼, 용, 뱀, 말, 양, 원숭이, 닭, 개, 돼지이다, 이것이 12지지地支와 배합하여 자서子鼠, 축우丑牛, 인호寅虎, 묘토卯兎, 진용辰龍, 사사巳蛇, 오마午馬, 미양未羊, 신후申猴, 유계酉鷄, 술구戌狗, 해저亥猪가 되는 것이다. 이것이 바로 이른바 생초生肖 혹은 속상屬相이라고 일컫는 것이다. 사람들 모두가 자신의 출생년도에 의거하여 자신의 띠를 갖게 된다.(그림 11-10)

띠가 나타내는 숫자 12는 고대 중국에서 간지干支로 연도를 표시하던 것에서 비롯된 것이다. 옛날 사람들은 천간天干과 지지地支를 가지고 연도를 기록하였다. 천간은 갑甲, 을乙, 병丙, 정丁, 무戊, 기己, 경庚, 신辛, 임壬, 계癸이고, 지지는 자子, 축丑, 인寅, 묘卯, 진辰, 사巳, 오午, 미未, 신申, 유酉, 술戌, 해亥이다. 10천간과 12지지가 배합하여 1개 갑자甲子의 주기가 성립하는 것이다. 1갑자는 60년이다. 그 안에서 12년을 하나의 주기로 삼고 있으며, 지지를 가지고 표시하는데, 각각의 동물을 가지고 쥐의 해, 소의 해, 호랑이의 해, 토끼의 해, 용의 해, 뱀의 해, 말의 해, 양의 해, 원숭이의 해, 닭의 해, 개의 해, 돼지의 해라고 한다.

12가지의 띠가 언제 기원하였는지 지금으로서는 알기 어렵다. 최초의 기록이 보이는 『시경詩經』「소아小雅 · 거공車攻」 편에 "길일인 경오일

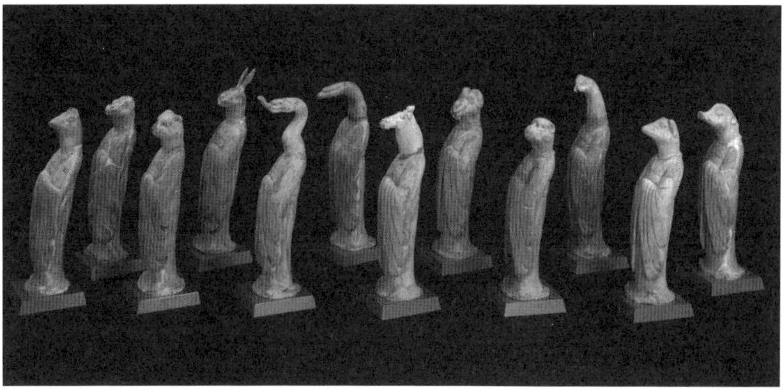

그림 11–10 채색 도기 십이지신상. 무덤 부장품으로 십이지신 각 동물들이 관리官吏 차림을 하고 있다. 섬서성陝西省 서안西安시 출토. 당나라 때. 중국국가박물관.

에 내 말을 골랐네.(吉日庚午, 旣差我馬.)"라고 하였고, 또 『예기』「월령月令·계동季冬」에도 "흙으로 만든 소를 내서 차가운 기운을 내보낸다.(出土牛, 以送寒氣.)"고 하였다. 띠에 관하여 비교적 체계적으로 설명하고 있는 것은 동한 시기 왕충王充의 『논형論衡』에서이다. 그 「물세物勢」와 「언독言毒」편에는 모두 11종의 띠 이름이 나온다. 즉, "인寅은 호랑이다. 술戌은 개다.(寅, 虎也. 戌, 犬也.)" "축丑이라는 동물은 소이고, 미未라는 동물은 양이다.(丑禽牛, 未禽羊也.)" "오午는 말이다. 자子는 쥐이다. 유酉는 닭이다. 사巳는 뱀이다. 해亥는 돼지이다. 신申은 원숭이이다.(午, 馬也. 子, 鼠也. 酉, 鷄也. 亥, 豕也. 申, 猴也.)"라고 하였고, "묘라는 동물은 토끼이다.(卯之禽兎.)"라고 하였다. 동한의 다른 학자가 편찬한 『오월춘추吳越春秋』에는 또 "관동 지역은 진辰의 자리이며, 그 위치는 용이다.(關東辰, 其位龍.)"라는 말이 나오는데 이것으로 『논형』에서 빠진 용을 보충하여서 12개의 띠를 충족할 수 있다. 그때 채옹蔡邕은 「월령론月令論」에서 "12지지의 모임은 봄, 여름, 늦여름, 가을, 겨울의 다섯 때에 먹는 것들이니, 반드시 집안사람들이 길러야 하는 것들이다.(十二辰之會, 五時所食, 必家人所畜之物.)"라고 하였다. 왕충과 채옹이 12가지의 띠를 기재한 내용은 매우 간단하다. 다만 글 가운데에는 그때 사람들이 살아가던 생활상이 담겨 있는 것으로 보아 12가지의 띠가 이미 널리 쓰이고 있었다는 점을 알 수 있다.

1975년, 호북성 운몽현雲夢縣 수호지睡虎地 11호 진秦나라 묘에서 한 묶음의 죽간이 나왔다. 이들 죽간 가운데 「일서日書」가 두 종류 있었다. 갑종甲種 「일서」 뒷면에 「도자盜者」라는 한 구절에 12가지 띠가 기재되어 있다. 진나라 죽간의 기록에는 12지지地支가 모두 나와 있다. 진辰이라는 한 항목이 원래 죽간에 빠져 있는 것을 제외하고는 11개의 항목은 모두 다음과 같이 띠로 표시되어 있다.

> 자는 쥐이다. 축은 소이다. 인은 호랑이이다. 묘는 토끼이다. 진은…이다. 사는 뱀이다. 오는 사슴이다. 미는 말이다. 신은 순환이다. 유는 물이다. 술은 늙은 양이다. 해는 돼지이다.(子, 鼠也. 丑, 牛也. 寅, 虎也. 卯, 兎也. 辰. 巳, 虫也. 午, 鹿也. 未, 馬也. 申, 環也. 酉, 水也. 戌, 老羊也. 亥, 豕也.)

1986년 4월에 출토된 감숙성 방마탄放馬灘의 진秦나라 죽간 갑종 「일서日書」에도 12가지 띠에 대한 내용이 다음과 같이 있다.

> 자는 쥐이다. 축은 소이다. 인은 호랑이이다. 묘는 토끼이다. 진은 뱀이다. 사는 닭이다. 오는 말이다. 미는 양이다. 신은 원숭이이다. 유는 닭이다. 술은 개다. 해는 돼지이다.(子, 鼠矣. 丑, 牛矣. 寅, 虎矣. 卯, 兎矣. 辰, 虫矣. 巳, 鷄矣. 午, 馬矣. 未, 羊矣. 申, 猴矣. 酉, 鷄矣. 戌, 犬矣. 亥, 豕矣.)

두 종류의 진나라 죽간 「일서」에 기재된 띠와 『논형』에 나오는 것은 오늘날 통용되는 설과는 같지 않다. 이것은 띠가 전해져 오는 과정에서 달라진 것이다. 동한 시기에 띠는 이미 매우 체계를 갖추어 발전해 있었으며 일반 백성들 사이에서 널리 쓰였다. 그리하여 오랜 생명력을 가지고 오늘날까지 찬란히 빛나는 중화문명의 한 항목으로 자리 잡은 것이라고 할 수 있겠다.

띠 풍습은 한족에게만 있는 것이 아니라 소수민족에게도 있다. 『신당서』「힐알사黠戛斯」에서는 "키르기스스탄에서는 12개의 동물로 한 해를 기록한다. 예를 들면 그 해가 인寅이면 호랑이의 해라고 한다.(黠戛斯國以十二物紀年, 如歲在寅, 則曰虎年.)"고 하였다. 심지어 어떤 사람은 한족에서 띠로 해를 기록하는 것은 북방 소수민족에게서 기원한 것이라고도 하였다. 청淸나라 때 조익趙翼은 『해여총고陔餘叢考』에서 다음과 같이 기술하였다.

> 대체로 북방의 풍속에서 처음에는 이른바 자축인묘……라고 하는 12지지가 없었다. 다만 쥐, 소, 호랑이, 토끼와 같은 것으로 한 해를 기록하였다. 이러한 풍습이 중원 땅으로 점점 흘러들어 와서 마침내 줄곧 쓰이게 되어 없어지지 않았을 뿐이다.(蓋北俗初無所謂子丑寅之十二辰, 但以鼠牛虎兔之類分紀歲時, 浸尋流傳於中國, 遂相沿而不廢耳.)

오늘날에 이르러서는 각각의 소수민족들마다 그들만의 띠를 쓰고 있다. 예를 들면 몽골족에서는 호랑이, 토끼, 용, 뱀, 말, 양, 원숭이, 닭, 개, 돼지, 쥐, 소이고, 태족傣族에서는 쥐, 소, 호랑이, 토끼, 용, 뱀, 말, 양, 원숭이, 닭, 개, 코끼리이고, 여족黎族에서는 닭, 개, 돼지, 쥐, 소, 호랑이, 토끼, 용, 뱀, 말, 양, 원숭이 등으로서 한족의 12개 띠와 크게 다르지 않다. 여기에서 어느 동물이 먼저이고 어느 동물이 나중이라고 단정하기는 어렵다. 다만 각 민족 문화마다 교류와 융합이 12개의 띠 문화를 만들어 낸 것이라고 할 수 있을 것이다.

3. 미신과 오락이 혼재된 전통 절기

고대 중국에서 쓰던 절기의 '절節'은 오늘날 말하는 '절일節日'과는 다르다. 아주 옛날에는 흔히 계절季節 혹은 절기節氣라는 의미로 썼으며 무엇인가 기념한다는 의미로는 쓰지 않았다. 당시 사람들은 계절과 기후 그리고 계절마다 변하는 만물의 현상에 대한 연구를 통해서 단지 절기를 확정하는 데에만 쓰는 것에 대하여 만족하지 않았다. 그들은 이러한 경험들을 천인감응天人感應의 이론으로 승화시키려고 하였다. 그러므로 황제는 매번 동지와 하지의 때가 되면 직접 전전前殿에 나아가서 음양, 율력, 음률 등을 조화롭게 하는 8능能의 인사들을 불러 모으고 대기의 움직임을 측정하고 율력을 정하며, 모든 일에 신중히 처신하는데, 이것은 마치 국가 사직에 일어나는 재난과 복, 흥망과 성쇠를 묵묵히 헤아리는 일과도 같은 것이라고 여겼다.(『속한서續漢書』「율력지律曆志」 참조) 태사太史는 해마다 성력星曆에 의거하여 각 절기마다 일어날 수 있는 금기사항을 헤아리고, 각 분야에 관련된 사항을 전달하여 집행하도록 했다.(거연居延에서 출토된 별화령別火令이라는 관리의 조서詔書에서 그 일면을 알 수 있다.) 당시 절기에도 걱정스럽고 좋지 않은 일이 늘 일어날 수 있었다. 동진과 남조 시기 하늘에서 몇 차례 기이한 현상이 일어나자 새해 첫날의 조정 회의를 취소한 적도 있었다.(『송서』「예지禮志」) 이 시기의 절기는 확실히 미신적이면서 오락적인 요소가 섞여 있었다. 아래에 그 전형적인 사례 몇 가지를 예로 들겠다.

섣달그믐과 설날은 지금까지도 지내고 있는 춘절春節 혹은 과년過年이라고도 부른다. 이 시기 섣달그믐과 설날의 가장 큰 특징은 무속적이면서 종교적인 색채가 매우 강하다. 그래서 그와 관련하여 풍속이나 오락 활동도 생겨났다. 대문에 귀신 화상을 붙여 두는데, 가장 잘 알려진 귀신으로는 신도神荼와 울루鬱壘이다. 지금 우리가 볼 수 있는 것은 한나라 때 화상석이 있는 묘지의 문에 그려진 신도와 울루의 형상이다. 나중에 점점 복숭아 나무판에 둘의 이름이 쓰이기까지 해서 도부桃符라고 부르고 이것으로 사악한 요괴를 몰아내고자 하였다. 악귀를 몰아내는 것 역시 섣달 그믐에 하는 중요한 행사이다. 한나라 때 악귀를 몰아내는 행사는 진나라 이전보다 발전된 형태를 띠었다. 규모가 컸을 뿐만 아니라 일정한 형식도 갖추어져 있었다. 이러한 풍습은 송宋나라 때까지 이어지다가 희극戲劇 방면으로까지 발전했다. 설날에 폭죽을 터뜨리는 것은 사악한 기운을 몰아내고 진정시키며 다가오는 한 해도 늘 상서롭기를 기원하는 것이다. 그리고 온 가족이 조상신에게 공경히 제사를 올리고 나서 초백주椒白酒를 마시며 사람들이 새해에도 일 년 내내 건강하기를 기원한다. 그런 다음에 도탕桃湯을 마시는데, 위진 시기 이후에는 도소주屠蘇酒를 마셔서 몹쓸 병에 걸리는 것을 막고자 하였다.

원소절元宵節은 한나라 때 기원하였다. 한 무제 때 박亳 땅 사람 유기謬忌가 태일신泰一神에 제사를 올리자고 주청을 하였다. 태일은 천신 가운데 가장 고귀한 것이다. 한 무제는 감천궁甘泉宮에 태일 제단을 세우고 태일신을 받들었다. 한 무제는 태일신에게 경건하게 제사를 올리고 5월 15일에 매우 융성하게 제사를 올리는 장면을 연출하였다. 황혼 무렵 시작하여서 밤을 새우고 다음 날 아침까지 성대한 횃불을 밝히며 제사를 올렸다. 이때부터 5월 15일에 등불을 밝히는 풍습이 생겼다. 동한 시기 불교가 중국에 들어온 이후 크게 등불을 밝히고 법왕法王을 비추는 연등회燃燈會가 이때 시작되었다. 한 명제漢明帝는 정월 15일 부처가 신비로운 변화를 보인 것을 계기로 등불을 밝혀서 불법을 크게 드러냈다. 이 이후 도교道教에서도 정월 15일을 상원上元이라 일컫고 이 날이 천관天官의 탄신일이라 하였다. 그리하여 원소절을 또 상원절上元節이라고도 부른다. 위진남북조 시기에 이르러 원소절에는 등을 밝히고 문신門神과 잠신蠶神에게 제사를 올리고 자고신紫姑神을 맞이하는 풍습이 생겼다.

음력 3월 상순 첫 번째 사일巳日을 상사上巳라고 부른다. 해마다 3월 상사일上巳日에 무당이 강가에서 의식을 거행하는데, 사람들에 재앙과 질병을 없애고 건강하게 오래 살 수 있게끔 기원하기 위해서라고 한다. 역사서에서는 이것이 재앙을 물리친다는 의미에서 계禊제사, 불계祓禊 또는 불제祓除라고도 한다. 복숭아가 붉어지고 버들이 푸르러지며 만물이 소생하는 봄날, 사람들은 불계나 봄놀이 형식의 답청踏靑을 함께 하면서 이런 절기를 건강하고 즐겁게 지내곤 하였다. 동한 시기에는 야외로 놀이를 가서 들판의 색채가 더욱 짙어졌는데, 이제는 사람들은 불계 같은 행사를 거행하지 않았다. 3월 상사일이 다가오면 관리와 일반 백성들이 함께 물가에 가서 묵은 때를 물에 씻는 푸닥거리 같은 행사를 했다. 『후한서』「주거전周擧傳」에는 영화永和 연간 기록에 "6년 3월 상사일에 양 땅 상인들이 빈객을 크게 불러 모아 낙수에서 연회를 베푼다.(六年三月上巳日, (梁)商大會賓客, 宴于洛水.)"라고 하였다. 위진남북조 시기에는 원래 3월 3일로 고정되어 있었고, 야외로 놀러 가서 즐기는 것이 크게 유행하였다. 남조 양나라 간문제簡文帝 조에는 "도회지 사람들과 시골 노인들이 구름처럼 몰려들었다.(都人野老, 雲集霧會.)"는 말이 있다.(「삼일곡수시서三日曲水詩序」) 또 '사巳' 자에는 자손이라는 뜻이 있듯이 봄날 역시 만물이 싹이 나고 자라는 시절이기 때문에 이 날을 택하여 자손을 볼 수 있게 해달라고 기원하였다. 그러므로 역시 이 날에는 청춘 남녀가 연애를 하고 정분을 나누는 일이 그치지 않았다고 한다.

일반적으로 명절은 언제나 놀고먹으며 즐기는 분위기가 이루어지기 마련인데, 한식寒食 때만 유독 먹고 마시는 일이 금지되었다. 이것은 한식날 불을 피우지 못하게 하는 금기사항이 생겼기 때문이다. 이 날 불을 피우지 못하게 한 것은 그날의 주요 활동 가운데 미신적인 요소가 짙다는 것을 알 수 있다. 동한 시기 사람들은 항상 이 풍습을 춘추 시기 개자추介子推의 전설 내용과 연계시켜서 생각해 왔다. 개자추가 진공자晉公子로서 나중에 진문공晉文公이 되는 중이重耳를 수행하였다. 중이가 고국을 떠나 머물 데가 없어서 여기저기 떠돌 때 개자추는 자신의 살을 베어서 중이에게 먹일 만큼 충성스러웠다. 그런데 중이가 고국으로 돌아와 즉위하였을 때 개자추는 자신의 공을 내세우지 않고 어머니를 모시고 산속으로 들어가 살았다. 진문공은 그의 의로운 행동에 보답하고 상을 내리기 위해서 산에 불을 놓아 그가 산에서 내려오도록 하였다. 그러나 개자추는 사양하고 끝내 나오지 않고 화해火海에서 나무를 부여잡고 타죽었다. 진문공은 크게 슬퍼하며 해마다 이때는 집집마다 불을 사용해서 음식을 만들지 못하게 하고 찬밥을 먹으라고 명령을 내렸다. 당나라 때 와서는 한식과 청명절이 점점 하나가 되어서 묘지에서 지내는 명절로 바뀌었다. 한식 3일 동안 사람들은 찬밥과 예락醴酪을 먹었으니, 진나라 손초孫楚는 「제자추문祭子推文」에서 기장밥을 쟁반 하나에 담고 예락을 동이에 담는다는 글을 썼다.

5월에 가장 중요한 날은 단오端午이다. 단오절은 선진先秦 때부터 기원한 것이다. 다만 당시에는 분번紛繁이라고 불렀을 뿐만 아니라 풍속이 매우 다양하였다. 진한 시기 이후 단오절 풍속이 점차 하나로 융합되어 갔다. 무속적이면서 종교적인 색채가 매우 농후하였다. 당시 단오절 풍속은 여전히 나쁜 병과 재앙을 물리쳐 달라고 기원하는 것이 위주였다. 『풍속통의風俗通義』에는 "5월 5일에 5가지 색깔의 실을 팔에 묶으면 귀신과 전란을 막게 되고 역병에 걸리지 않게 된다.(五月五日, 要以五色彩絲系臂, 辟兵及鬼, 令人不病瘟.)"고 하였다. 동시에 쑥을 따고 창포주菖蒲酒와 웅계주雄鷄酒를 마시면 사악한 기운을 막고 병을 예방한다고 하였다. 종자粽子와 용선경주를 하는 것은 단오절의 중요한 풍습으로 일찍부터 유행하였던 것이며, 이것과 관련한 여러 가지 다양한 설이 전해오고 있다. 역사가 흘러옴에 따라서 한나라 말기 위진 이후 5월 5일은 굴원屈原이 죽은 것을 기념하는 날이라는 사람들의 인식이 생겨나서 줄곧 전해졌다.

칠석七夕은 매해 음력 7월 7일이다. 동한 시기 이미 칠석에 관한 이야기가 있었다. 뒷날 걸교절乞巧節, 여아절女兒節 또는 소녀절少女節도 그와 비슷하다. 칠석은 마침 여름철 끝자락에 있고, 여름밤의 시원함이 사람들의 시선을 하늘에 떠 있는 두 밝은 별인 견우성과 직녀성을 바라보게 하였던 것이다. 인간 세상에서 밭을 가는 남자와 베를 짜는 여인네를 거기에 연결시켜 만든 이야기이다. 일찍이 선진 시기에 견우성과 직녀성의 기록이 있었다. 직녀성은 이미 사람들에 의해서 인격화하였고, 여성들이 복을 비는 대상이 되어서 하늘이 자신들에게 영험한 두 손과 총명한 마음을 가져다 줄 수 있을 것이라고 믿었다. 한나라 때 신분이 낮은 궁녀인 채녀綵女가 칠석에 "7개의 구멍이 뚫린 침을 후궁들의 누락인 개금루에 꿰었다.(穿七孔針于開襟樓)"『서경잡기西京雜記』라는 말이 있다. 뒷날 달빛 아래에서 바느질을 아주 잘할 수 있기를 바랐다는 것이 여기에서 비롯된 것이다. 진한 시기 이후 복을 바라는 내용이 달라지기도 하였다. 사람들은 아름다운 사랑을 꿈꾼다. 견우와 직녀가 서로 만나는 이야기가 여기에 끼어들기 시작한 것이다. 사람들이 견우와 직녀가 사랑하지만 헤어져야만 하는 이야기에 대해서 동정하고 그들이 1년에 한 번 만난다는 것에 대하여 주목했던 것이다. 칠석의 밤에 너도나도 밖으로 나와 견우성과 직녀성을 보며 5색의 실로 묶어 서로의 사랑을 확인하여서 칠석을 애정절愛情節로 삼게 된 것이다. 이 날을 기념하는 것이 점점 전해져 오면서 복을 기원하는 내용이 자식을 낳게 해 달라거나 부자가 되게 해 달라는 것 등등으로 확대되었다. 『풍토기風土記』에는 "7월 초이레 밤에 절을 하며 기원한다. 부자가 되게 해 달라거나, 자식이 없는 이는 자식을 기원한다. 하나만 빌 수 있으며, 두 개를 빌어서는 안 된다. 3년이면 소원이 이루어진다.(七月初七日, 其夜拜而願, 乞富·無子乞子, 唯得乞一, 不得兼求, 三年乃得.)"고 하였다. 이밖에도 칠석에는 무명옷을 볕에 말리거나 책을 볕에 쪼이는 풍습도 있다. 진晉나라 때 학륭郝隆은 칠석에 이웃 사람이 볕에 물품을 말리는 것을 보고 자기는 옷을 벗고 누웠다고 하는 말이 있는데, 이것이 책을 볕에 쪼인 것이다.

중양절은 음력 9월 9일이다. 9는 양수陽數인데, 월과 일이 모두 양의 기운인 9이기 때문에 중양이라고 부르는 것이다. 서한 때 이미 이 절기가 있었다. 『서경잡기』에는 중양절을 맞은 궁중에 관한 기록이 다음과 같다.

> 9월 9일에 수유를 걸치고, 국화를 먹고, 국화주菊華酒를 마시면 장수하게 된다. 국화菊華가 필 때 줄기와 잎을 따고 기장쌀에 섞어서 술을 빚는다. 다음해 9월 9일이면 익기 시작해서 마실 수 있게 된다. 그러므로 국화주라고 부르는 것이다.(九月九日, 佩茱萸, 食蓬餌, 飮菊華酒, 令人長壽. 菊華舒時, 并采莖葉, 雜黍米釀之, 至來年九月九日始熟, 就飮焉, 故謂之菊華酒.)

이것으로 당시 이미 수유를 두르고 국화주를 마시며 역귀를 물리치고 오래 살기를 바라는 풍습이 있었다는 것을 알 수 있다. 동한 때 비장방費長房의 고사 가운데 높은 곳에 오르는 풍습이 있었다. 환경桓景이 비장방에게서 학문을 배웠다. 어느 날 비장방이 환경에게 9월 9일에 불이 날 것이니 집에 빨리 돌아가라고 일러 주었다. 그리고 환경의 집안사람들에게 수유가 가득 담긴 주머니를 어깨에 메고 집 밖에 나가 높은 것에 올라서 국화주를 마시라고 시켰다. 환경이 시키는 대로 하였더니, 과연 영험하게도 비장방의 충고가 맞았다. 높은 곳에 올라갔다가 집으로 돌아와 보니 집안의 닭과 개가 모두 죽어 있었다.(『속제해기續齊諧記』) 이때는 특정한 절기에 대한 무술적인 색채가 매우 강하였다. 위진남북조 시기 이러한 풍습이 더욱 발전하였다. 관청에서의 공식적인 의식에서뿐만 아니라 일반 백성들의 생활에서도 더욱 두드러지게 나타났다. 『형초세시기荊楚歲時記』에는 "9월 9일에 모든 백성들이 들판에 모여서 먹고 마신다.(九月九日,

四民并籍野飲宴.)"고 하였다. 이처럼 오락적인 요소가 더욱 강해졌던 것이다.

4. 세속에 젖어든 오락 활동들

이 시기 명절의 풍습은 미신적인 색채가 매우 강하였다. 역사가 발전함에 따라서 명절 때에 행해지는 오락 활동도 점차 늘어났다. 명절 역시 놀고 즐기는 성격이 강해졌다.

전국戰國 시기 이래 제사에서 무당들이 춤을 추고, 제례를 올리는 가운데 장중한 음악이나 향사례鄉射禮 때 벌이는 상징성 있는 경기들, 이런 활동들이 일반 백성들에게 신분의 속박과 의식의 번잡함 같은 것을 벗어 버리게 하여 위로는 관리로부터 아래로는 일반 백성들에 이르기까지 두루 즐기는 여러 가지 오락 활동으로 변모해 갔다. 이런 활동들을 빌어서 일상생활을 인정되게 조절하고 가슴속에 담겨 있던 울분을 씻어 버려서 몸과 마음을 편안하게 하여 인간적인 즐거움을 누리게 하는 것이다. 이런 식의 오락 활동들을 통해서 매우 풍부하고도 다채로운 일반 백성들 사회의 한 모습을 알 수 있다.

이 시기 상대방과 경쟁하는 놀이로는 투호投壺, 축국蹴鞠, 육박六博, 저포樗蒲, 바둑 등 여러 가지가 있다.

투호는 선진 시기 예법에서 기원한 것이다. 『예기』「투호」에는 다음과 같이 기재되어 있다.

> 투호의 예법에서 주인은 화살을 들고 사사司射는 가운데를 잡고 다른 사람에게는 호리병을 잡게 한다. 주인은 "굽은 화살과 굽은 항아리가 있는 것으로 빈객을 즐겁게 하고자 하네."라고 한다. 손님은 "그대는 맛난 술과 안주를 가지고 있어서 이처럼 내리시니 거듭 즐겁기는 한데, 감히 사

그림 11-11 한나라 화상석 투호도. 하남성 남양시南陽市 사강점沙崗店에서 출토.

양하겠다."라고 말한다. 주인은 "굽은 화살과 항아리는 사양하기 부족하다. 감히 다시 한 번 청한다."라고 말한다. 손님은 "이미 내리셔서 거듭 즐겁기는 하지만, 감히 사양한다."고 한다. 주인은 "굽은 화살과 굽은 항아리로는 사양하기 부족하니 감히 청한다."고 말한다. 손님은 "감히 사양하여서 명을 받들 수는 없지만, 어찌 공경히 따르지 않을 수 있는가?"라고 말한다.(投壺之禮, 主人奉矢. 司射奉中, 使人執壺. 主人請曰: 某有枉矢哨壺, 請以樂賓. 賓曰: 子有旨酒嘉肴, 某旣賜矣, 又重以樂, 敢辭, 主人曰: 枉矢哨壺, 不足辭也, 敢以請. 賓曰: 某旣賜矣, 又重以樂, 敢固辭. 主人曰 : 枉矢哨壺, 不足辭也, 敢固以請. 賓曰 : 某固辭, 不得命, 敢不敬從?)

이런 종류의 투호는 오락적이기는 한데, 실제로 예법을 익히기 위해서 실시하는 것이기도 하다. 그러나 전국 시기 이후 투호는 오락적인 성격으로 변하였다. 양한 시기에 이르러 왕공과 대신들이 연회를 할 때 행해지던 오락 활동 가운데 하나이다. 『서경잡기』에는 한 무제 시기 곽사인郭舍人이라는 사람이 투호놀이 기술이 대단하였다고 한다. 남양南陽에서 출토된 한나라 때 화상석에서도 투호하는 그림이 그려져 있는데, 매우 생동적으로 당시 연회 자리에서 놀이를 즐기는 모습이 잘 나타나 있다.(그림 11-11) 위진남북조 시기 이래로 투호는 전국적으로 유행하였고, 기술과 모양

새도 매우 다양하게 발전하였다. 『안씨가훈』에서는 "투호 놀이가 근래에 더욱 정교해졌다. 옛날에 작은 콩을 가득 채워서 놀이를 했던 것은 화살이 튀어 나오기 때문이다. 지금은 들어갔던 화살이 다시 튀어나오는 것이 많을수록 더욱 재미있다.(投壺之禮, 近世愈精, 古者, 實以小豆, 爲其矢之躍也. 今則唯欲其驍, 益多益喜.)"라고 하였다. 심지어 이 놀이에 빠져서 해야 할 일을 망치는 일도 잦았다. 『남사』「유원경전柳元景傳」에는 "제나라 경릉왕이 일찍이 밤새 연회를 하고, 다음 날 아침에 알현한 적이 있다. 유운柳惲은 투호놀이에서 계속 이겼기 때문에 수레를 멈추고 그것을 오래도록 지켜보다가 알현하는 일이 너무 늦어지기도 했다.(齊竟陵王嘗宿晏, 明旦將朝見, (柳)惲投壺梟不絕, 停輿久之, 進見遂晚.)"고 하였다.

투호놀이가 상층사회에서 유행했다고 한다면, 축국은 하층민들의 오락활동이었다고 할 수 있다.

『서경잡기』의 기록에 의하면, 한 고조 유방의 아버지가 장안에 옮겨 온 이후 늘 우울하였는데, 그가 평소에 가축을 잡아서 장사하던 젊은 시절 술과 떡을 팔며, 투계놀이·축국 같은 놀이를 즐겼기 때문이라고 하였다. 이것으로 진나라 이후 민간에서는 많은 놀이문화가 있었다는 것을 알 수 있다. 『한서』「곽거병전霍去病傳」의 안사고 주에는 "국鞠은 가죽으로 된 것으로 하는 것인데, 실제로는 짐승의 털로 만들었으며 발로 차면서 즐기는 것이다.(鞠以皮爲之, 實以毛, 蹴蹋而戲也.)"라고 하였다. 이런 종류의 활동은 간단하면서도 즐기기 좋은 것이기 때문에 한나라가 들어서면서 더욱 유행하여 궁중에서도 귀족집안 자제들도 이것을 즐겼다고 했다. 또 한나라 때 축국은 병사들을 훈련시키는 수단으로도 활용되었다. 유향劉向의 『별록別錄』에 "답국은 병사의 힘을 키우는 것이다. 그것으로 병사들을 훈련시키니 지식에다가 재능도 생긴다. 이것은 모두 놀이를 즐기고 실력을 연마하였기 때문이다.(蹋鞠, 兵勢也. 所以練武士, 知有材也, 皆因嬉戲而講練之.)"라고 하였다. 삼국으로 분열된 어지러운 시대가 되자 이러한 활동

그림 11-12 하남성 영보현靈寶縣 장가만張家灣 한나라 묘지에서 출토된 녹유육박쌍혁용綠釉六博雙奕俑.

이 더욱 널리 보급되었다. 『태평어람太平御覽』 권745에서 『회계전록會稽典錄』의 내용을 인용하여 "삼국으로 나누어져서 대치하게 되자, 해마다 전쟁이 일어났다. 병사들은 활 쏘고 말 타는 것에 힘쓰고 집집마다 축국 놀이를 익혔다.(三國鼎峙, 年興金革, 士以弓馬爲務, 家以蹴鞠爲學.)"고 하였다.

이 시기는 또 여러 종류의 놀이가 있었다. 진한 시기에는 6박六博이라는 것이 가장 유행하였다. 6박은 놀이판(博局), 놀이말(棋子), 저箸로 이루어진 놀이이다.(그림 11-12) 박국은 또 곡도曲道라고도 불렀으며 천상天象이나 역상曆象을 점치는 도구인 식반栻盤에 양식대로 그려진 T자, L자, V자 모양의 눈금이 있고, 여기에다가 놀이 말을 놓는 것인데, 그 말은 대국하는 데 각각 6개씩 가진다. 저箸는 오늘날의 주사위처럼 생긴 것이다. 네모난 틀에 주사위를 던져 그 결과에 따라서 말을 몇 보 움직일지를 결정하는 것이다. 이 놀이 기구의 말이 6개이기 때문에 6박六博이라고 불렀다. 이런 종류의 오락 방식은 양한 시기 귀족이나 일반 백성들이 모두 즐기던 것이다. 『사기』 「골계열전滑稽列傳」에서는 "지방의 고을에 모여 사는 곳이면 남자와 여자가 섞여 앉아서 술잔 돌리는 것을 잠시 멈추고 6박과 투호놀이를 하였다.(若乃州閭之會, 男女雜坐, 行酒稽留, 六博投壺.)"고 하였다. 위진 시기 이후로는 저포놀이가 유행하였다. 저포의 놀이법은 6박에 비하여 좀 복잡하여 여러 가지 방법이 있었다. 대체로 상대방이 각각 놀이 말과 화살을 두 종류로 분리하여 가진다. 나무 다섯 개를 던져서 그것이 지시하는 숫자에 의거하여 어떤 때는 말에게 채찍질을 하며 관關을 넘고 어떤 때는 병사를 데리고 상대방을 둘러싸기도 하며 마지막으로는 승부를 결정짓는 것이다. 저포놀이는 위진남북조 시기 각 계층에서 두루 성행하였다. 이것이 도박의 성격이 강해지면서 멀리하는 사람이나 하지 않으려고 하는 사람도 있었다. 『태평어람』 권754에서는 『강유별전江蕤別傳』을 인용하여 "강유는 나이가 11살에 비로소 저포놀이를 배웠다. 할머니는 그에게 예전에 저포놀이 때문에 신세를 망친 이가 있었다는 얘기를 해주었다. 그리하여 놀이에 쓰는 5목을 버리고 평생 하지 않았다.(蕤年十一, 始學樗蒲. 祖母爲說往事, 有以博奕破顯廢身者. 于是卽棄五木, 終身不爲戲.)"고 하였다. 동진 시기 유익庾翼은 사회 풍속을 대대적으로 정비하여 바둑을 두는 것을 제외하고 모든 놀이를 폐지하라고 명령을 내렸다.

바둑이나 장기처럼 돌을 가지고 하는 부류의 놀이가 이때 크게 유행하기 시작하였다. 바둑은 그 가운데 비교적 유행하던 한 종목이었다. 춘추 시기 문헌에도 바둑에 관한 기록이 있다. 『서경잡기』에는 다음과 같이 기재되어 있다.

> 두릉의 두부자는 바둑을 매우 좋아하여 천하의 일인자가 되었다. 누군가가 그에게 시간을 낭비하는 일이라고 비난하였다. 부자는 이 이치에 정

통한 이는 성인의 가르침도 보완할 수 있는 것이라고 말했다.(杜陵杜夫子善奕棋, 爲天下第一人. 或譏其費日, 夫子曰: 精其理者, 足以大裨聖敎.)

하북성 망도望都에서 출토된 동한 시기 돌로 된 바둑판을 보면 당시 바둑이 가로 세로 17개 줄로 되어 있다. 동한 시기 마융馬融은 「위기부圍棋賦」를 지었는데, 거기에는 비교적 높은 수준의 바둑 전략을 소개하고 있다. 위진남북조 시기에 바둑은 더욱 유행하였다. 조조曹操와 손권孫權은 특히 바둑을 좋아하였다. 완적阮籍은 거의 병적일 만큼 좋아하였다. 당시는 구품중정법에 의거하여 관리를 뽑았기 때문에 바둑의 기능도 9품으로 나누었다. 남조의 양梁나라에서는 전국 규모의 바둑대회까지 열었다. 이러한 발전은 당송唐宋 대까지 크게 영향을 끼쳤다.

절기마다 여러 종류의 기예를 감상하는 것 역시 당시 늘 보던 오락 방식이다. 한나라 때에는 백희百戲가 유명했다.

한나라의 백희는 고대 전통 기예를 계승 발전시킨 것이면서 외국의 잡기雜技와 마술 같은 것도 받아들였다. 그러므로 커다란 발전을 이룰 수 있었던 것이다. 한나라의 백희는 서역 여러 나라의 기예를 받아들인 것으로 특히 로마의 영향을 크게 받았다. 로마는 서한 시기에 여헌黎軒이라고 불렀는데, 이것이 로마공화국이었다. 『한서』「장건전張騫傳」의 기록에 의하면, 무제 때 대완大宛의 여러 나라 사신이 한나라 사신을 따라서 장안에 왔고 이때 큰 새의 알과 로마의 마술사 등을 한나라에 바쳤다고 하였다. 동한 안제安帝 때에도 로마의 마술사 집단이 탄국撣國(지금의 미얀마 일대)의 사신을 따라서 조회하러 왔다. 그들은 입에서 불을 뿜거나 소와 말의 머리를 바꾸거나 저글링 같은 구슬 놀이 등 여러 가지 재미있는 쇼를 선보였다. 중국 안에서 전해지던 잡기들도 매우 많아서 '안식5안安息五案'이라는 것이 있었다. 여기에서 안식은 바로 지금의 이란을 말한다. '도로심동都盧尋橦'이라는 것이 있는데, 이것은 대나무를 타고 올라가는 잡기로서 춘추 시기에는 '주유부로侏儒扶盧'라고 불렀다. 한나라 때 와서 '도로심동'이라고 불렀는데, 여기에서 '도로'는 동남아시아의 나라 이름으로서 한나라 때 대나무를 타고 오르는 기술이 이웃나라인 도로국과 밀접한 관계가 있다는 것을 알 수 있다. '수인농사水人弄蛇'라는 것도 있는데, 여기에서 뱀을 가지고 논다는 뜻의 농사弄蛇는 인도에서 흔히 보는 잡기로서 인도에서 들어왔을 가능성이 크다. 이밖에도 서역에서 전래된 것으로 마술 종목이 많다. 서역의 잡기가 중국으로 들어왔고, 한나라 때 중국인들이 받아들여 그것을 발전시켜서 백희와 같은 놀이가 형성되었다고 할 수 있다.

동한 시기 잡기는 더욱 발전하여서 '각저제희角抵諸戲' 같은 것이 시작되었고 이것을 '백희'라고 부르는 것이다. 『후한서』「안제기安帝紀」에는 연평延平 원년 12월에 마술의 일종인 '어룡만연魚龍曼延(衍)' 백희를 폐지하였다는 기사가 있다. 여기에서 '백희'라는 용어가 처음으로 등장한다. 그것이 얼마나 성대하였는지는 장형張衡의 「서경부西京賦」를 통해서 그 면모를 알 수 있다. 장형은 백희를 묘사하면서 한 무제 고사처럼 의탁하여 지었다. 이 부는 한 무제가 죽은 지 백 년이나 지난 뒤에 지어진 것이니 작자 본인이 직접 본 것은 아니지만 직접 보지 않고는 그처럼 생생하게 구체적으로 묘사할 수는 없는 것이다. 그러므로 실제로 그가 살았던 동한 시기 백희가 성대하게 유행하고 있던 모습을 반영한 것이라고 할 수 있다. 그가 부 가운데 나열한 백희의 여러 항목으로는 '오획강정烏獲扛鼎', '도로심동都盧尋橦', '충협연탁沖狹燕濯', '도환검跳丸劍', '주삭走索', '총회선창總會仙唱', '동해황공東海黃公' 그리고 마술과 동물을 부리는 것 등이 있다. 「서경부」에 나오는 '각저묘희角抵妙戲'는 서한 원봉元封 3년에 있었다고 하는 대각저大角抵에 비하여 종목이 다양하고 기예의 수준과 연출 규모가 크게 발전하였다. 예술적인 방면에서도 나날이 발전하여 연출 형식면에서 체계를 잘 갖추어서 백희 예술이 계통을 세워 발전하게 되었다.

한나라 화상전에는 당시 연출되었던 매우 풍부한 백희의 형상을 볼 수 있는 자료가 많다. 산동 기남현沂南縣 북새촌北寨村에서 발견된 동한 시기 묘지의 벽에 큰 규모의 「백희도百戲圖」가 새겨져 있다. 이것은 규모가 대단히 크며 예술성도 뛰어난 도상이다. 이 도상은 왼쪽에서 오른쪽으로 4개 부문으로 나눌 수 있다. 첫 번째 부분은 저글링을 하며 칼을 놀리는 장면, 대나무에 올라타는 장면, 7개의 작은 접시 위를 날듯이 넘어 다니는 춤인 칠반무七盤舞를 추는 장면이다. 대나무를 타는 기예는 매우 높은 수준의 동작으로서 한 사람의 이마에 십자十字 모양의 긴 대나무가 올려져 있고 그 위에 세 명의 아이가 거꾸로 매달려 회전하는 연기이다. 칠반무는 소매와 허리를 공중에서 휘저으며 세련되게 추는 춤이다. 두 번째 부분은 악대가 있고, 편경·종·서 있는 북·비파·질 나발·퉁소 등 여러 가지 악기가 그려져 있다. 모두 15명이 연주를 하는 것으로 보아 당시 얼마나 성대하였는지를 알 수 있다. 세 번째 부분은 '도산주삭刀山走索'과 '어룡만연魚龍曼衍' 놀이가 그려져 있는데, 앞의 것은 매우 위험한 기예이다. 한 사람이 칼끝에 걸쳐 있는 새끼줄에 거꾸로 서있고, 양 끝에서는 두 사람이 새끼줄 위에서 각각 연기하는데 한 사람은 쇠사슬 양 끝에 망치가 달린 유성추流星錐를 흔들고 다른 한 사람은 두 손에 창을 들고 있다. 뒤에 있는 사람은 기백이 넘치고 어떤 사람은 물고기와 공작새 모습으로 분장을 하였다. 네 번째 부분은 '마희馬戲'와 '고거鼓車'의 연기를 하는 모습이다. 말 위에서 때로는 거꾸로 서고, 때로는 쇠사슬의 양 끝에 쇠망치가 달려 있는 병기를 휘두르는데, 사람들은 말이 달리는 것을 좋아한다. 고거는 소리가 더욱 우렁차게 나는 듯해서 한 사람은 나무 꼭대기에서 유연하게 연기를 하는데 기가 막힐 정도로 기예가 뛰어나다. 이렇듯 대형 조각 그림은 매우 생동적이며 규모가 큰 잡기 연출을 선보이고 있으니 당시 사람들이 연출하는 장면이 참으로 얼마나 장엄한지 짐작할 수 있을 정도이다.

그림 11-13 산동성 기남현沂南縣에서 출토된 동한 시기 화상석각, 「악무백희도樂舞百戲圖」.

백희는 잡기를 중심으로 여러 가지 기예를 모은 일종의 표현 예술이다. 예를 들면 배우 놀이, 씨름, 동물 쇼는 새로운 체계라고 할 수 있다. 백희의 여러 잡기 가운데 음악을 배합하는 것을 매우 중시하였다. 백희는 속악을 배합하였다. 민간에서 널리 유행하는 것으로 배우의 노래와 춤 등을 아우르는데, 이것을 산악散樂이라고 부른다. 동한 시기 해마다 정월에 조정의 신하와 만蠻·맥貊·호胡·강羌 족의 조공을 받을 때 조정에서 축하의 연회를 거행한다. 이때 덕양전德陽殿 앞에서 '구빈산악九賓散樂'을 연주하며 여러 종류의 잡기와 마술 같은 기예를 연출한다. 커다란 규모의 악대가 나오고 종과 북이 울리고, 관현악이 반주를 하는 모습이 매우 다채롭고 풍성한 백희의 프로그램이 연출되어서 매우 즐거운 분위기가 그득하게 된다.(그림 11-13)

위진남북조 시기의 백희도 한나라 때와 비교해서 조금도 모자람이 없다. 예를 들면, 진晉나라 육홰陸翽는 『업중기鄴中記』에서 다음과 같이 기술하였다.

석호石虎(후조後趙의 무제武帝)는 새해 첫날 조회를 열었다. 정전正殿 앞에서 음악을 연주하였다. 고환, 용어, 봉황, 안식오안의 종류 등이 모두 갖추어져 있었다. 이마에 나무 기둥을 받쳐 세우는 기예, 새처럼 뛰어오르는 기예, 좌우로 회전하는 기예 그리고 나무 기둥을 입에 물어서 받쳐 드는 기예 같은 것이 있었다.(石虎正會, 殿中作樂, 高絙 · 龍魚 · 鳳凰 · 安息五案之屬莫不畢備. 有額上緣橦, 至上鳥飛, 左回右轉, 又以橦著口齒上, 亦如之.)

부현傅玄의 「서도부西都賦」에도 다음과 같이 매우 상세하게 묘사한 것이 있다.

재주가 뛰어난 사내아이와 어여쁜 기생이 있네. 도로심동을 재빠르게 선보이네. 긴 나무 막대에 매달려 오르락내리락 하네. 몸은 이미 변형되니, 그림자가 그를 따르네. 문득 거꾸로 나무 막대에 매달리고 뒤집어지고, 떨어지고 오르기를 반복하네. 뱀이 똬리를 틀 듯하고 용이 솟아오르듯이 자유자재로 뒤틀고 나무 막대 끝에서 머리를 받치고 배는 나무를 빙그르 도네. 빠르게 휘어 돌아 다음 동작으로 이어가네.(乃有材童妙妓, 都盧迅足, 緣修竿而上下, 形既變而景屬, 忽跟掛而倒絕, 若將墜而復續, 虬縈龍蜒, 委隨紆曲, 杪竿首而腹旋, 承嚴節之繁促.)

찾아보기 (인명 · 책명 · 편명 · 작품명 등)

ㄱ

ㄷ

ㅁ

ㅂ

ㅅ

ㅇ

ㅈ

ㅊ

ㅋ

ㅌ

ㅍ

ㅎ

기타

중화문명사 제2권 下

2017년 9월 20일 초판 1쇄 인쇄
2017년 9월 30일 초판 1쇄 발행

주편主編 위안싱페이, 옌원밍, 장찬시, 러우위리에
제2권 주편 장찬시
제2권 부주편 왕팡웨이
역 자 문승용
발행인 한태식
발행처 동국대학교출판부

주소 04620 서울시 중구 필동로 1길 30
전화 02-2260-3483~4
팩스 02-2268-7851
Homepage http://www.dgpress.co.kr
E-mail book@dongguk.edu
출판등록 제2-163(1973. 6. 28)
편집디자인 동국대학교출판부
인쇄처 보명C&I

ISBN 978-89-7801-568-4 94910
978-89-7801-535-6(세트)

값 25,000원